Die Regulierung des offenen Immobilienfonds nach dem Kapitalanlagegesetzbuch (KAGB)

Göttinger Schriften zum Wirtschaftsrecht

Herausgegeben von Olaf Deinert, Torsten Körber, Rüdiger Krause, Gerald Spindler und Andreas Wiebe

Band 13

PETER LANG

Anna Kristina Schwerdfeger

Die Regulierung des offenen Immobilienfonds nach dem Kapitalanlagegesetzbuch (KAGB)

PETER LANG

Bibliografische Information der Deutschen Nationalbibliothek
Die Deutsche Nationalbibliothek verzeichnet diese Publikation in der Deutschen Nationalbibliografie; detaillierte bibliografische Daten sind im Internet über http://dnb.d-nb.de abrufbar.

Zugl.: Göttingen, Univ., Diss., 2017

D 7
ISSN 2192-2438
ISBN 978-3-631-74460-4 (Print)
E-ISBN 978-3-631-75340-8 (E-PDF)
E-ISBN 978-3-631-75341-5 (EPUB)
E-ISBN 978-3-631-75342-2 (MOBI)
DOI 10.3726/b13863

Peter Lang – Berlin · Bern · Bruxelles · New York · Oxford · Warszawa · Wien

Diese Publikation wurde begutachtet.

www.peterlang.com

Für meine Eltern

Vorwort

Die vorliegende Untersuchung wurde vom Fachbereich Rechtswissenschaften der Georg-August Universität Göttingen im Sommersemester 2017 als Dissertation angenommen. Literatur konnte bis einschließlich September 2017 berücksichtigt werden.

Über den Zeitraum der Entstehung dieser Arbeit haben mich viele Menschen begleitet, sei es in Göttingen während meiner Tätigkeit als wissenschaftliche Mitarbeiterin oder auch zum Schluss in Hamburg. Diesen Menschen möchte ich an dieser Stelle aufrichtig danken. Anregende Diskussionen und Denkanstöße jeglicher Art haben meine Motivation weiterzumachen während so mancher müder Stunden wesentlich gefördert und ich bin sehr dankbar für diese Einflüsse.

Besonderer Dank gilt meinem Doktorvater Herrn Prof. Dr. Gerald Spindler, sowie dem gesamten Lehrstuhl-Team, allen voran Frau Ingrid Rosine Floerke. Während meiner insgesamt fast fünf Jahre am Lehrstuhl, anfangs noch als studentische Hilfskraft, später als wissenschaftliche Mitarbeiterin, wurde mein Blick früh auf das Handels- und Gesellschaftsrecht bzw. Kapitalmarktrecht gelenkt. Ich habe in dieser Zeit fachlich sowie persönlich eine Menge gelernt und stelle immer wieder fest, wie wertvoll diese Erfahrungen sind.

Danken möchte ich auch Herrn PD Dr. Alexander Thiele für die zügige Erstellung des Zweitgutachtens.

Meiner Familie, insbesondere auch meiner Schwester Frederike Schwerdfeger, bin ich unendlich dankbar für die fortwährende Unterstützung in jeglicher Hinsicht. Meinen Eltern, Peter-Andreas und Christiane Schwerdfeger, ist diese Arbeit gewidmet. Ich weiß, dass ohne sie vieles so nicht möglich gewesen wäre.

Hamburg, im März 2018 — Anna Kristina Schwerdfeger

Inhaltsverzeichnis

1. Teil Einführung

A. Einleitung

Über Jahrzehnte hinweg[1] galten offene Immobilienfonds als eine grundsolide Geldanlage, deren Risiken eher theoretischer Natur waren.[2] Die Aussetzung der Anteilsrücknahme und eine darauf folgende Fondsabwicklung wurden als unwahrscheinlich angesehen,[3] sodass das Vertrauen in das Produkt noch bis in das Jahr 2009 sehr hoch war.[4]

Aus heutiger Sicht ist dieses verwunderlich, da trotz auch damals schon bestehender gesetzlicher Regulierung durch das Investmentgesetz (InvG)[5] der offensichtliche Widerspruch und die daraus resultierenden Risiken zwischen einer längerfristigen Investition in Immobilien bei gleichzeitiger Gewährung eines weitreichenden Anteilsrücknahmerechts gegen Auszahlung des Anteilswertes auf der Hand lagen.

Die Realisierung der Gefahren trat in den Folgejahren ein und bewirkte einen grundlegenden Umbruch der Bewertung von Risiken dieses Fondstypus. Erstmals verloren Anleger in größerem Umfang ihr angelegtes Kapital.[6] Es kam u. a. zu (zeitweiligen) Fondsschließungen und häufig auch zur endgültigen Abwicklung. Im Zuge der dramatischen Entwicklungen auf den Finanzmärkten trat auch immer wieder die „Krise der offenen Immobilienfonds“[7] und der damit

---

1 Siehe zur Entwicklung *Wind/Kautenburger-Behr*, in: Weitnauer/Boxberger/Anders, KAGB, 2014, Vor §§ 230–260 Rn. 14 ff.

2 *Gringel*, ZBB 2012, 106, 107: „Erfolgsgeschichte“; *Gerlach*, GWR 2014, 284.

3 So hätten Banken im Rahmen der Anlageberatung den Kunden mangels Wesentlichkeit über die Möglichkeit der Aussetzung der Anteilsrücknahme schon nicht zwingend hierüber aufklären müssen: Schleswig-Holsteinisches OLG, Urt. v. 19.09.2013, Az.: 5 U 34/13, GWR 2013, 444; OLG Dresden, Urt. v. 15.11.2012, Az.: 8 U 512/12, WM 2013, 363; *Stumpf/Kotte*, BB 2013, 1613, 1616; nun aber ausdrücklich a.A.: BGH, Urt. v. 29.04.2014, Az.: XI ZR 477/12, BKR 2016, 35, kritisch hierzu: *Sieg/Wendt*, BKR 2014, 485 ff.

4 Bis dato hatte „faktisch kein offener Immobilienfonds ein Jahr mit einer negativen Wertentwicklung beendet“, *Schrah*, in: Jesch/Schilder/Striegel, Rechtshandbuch Immobilien-Investitionen, 2009, S. 171; *Madaus/Sebastian*, ZBB 2013, 329, 330; *Zöll*, in: Beckmann/Scholtz/Vollmer, Investment (Stand: 11/16), vor § 230 Rn. 1.

5 Investmentgesetz (InvG) vom 15. Dezember 2003, BGBl. I 2003, S. 2676.

6 *Madaus/Sebastian*, ZBB 2013, 329, 330; *Ising*, NZG 2012, 651.

7 *Schultz-Süchting*, in: Emde/Dornseifer/Dreibus/Hölscher, InvG, 2013, Vor §§ 66–82 Rn. 15; zur Entwicklung offener Immobilienfonds: *Ising*, NZG 2012, 651, 652 f.

einhergehende Vertrauensverlust bei Anlegern in den Mittelpunkt der öffentlichen Berichterstattung.[8] So kam es bis zum 31. Oktober 2013 zur Auflösung zahlreicher offener Immobilien-Publikumsfonds, welche insgesamt ein Vermögen in Höhe von 15.539 Mio. € aufwiesen, was einen Anteil von 19 % an den gesamten offenen Immobilien-Publikumsfonds ausmachte.[9] Weitere 2 % der Immobilien-Publikumsfonds (insgesamt Vermögen i.H.v. 1.641 Mio. €) wurden zeitweilig „eingefroren",[10] d. h. eine spätere Wiedereröffnung war zwar möglich, jedoch nicht sicher. Wenngleich sich die Lage mittlerweile entspannt hat[11] bzw. sogar deutlich umgekehrt hat,[12] ist nicht auszuschließen, dass sich die wirtschaftlichen Rahmenbedingungen wieder wie in den „Krisenjahren" ab 2008[13] zuspitzen können.

Als eine Reaktion auf die sich unter bestimmten Bedingungen realisierenden Gefahren erließ der Gesetzgeber im Jahre 2010 das Anlegerschutz- und Funktionsverbesserungsgesetz (AnsFuG)[14]. Im Zuge der Umsetzung der euro-

---

8 *Danne*, in: Börsen-Zeitung vom 30. November 2010, Nr. 321, S. 2; *Baur/Schöning*, in: Finanz Betrieb (Corporate Finance biz), Heft 5 vom 12. Juli 2010, S. 331 ff.; FAZ vom 26. Oktober 2011, „Krise der offenen Immobilienfonds – Ein Debakel für die deutsche Fondsbranche", http://www.faz.net/aktuell/finanzen/fonds-mehr/krise-der-offenen-immobilienfonds-ein-debakel-fuer-die-deutsche-fondsbranche-11506027.html, zuletzt abgerufen am 12.02.2017.

9 Status und Fondsvermögen offener Immobilienfonds zum Stichtag 31.10.2013, Bundesverband Investment und Asset Management e. V. (BVI).

10 Status und Fondsvermögen offener Immobilienfonds zum Stichtag 31.10.2013, Bundesverband Investment und Asset Management e. V. (BVI).

11 FAZ vom 6. Juli 2015, „Die Vermögensfrage – Niedrigzinsen machen Immobilien interessant", http://www.faz.net/aktuell/finanzen/meine-finanzen/sparen-und-geld-anlegen/offene-immobilienfonds-eine-anlagealternative-13631179.html, zuletzt abgerufen am 12.02.2017.

12 Es sind Mittelzuflüsse in Rekordhöhe zu beobachten, die Investition der Anlegergelder gestaltet sich jedoch aufgrund eines Mangels an lukrativen Investitionsobjekten schwierig: Handelsblatt vom 8. Juni 2016, „Offene Immobilienfonds – Neue Risiken für Immobilienanleger", http://www.handelsblatt.com/finanzen/immobilien/offene-immobilienfonds-fondsmanager-im-dilemma/13700062-2.html, zuletzt abgerufen am 12.02.2017.

13 *Zöll*, in: Beckmann/Scholtz/Vollmer, Investment (Stand: 11/16), vor § 230 Rn. 1.

14 Gesetz zur Stärkung des Anlegerschutzes und Verbesserung der Funktionsfähigkeit des Kapitalmarkts (Anlegerschutz- und Funktionsverbesserungsgesetz) vom 5. April 2011, BGBl. I 2011, S. 538, die neuen Regelungen bezüglich des offenen Immobilienfonds sind allerdings nur ein Teil des Gesetztes, das, wie der Name schon verrät, u. a. eine Stärkung des Anlegerschutzes insgesamt bezweckt, hierzu allgemein: *Möllers/Wenninger*, NJW 2011, 1697 ff.

päischen „Alternative Investment Fund Manager" – Richtlinie (AIFM-RL)[15] in nationales Recht trat das Kapitalanlagegesetzbuch (KAGB)[16] im Jahre 2013 in Kraft. Konsequenz war eine grundsätzliche Neustrukturierung der Regulierung der Fondslandschaft insgesamt. Im Rahmen der Entstehungsgeschichte des KAGB sah der Gesetzgeber zeitweise sogar die Abschaffung offener Immobilienfonds als einzige Möglichkeit vor, den strukturellen Schwächen zu begegnen.[17] Wohl auch nicht zuletzt aufgrund massiver Proteste seitens der Fondsbranche[18] nahm der Gesetzgeber hiervon schon bald wieder Abstand[19] und verfolgte weiter die bisherigen Lösungsansätze, welche im Kern darauf abzielen, den Risiken durch stärkere Regulierung entgegenzutreten.[20] Durch die Einbettung in das KAGB erfolgte zudem eine umfassende Regulierung der Kapitalverwaltungsgesellschaft (KVG) und der Verwahrstelle, sowie des Sondervermögens im Allgemeinen.

Fraglich bleibt jedoch, ob durch die Regulierung zukünftig auftretenden Gefahrenlagen, zum einen unter Anlegerschutzgesichtspunkten, aber auch weitergehend unter dem Gesichtspunkt der Systemrelevanz, ausreichend vorgebeugt wird.

---

15 Richtlinie 2011/61/EU des Europäischen Parlaments und des Rates vom 8. Juni 2011 über die Verwalter alternativer Investmentfonds und zur Änderung der Richtlinien 2003/41/EG und der Verordnungen (EG) Nr. 1060/2009 und (EU) Nr. 1095/2010, ABl. (EU) L 174 vom 1. Juli 2011, S. 1.

16 Das KAGB ist Teil des AIFM-UmsG: Gesetz zur Umsetzung der Richtlinie 2011/61/EU über die Verwalter alternativer Investmentfonds, AIFM-Umsetzungsgesetz vom 4. Juli 2013, BGBl. I 2013, S. 1981, Art. 1; im folgenden sind alle §§ ohne Bezeichnung solche des KAGB.

17 In einem ersten Reformentwurf zur Umsetzung der AIFM-RL war ein komplettes Verbot dieser Anlageform vorgesehen: Diskussionsentwurf des Bundesministeriums der Finanzen zur Umsetzung der Richtlinie 2011/61/EU über die Verwalter alternativer Investmentfonds (AIFM-UmsG) vom 20. Juli 2012, Begründung S. 325 unten; *Hartrott/Goller*, BB 2013, 1603, 1605; *Niewerth/Rybarz*, WM 2013, 1154; *Görke/Ruhl*, RdF 2012, 289 ff.; *dies.*, BKR 2013, 142, 143; *Servatius*, ZfIR 2013, 709, 710; *Volhard/Jang*, in: Weitnauer/Boxberger/Anders, KAGB, 2014, § 1 Rn. 85; *Wind/Kautenburger-Behr*, in: Weitnauer/Boxberger/Anders, KAGB, 2014, Vor §§ 230–260 Rn. 16; *Krismanek*, in: Beckmann/Scholtz/Vollmer, Investment (Stand: 11/16), vor 405 Rn. 55.

18 *Niewerth/Rybarz*, WM 2013, 1154, 1160 m.w.N.

19 Gesetzesentwurf der Bundesregierung, Entwurf eines Gesetzes zur Umsetzung der Richtlinie 2011/61/EU über die Verwalter alternativer vom 12. Dezember 2012, S. 433, 496; *Servatius*, ZfIR 2013, 709, 710; *Niewerth/Rybarz*, WM 2013, 1154.

20 *Madaus/Sebastian*, ZBB 2013, 329, 330.

B. Der offene Immobilienfonds als Untersuchungsgegenstand

I. Struktur

Der offene Immobilienfonds wird nach dem Terminus des KAGB als „Immobilien-Sondervermögen" bezeichnet. Der Begriff des „offenen Immobilienfonds" wird im Rahmen des KAGB nicht verwendet. Er ist in den §§ 230–260 speziell geregelt. Bei diesem Fondstyp handelt es sich um ein fremdverwaltetes, rechtlich unselbstständiges Sondervermögen.[21] Die Verwaltung des Sondervermögens wird durch eine Kapitalverwaltungsgesellschaft (KVG) treuhänderisch übernommen.[22] Die KVG handelt für das Sondervermögen und nimmt u. a. Investitionen auf Rechnung des Sondervermögens in Immobilien, immobiliengleiche Rechte, Beteiligungen an Immobilien-Gesellschaften und Liquiditätsanlagen vor, wobei sie den Grundsatz der Risikomischung zu beachten hat.[23] Eine Verwahrstelle verwahrt die Vermögensgegenstände des Sondervermögens und überwacht zugleich zahlreiche Handlungen der KVG. Das Sondervermögen stellt das Anlagekapital der Anleger dar.[24] Diese erhalten im Gegenzug für die Einbringung des Kapitals in das Sondervermögen einen Anteilsschein, der sowohl den Investmentvertrag zwischen Anlegern und KVG als auch das wirtschaftliche Eigentum an den Anlagegegenständen verbrieft.[25] Grundsätzlich hat jeder Anleger jederzeit das Recht, die Anteilsrücknahme gegen Auszahlung des Anteilswertes zu verlangen.[26] Neuerdings sind allerdings in diesem Zusammenhang u. a. Mindesthalte- und Kündigungsfristen zu beachten, was das „jederzeitige Recht" relativiert. Sind die liquiden Mittel nicht ausreichend, um dem Anteilsrücknahmeverlangen nachzukommen, erfolgt die Aussetzung der Anteilsrücknahme („Rücknahmeaussetzung"), d. h. der Anleger bekommt zunächst nicht den Anteilsgegenwert ausgezahlt, sondern muss sich gedulden, bis wieder genügend liquide Mittel, z. B. durch die Veräußerung einer Immobilie, generiert wurden.[27]

---

21 *Hartrott/Goller*, BB 2013, 1603, 1604; *Zöll*, in: Beckmann/Scholtz/Vollmer, Investment (Stand: 11/16), vor § 230 Rn. 2.

22 *Kiesel/Joch*, BB 2015, 2973, 2974.

23 *Zöll*, in: Beckmann/Scholtz/Vollmer, Investment (Stand: 11/16), vor § 230 Rn. 2.

24 *Zöll*, in: Beckmann/Scholtz/Vollmer, Investment (Stand: 11/16), vor § 230 Rn. 10.

25 *Zöll*, in: Beckmann/Scholtz/Vollmer, Investment (Stand: 11/16), vor § 230 Rn. 10.

26 Die aufgrund des Anteilsrücknahmerechts bestehende Fristeninkongruenz führt zur Instabilität des Fonds: *Kiesel/Joch*, BB 2015, 2973, 2974; *Hartrott/Goller*, BB 2013, 1603, 1604.

27 Dieses geschah als Folge der weltweiten Finanzkrise und führte zur „Krise der offenen Immobilienfonds" (siehe S. 1 f.): *Kiesel/Joch*, BB 2015, 2973, 2974.

II. Ökonomische Anreize zur Investition

Immobillien gelten allgemein als „Betongold“ und daher gerade in Krisenzeiten als solide Anlage. Für Anleger, die über kein großes Volumen an Kapital verfügen, ist die direkte Investition in Immobilien häufig nur schwer zu realisieren. Während die Möglichkeit der Investition in Anlagegüter wie etwa Aktien oder Edelmetalle grundsätzlich auch mit einem niedrigen Anlagekapital besteht, setzt eine direkte Immobilieninvestition höhere Anlagevolumina voraus.[28] Auch ist die Anlage in eine Immobilie regelmäßig eine längerfristige Entscheidung, da ein kurzfristiger Rückzug aus der Investition in der Regel nur schwer durchzuführen ist.[29] Reichen die Mittel des Anlegers dennoch für die direkte Investition aus, wird er meist nur eine oder wenige Immobilien erwerben.[30]

Der offene Immobilienfonds bietet dem Anleger daher vielfältige Vorteile. Zum einen ist auf diesem Wege eine Investition in Immobilien auch mit einem niedrigen Kapital möglich, ohne sich langfristig binden zu müssen.[31] Zum anderen kann durch die Anlage in zahlreiche Immobilien (und zusätzlich auch anderen Vermögensgegenständen) eine höhere Risikodiversifizierung erreicht werden.[32] Zusätzlich besteht durch die professionelle Verwaltung des Fonds eine höhere Expertise bezüglich des Immobilienmarktes und es erfolgt eine umfangreichere Anlayse des Investitionsobjektes vor dem Erwerb.[33]

Zudem sind Immobilien-Sondervermögen auch insbesondere für Privatanleger[34] aufgrund ihrer günstigen steuerlichen Behandlung attraktiv.[35] Der

---

28 *Zöll*, in: Beckmann/Scholtz/Vollmer, Investment (Stand: 11/16), vor § 230 Rn. 1; *Wind/Kautenburger-Behr*, in: Weitnauer/Boxberger/Anders, KAGB, 2014, Vor §§ 230–260 Rn. 10.

29 U.a. aufgrund des Erfordernisses einer Grundbuchänderung im Rahmen des Verfügungsgeschäfts; *Wind/Kautenburger-Behr*, in: Weitnauer/Boxberger/Anders, KAGB, 2014, Vor §§ 230–260 Rn. 10.

30 *Wind/Kautenburger-Behr*, in: Weitnauer/Boxberger/Anders, KAGB, 2014, Vor §§ 230–260 Rn. 11.

31 *Gringel*, ZBB 2012, 106, 107; *Wind/Kautenburger-Behr*, in: Weitnauer/Boxberger/Anders, KAGB, 2014, Vor §§ 230–260 Rn. 10.

32 *Wind/Kautenburger-Behr*, in: Weitnauer/Boxberger/Anders, KAGB, 2014, Vor §§ 230–260 Rn. 11.

33 *Wind/Kautenburger-Behr*, in: Weitnauer/Boxberger/Anders, KAGB, 2014, Vor §§ 230–260 Rn. 12.

34 *Elmendorff*, in: Seibt/Conradi, Handbuch REIT-AG, 2008, S. 5; *Veenhuis*, Die REIT-AG – eine gesellschaftsrechtliche Analyse, 2012, S. 13 f.

35 *Elmendorff*, in: Seibt/Conradi, Handbuch REIT-AG, 2008, S. 5; siehe zur „ privilegierten Besteuerung von Investmentfonds“ allgemein: *Elser/Stadler*, DStR 2013, 225 ff.;

Fonds selbst unterliegt nicht der Einkommen- oder Körperschaftsteuer.[36] Die Anteilsinhaber werden nach den Spezialregelungen des Investmentsteuergesetzes (InvStG)[37] besteuert, wobei eine Orientierung an der Besteuerung einer Direktanlage erfolgt, der Vortrag von Verlusten jedoch ausgeschlossen ist.[38]

III. Untersuchungsgegenstand im Kontext der Immobilienanlagen

1. Immobilienanlagen allgemein

Der offene Immobilienfonds als Untersuchungsgegenstand ist im Kontext der weiteren Möglichkeiten der Immobilienanlage zu sehen. Immobilienanlagen sind grundsätzlich sowohl in direkter Form als auch in indirekter Form möglich,[39] wobei es sich bei dem offenen Immobilienfonds um eine indirekte Anlage handelt.

a) Direkte Immobilienanlagen

Im Rahmen von direkten Immobilieninvestitionen erwirbt der Investor die Immobilie selbst, d. h. er wird unmittelbarer (Allein)eigentümer der Immobilie und ist vollkommen autonom bei Entscheidungen über die Immobilie.[40] Neben den Investitionen verbunden mit dem Erwerb einer unmittelbaren Eigentümerstellung zählt auch der Erwerb aller Anteile an einer Immobilien-Gesellschaft zu den direkten Immobilieninvestitionen, da auch hier die vollständige Kontrolle über die Immobilie(n) beim Investor liegt.[41] In diesen Fällen verwaltet der Anleger selbstständig die Anlage und muss somit nur die Konsequenzen seiner eigenen Entscheidungen tragen. Aufgrund dieser Eigenverantwortlichkeit sieht

---

insbesondere zu den Besonderheiten der Besteuerung von offenen Immobilienfonds: *Kiesel/Joch*, BB 2015, 2973, 2974 ff.

36 *Elmendorff*, in: Seibt/Conradi, Handbuch REIT-AG, 2008, S. 5.

37 Investmentsteuergesetz (InvStG) vom 15. Dezember 2003, BGBl. I 2003, S. 2676, 2724, grundlegend reformiert durch Gesetz zur Reform der Investmentbesteuerung (Investmentsteuerreformgesetz – InvStRefG) vom 19. Juli 2016, BGBl. I 2016, S. 1730.

38 *Elmendorff*, in: Seibt/Conradi, Handbuch REIT-AG, 2008, S. 5.

39 *Wind/Kautenburger-Behr*, in: Weitnauer/Boxberger/Anders, KAGB, 2014, Vor §§ 230–260 Rn. 1; zu dem Verhältnis der direkten und indirekten Anlagen allgemein (Verhältnis Aktien – Fonds, 1. Halbjahr 2013), siehe: *Leven*, AG 2013, R 321.

40 *Wind/Kautenburger-Behr*, in: Weitnauer/Boxberger/Anders, KAGB, 2014, Vor §§ 230–260 Rn. 2.

41 *Schultz-Süchting*, in: Emde/Dornseifer/Dreibus/Hölscher, InvG, 2013, Vor §§ 66–82 Rn. 3; *Wind/Kautenburger-Behr*, in: Weitnauer/Boxberger/Anders, KAGB, 2014, Vor §§ 230–260 Rn. 2.

der Gesetzgeber eine investmentrechtliche Regulierung der direkten Immobilienanlagen als nicht notwendig an und diese sind deshalb auch nicht Gegenstand des derzeit gültigen Investmentrechts.[42]

b) Indirekte Immobilienanlagen

Demgegenüber sind die indirekten Immobilienanlagen dadurch charakterisiert, dass der Investor in der Regel nicht unmittelbarer Eigentümer der Immobilien wird und die konkrete Anlageentscheidung zum Erwerb einer (oder mehrerer) Immobilien nicht von ihm getroffen wird, sondern im Rahmen der Fremdverwaltung erfolgt.[43] Durch eine kollektive Vermögensanlage gibt der Anleger somit Autonomie ab, dafür werden aber im Gegenzug auch Risiken kollektiv aufgeteilt und der Anleger nimmt in Höhe seines Investitionsanteils am Erfolg teil.[44] Bei indirekten Immobilienanlagen wird differenziert zwischen Immobilien-Aktiengesellschaften (AG), Real Estate Investment Trusts (REIT) sowie offenen und geschlossenen Immobilienfonds.[45]

aa) Immobilien-Aktiengesellschaft

Immobilien-Aktiengesellschaften (Immobilien-AG) sind klassische Aktiengesellschaften (AG) und unterliegen daher dem AktG. Im Unterschied zu anderen Aktiengesellschaften investieren sie ihr Kapital in Immobilien und ihre Anteile werden häufig, jedoch nicht verpflichtend, an der Börse gehandelt.[46]

bb) Real Estate Investment Trust (REIT)

Auch die Real Estate Investment Trusts (REIT) sind Aktiengesellschaften, die in Immobilien investieren.[47] Allerdings bestehen für sie neben den Vorgaben des

---

42 *Wind/Kautenburger-Behr*, in: Weitnauer/Boxberger/Anders, KAGB, 2014, Vor §§ 230–260 Rn. 3.

43 *Wind/Kautenburger-Behr*, in: Weitnauer/Boxberger/Anders, KAGB, 2014, Vor §§ 230–260 Rn. 4.

44 *Wind/Kautenburger-Behr*, in: Weitnauer/Boxberger/Anders, KAGB, 2014, Vor §§ 230–260 Rn. 4.

45 *Wind/Kautenburger-Behr*, in: Weitnauer/Boxberger/Anders, KAGB, 2014, Vor §§ 230–260 Rn. 4.

46 *Wind/Kautenburger-Behr*, in: Weitnauer/Boxberger/Anders, KAGB, 2014, Vor §§ 230–260 Rn. 5.

47 Zur Frage, ob REIT als Investmentvermögen gem. § 1 Abs. 1 anzusehen sind und somit in den Geltungsbereich des KAGB fallen siehe: *Merkt*, BB 2013, 1986 ff.

AktG auch Anforderungen nach dem spezifischen REIT-Gesetz.[48] Für sie besteht eine zwingende Verpflichtung ihre Anteile an der Börse anzubieten.[49]

c) Geschlossene Immobilienfonds

Immobilienfonds sind sowohl offen als auch geschlossen denkbar. Die Regelungen zu geschlossenen Immobilienfonds finden sich in den §§ 261–272 und regeln die Materie der geschlossenen Fonds erstmals gesetzlich.[50] Diese Fondsvariante ist darauf ausgelegt, dass die Anlage nur bis zu einem bestimmten Zeitpunkt möglich ist, meist bis eine vorher festgelegte Anlagesumme erreicht ist, um dann „geschlossen" zu werden.[51] Als Anlagevehikel dient in vielen Fällen eine Personengesellschaft.[52] Die geschlossenen Immobilienfonds waren lange nicht reguliert, u. a. auch weil bei einem Fehlen des Anteilsrücknahmerechts[53] kein Widerspruch zur grundsätzlichen Langfristigkeit der Immobilienanlage besteht.

C. Gang der Untersuchung

Insgesamt gliedert sich die Arbeit in sieben Teile. Nach der Einführung **(1. Teil)**, in der die allgemeine Fragestellung und der Untersuchungsgegenstand vorgestellt wird, folgt die Erläuterung des investmentrechtlichen Rahmens **(2. Teil)**. Dieser Überblick ist essenziell, da die einzelnen regulatorischen Maßnahmen nur vor dem historischen Hintergrund verstanden werden können. Die Regulierung des offenen Immobilienfonds ist Teil des Regulierungsregimes des KAGB. Durch die Struktur des KAGB finden sich, abgesehen von den speziellen Vorschriften für offene Immobilienfonds, an zahlreichen Stellen des Gesetzes grundsätzliche Vorschriften, die neben anderen Fondstypen auch den offenen Immobilienfonds betreffen. Das Entstehen des KAGB ist ohne den europäischen

---

48 Gesetz über deutsche Immobilien-Aktiengesellschaften mit börsennotierten Anteilen (REIT-Gesetz) vom 28. Mai 2007, BGBl. I 2007, S. 914; *Wind/Kautenburger-Behr*, in: Weitnauer/Boxberger/Anders, KAGB, 2014, Vor §§ 230–260 Rn. 6.

49 *Wind/Kautenburger-Behr*, in: Weitnauer/Boxberger/Anders, KAGB, 2014, Vor §§ 230–260 Rn. 6.

50 Hierzu: *Richardt*, Geschlossene Immobilienfonds und Immobilienbewertung vor dem Hintergrund der AIFM-Richtlinie, 2015; *Wind/Kautenburger-Behr*, in: Weitnauer/Boxberger/Anders, KAGB, 2014, Vor §§ 230–260 Rn. 7.

51 *Wind/Kautenburger-Behr*, in: Weitnauer/Boxberger/Anders, KAGB, 2014, Vor §§ 230–260 Rn. 7.

52 *Wind/Kautenburger-Behr*, in: Weitnauer/Boxberger/Anders, KAGB, 2014, Vor §§ 230–260 Rn. 7.

53 Dieses gilt grundsätzlich für geschlossene Fonds siehe S. 46 ff.

Gesetzgeber, der beispielsweise die AIFM-RL erließ, auf der das KAGB in Teilen basiert, nicht denkbar.

In der Folge wird der offene Immobilienfonds in der Regelungssystematik des KAGB **(3. Teil)** dargestellt. Um überhaupt vom Anwendungsbereich des KAGB erfasst zu sein, muss es sich um ein Investmentvermögen handeln. Welche konkreten Vorschriften des KAGB auf das Investmentvermögen Anwendung finden, hängt wiederum von unterschiedlichen „Weichenstellungen" ab: Handelt es sich um ein offenes oder ein geschlossenes Investmentvermögen? Liegt ein Publikumsinvestmentvermögen vor oder ein Spezial-AIF? Ist das Investmentvermögen inländisch, ein EU-Investmentvermögen oder ein ausländischer AIF?

Der offene Immobilienfonds kann nur mittels des Anlagevehikels Sondervermögen **(4. Teil)** aufgelegt werden. Ein Anlagevehikel in Gesellschaftsform, bespielsweise in Form der Investment-Aktiengesellschaft (Investment-AG) oder der Investment-Kommanditgesellschaft (Investment-KG) scheidet aus. Es finden daher die allgemeinen Vorschriften des KAGB zum Sondervermögen Anwendung, welche in einzelnen Bereichen durch die lex specialis Vorschriften zu Immobilien-Sondervermögen modifiziert werden. So ist beispielsweise die grundsätzlich bei Sondervermögen zulässige Miteigentumslösung im Bereich der Immobilien-Sondervermögen zugunsten der Treuhandlösung ausgeschlossen (§ 245).

Im folgenden Teil werden die zentralen Akteure Verwaltungsgesellschaft und Verwahrstelle **(5. Teil)** näher betrachtet. Insbesondere die Regulierung der Verwaltungsgesellschaft bildet einen Schwerpunkt der europäischen AIFM-RL. Charakteristischer Ansatz der AIFM-RL, dessen Regelungen sich in Deutschland im KAGB finden, ist die Regulierung der Manager von alternativen Investmentfonds (AIF). Da es sich bei der KVG eines offenen Immobilienfonds um den Manager eines AIF handelt, sind diese Vorschriften auch für den offenen Immobiliefonds hochrelevant.

Es folgt die Auseinandersetzung mit den besonderen Bestimmungen für offene Immobilienfonds („Immobilien-Sondervermögen") im Rahmen des KAGB **(6. Teil)**. Diese sind aufgrund struktureller Besonderheiten und Eigenschaften offener Immobilienfonds notwendig und im Wesentlichen aus dem InvG mit den Neuerungen durch das AnsFuG übernommen worden. Den Schwerpunkt bilden hierbei drei Bereiche: (1) die zu Investitionszwecken zulässigen Vermögensgegenstände und in diesem Zusammenhang bestehende Anlagegrenzen, (2) die Besonderheiten der Bewertung der Vermögensgegenstände u. a. durch externe Bewerter (3) sowie die Voraussetzungen der Anteilsausgabe und -rücknahme, die Aussetzung der Anteilsrücknahme und die Fondsabwicklung. Ausführlich werden die bestehenden gesetzlichen Regelungen auf Sinnhaftigkeit und Verhältnismäßigkeit untersucht. Es werden alternative und ergänzende Lösungsansätze zur Entschärfung der besonderen strukturellen Gefahrenlagen offener Immobilienfonds erörtert. In diesem Zusammenhang wird auch ein rechtsvergleichender Blick auf das Schweizer Recht geworfen und insbesondere die verpflichtende Börsennotierung für Anteile offener Immobilienfonds als Regulierungsoption diskutiert.

Im letzten Abschnitt folgt das Fazit (**7. Teil**). In diesem wird die Regulierung insgesamt betrachtet und auf die in der Einleitung aufgeworfene Frage Bezug genommen, inwiefern zukünftig auftretenden Gefahrenlagen durch die Regulierung des KAGB ausreichend vorgebeugt ist.

Die Arbeit betrachtet den offenen Immobilienfonds allein unter regulatorischen Gesichtspunkten, weswegen der Anlegerschutz aus zivilrechtlicher Sicht durch die ordentlichen Gerichte nicht berücksichtigt ist. Bewusst ausgeklammert ist auch der Vertrieb der Investmentanteile an den Anleger.

2. Teil Investmentrechtlicher Rahmen

A. Kurze Historie des Investmentgeschäfts

I. Investmentidee

Traditionell basiert das Investmentgeschäft auf der sog. Investmentidee.[54] Diese besagt, dass „dem Kleinanleger hinsichtlich der Minimierung des Risikos durch Streuung der Anlagewerte die gleichen Anlagemöglichkeiten offen stehen sollen wie dem finanzstarken Investor“[55].

Es sollten somit dem Kleinanleger Kapitalanlagemöglichkeiten eröffnet werden, die ihm sonst verschlossen blieben. Mit der originären Idee hat jedoch die heutige Wirklichkeit der Investmentfonds im Allgemeinen nicht mehr viel zu tun.[56] So ist das Volumen der für ausschließlich institutionelle Anleger vorgesehenen Spezialfonds seit 1997 höher als das angelegte Vermögen in Publikumsfonds, welche Kleinanlegern offen stehen.[57]

II. Ursprünge in Europa

Als erste Investmentgesellschaft gilt die 1822 in Brüssel gegründete Société générale des Pay-Bas[58], welche wohl auch das Vorbild für die 30 Jahre später in Paris errichtete Crédit mobilier war, wobei ihre Bedeutungen in der Literatur unter-

---

54 *Koemm*, Immobilien-Investmentfonds: Vorschläge zur Reform der Immobilienfonds unter dem InvG unter Berücksichtigung des schweizerischen und spanischen Investmentrechts, 2012, S. 5 m.w.N.

55 So *Koemm*, Immobilien-Investmentfonds: Vorschläge zur Reform der Immobilienfonds unter dem InvG unter Berücksichtigung des schweizerischen und spanischen Investmentrechts, 2012, S. 5, der dieses anhand eines Zitats von *Liefmann* (Liefmann, Beteiligungs- und Finanzierungsgesellschaften, 5. Aufl. 1931, S. 169) zum Zweck des Foreign and Colonial Trusts herleitet.

56 *Köndgen/Schmies*, in: Schimansky/Bunte/Lwowski, Bankrechts-Handbuch, Zweiter Band, 4. Auflage 2011, § 113 Rn. 9.

57 *Köndgen/Schmies*, in: Schimansky/Bunte/Lwowski, Bankrechts-Handbuch, Zweiter Band, 4. Auflage 2011, § 113 Rn. 9, sowie Fn. 24, unter Verweis auf: Bundesverband Investment und Asset Management e.V. (BVI), Investmentstatistik zum Stichtag 30.09.2010.

58 *Baur*, in: Assmann/Schütze, Handbuch des Kapitalanlagerechts, 3. Auflage 2007, § 20 Rn. 7; *Zeller*, in: Brinkhaus/Scherer, KAGG AuslInvestmentG, 2003, Einl. KAGG Rn. 3; *Höring*, Investmentrecht, 2013, § 2 Rn. 22; *Liefmann*, Beteiligungs- und Finanzierungs-

schiedlich beurteilt werden.[59] Die kollektive Kapitalanlage hat seine prägenden Wurzeln jedoch in Schottland und England, wo ab 1860 sog. Investment Trusts gegründet wurden.[60] Im Jahre 1886 waren insgesamt zwölf Investment Trust Companies (mit einem Kapital von insgesamt 16.500 englischen Pounds) an der Londoner Börse notiert, wobei davon auszugehen ist, dass die tatsächliche Anzahl deutlich höher war, da nicht jede Gesellschaft eine Börsennotierung anstrebte.[61]

Die englischen Investment Trust Companies verfolgten ursprünglich ausschließlich den Zweck, durch Erwerb verschiedener schon bestehender Effekten eine Risikoverteilung herbeizuführen.[62] Ausgangspunkt hierfür war die schlechte Verzinsung der englischen Staatsrenten, die nur wenig über 3 % einbrachten.[63] Um nun auch als vergleichsweise kleiner Anleger an eine höhere Verzinsung durch Investitionen in Anleihen auswärtiger Staaten (namentlich die damals massenhaft emittierten Obligationen von Eisenbahnunternehmen) zu gelangen und ein hohes Verlustrisiko zu vermeiden, bot sich ein genossenschaftliches Vorgehen an.[64] Das Kapital wurde gebündelt und in einem Pensionsfonds neu formiert.[65] In einer „Trustwelle" ab dem Jahre 1909 wurden nun vermehrt auch Gesellschaften gegründet, welche Aktien von Pflanzungsgesellschaften (z. B. für Kautschuk, aber auch für Tee, Kaffee oder Erdöl) erwarben.[66]

Während sich schon in früheren Investmentgesellschaften Elemente der Risikostreuung und der Beteiligung einer größeren Anlegerschaft fanden, kam erst

---

gesellschaften, 5. Aufl. 1931, S. 148 ff.; *Baehring*, Investment in Deutschland, „Schrift der Union-Investment-Gesellschaft mbH zum 25jährigen Jubiläum, 1981", 1980, S. 53.

59 Siehe hierzu *Liefmann*, Beteiligungs- und Finanzierungsgesellschaften, 5. Aufl. 1931, S. 166 der der Crédit mobilier „keine so große Originalität" zuerkennt, während Plenge (Gründung und Entwicklung der Crédit mobilier, 1903, passim) dieses grundlegend anders bewertet.

60 *Liefmann*, Beteiligungs- und Finanzierungsgesellschaften, 5. Aufl. 1931, S. 167; *v. Caemmerer*, Kapitalanlage- oder Investmentgesellschaften, JZ 1958, 41 f.; *Ohl*, Die Rechtsbeziehungen innerhalb des Investment-Dreiecks, 1989, S. 14; *Baur*, in: Assmann/Schütze, Handbuch des Kapitalanlagerechts, 3. Auflage 2007, § 20 Rn. 7; *Linhardt*, Die Britischen Investment Trusts, 1935, S. 50 ff.; *Christen*, Der Kollektivanlagevertrag (Art. 6 AFG), 2002, S. 6; *Höring*, Investmentrecht, 2013, § 2 Rn. 22.

61 *Liefmann*, Beteiligungs- und Finanzierungsgesellschaften, 5. Aufl. 1931, S. 172.

62 *Liefmann*, Beteiligungs- und Finanzierungsgesellschaften, 5. Aufl. 1931, S. 167.

63 *Liefmann*, Beteiligungs- und Finanzierungsgesellschaften, 5. Aufl. 1931, S. 167.

64 *v. Caemmerer*, Kapitalanlage- oder Investmentgesellschaften, JZ 1958, 41, 42; *Liefmann*, Beteiligungs- und Finanzierungsgesellschaften, 5. Aufl. 1931, S. 167.

65 *Liefmann*, Beteiligungs- und Finanzierungsgesellschaften, 5. Aufl. 1931, S. 167.

66 *Liefmann*, Beteiligungs- und Finanzierungsgesellschaften, 5. Aufl. 1931, S. 167.

durch die britischen „Trusts“ das Modell der Treuhänderschaft hinzu.[67] Es wurde meist die Rechtsform des altenglischen Trusts gewählt.[68]

III. Ursprünge in den USA

Von Großbritannien beeinflusst verbreitete sich das Modell des Investmentsparens um die Jahrhundertwende auch zunehmend in den USA.[69] So war gerade in der Zeit vor der großen Krise von 1929 ein regelrechter Gründungsboom von Investmentgesellschaften zu beobachten und die Zahl der Gesellschaften stieg auf etwa 700 an.[70] Als beliebte Rechtsform ist beispielhaft die des Massachusetts Trust[71] zu nennen. Bei diesem Modell steht nicht die Vermögensverwaltung im Vordergrund, sondern das Betreiben von Geschäften („Business Trust“).[72] Hierbei haben die Treuhänder die Funktion von Geschäftsführern und die Haftung der Begünstigten des Trusts ist auf deren Trustvermögensanteil beschränkt.[73]

Mit dem Einbruch der Börsenkurse im Jahr 1929 kam es aufgrund der starken Nutzung von Hebelfinanzierung („leverage“) durch die Business Trusts und der Verflechtung dieser Investmentgesellschaften untereinander zu erheblichen Verlusten der Investmentsparer.[74] In der Folge entstanden gesetzliche Regelungen,[75] welche die Freiheit der amerikanischen Trusts entscheidend beschränkten. Es ergriffen jedoch auch die Investmentgesellschaften selbst Maßnahmen mit dem Ziel, das Vertrauen der Anleger wiederzugewinnen.[76] Hierzu zählten u.a. die Abkehr vom „managed trust“, d.h. die Auswahl der Investitionen wurde dem völlig freien Ermessen der Geschäftsleitung entzogen, stattdessen wurden die Modalitäten der

---

67 *Baur*, in: Assmann/Schütze, Handbuch des Kapitalanlagerechts, 3. Auflage 2007, § 20 Rn. 7.

68 Hierzu ausführlich: *Ohl*, Die Rechtsbeziehungen innerhalb des Investement-Dreiecks, 1989, S. 14 ff.

69 *Ohl*, Die Rechtsbeziehungen innerhalb des Investment-Dreiecks, 1989, S. 17.

70 *Baur*, in: Assmann/Schütze, Handbuch des Kapitalanlagerechts, 3. Auflage 2007, § 20 Rn. 7; *Ohl*, Die Rechtsbeziehungen innerhalb des Investment-Dreiecks, 1989, S. 17.

71 Als erster Staat in den USA ließ der Staat Massachusetts Trusts zu, welche in Aufbau und Struktur Corporations ähnelten, ohne jedoch zu juristischen Personen zu werden, vgl. *Ohl*, Die Rechtsbeziehungen innerhalb des Investment-Dreiecks, 1989, S. 17 f.

72 *Ohl*, Die Rechtsbeziehungen innerhalb des Investment-Dreiecks, 1989, S. 18.

73 *Ohl*, Die Rechtsbeziehungen innerhalb des Investment-Dreiecks, 1989, S. 18.

74 *v. Caemmerer*, Kapitalanlage- oder Investmentgesellschaften, JZ 1958, 41, 47; *Ohl*, Die Rechtsbeziehungen innerhalb des Investment-Dreiecks, 1989, S. 18.

75 Einen Überblick zu den amerikanischen Investmentfonds bietet *Heller*, in: Schuster, Investment-Handbuch, 1971, S. 339 ff.

76 *Ohl*, Die Rechtsbeziehungen innerhalb des Investment-Dreiecks, 1989, S. 18.

Anlage künftig in den Gesellschaftsstatuten präzisiert.[77] Auch die Fremddeponierung des Investmentsvermögens durch die Etablierung von Verwahrstellen in Form von Banken und Versicherungen schaffte neues Vertrauen der Investoren, da so die spezifischen Verwahr-Aufgaben stärker professionalisiert werden konnten.[78] Dieses wurde im Investment Company Act von 1940 auch gesetzlich festgelegt.[79]

Die wohl entscheidenste Neuerung war jedoch die Einführung eines Rechts auf Rückgabe („right of redemption“[80]) der Anteile an die Investmentgesellschaft.[81] Bis dato waren nur „closed-end trusts“ bekannt, welche aus einer festgelegten Zahl von Anlegern bestanden,[82] die sich nur früher, als vom trust ohnehin vorgesehen, von ihren Anteilen trennen konnten, wenn sie diese an Dritte veräußerten. Nunmehr, mit dem Modell der „open-end trusts“, ergab sich für den Anleger, neben der Veräußerung auf dem freien Markt, eine weitere Möglichkeit, seinen Anteil liquide zu machen.[83] Grade in Krisenzeiten hatte der Anleger eines „closed-end trust“ aufgrund von Kurseinbrüchen bei der Veräußerung teilweise immense Verluste hinnehmen müssen, weshalb die zusätzliche Rückgabemöglichkeit mehr als willkommen war.[84]

B. Das KAGB und seine Geschichte

Das am 22. Juli 2013 in Kraft getretene Kapitalanlagegesetzbuch (KAGB)[85] ist das (vorläufige) Ende einer jahrelang andauernden umfassenden Umgestaltung der rechtlichen Rahmenbedingungen für Investmentfonds insgesamt.[86] So wird das KAGB u. a. auch als das neue „Grundgesetz für Fonds“[87] oder gar als „Quantensprung“[88] bezeichnet.

---

77 *Ohl*, Die Rechtsbeziehungen innerhalb des Investment-Dreiecks, 1989, S. 19.

78 *v. Caemmerer*, Kapitalanlage- oder Investmentgesellschaften, JZ 1958, 41, 49; *Ohl*, Die Rechtsbeziehungen innerhalb des Investment-Dreiecks, 1989, S. 19.

79 *Ohl*, Die Rechtsbeziehungen innerhalb des Investment-Dreiecks, 1989, S. 19.

80 *v. Caemmerer*, Kapitalanlage- oder Investmentgesellschaften, JZ 1958, 41, 43.

81 *Ohl*, Die Rechtsbeziehungen innerhalb des Investment-Dreiecks, 1989, S. 20; *v. Caemmerer*, Kapitalanlage- oder Investmentgesellschaften, JZ 1958, 41, 43.

82 Hierzu: *Reuter*, Investmentfonds und die Rechtsstellung der Anteilsinhaber, 1965, S. 35, 36.

83 *Ohl*, Die Rechtsbeziehungen innerhalb des Investment-Dreiecks, 1989, S. 20.

84 *Ohl*, Die Rechtsbeziehungen innerhalb des Investment-Dreiecks, 1989, S. 20.

85 Siehe Fn. 16.

86 *Voigt*, Die deutsche Umsetzung der AIFM-Richtlinie durch das KAGB, in: Möllers/Kloyer, Das neue Kapitalanlagegesetzbuch, 2014, S. 61 ff. Rn. 129 ff.; *Görke/Ruhl*, BKR 2013, 142; *Niewerth/Rybarz*, WM 2013, 1154; *Servatius*, ZfIR 2013, 709.

87 ZfgKW, 2013, Heft 21 vom 1. November 2013, Gespräch des Tages: Investmentfonds – Gemengelage auf Verbändeebene.

88 *Burgard/Heimann*, WM 2014, 821, 830; beachte auch *Hübner*, WM 2014, 106, 115, der die Frage stellt „Opus Magnum oder Monstrum?“.

Zusammengefasst löste das Investmentgesetz (InvG)[89] zum 1. Januar 2004 das Gesetz über Kapitalanlagegesellschaften (KAGG)[90] aus dem Jahre 1957 und das Auslandsinvestmentgesetz (AuslInvG)[91] aus dem Jahre 1998 auf nationaler Ebene ab. Primär stellte das InvG wiederum eine Umsetzung der europäischen „Organismen für gemeinsame Anlagen in Wertpapieren"-Richtline (OGAW-RL)[92] dar.[93] Das InvG wurde wiederum durch das KAGB ersetzt, was allerdings vom Anwendungsbereich her weiter ist als das alte InvG.

Neben den schon im InvG enthaltenen Regelungen für OGAW treten nun auch Regelungen für solche Fondstypen hinzu, die bisher gar nicht oder kaum reguliert waren, insbesondere geschlossene Fonds (z. B. Private Equity-Fonds und geschlossene Immobilienfonds).[94] Im Bereich der offenen Fonds wurden die Regelungen des InvG in weiten Teilen auf das KAGB übertragen. Neu geschaffen wurde jedoch die offene Investment-Kommanditgesellschaft (InvestmentKG). Grund für die (weitestgehend) bestehende Regulierung offener Fonds nach dem InvG waren ihre Strukturmerkmale (u. a. Möglichkeit der Anteilsrücknahme, siehe hierzu S. 48 ff.), welche schon früh eine gesetzliche Regulierung erforderten, da sie im Gegensatz zu geschlossenen Fonds ein erheblich höheres Potenzial an Missbrauchsgefahren aufwiesen.

Das KAGB ist Teil des AIFM-UmsG, welches die europäische AIFM-RL in deutsches Recht umsetzt.[95] Es finden sich somit im KAGB Regelungen betreffend „Organismen für gemeinsame Anlagen in Wertpapieren" (OGAW)[96], als auch betreffend „Alternative Investmentfonds" (AIF).[97] Im Unterschied zur AIFM-RL zielt das KAGB nicht allein auf die Managerregulierung ab, sondern reguliert teilweise auch direkt den Fonds.[98]

---

89 Siehe Fn. 5.

90 Gesetz über Kapitalanlagegesellschaften (KAGG) vom 16. April 1957, BGBl. I 1957, S. 378.

91 Auslandsinvestmentgesetz (AuslInvG) vom 9. September 1998, BGBl. I 1998, S. 2820.

92 Zu dieser siehe S. 24 ff.

93 *Buck-Heeb*, Kapitalmarktrecht, 8. Auflage 2016, § 16 Rn. 765.

94 *Buck-Heeb*, Kapitalmarktrecht, 8. Auflage 2016, § 16 Rn. 766.

95 *Hanten*, in: Baur/Tappen, Investmentgesetze: Großkommentar, Bd. 1: §§ 1–272 KAGB, 3. Auflage 2015, § 36 Rn. 6.

96 Auf englisch als „Undertakings for Collective Investment in Transferrable Securities" (UCITS) bezeichnet. Dieser Begriff wird jedoch im deutschen Sprachraum eher selten verwendet und stattdessen von „OGAW" gesprochen. Für den „AIF" hat sich jedoch die englische Bezeichnung auch im deutschen Sprachraum durchgesetzt.

97 Zur Unterscheidung siehe S. 46 ff.

98 *Winterhalder*, in: Weitnauer/Boxberger/Anders, KAGB, 2014, § 17 Rn. 1.

Das KAGB enthält somit Regelungen basierend auf der OGAW-RL[99] und der AIFM-RL. Ergänzend wurden in das KAGB auch die für die Anwendung der Europäischen Verordnung über Europäische Risikokapitalfonds (EuVECA-VO)[100] und der Europäischen Verordnung über Europäische Fonds für soziales Unternehmertum (EuSEF-VO)[101] erforderlichen Regelungen aufgenommen.[102]

Die AIFM-RL ist eine sog. Rahmenrichtline auf Stufe 1 des Lamfalussy-Verfahrens und wird durch Durchführungsbestimmungen auf Stufe 2, insbesondere durch die Delegierte Verordnung der EU-Kommission vom 19. Dezember 2012 (Level 2-VO)[103] sowie die Delegierte Verordnung der EU-Kommission vom 17. Dezember 2013[104] ergänzt. Die EU-Verordnungen haben unmittelbare Geltung in den Mitgliedstaaten und bedürfen keines nationalen Transformationsaktes, wie etwa eine Richtlinie. Daher haben sie auch unmittelbare Auswirkungen auf das KAGB.[105]

Wenngleich es sich bei offenen Immobilienfonds (Immobilien-Sondervermögen) nicht um OGAW handelt,[106] waren auch diese traditionell bereits im InvG reguliert (§§ 66–82 InvG). Im Rahmen der Neuerung des InvG im Jahre 2011 durch das

---

99 Diese Regelungen waren im Wesentlichen bereits im InvG im nationalen Recht zu finden.

100 Verordnung (EU) Nr. 345/2013 des Europäischen Parlaments und des Rates vom 17. April 2013 über Europäische Risikokapitalfonds, ABl. EU L 115 vom 25. April 2013, S. 1.

101 Verordnung (EU) Nr. 346/2013 des Europäischen Parlaments und des Rates vom 17. April 2013 über Europäische Fonds für soziales Unternehmertum, ABl. EU L 115 vom 25. April 2013, S. 18.

102 *Weitnauer/Boxberger/Anders*, KAGB, 2014, Einl., S. 2.

103 In der Lit. teilweise auch schlicht als „Level 2-VO" bezeichnet, so auch hier in der Folge nur „Level 2-VO": Delegierte Verordnung (EU) Nr. 231/2013 der Kommission vom 19. Dezember 2012 zur Ergänzung der Richtlinie 2011/61/EU des Europäischen Parlaments und des Rates im Hinblick auf Ausnahmen, die Bedingungen für die Ausübung der Tätigkeit, Verwahrstellen, Hebelfinanzierung, Transparenz und Beaufsichtigung, ABl. EU L 83 vom 22. März 2013, S. 1 ff.

104 Delegierte Verordnung (EU) Nr. 694/2014 der Kommission vom 17. Dezember 2013 zur Ergänzung der Richtlinie 2011/61/EU des Europäischen Parlaments und des Rates im Hinblick auf technische Regulierungsstandards zur Bestimmung der Arten von Verwaltern alternativer Investmentfonds, ABl. EU L 183 vom 24. Juni 2014, S. 18.

105 Zu den konkreten Auswirkungen der unmittelbaren Geltung der Delegierten Verordnung (EU) Nr. 694/2014 bei der Abgrenzung von offenem und geschlossenem Investmentvermögen siehe S. 72 ff.; *Buck-Heeb*, Kapitalmarktrecht, 8. Auflage 2016, § 16 Rn. 767.

106 Bei OGAW ist grundsätzlich nur eine kollektive Vermögensanlage in Wertpapieren möglich.

AnsFuG wurden die Bestimmungen des InvG im Bereich der offenen Immobilienfonds als Reaktion auf die jüngste Krise umfassend neu gestaltet. Diese Neuerungen finden sich nun auch im KAGB als Nachfolgevorschrift des InvG und sind nicht Ausprägung der Umsetzung der AIFM-RL.

Das KAGB ist als Teil des öffentlichen (Regulierungs-) Rechts zu verstehen.[107] Nach treffender Bezeichnung *Gerlachs*[108] handelt es sich „letztlich um die öffentlich-rechtliche Regulierungsausweitung in Bezug auf einen privaten Wirtschaftsbereich".

I. Nationale Gesetzgebung

1. Das Gesetz über Kapitalanlagegesellschaften (KAGG)[109]

In Deutschland hatte es, wenn auch im Vergleich zum Ausland eher spät, Versuche gegeben Investmentvermögen zu bilden, so etwa im Jahre 1923.[110] Jedoch wurde erst nach Ende des zweiten Weltkrieges im Zuge der 1948er Währungsreform die Idee von Investmentvermögen neu aufgegriffen.[111] Mit Begründung der „Allgemeine[n] Deutschen Investment-Gesellschaft-m.b.H." (ADIG) 1949, die als Treuhänder ein Anlagevermögen für eine Bruchteilsgemeinschaft verwaltete, begann das Investmentwesen in der Bundesrepublik aufzukeimen.[112] Der erste Meilenstein in der Gesetzgebung war das am 17. April 1957 verkündete KAGG, welches als erstes deutsches Regelungswerk einen umfassenden Schutz des Investmentsparers sicherstellen wollte.[113] Hierbei lernte der deutsche Gesetz-

---

107 *Gerlach*, in: Baur/Tappen, Investmentgesetze: Großkommentar, Bd. 2: §§ 273–355 KAGB, InvStG, 3. Auflage 2015, Vor §§ 343–355 Rn. 6; siehe auch *Bußalb*, Die Kompetenzen der BaFin bei der Überwachung der Pflichten nach dem KAGB, in: Möllers/Kloyer, Das neue Kapitalanlagegesetzbuch, 2014, S. 220 ff., Rn. 577.

108 *Gerlach*, in: Baur/Tappen, Investmentgesetze: Großkommentar, Bd. 2: §§ 273–355 KAGB, InvStG, 3. Auflage 2015, Vor §§ 343–355 Rn. 6.

109 Siehe Fn. 5.

110 *Baur*, in: Assmann/Schütze, Handbuch des Kapitalanlagerechts, 3. Auflage 2007, § 20 Rn. 8.

111 *Baur*, in: Assmann/Schütze, Handbuch des Kapitalanlagerechts, 3. Auflage 2007, § 20 Rn. 8.

112 *Zeller*, in: Brinkhaus/Scherer, KAGG AuslInvestmentG, 2003, Einl. KAGG Rn. 5; *Baur*, in: Assmann/Schütze, Handbuch des Kapitalanlagerechts, 3. Auflage 2007, § 20 Rn. 8.

113 *Baur*, in: Assmann/Schütze, Handbuch des Kapitalanlagerechts, 3. Auflage 2007, § 20 Rn. 9.

geber aus anderen Ländern, insbesondere den USA,[114] dass bloßes Vertrauen auf die Selbstregulierung durch Privatautonomie, also auf die vertraglich zwischen dem Investor und der Investmentgesellschaft vereinbarten Rechtsbeziehungen, nicht ausreichend ist, um den oft strukturell unterlegenen Anleger zu schützen.[115] Auch sollte durch Schaffung des KAGG die Kapitalmarktstruktur insgesamt verbessert und ein breit gestreutes Eigentum gefördert werden.[116] Inhaltlich wurde zum einen durch das KAGG das Fremdvermögen vor Missbrauch und riskanten Geschäften geschützt, aber auch steuerliche Aspekte wurden geregelt: Da ursprünglich nur das Wertpapier-Investment vom KAGG erfasst war,[117] war eine Bestrebung des Gesetzgebers, den Besitzer von Investmentanteilen dem Besitzer anderer Wertpapiere auch steuerlich gleichzustellen.[118]

Wie bereits angeführt, war anfangs das Investmentsparen in Deutschland allein mit inländischen Wertpapier-Investmentgesellschaften verbunden worden und das KAGG auch ausschließlich auf diese ausgerichtet.[119] Doch schon Ende der 1950er Jahre entstanden auch Immobilien-Investmentgesellschaften, die jedoch zunächst keiner speziellen gesetzlichen Regulierung unterlagen.[120] Erst mit der „KAGG Novelle von 1969“[121] wurden die Immobilien-

---

114 Die USA hatten bereits 1929 eine erste große Krise in der Investmentbranche zu bewältigen, welche zu teilweise enormen Verlusten bei Anlegern geführt hatte.

115 *Baur*, in: Assmann/Schütze, Handbuch des Kapitalanlagerechts, 3. Auflage 2007, § 20 Rn. 9.

116 *Baur*, in: Assmann/Schütze, Handbuch des Kapitalanlagerechts, 3. Auflage 2007, § 20 Rn. 9.

117 *Zeller*, in: Brinkhaus/Scherer, KAGG AuslInvestmentG, 2003, Einl. KAGG Rn. 9.

118 *Baur*, in: Assmann/Schütze, Handbuch des Kapitalanlagerechts, 3. Auflage 2007, § 20 Rn. 9.

119 *Zeller*, in: Brinkhaus/Scherer, KAGG AuslInvestmentG, 2003, Einl. KAGG Rn. 8, 9.

120 Zur damaligen Rechtslage: *Martini*, Rechtliche Probleme eines Immobilienzertifikats, 1967, S. 20 ff.; *Kruhme*, Die rechtliche Einordnung der Immobilienfondsgesellschaften und das Erfordernis einer gesetzlichen Sonderregelung, 1968, S. 21 ff.; *Baur*, in: Baur, Investmentgesetze: Großkommentar, Bd. 2: §§ 26–55 KAGG, AuslInvG, Anhang, Stichwortverzeichnis, 2. Auflage 1997, Vor § 26 KAGG Rn 1; *Baur*, in: Assmann/Schütze, Handbuch des Kapitalanlagerechts, 3. Auflage 2007, § 20 Rn. 10.

121 Siehe Art. 2 des Gesetzes zur Änderung und Ergänzung des Gesetzes über Kapitalanlagegesellschaften und der Gewerbeordnung (Änd. KAGG/GewOErg), BGBl. I 1969, S. 992. Dieses Gesetz wurde als Zweiter Teil des Gesetzes über den Vertrieb ausländischer Investmentanteile, über die Besteuerung ihrer Erträge sowie zur Änderung und Ergänzung des Gesetzes über Kapitalanlagegesellschaften vom 28. Juli 1969, BGBl. I 1969, S. 986 erlassen.

Investmentgesellschaften[122] dem KAGG unterstellt.[123] Des Weiteren wurde das KAGG durch vier aufeinander folgende Finanzmarktförderungsgesetze immer wieder an aktuelle Entwicklungen angepasst. Das erste Finanzmarktförderungsgesetz vom 22. Februar 1990[124] (auch teilweise, soweit es das KAGG betraf, als „Große KAGG-Novelle" bezeichnet) zielte darauf ab, die nationale Gesetzgebung an die erste OGAW-RL[125] anzupassen. Im Zuge dessen sollte der Finanzplatz Deutschland insgesamt gestärkt werden sowie die Wettbewerbsfähigkeit der deutschen Investmentfonds gesichert werden.[126] Inhaltlich wurden nun erstmals auch Spezialfonds durch ein nationales Gesetz geregelt,[127] zudem wurde in § 8 KAGG der Katalog der Anlagemöglichkeiten ausgedehnt. Auch fanden sich neue Regelungen zum Optionshandel, zu Devisentermingeschäften, Finanzterminkontrakten und Kapitalanforderungen.[128] Mit einem zweiten Finanzmarktförderungsgesetz vom 26. Juli 1994[129] wurden u. a. Staatsanleihefonds, also Fonds mit ausschließlicher Anlage in Wertpapiere öffentlicher Emittenten zulässig.[130] Das „Gesetz zur weiteren Fortentwicklung des Finanzplatzes Deutschland" vom 24. März 1998[131] stellt das Dritte Finanzmarktförderungsgesetz dar und brachte, verglichen mit seinen beiden Vorgängern, wohl die umfassendsten Neuerungen mit sich. Die Novellierung bezweckte durch Liberalisierung und Deregulierung die Wettbewerbsfähigkeit der deutschen Kapital-

---

122 Es bestanden zu diesem Zeitpunkt in Deutschland (BRD) allerdings nur insgesamt drei vgl. *Baur*, in: Assmann/Schütze, Handbuch des Kapitalanlagerechts, 3. Auflage 2007, § 20 Rn. 10.

123 Hierzu: *Kerscher*, in: Schuster, Investment-Handbuch, 1971, S. 164 ff., 171; *Baur*, in: Assmann/Schütze, Handbuch des Kapitalanlagerechts, 3. Auflage 2007, § 20 Rn. 10; *Zeller*, in: Brinkhaus/Scherer, KAGG AuslInvestmentG, 2003, Einl. KAGG Rn. 10.

124 Gesetz zur Verbesserung der Rahmenbedingungen der Finanzmärkte (Erstes Finanzmarktförderungsgesetz) vom 22. Februar 1990, BGBl. I 1990, S. 266.

125 Zu den OGAW-RLen siehe S. 24 ff.

126 *Baur*, in: Assmann/Schütze, Handbuch des Kapitalanlagerechts, 3. Auflage 2007, § 20 Rn. 15; *Zeller*, in: Brinkhaus/Scherer, KAGG AuslInvestmentG, 2003, Einl. KAGG Rn. 27.

127 *Zeller*, in: Brinkhaus/Scherer, KAGG AuslInvestmentG, 2003, Einl. KAGG Rn. 28.

128 *Zeller*, in: Brinkhaus/Scherer, KAGG AuslInvestmentG, 2003, Einl. KAGG Rn. 28.

129 Gesetz über den Wertpapierhandel und zur Änderung börsenrechtlicher und wertpapierrechtlicher Vorschriften (Zweites Finanzmarktförderungsgesetz) vom 26. Juli 1994, BGBl. I 1994, S. 1749.

130 *Zeller*, in: Brinkhaus/Scherer, KAGG AuslInvestmentG, 2003, Einl. KAGG Rn. 31.

131 Gesetz zur weiteren Fortentwicklung des Finanzplatzes Deutschland (Drittes Finanzmarktförderungsgesetz) vom 24. März 1998, BGBl. I 1998, S. 529.

anlagegesellschaften (KAGen)[132] im internationalen Vergleich zu stärken.[133] Es wurden schwerpunktmäßig neue Fondstypen, wie z. B. Altersvorsorgesondervermögen (AS-Fonds), Mischfonds (gemischte Wertpapier- und Grundstücks-Sondervermögen), Dachfonds (Investmentfondsanteil-Sondervermögen) zugelassen, die die Möglichkeiten der KAG, Geschäfte zu machen, wesentlich erweiterten.[134] Außerdem wurde erstmals die InvestmentAG geregelt.[135] Auch wurden nun sog. Aktienindex-Fonds zugelassen.[136] Dieser Fondtypus ist unter anderem durch die, im Vergleich zu anderen Fonds, niedrigeren Verwaltungskosten für Anleger attraktiv.[137] Ein weiterer Schwerpunkt des dritten Finanzmarktförderungsgesetzes stellte die Erweiterung des Handlungsspielraums der KAGen bei der Nutzung von Derivaten dar.[138] In dem Vierten Finanzmarktförderungsgesetz vom 21. Juni 2002[139] wurde u. a. erstmals die Möglichkeit der Gewährung von Anteilen mit unterschiedlichen Rechten eingeräumt sowie die Zulässigkeit von Nebentätigkeiten der KAGen erweitert.[140] Zudem erfolgte auch eine Erweiterung der Anlagemöglichkeiten für Wertpapier- und Grundstücks-Sondervermögen.[141]

2. *Das Auslandsinvestmentgesetz (AuslInvG)*[142]

Das AuslInvG zielte auf die Regelung des Vertriebs von Anteilen ausländischer Investmentgesellschaften ab.[143] Dieser durch das KAGG nicht geregelte Bereich gewann Mitte der 1960er Jahre zunehmend an Relevanz, da ausländische Investmentgesellschaften ihre Tätigkeiten auf dem deutschen Markt intensivier-

---

132 Die Kapitalverwaltungsgesellschaften (KVGen) des KAGB entsprechen den früher im Rahmen des InvG als Kapitalanlagegesellschaften (KAGen) bezeichneten Gesellschaften.

133 *Pötzsch*, WM 1998, 949, 958; *Zeller*, in: Brinkhaus/Scherer, KAGG AuslInvestmentG, 2003, Einl. KAGG Rn. 34.

134 *Zeller*, in: Brinkhaus/Scherer, KAGG AuslInvestmentG, 2003, Einl. KAGG Rn. 35.

135 *Zeller*, in: Brinkhaus/Scherer, KAGG AuslInvestmentG, 2003, Einl. KAGG Rn. 38.

136 *Zeller*, in: Brinkhaus/Scherer, KAGG AuslInvestmentG, 2003, Einl. KAGG Rn. 39.

137 *Zeller*, in: Brinkhaus/Scherer, KAGG AuslInvestmentG, 2003, Einl. KAGG Rn. 39.

138 So sind seitdem etwa Zins- und Währungsswaps als Finanzierungsinstrumente zulässig, vgl.: *Zeller*, in: Brinkhaus/Scherer, KAGG AuslInvestmentG, 2003, Einl. KAGG Rn. 41.

139 Gesetz zur weiteren Fortentwicklung des Finanzplatzes Deutschland (Viertes Finanzmarktförderungsgesetz) vom 21. Juli 2002, BGBl. I 2002, S. 2010.

140 *Zeller*, in: Brinkhaus/Scherer, KAGG AuslInvestmentG, 2003, Einl. KAGG Rn. 46 ff.

141 *Zeller*, in: Brinkhaus/Scherer, KAGG AuslInvestmentG, 2003, Einl. KAGG Rn. 48.

142 Siehe Fn. 91.

143 *Zeller*, in: Brinkhaus/Scherer, KAGG AuslInvestmentG, 2003, Einl. KAGG Rn. 12.

ten.[144] Das Engagement dieser Gesellschaften war derart stark, dass allein 1967 Investmentanteile von ausländischen KAGen drei Viertel des deutschlandweiten Absatzes ausmachten.[145] Ebenso wie das KAGG wurde auch das AuslInvG durch die insgesamt vier Finanzmarktförderungsgesetze mit der Zeit abgeändert und ergänzt (siehe S. 19 f.). So wurde u. a. der Anwendungsbereich auf ausländische Geldmarktfonds erstreckt[146] und im Zuge des Dritten Finanzmarktförderungsgesetzes wurden weitestgehend die im KAGG erfolgten Änderungen aus Gründen der Gleichbehandlung auch im AuslInvG vollzogen.[147] Auch mit dem Vierten Finanzmarktförderungsgesetz wurden kleinere Korrekturen bzgl. des Vertriebs im AuslInvG vorgenommen.[148]

3. *Das Investmentgesetz (InvG)[149] sowie das Investmentsteuergesetz (InvStG)[150]*

Strukturell problematisch bei der Umsetzung der OGAW-RL (siehe hierzu S. 24 ff.) in deutsches Recht war von Anfang an die Ausrichtung des KAGG auf einzelne Fondstypen.[151] Es bestand mehr und mehr die Notwendigkeit, sich an die Systematik des europäischen Rechts anzupassen. Durch die Schaffung des InvG und des InvStG sollte zudem das Investmentgeschäft in Deutschland insgesamt im europarechtlich zulässigen Maße dereguliert und somit liberalisiert werden.[152] Auch um weiterhin konkurrenzfähig im Verhältnis zu den anderen großen europäischen Fondsstandorten wie etwa Irland oder Luxemburg zu sein.[153] Jedoch gab es auch Bedenken, dass eine stärkere Liberalisierung unter Zulassung von risikoreichen Geschäften wie sog.

---

144 Im sog. „Schmidhuber-Bericht" vom 19. Juni 1969, BT-Drucks. zu V/4414 ist ein Entwurf des AuslInvG zu finden; *Zeller,* in: Brinkhaus/Scherer, KAGG AuslInvestmentG, 2003, Einl. KAGG Rn. 10.

145 Eine absolute Summe von 486 Mio. DM, vgl. *Zeller*, in: Brinkhaus/Scherer, KAGG AuslInvestmentG, 2003, Einl. KAGG Rn. 10.

146 Dieses geschah im Zuge des Zweiten Finanzmarktförderungsgesetzes, siehe Fn. 129.

147 *Zeller*, in: Brinkhaus/Scherer, KAGG AuslInvestmentG, 2003, Einl. KAGG Rn. 32, 43.

148 Siehe hierzu im Einzelnen: *Zeller*, in: Brinkhaus/Scherer, KAGG AuslInvestmentG, 2003, Einl. KAGG Rn. 53.

149 Siehe Fn. 5.

150 Siehe Fn. 37.

151 *Gerke/Rapp*, ZBB 1992, 85, 87 ff; *Baur*, in: Assmann/Schütze, Handbuch des Kapitalanlagerechts, 3. Auflage 2007, § 20 Rn. 28.

152 *Baur*, in: Assmann/Schütze, Handbuch des Kapitalanlagerechts, 3. Auflage 2007, § 20 Rn. 29.

153 *Baur*, in: Assmann/Schütze, Handbuch des Kapitalanlagerechts, 3. Auflage 2007, § 20 Rn. 28.

Hedgefonds dem Investmentstandort Deutschland mehr schaden als nützen könnte, da das „Gütesiegel des deutschen Investmentrechts“[154] entwertet werde.[155] Letztlich wurden jedoch auch diese riskanten Geschäfte vom deutschen Gesetzgeber als „Sondervermögen mit zusätzlichen Risiken“ in das InvG aufgenommen, da ohnehin aus dem Ausland diese Angebote auf den deutschen Markt drängten und durch die Schaffung eigener „Hochrisikoprodukte“ der Investmentstandort Deutschland gestärkt werden sollte.[156] Allerdings wurden diese mittels unterschiedlicher Risikoklassen von anderen, weniger risikoreichen Produkten, abgegrenzt.[157]

II. Europäische Gesetzgebung

1. Regelungsziele

a) Funktionsfähigkeit der Märkte und Anlegerschutz

Der europäische Gesetzgeber bezweckt durch den Erlass kapitalmarktrechtlicher Rechtsakte die Errichtung eines einheitlichen Finanzmarkts und damit eines einheitlichen Binnenmarkts.[158] Zentrales Ziel ist es, die Funktionsfähigkeit der Märkte zu gewährleisten und somit den Schutz der Anleger zu bewirken.[159] Dieses Regelungsziel lässt sich in drei Dimensionen aufteilen: institutionelle Funktionsfähigkeit, operationale Funktionsfähigkeit und Allokationsfunktion (Kapital fließt dahin, wo es am effizientesten investiert wird).[160] Das Verhältnis zwischen dem

---

154 *Baur*, in: Assmann/Schütze, Handbuch des Kapitalanlagerechts, 3. Auflage 2007, § 20 Rn. 29.

155 *Baur*, in: Assmann/Schütze, Handbuch des Kapitalanlagerechts, 3. Auflage 2007, § 20 Rn. 29.

156 *Baur*, in: Assmann/Schütze, Handbuch des Kapitalanlagerechts, 3. Auflage 2007, § 20 Rn. 29.

157 *Baur*, in: Assmann/Schütze, Handbuch des Kapitalanlagerechts, 3. Auflage 2007, § 20 Rn. 29; *Reiter*, in: Kümpel/Wittig, Bank- und Kapitalmarktrecht, 2011, 9. Teil Rn. 9.137; siehe auch den Vorschlag verschiedener Risikoklassen von *Gerke/Rapp*, ZBB 1992, 85, 92 ff.

158 *Veil*, in: Europäisches Kapitalmarktrecht, 2. Auflage 2014, § 2 Rn. 3.

159 So u.a. in Richtlinie 2003/6/EG des Europäischen Parlaments und des Rates vom 28. Januar 2003 über Insidergeschäfte und Marktmanipulation (Marktmissbrauchs-RL), ABl. (EU) L 96 vom 12. April 2003, S. 16, Erwägungsgrund 2, siehe auch *Veil*, in: Europäisches Kapitalmarktrecht, 2. Auflage 2014, § 2 Rn. 3; *Buck-Heeb*, Kapitalmarktrecht, 8. Auflage 2016, § 1 Rn. 7 ff.; *Heinze*, Europäisches Kapitalmarktrecht, 1999, S. 7; *Bumke*, in: Hopt/Veil/Kämmerer, Kapitalmarktgesetzgebung im europäischen Binnenmarkt, 2008, S. 107, 118.

160 Näher hierzu *Veil*, in: Europäisches Kapitalmarktrecht, 2. Auflage 2014, § 2 Rn. 4 ff.

Funktionsschutz als solchem und dem Anlegerschutz wird in der Literatur u. a. als „zwei miteinander kommunizierende Röhren"[161] verstanden, die sich gegenseitig abstützen[162]. Wobei aber insbesondere noch das Verhältnis des Anlegerschutzes zum Verbraucherschutz unklar ist.[163]

b) Finanzmarktstabilität

Als weiteres zentrales Regelungsziel hat sich in den letzten Jahren, insbesondere aufgrund der Turbulenzen an den Märkten, die Finanzmarktstabilität herausgebildet.[164] Selbstverständlich könnte die Finanzmarktstabilität auch als eine Unterkategorie des Regelungsziels Funktionsfähigkeit der Märkte verstanden werden. Aufgrund der herausragenden Bedeutung hat der Gesetzgeber sich jedoch entschieden, die Finanzmarktstabilität als ein eigenes zentrales Regelungsziel hervorzuheben.[165]

Es fehlt jedoch bis jetzt an einer gesetzlichen Definition des Terminus der Finanzstabilität. Stattdessen bemüht sich der europäische Gesetzgeber auf Stufe 2 des Lamfalussy-Verfahrens[166] eine Erleichterung der Rechtsanwendung zu bewirken, indem „Kriterien und Faktoren" geregelt werden, die von der Behörde bei der Entscheidung, ob eingeschritten werden soll oder nicht, zu berücksichtigen sind.[167]

---

161 *Hopt*, Der Kapitalanlegerschutz im Recht der Banken, 1975, S. 52.

162 *Veil*, in: Europäisches Kapitalmarktrecht, 2. Auflage 2014, § 2 Rn. 7; hierzu auch: *Thiele*, Finanzaufsicht, 2014, S. 97 ff., ausführlich zum Verhältnis des Funktionenschutzes zum Individualschutz: *Mülbert*, ZHR 177 (2013), S. 160, 174 ff.

163 Es sei jedenfalls davon auszugehen, dass der Verbraucherschutz, der in einem gewissen Maße bestehe, jedenfalls nicht soweit gehe, „dass die Finanzaufsichtsbehörden nunmehr generell als allgemeine Verbraucherschutzbehörden agieren würden", so *Thiele*, Finanzaufsicht, 2014, S. 99; siehe hierzu auch: *Reifner*, Europäische Finanzaufsicht und Verbraucherschutz – Wie kann der Schutz der Verbraucherinteressen in die BaFin integriert werden?, VuR 2011, 410 (415 f.); *Veil*, in: Europäisches Kapitalmarktrecht, 2. Auflage 2014, § 2 Rn. 7, Fn. 16.

164 *Veil*, in: Europäisches Kapitalmarktrecht, 2. Auflage 2014, § 2 Rn. 8 f.; *Thiele*, Finanzaufsicht, 2014, S. 91.

165 *Veil*, in: Europäisches Kapitalmarktrecht, 2. Auflage 2014, § 2 Rn. 9.

166 Siehe zum Lamfalussy-Verfahren und seinen vier Stufen allgemein: *S. Augsberg*, in: Verwaltungsrecht der Europäischen Union, 2011, § 6 Rn. 72; *Schmolke*, NZG 2005, 912 ff.; *Thiele*, Finanzaufsicht, 2014, S. 492 ff.; *Kuper*, Die einschlägigen Rechtsquellen - die Level 2-Maßnahmen zur AIFM-Richtlinie, in: Möllers/Kloyer, Das neue Kapitalanlagegesetzbuch, 2014, S. 51 ff., Rn. 105; *Rötting/Lang*, EuZW 2012, 8 ff.

167 *Veil*, in: Europäisches Kapitalmarktrecht, 2. Auflage 2014, § 2 Rn. 11 mit konkreten Beispielen in Fn. 26.

2. *Die OGAW-Richtlinien*

a) Der Ausgangspunkt: OGAW-I-RL

Startschuss der europäischen Regelungshistorie im Bereich des Investmentrechts ist die am 20. Dezember 1985 (nach 17-jähriger Vorarbeit) vom Ministerrat der EG verabschiedete „Organismen für gemeinsame Anlagen in Wertpapieren"-Richtlinie (OGAW-RL)[168]. Der europäische Gesetzgeber gab den Mitgliedstaaten eine Frist bis zum 1. Oktober 1989, um das Gesetz in nationales Recht umzusetzen. Diese Umsetzung wurde in Deutschland durch das erste Finanzmarktförderungsgesetz vollzogen (siehe S. 19).

Erklärtes Ziel der Richtlinie war es, einen EU-weit einheitlichen Mindeststandard für den Anlegerschutz zu schaffen.[169] Besonderheit der OGAW-RL ist ihr Geltungsbereich: Dieser erstreckt sich, wie im Übrigen auch schon der Name der Richtlinie verrät, ausschließlich auf „Organismen für gemeinsame Anlagen in Wertpapieren (OGAW)", d. h. der ausschließliche Zweck besteht darin, das eingesammelte Kapital in Wertpapieren anzulegen.[170] Somit sind Beteiligungs- oder Finanzierungsgesellschaften, Holdinggesellschaften, Geldmarktfonds, offene Immobilienfonds und Investmentclubs nicht im Anwendungsbereich der Richtlinie.[171] Geregelt werden u. a. Geschäftstätigkeit, Zulassung und Aufsicht der Investmentfonds.[172] Im Zusammenhang mit den Anforderungen an den Vertrieb der Investment-Anteile in andere EU-Staaten wird auch ein sog. Europäischer Pass etabliert: Durch Entbürokratisierung mittels ausschließlicher Aufsicht des Sitzstaatslandes wird der EU-weite Vertrieb erleichtert und somit gefördert.[173]

---

168 Auch aufgrund der weiteren OGAW-RLen als „OGAW-I-RL" oder „Investment-RL" bezeichnet: Richtlinie des Rates vom 20. Dezember 1985 zur Koordinierung der Rechts- und Verwaltungsvorschriften betreffend bestimmte Organismen für gemeinsame Anlagen in Wertpapieren (OGAW), 85/611/EWG, ABl. (EG) L 375 vom 31.12.1985, S. 3; Überblick hierzu: *Laux*, WM 1990, 1093.

169 *Zeller*, in: Brinkhaus/Scherer, KAGG AuslInvestmentG, 2003, Einl. KAGG Rn. 15; *Emde*, in: Emde/Dornseifer/Dreibus/Hölscher, InvG, 2013, Einl. Rn. 37 ff.

170 *Zeller*, in: Brinkhaus/Scherer, KAGG AuslInvestmentG, 2003, Einl. KAGG Rn. 16; *Emde*, in: Emde/Dornseifer/Dreibus/Hölscher, InvG, 2013, Einl. Rn. 37 ff.

171 *Zeller*, in: Brinkhaus/Scherer, KAGG AuslInvestmentG, 2003, Einl. KAGG Rn. 16.

172 *Zetzsche*, Prinzipien der kollektiven Vermögensanlage, 2015, S. 363 f.; *Zeller*, in: Brinkhaus/Scherer, KAGG AuslInvestmentG, 2003, Einl. KAGG Rn. 17.

173 *Zetzsche*, Prinzipien der kollektiven Vermögensanlage, 2015, S. 363 f.; *Zeller*, in: Brinkhaus/Scherer, KAGG AuslInvestmentG, 2003, Einl. KAGG Rn. 17.

b) *Die Entwicklung – Von der OGAW-I-RL zu der OGAW-V-RL*

Als Reaktion auf Probleme im Rahmen der Anwendung der OGAW-RL in Dänemark und Großbritannien[174] wurde schon am 22. März 1988, also noch vor der Umsetzung der eigentlichen OGAW-RL in national-deutsches Recht, eine Änderungsrichtlinie[175] erlassen. In dieser Richtlinie wurden u. a. die Anlagegrenzen für die Schuldverschreibungen privater Emittenten von 20 % auf 25 % angehoben.[176]

Nach einem längeren Zeitabschnitt folgten Anfang der 2000er Jahre die Änderungsrichtlinien 2001/107/EG[177] und 2001/108/EG[178], welche die ursprüngliche OGAW-RL von 1985 wesentlich erweiterten. Die Neuregelungen umfassten die Einführung von Dach-, Index-, Geldmarkt- und Derivatefonds auf europäischer Ebene, sowie eine grundsätzliche Erhöhung der Anforderungen an KAGen bezüglich Organisation, Management und Kapital.[179] Auch gestattet die OGAW-RL erstmals den Verwaltungsgesellschaften, wesentliche Tätigkeiten auszulagern.[180] Des Weiteren wesentlich ist die Einführung des „Europapasses für die Verwaltungsgesellschaften“ sowie Regelungen zu einem an das Internetzeitalter angepassten Verkaufsprospektes.[181]

---

174 *Carl/Förster*, Das Recht der Investmentfonds, 2. Auflage 1994, S. 63 ff.; *Zeller*, in: Brinkhaus/Scherer, KAGG AuslInvestmentG, 2003, Einl. KAGG Rn. 20.

175 „OGAW-II-RL“: Richtlinie des Rates vom 22. März 1988 zur Änderung der Richtlinie 85/611/EWG zur Koordinierung der Rechts- und Verwaltungsvorschriften betreffend bestimmte Organismen für gemeinsame Anlagen in Wertpapieren (OGAW) in Bezug auf die Anlagepolitik bestimmter OGAW, 88/220/EWG, ABl. (EG) Nr. L 100 vom 19. April 1988, S. 31.

176 *Zeller*, in: Brinkhaus/Scherer, KAGG AuslInvestmentG, 2003, Einl. KAGG Rn. 20.

177 „Verwaltungs-Richtinie“: Richtlinie 2001/107/EG des europäischen Parlaments und des Rates vom 21. Januar 2002 zur Änderung der Richtlinie 85/611/EWG zur Koordinierung der Rechts- und Verwaltungsvorschriften betreffend bestimmte Organismen für gemeinsame Anlagen in Wertpapieren (OGAW) zwecks Festlegung von Bestimmungen für Verwaltungsgesellschaften und vereinfachte Prospekte, ABl. (EU) 2002 L 41 vom 13. Februar 2002, S. 20.

178 „Produkt-Richtlinie“: Richtlinie 2001/108/EG des europäischen Parlaments und des Rates vom 21. Januar 2002 zur Änderung der Richtlinie 85/611/EWG zur Koordinierung der Rechts- und Verwaltungsvorschriften betreffend bestimmte Organismen für gemeinsame Anlagen in Wertpapieren (OGAW) hinsichtlich der Anlagen der OGAW, ABl. (EU) L 41 vom 13. Februar 2002, S. 35.

179 *Baur*, in: Assmann/Schütze, Handbuch des Kapitalanlagerechts, 3. Auflage 2007, § 20 Rn. 30; *Zeller*, in: Brinkhaus/Scherer, KAGG AuslInvestmentG, 2003, Einl. KAGG Rn. 23, 24.

180 *Zeller*, in: Brinkhaus/Scherer, KAGG AuslInvestmentG, 2003, Einl. KAGG Rn. 24.

181 *Zeller*, in: Brinkhaus/Scherer, KAGG AuslInvestmentG, 2003, Einl. KAGG Rn. 25.

In der OGAW-IV-RL vom 17. November 2009[182] wurden weitere Änderungen aufgenommen und die alte OGAW-RL von 1985 gänzlich ersetzt. Zudem wurden zwei Durchführungsrichtlinien[183] erlassen.

Durch die OGAW-V-RL vom 23. Juli 2014[184] und die nationale Umsetzung der Richtlinie[185] wurden u. a. erstmals Vorschriften bzgl. der Regulierung der Vergütungssysteme von OGAW-KVGen in das KAGB aufgenommen und auch einzelne Bußgeldvorschriften verschärft.[186] Zudem wurde die Haftung von OGAW-Verwahrstellen im Falle der Auslagerung an einen Unterverwahrer deutlich erschwert.[187]

---

182 „OGAW-IV-RL" oder schlicht „OGAW-RL": Richtlinie 2009/65/EG des Europäischen Parlaments und des Rates vom 13. Juli 2009 zur Koordinierung der Rechts- und Verwaltungsvorschriften betreffend bestimmte Organismen für gemeinsame Anlagen in Wertpapieren (OGAW), ABl. (EU) L 302 vom 17. November 2009, S. 32.

183 Richtlinie 2010/43/EU der Kommission vom 1. Juli 2010 zur Durchführung der Richtlinie 2009/65/EG des Europäischen Parlaments und des Rates im Hinblick auf organisatorische Anforderungen, Interessenkonflikte, Wohlverhalten, Risikomanagement und den Inhalt der Vereinbarung zwischen Verwahrstelle und Verwaltungsgesellschaft, ABl. (EU) L 176 vom 10. Juli 2010, S. 42, sowie Richtlinie 2010/42/EU der Kommission vom 1. Juli 2010 zur Durchführung der Richtlinie 2009/65/EG des Europäischen Parlaments und des Rates in Bezug auf Bestimmungen über Fondsverschmelzungen, Master-Feeder-Strukturen und das Anzeigeverfahren, ABl. (EU) L 176 vom 10. Juli 2010, S. 28.

184 „OGAW-V-RL": Richtlinie 2014/91/EU des Europäischen Parlaments und des Rates vom 23. Juli 2014 zur Änderung der Richtlinie 2009/65/EG zur Koordinierung der Rechts- und Verwaltungsvorschriften betreffend bestimmte Organismen für gemeinsame Anlagen in Wertpapieren (OGAW) im Hinblick auf die Aufgaben der Verwahrstelle, die Vergütungspolitik und Sanktionen, ABL. (EU) L 257 vom 28. August 2014, S. 186.

185 Die OGAW-V-RL wurde durch das OGAW-V-Umsetzungsgesetz, welches die Neuerungen der OGAW-V-RL in das KAGB überführte, in nationales Recht umgesetzt: Gesetz zur Umsetzung der Richtlinie 2014/91/EU des Europäischen Parlaments und des Rates vom 23. Juli 2014 zur Änderung der Richtlinie 2009/65/EG zur Koordinierung der Rechts- und Verwaltungsvorschriften betreffend bestimmte Organismen für gemeinsame Anlagen in Wertpapieren (OGAW) im Hinblick auf die Aufgaben der Verwahrstelle, die Vergütungspolitik und Sanktionen vom 3. März 2016, BGBl. I 2016, S. 348, siehe auch *Gänßler*, https://www.bafin.de/SharedDocs/Veroeffentlichungen/DE/Fachartikel/2016/fa_bj_1603_ogaw_v.html, zuletzt abgerufen am 12.02.2017.

186 *Gänßler*, a. a. O. (Fn. 185).

187 *Gänßler*, a. a. O. (Fn. 185).

3. *Die AIFM-Richtlinie*[188]

a) *Allgemeines*

Die 2011 von der EU erlassene „Alternative Investment Fund Manager"-Richtlinie (AIFM-RL) kodifiziert, wie bereits zuvor schon die OGAW-RL, das Investmentrecht auf europäischer Ebene.[189] Doch anders als der enge Anwendungsbereich der OGAW-RL, ist die AIFM-RL nicht auf Fonds, die Investition in Wertpapiere und besonders liquide Finanzanlagen verfolgen, beschränkt (Art. 50 OGAW-RL)[190]. Auch wurde die OGAW-RL speziell für den Schutz von Kleinanlegern erlassen, sodass der öffentliche Vertrieb der Produkte (anders als bei der AIFM-RL, wo die Regelungen u. a. auch für die Manager von Spezialfonds greifen) zwingende Voraussetzung für Eröffnung des Anwendungsbereichs ist.[191]

Mit der AIFM-RL ist eine Vollharmonisierung beabsichtigt, d. h. es soll eine EU-weit einheitliche Rechtsanwendung und Gesetzgebung sichergestellt werden.[192]

b) *Entstehungsgeschichte und Zielsetzung*

Im Zusammenhang mit der jüngsten Finanzkrise wurden insbesondere Hedgefonds und Private Equity Fonds als zusätzliche Katalysatoren der Krise und daher Destabilisierungsfaktoren angesehen.[193] So ist zwar weitestgehend unbestritten, dass die Ursachen der Krise nicht direkt in der Fondsbranche zu verorten sind, jedoch ist bei einem global organisierten Finanzsystem das Überspringen der „Brände" von einem Sektor auf den anderen nur eine Frage der Zeit, sodass auch die Fondsbranche von der Krise erfasst wurde.[194]

---

188 Siehe Fn. 15.

189 *Tollmann*, in: Dornseifer/Jesch/Klebeck/Tollmann, AIFM-Richtlinie, 2013, Einl. Rn. 1.

190 *Tollmann*, in: Dornseifer/Jesch/Klebeck/Tollmann, AIFM-Richtlinie, 2013, Einl. Rn. 2.

191 *Tollmann*, in: Dornseifer/Jesch/Klebeck/Tollmann, AIFM-Richtlinie, 2013, Einl. Rn. 4, 5.

192 *Hanten*, in: Baur/Tappen, Investmentgesetze: Großkommentar, Bd. 1: §§ 1–272 KAGB, 3. Auflage 2015, § 36 Rn. 6; allerdings mit dem Hinweis der nicht abschließenden Klärung: *Möllers/Harrer/Krüger*, WM 2011, 1537, 1543.

193 *Weitnauer*, AG 2013, 672, 673; *Tollmann*, in: Dornseifer/Jesch/Klebeck/Tollmann, AIFM-Richtlinie, 2013, Einl. Rn. 15.

194 *Tollmann*, in: Dornseifer/Jesch/Klebeck/Tollmann, AIFM-Richtlinie, 2013, Einl. Rn. 15; zu dem im Zuge der Finanzkrise 2006 und den Folgejahren aufgetretenen Run auf u. a. offene Immobilienfonds und Geldmarktfonds siehe *Zetzsche*, Prinzipien der kollektiven Vermögensanlage, 2015, S. 16, zur darauf folgenden „Krise der offenen Immobilienfonds" siehe bereits S. 1 ff.

Übergeordnete Ziele der AIFM-RL sind daher die Schaffung eines „Binnenmarkt[es] der Union für AIFM sowie ein harmonisierter und strikter Regulierungs- und Kontrollrahmen für die Tätigkeiten innerhalb der Union aller AIFM“[195], insgesamt einen hohen Anlegerschutz in der Union zu gewährleisten, sowie Systemrisiken wirksam zu überwachen.[196] Vor diesem Hintergrund ist insbesondere auch der Schutz institutioneller Anleger relevant, um wiederum die systemischen Risiken der Finanzmärkte insgesamt zu reduzieren.[197]

c) Zentraler Ansatz: Managementregulierung statt Produktregulierung

Schon der Name „Alternative Investment Fonds Manager“-RL (AIFM-RL) macht deutlich, dass die AIFM-RL, anders als noch die OGAW-RL und das (bereits aufgehobene) deutsche InvG, nicht den Investmentfonds als solchen, sondern die Fondsmanager (die KVG) adressiert.[198] Die AIFM-RL zielt auf eine Managerregulierung ab und nur mittelbar auf eine Produktregulierung, wenngleich die Grenzziehung mitunter schwammig ist.[199]

Die Entscheidung zur reinen Managerregulierung beruht zum einen auf der Überlegung, dass eine Produktregulierung zum Schutz von professionellen Anlegern nicht nötig ist.[200] Tragenderes Argument ist jedoch wohl, dass „der Manager die treibende Kraft hinter dem alternativen Investmentfonds ist, während der Fonds selbst nur eine rechtliche Hülle bildet“[201]. Der Fondsmanager entscheidet über die zentralen Aspekte des Risikomanagements, indem er u. a.

---

195 Erwägungsgrund 4 der AIFM-RL.

196 Erwägungsgrund 90 der AIFM-RL.

197 *Weitnauer*, BKR 2011, 143; *ders.*, AG 2013, 672, 673.

198 Hierzu *Spindler/Tancredi*, WM 2011, 1393, 1395 f.; *Weitnauer*, BKR 2011, 143, 144; *Tollmann*, in: Dornseifer/Jesch/Klebeck/Tollmann, AIFM-Richtlinie, 2013, Einl. Rn. 24 f.; *Zetzsche*, Prinzipien der kollektiven Vermögensanlage, 2015, S. 413 f.

199 So z. B. die eigentlich an den Manager gerichteten Regelungen zu den Transparenzpflichten gem. Art. 19 ff. AIFM-Richtlinie oder Bestimmungen zu Rückgabefristen nach Art. 12 Abs. 2 AIFM-Richtlinie, welche aber mittelbare Fondregelungen darstellen, vgl. *Tollmann*, in: Dornseifer/Jesch/Klebeck/Tollmann, AIFM-Richtlinie, 2013, Einl. Rn. 24 Fn. 41; „indirekte(…) Produktregulierung“: *Zetzsche*, Prinzipien der kollektiven Vermögensanlage, 2015, S. 412.

200 *Tollmann*, in: Dornseifer/Jesch/Klebeck/Tollmann, AIFM-Richtlinie, 2013, Einl. Rn. 24.

201 *Tollmann*, in: Dornseifer/Jesch/Klebeck/Tollmann, AIFM-Richtlinie, 2013, Einl. Rn. 25; Kommission der europäischen Gemeinschaften, Vorschlag für eine Richtlinie des europäischen Parlaments und des Rates über die Verwalter alternativer Investmentfonds und zur Änderung der Richtlinien 2004/39/EG und 2009/…/EG vom 20. April 2009, KOM (2009) 207 endgültig, 2009/0064 (COD), S. 6.

das Portfolio zusammenstellt. Um den Fonds insgesamt zu stabilisieren, ist daher eine Regulierung des Managers sehr effektiv. Auch sollten die rechtlichen Besonderheiten des bedeutenden Fondverwaltungsstandorts Großbritannien berücksichtigt werden, wo bisher nur das Fondsmanagment reguliert wird und nicht der alternative Investmentfonds selbst.[202] Zudem sollte weiterhin ermöglicht werden, einen in einem Drittstaat angesiedelten alternativen Investmentfonds durch ein in der EU ansässiges, AIFM-reguliertes Management zu verwalten.[203]

202 *Tollmann*, in: Dornseifer/Jesch/Klebeck/Tollmann, AIFM-Richtlinie, 2013, Einl. Rn. 25.
203 *Tollmann*, in: Dornseifer/Jesch/Klebeck/Tollmann, AIFM-Richtlinie, 2013, Einl. Rn. 25.

3. Teil Immobilien-Sondervermögen in der Systematik des KAGB

A. Allgemeines

Nach der Systematik des KAGB handelt es sich bei Immobilien-Sondervermögen um offene, inländische Investmentvermögen in Form eines AIF. Immobilien-Sondervermögen können sowohl als Publikums-AIF als auch als Spezial-AIF aufgelegt werden.[204] Im Folgenden wird ein Überblick über die grundsätzliche Struktur des KAGB gegeben. Hierbei werden die wesentlichen „Weichenstellungen", an die sich ein jeweils unterschiedliches Regulierungsregime anknüpft, beleuchtet. Ob es sich um ein offenes oder geschlossenes Investmentvermögen handelt, ist essentiell für die Regulierung, wobei im Rahmen der offenen Investmentvermögen noch die Unterscheidung zwischen OGAW oder AIF getroffen wird (C., S. 46 ff.). Die Frage, ob ein Publikums-Investmentvermögen oder ein Spezial-AIF vorliegt, richtet sich danach, welchen Anlegern der Fonds offen steht (D., S. 56 ff.). Eine entscheidende Weichenstellung ist auch, ob ein inländisches- oder ein EU-Investmentvermögen bzw. ein ausländischer AIF vorliegt (E., S. 60 f.). Zum Abschluss wird noch kurz ein Überblick auf die Systematik der Bestandsschutzvorschriften gegeben (F., S. 61 f.). Zunächst wird jedoch allgemein auf die konstitutiven Merkmale eines Invetsmentvermögens eingegangen (B., S. 31 ff.).

B. Investmentvermögen gem. § 1 Abs. 1

Die umgangssprachliche Bezeichnung des „[Investment]Fonds" beschreibt unter juristischen Gesichtspunkten verwaltetes Investmentvermögen.[205] Das KAGB knüpft vielfach an den Begriff des „Investmentvermögens" (§ 1 Abs. 1) an, verwendet aber auch speziellere Bezeichnungen wie „OGAW" oder „AIF", um das verwaltete Investmentvermögen zu identifizieren. Der Oberbegriff „Investmentvermögen" umfasst erstmal grundsätzlich jeden Fondstypus, d. h. sowohl OGAW als auch AIF sind erfasst, egal, ob es sich um inländische, EU oder ausländische Investmentfonds, offene oder geschlossene, Publikums- oder Spezialfonds han-

---

204 *Hübner*, WM 2014, 106, 110.

205 *Reiter*, in: Kümpel/Wittig, Bank- und Kapitalmarktrecht, 2011, 9. Teil Rn. 9.32; ausführlich auch zum Ursprung des Wortes „Investmentfonds": *Zetzsche*, Prinzipien der kollektiven Vermögensanlage, 2015, S. 86.

delt.[206] Die Aussage, dass das KAGB im Gegensatz zum InvG einen rein materiellen Investmentbegriff verfolgt,[207] trifft hingegen nicht gänzlich zu, da sie verkennt, dass die ebenfalls erfassten OGAW immer noch einen sehr formalisierten Investmentfondsbegriff zugrunde legen. Korrekterweise ist jedoch festzustellen, dass, sofern es sich nicht um OGAW handelt, ein materieller Fondsbegriff im KAGB vorausgesetzt wird.[208]

OGAW sind einem formalisierten Gründungsprozess unterworfen und die konstitutiven Voraussetzungen werden im Einzelnen durch die OGAW-RL konkretisiert (Art. 1 Abs. 2 OGAW-RL).[209]

Das KAGB definiert den Begriff des Investmentvermögens in § 1 Abs. 1 S. 1 dahingehend, dass es sich um einen (1.) Organismus für gemeinsame Anlagen handelt, der (2.) von einer Anzahl von Anlegern (3.) Kapital einsammelt, um es gemäß einer (4.) festgelegten Anlagestrategie (5.) zum Nutzen dieser Anleger zu investieren. Zudem darf es sich (6.) nicht um ein operativ tätiges Unternehmen außerhalb des Finanzsektors handeln. Diese Merkmale müssen zwingend kumulativ vorliegen,[210] anderenfalls sind die materiellen Voraussetzungen nicht erfüllt. Ein OGAW setzt im Gegensatz zu einem AIF zwingend das Erfordernis der Risikomischung bei der gemeinsamen Anlage in Wertpapieren voraus.[211] Da gem. der AIFM-RL für AIF auch Kollektivanlagen bezogen auf nur einen Vermögensgegenstand (Ein-Objekt-Fonds) ausdrücklich möglich sind, kann der Grundsatz der Risikodiversifikation kein entscheidendes Wesensmerkmal eines AIF sein.[212] In der Konsequenz kann sich eine Kollektivanlage nun, anders noch als unter

---

206 *Loff/Klebeck*, BKR 2012, 353, 357; *Volhard/Jang*, in: Weitnauer/Boxberger/Anders, KAGB, 2014, § 1 Rn. 2.

207 *Volhard/Jang*, in: Weitnauer/Boxberger/Anders, KAGB, 2014, § 1 Rn. 2.

208 *Krause*, in: Beckmann/Scholtz/Vollmer, Investment (Stand: 11/16), Vor § 405 Rn. 2 ff.; *Schneider*, Der Anwendungsbereich des neuen KAGB, in: Möllers/Kloyer, Das neue Kapitalanlagegesetzbuch, 2014, S. 79 ff. Rn. 181 ff., auch zu den expliziten Ausnahmen vom Anwendungsbereich in Rn. 187 ff.

209 *Eckhold/Balzer*, in: Assmann/Schütze, Handbuch des Kapitalanlagerechts, 4. Auflage 2015, § 22 Rn. 7.

210 ESMA Leitlinien zu Schlüsselbegriffen der Richtlinie über die Verwalter alternativer Investmentfonds (AIFMD) vom 13.08.2013 (ESMA/2013/611), Ziff. III.4; *Eckhold/Balzer*, in: Assmann/Schütze, Handbuch des Kapitalanlagerechts, 4. Auflage 2015, § 22 Rn. 7; *Volhard/Jang*, in: Weitnauer/Boxberger/Anders, KAGB, 2014, § 1 Rn. 2.

211 *Eckhold/Balzer*, in: Assmann/Schütze, Handbuch des Kapitalanlagerechts, 4. Auflage 2015, § 22 Rn. 7.

212 Siehe *Eckhold/Balzer*, in: Assmann/Schütze, Handbuch des Kapitalanlagerechts, 4. Auflage 2015, § 22 Rn. 7 mit dem Hinweis in Fn. 41, dass der Grundsatz der

der Geltung des InvG,[213] nicht durch den Verzicht auf Risikomischung dem Anwendungsbereich des KAGB entziehen. Allgemein ist festzustellen, dass mangels gesetzlicher Konkretisierung bezüglich der einzelnen Tatbestandmerkmale des Investmentvermögens die Interpretationshilfen der ESMA und der BaFin faktische Bindungswirkung für die Praxis entfalten.[214]

I. Organismus für gemeinsame Anlagen

Erstes Merkmal eines Investmentvermögens ist das Vorliegen eines Organismus für gemeinsame Anlagen, § 1 Abs. 1 S. 1. Diese Begrifflichkeit ist bereits in der OGAW-RL von 1985 zu finden und beschreibt in diesem Zusammenhang ausschließlich Organismen für gemeinsame Anlagen in Wertpapieren (kurz: OGAW). Doch es finden sich weder in der OGAW-RL noch in der späteren AIFM-RL, wo ebenfalls auf Organismen für gemeinsame Anlagen (OGA, engl.: „collective investment undertaking“[215]) Bezug genommen wird, Konkretisierungen, wann ein OGA gegeben ist.[216] Die fehlende Konkretisierung ist bewusst vom Gesetzgeber so gewollt, um grundsätzlich erst einmal jedes Vorhaben vom Ausgangspunkt her dem KAGB zu unterwerfen.[217] Grundsätzlich bündelt ein OGA das bei den Anlegern beschaffte Kapital zum Zwecke der gemeinsamen Anlage.[218]

Risikostreuung für zahlreiche Investmentfonds gleichwohl seine Bedeutung behält, so auch explizit für den offenen Immobilienfonds.

213 Hierzu: Stellungnahme des Bundesverband Investment und Asset Management e. V. (BVI), Gz.: Konsultation 9/2008; WA 41 – WP 2136–2008/0001 vom 3. Juli 2008, S. 1 f.; *Baum*, in: Weitnauer/Boxberger/Anders, KAGB, 2014, § 214 Rn. 6; *Eckhold/Balzer*, in: Assmann/Schütze, Handbuch des Kapitalanlagerechts, 4. Auflage 2015, § 22 Rn. 7.

214 Hierbei insbesondere die ESMA Leitlinien zu Schlüsselbegriffen der Richtlinie über die Verwalter alternativer Investmentfonds (AIFMD) vom 13.08.2013 (ESMA/2013/611), sowie das BaFin Auslegungsschreiben zum Anwendungsbereich des KAGB und zum Begriff des „Investmentvermögens“, Gz.: Q 31-Wp 2137–2013/0006 vom 14. Juni 2013 (Stand: 09.03.2015); *Eckhold/Balzer*, in: Assmann/Schütze, Handbuch des Kapitalanlagerechts, 4. Auflage 2015, § 22 Rn. 7; siehe konkret zum rechtlichen Bedeutungsgehalt der Auslegung durch die ESMA: *Loritz/Uffmann*, WM 2013, 2193, 2195.

215 *Kind/Haag*, DStR 2010, 1526, 1528.

216 *Zetzsche/Preiner*, WM 2013, 2101, 2103 m.w.N. in Fn. 40; hierzu ausführlich auch: *Kind/Haag*, DStR 2010, 1526, 1528.

217 *Eckhold/Balzer*, in: Assmann/Schütze, Handbuch des Kapitalanlagerechts, 4. Auflage 2015, § 22 Rn. 8.

218 ESMA Leitlinien zu Schlüsselbegriffen der Richtlinie über die Verwalter alternativer Investmentfonds (AIFMD) vom 13.08.2013 (ESMA/2013/611), Ziff. VI.12.b; *Vol-*

1. *Organisimus*

Zwingend erforderlich ist, dass es sich bei dem Organismus um ein rechtlich oder wirtschaftlich verselbstständigtes gepooltes Vermögen handelt.[219] Die konkrete Rechtsform des Organismus ist hierbei irrelevant. So ist sowohl die Vertragsform (z. B. Sondervermögen) als auch die Satzungsform (z. B. Kapital- oder Personengesellschaft) als mögliche Ausgestaltung denkbar, wobei das KAGB gerade bei inländischen Rechtsformen die Auswahl beschränkt.[220] Zudem ist die konkrete Ausgestaltung der Beteiligung des Anlegers erstmal nicht von Bedeutung: Es sind Beteiligungen sowohl gesellschaftsrechtlicher, mitgliedschaftlicher oder schuldrechtlicher Art möglich.[221]

2. *Gemeinsame Anlage*

Die „gemeinsame Anlage" ist dadurch charakterisiert, dass die Verwaltung für ein Anlagekollektiv erfolgt und nicht für den einzelnen Anleger.[222] Dieses Merkmal grenzt das Investmentvermögen u. a. von der Finanzportfolioverwaltung und Managed Accounts[223] sowie von einer einfachen Bruchteilsgemeinschaft (§§ 741 ff. BGB)[224] ab. Durch Bündelung der Anlagebeträge erfolgt ein Zuordnungswechsel vom Anleger- in das Fondsvermögen: die individuellen Anlagebeträge werden

hard/Jang, in: Weitnauer/Boxberger/Anders, KAGB, 2014, § 1 Rn. 4; *Kloyer*, Der Anwendungsbereich des KAGB in der Beratungspraxis, in: Möllers/Kloyer, Das neue Kapitalanlagegesetzbuch, 2014, S. 97 ff., Rn. 228 ff., 235 ff.

219 BaFin Auslegungsschreiben zum Anwendungsbereich des KAGB und zum Begriff des „Investmentvermögens", Gz.: Q 31-Wp 2137–2013/0006 vom 14. Juni 2013 (Stand: 09.03.2015), Ziff. I.1.; *Volhard/Jang*, in: Weitnauer/Boxberger/Anders, KAGB, 2014, § 1 Rn. 5; *Kloyer*, Der Anwendungsbereich des KAGB in der Beratungspraxis, in: Möllers/Kloyer, Das neue Kapitalanlagegesetzbuch, 2014, S. 97 ff., Rn. 228.

220 *Volhard/Jang*, in: Weitnauer/Boxberger/Anders, KAGB, 2014, § 1 Rn. 5.

221 BaFin Auslegungsschreiben zum Anwendungsbereich des KAGB und zum Begriff des „Investmentvermögens", Gz.: Q 31-Wp 2137–2013/0006 vom 14. Juni 2013 (Stand: 09.03.2015), I.1.; *Volhard/Jang*, in: Weitnauer/Boxberger/Anders, KAGB, 2014, § 1 Rn. 5.

222 *Eckhold/Balzer*, in: Assmann/Schütze, Handbuch des Kapitalanlagerechts, 4. Auflage 2015, § 22 Rn. 8.

223 *Krause/Klebeck*, RdF 2013, 4, 7; *Krause*, in: Beckmann/Scholtz/Vollmer, Investment (Stand: 11/16), vor 405 Rn. 13, 14; *Volhard/Jang*, in: Weitnauer/Boxberger/Anders, KAGB, 2014, § 1 Rn. 6.

224 *Eckhold/Balzer*, in: Assmann/Schütze, Handbuch des Kapitalanlagerechts, 4. Auflage 2015, § 22 Rn. 8.

vermengt und rechtlich verselbstständigt.[225] Dem Anleger wird eine anteilige Beteiligung an dem Fondsvermögen zugeschrieben und nicht etwa ein individuelles Konto verwaltet.[226]

3. *Gemeinsame Risikotragung*

Es ist zudem notwendig, dass gemeinsame Risiken von den Anlegern eingegangen werden. Konkret bedeutet dies, dass der Eintritt von Verlusten nicht kategorisch ausgeschlossen werden darf.[227] Die Anleger müssen an den im Zusammenhang mit dem Organismus bestehenden Chancen sowie Verlusten beteiligt werden.[228] Vertragliche Begrenzungen an der Gewinn- oder Verlustbeteiligung sind in diesem Zusammenhang jedoch selbstverständlich unproblematisch, ebenso wie vertragliche Gestaltungen sog. Garantiefonds, welche in der Regel Vereinbarungen in Hinblick auf eine Mindestzahlungszusage beinhalten.[229] Allein entscheidend ist, dass ein Verlustrisiko nicht gänzlich ausgeschlossen ist. In Fällen jedoch, in denen ein unbedingter Kapitalrückzahlungsanspruch besteht, etwa bei der Gewährung eines Darlehens und dem Bestehen eines unbedingten Rückzahlungsanspruchs gegen den Darlehensnehmer, ist nicht von einer gemeinschaftlichen Kapitalanlage auszugehen.[230]

---

225 *Zetzsche/Preiner*, WM 2013, 2101, 2103; *Poelzig/Volmer*, DNotZ 2014, 483, 484; *Eckhold/Balzer*, in: Assmann/Schütze, Handbuch des Kapitalanlagerechts, 4. Auflage 2015, § 22 Rn. 8.

226 *Volhard/Jang*, in: Weitnauer/Boxberger/Anders, KAGB, 2014, § 1 Rn. 6; zu der in diesem Zusammenhang auftretenden Fragestellung, ob es sich bei „Managed Accounts", die lediglich über eine gemeinsame (identische) Anlagestrategie verbunden sind, noch um eine „kollektive" Anlage handelt, siehe *Krause*, in: Beckmann/Scholtz/Vollmer, Investment (Stand: 11/16), vor 405 Rn. 15, sowie *Zetzsche/Preiner*, WM 2013, 2101, 2103.

227 *Volhard/Jang*, in: Weitnauer/Boxberger/Anders, KAGB, 2014, § 1 Rn. 7.

228 BaFin Auslegungsschreiben zum Anwendungsbereich des KAGB und zum Begriff des „Investmentvermögens", Gz.: Q 31-Wp 2137–2013/0006 vom 14. Juni 2013 (Stand: 09.03.2015), Ziff. I.2.; *Volhard/Jang*, in: Weitnauer/Boxberger/Anders, KAGB, 2014, § 1 Rn. 7.

229 BaFin Auslegungsschreiben zum Anwendungsbereich des KAGB und zum Begriff des „Investmentvermögens", Gz.: Q 31-Wp 2137–2013/0006 vom 14. Juni 2013 (Stand: 09.03.2015), Ziff. I.2.; *Volhard/Jang*, in: Weitnauer/Boxberger/Anders, KAGB, 2014, § 1 Rn. 7.

230 Und zwar selbst dann, wenn der Anleger mit dem Organismus einen qualifizierten Rangrücktritt im Falle der Insolvenz vereinbart hat, da nur in dieser Konstellation

4. *Kein Vorliegen von Ermessens- und Kontrollbefugnis durch Anleger*

Die Anleger dürfen zu keinem Zeitpunkt unmittelbare Ermessens- bzw. Kontrollbefugnis über die Verwaltung der Vermögensgegenstände des Organismus haben. Diese ist vorliegend, wenn eine unmittelbare und kontinuierliche Entscheidungsgewalt gegeben ist, anders als etwa bei der Ausübung von Kontrollbefugnissen in Form von der Abstimmung bei Aktionärsversammlungen, beispielsweise über Fragen von Fusion, Feststellung des Jahresabschlusses oder Ernennung von Vorstandsmitgliedern.[231] Die unmittelbare Verantwortung für die Verwaltung der Vermögensgegenstände muss beim Investmentvermögen selbst liegen.[232]

II. Anzahl von Anlegern

Die „Gemeinschaftlichkeit" der Anlage setzt schon vom Wortlaut her zwingend voraus, dass es sich um Kapital von mehr als nur einem Anleger handelt. Allerdings sind wohl schon zwei Anleger in jedem Fall ausreichend.[233] Hierbei kommt es jedoch nicht auf die faktischen Verhältnisse an, da nach der Legaldefinition des § 1 Abs. 1 S. 2 eine Anzahl von Anlegern auch dann schon vorliegend ist, wenn die Anlagebedingungen, die Satzung oder der Gesellschaftsvertrag des OGA die Anzahl möglicher Anleger nicht auf einen Anleger begrenzen. In der AIFM-RL finden sich weder für die Frage, wieviele Anleger erforderlich sind, noch ob es auf eine tatsächliche Anlegerzahl ankommt oder die potenzielle Anlegerzahl ausreichend ist, Anhaltspunkte.[234] Deswegen wird teilweise davon ausgegangen, dass die Auslegung im Rahmen der AIFM-RL bewusst der Verwaltungspraxis und der Wissenschaft überlassen werden sollte.[235] ESMA und folgend die BaFin legen die AIFM-RL hier gleich dem deutschen Gesetzgeber aus und fordern lediglich für

ggf. Verluste auftreten können, *Volhard/Jang*, in: Weitnauer/Boxberger/Anders, KAGB, 2014, § 1 Rn. 8.

231 *Volhard/Jang*, in: Weitnauer/Boxberger/Anders, KAGB, 2014, § 1 Rn. 9.

232 ESMA Leitlinien zu Schlüsselbegriffen der Richtlinie über die Verwalter alternativer Investmentfonds (AIFMD) vom 13.08.2013 (ESMA/2013/611), Ziff. VI.12.(c); *Krause*, in: Beckmann/Scholtz/Vollmer, Investment (Stand: 11/16), vor 405 Rn. 14; *Volhard/Jang*, in: Weitnauer/Boxberger/Anders, KAGB, 2014, § 1 Rn. 9.

233 *Eckhold/Balzer*, in: Assmann/Schütze, Handbuch des Kapitalanlagerechts, 4. Auflage 2015, § 22 Rn. 14; dieses ist bzgl. AIFM-Richtlinie nicht eindeutig: vgl. *Tollmann*, in: Dornseifer/Jesch/Klebeck/Tollmann, AIFM-Richtlinie, 2013, Art. 4 Rn. 15.

234 *Eckhold/Balzer*, in: Assmann/Schütze, Handbuch des Kapitalanlagerechts, 4. Auflage 2015, § 22 Rn. 14.

235 Vgl. *Tollmann*, in: Dornseifer/Jesch/Klebeck/Tollmann, AIFM-Richtlinie, 2013, Art. 4 Rn. 15.

die Anzahl der Anleger, dass der Fonds ausweislich seiner Vertragsbedingungen eine Anzahl von Anlegern zulässt, sodass es nicht auf die tatsächliche Anlegerzahl ankommt.[236] In der Konsequenz werden somit auch Ein-Anleger-Fonds erfasst, soweit die Aufnahme weiterer Anleger nicht ausgeschlossen ist.[237]

III. Einsammlung von Kapital

Auch bei dem Merkmal der „Einsammlung von Kapital" bieten die Auslegungsschreiben bzw. Leitlinien der BaFin bzw. ESMA Anhaltspunkte zur Auslegung. Demnach liegt ein Einsammeln von Kapital („raising capital") vor, wenn ein OGA oder eine Person oder aber auch ein Unternehmen für Rechnung dieses OGA direkte oder indirekte Schritte unternimmt, um gewerblich bei einem oder mehreren Anlegern Kapital zu beschaffen, um es gemäß einer festgelegten Anlagestrategie anzulegen.[238] Hierbei ist der Terminus des „Kapital" bewusst weit gewählt.[239] Neben dem Regelfall der Zahlung von Geld ist dieses keinesfalls die einzige Möglichkeit, Fondsanteile zu erwerben. So kommen z. B. alternativ auch Sacheinlagen oder Sachübernahmen zum Erwerb der Fondsanteile in Betracht[240], sodass im Allgemeinen unter Kapital nicht nur Geld, sondern auch sonstige

---

236 ESMA Leitlinien zu Schlüsselbegriffen der Richtlinie über die Verwalter alternativer Investmentfonds (AIFMD) vom 13.08.2013 (ESMA/2013/611), Ziff. VIII.17; BaFin Auslegungsschreiben zum Anwendungsbereich des KAGB und zum Begriff des „Investmentvermögens", Gz.: Q 31-Wp 2137–2013/0006 vom 14. Juni 2013 (Stand: 09.03.2015), Ziff. I.4.; *Eckhold/Balzer*, in: Assmann/Schütze, Handbuch des Kapitalanlagerechts, 4. Auflage 2015, § 22 Rn. 14.

237 Was im Ergebnis dazu führt, dass das vermeintlich begrenzende zusätzliche Merkmal der Anzahl von Anlegern effektiv zu einer Erweiterung des Anwendungsbereichs des KAGB führt: *Eckhold/Balzer*, in: Assmann/Schütze, Handbuch des Kapitalanlagerechts, 4. Auflage 2015, § 22 Rn. 14; hierzu auch *Loff/Klebeck*, BKR 2012, 353, 358.

238 BaFin Auslegungsschreiben zum Anwendungsbereich des KAGB und zum Begriff des „Investmentvermögens", Gz.: Q 31-Wp 2137–2013/0006 vom 14. Juni 2013 (Stand: 09.03.2015), Ziff. I.3.; ESMA Leitlinien zu Schlüsselbegriffen der Richtlinie über die Verwalter alternativer Investmentfonds (AIFMD) vom 13.08.2013 (ESMA/2013/611), Ziff. VII.13; *Eckhold/Balzer*, in: Assmann/Schütze, Handbuch des Kapitalanlagerechts, 4. Auflage 2015, § 22 Rn. 16.

239 *Tollmann*, in: Dornseifer/Jesch/Klebeck/Tollmann, AIFM-Richtlinie, 2013, Art. 2 Rn. 38.

240 Hierbei ist zu beachten, dass die AIFM-RL anders noch als § 23 Abs. 1 S. 3 InvG kein Verbot von Sacheinlagen enthält, jedoch die Leistung des vollen Ausgabepreises ebenfalls verpflichtend ist, vgl. *Tollmann*, in: Dornseifer/Jesch/Klebeck/Tollmann, AIFM-Richtlinie, 2013, Art. 2 Rn. 38 m.w.N.; *Zetzsche/Preiner*, WM 2013, 2101, 2104; *Volhard/Jang*, in: Weitnauer/Boxberger/Anders, KAGB, 2014, § 1 Rn. 14.

geldwerte Vorteile zu verstehen sind.[241] In Ausnahmefällen ist das Merkmal des Einsammelns von Kapital streng genommen sogar entbehrlich, dann nämlich, wenn es sich um Kapital aus einem ausgelaufenem Fonds handelt, welches für neue Investitionen verwendet wird.[242] Hierbei wird das Stehenlassen selbst als Einsammeln von Kapital verstanden.[243] Zudem sind zwei Sonderfälle näher zu betrachten, zum einen sog. Family Offices, zum anderen sog. Investmentclubs.

1. Family Offices

Grundsätzlich sollen Family Office-Vehikel, die in das Privatvermögen von Anlegern investieren, ohne zusätzliches Fremdkapital zu beschaffen, nicht als AIF im Sinne der AIFM-RL gelten, Erwägungsgrund 7 der AIFM-RL sowie die Gesetzesbegründung zu § 2 Abs. 1.[244] Eine explizite Ausnahmebestimmung hinsichtlich der Family Offices sucht man hingegen sowohl in der AIFM-RL selbst als auch im KAGB vergeblich.[245] Daher muss der gesetzgeberischen Absicht auf dem Wege der Gesetzesauslegung begegnet werden. Regelmäßig ist daher davon auszugehen, dass bei Family Office-Vehikeln schon das Merkmal des Einsammelns von Kapital nicht vorliegt. Hintergrund ist die Tatsache, dass Familienvermögen kraft familienrechtlicher Beziehung bereits verbunden sind und nicht erst durch das Einsammeln von Kapital durch einen Dritten verbunden werden, wobei es sich bei dem Family-Office-Vehikel um keinen „Termninus technicus" handelt und keine Zulassungspflichtigkeit von familieninterner Vermögensverwaltung besteht.[246] Zur Konkretisierung gibt die ESMA[247] den zulässigen Verwandschaftsgrad vor, im Rahmen dessen noch von einem „Familienverband" im Sinne von Erwägungsgrund 7 der AIFM-RL ausgegangen werden kann und das Merkmal des Kapitaleinsammelns somit nicht vorliegt. Demnach „bezeichnet der Begriff „Familienmitglieder" den Ehepartner einer Person, die Person, die mit der Person in einer eheähnlichen Gemeinschaft, in einem Haushalt und auf einer stabilen und dauerhaften Grundlage lebt, die Verwandten in gerader Linie, die Geschwister,

---

241 *Tollmann*, in: Dornseifer/Jesch/Klebeck/Tollmann, AIFM-Richtlinie, 2013, Art. 2 Rn. 38.

242 *Volhard/Jang*, in: Weitnauer/Boxberger/Anders, KAGB, 2014, § 1 Rn. 14.

243 *Volhard/Jang*, in: Weitnauer/Boxberger/Anders, KAGB, 2014, § 1 Rn. 14.

244 Erwägungsgrund 7 der AIFM-RL: Keine AIF sind „Wertpapierfirmen, wie z. B. Family-Office-Vehikel, die das Privatvermögen von Anlegern investieren, ohne Fremdkapital zu beschaffen"; *Zetzsche/Preiner*, WM 2013, 2101, 2104 f.

245 *Volhard/Jang*, in: Weitnauer/Boxberger/Anders, KAGB, 2014, § 1 Rn. 15.

246 *Zetzsche/Preiner*, WM 2013, 2101, 2105.

247 ESMA Leitlinien zu Schlüsselbegriffen der Richtlinie über die Verwalter alternativer Investmentfonds (AIFMD) vom 13.08.2013 (ESMA/2013/611), Ziff. II.

Onkel, Tanten, Cousins oder Cousinen der betreffenden Person und die Angehörigen einer Person"[248]. Diese Festsetzung wird zu Recht als teilweise „willkürlich"[249] kritisiert, zudem ist im Einzelnen unklar, wer genau als Lebenspartner einzuordnen ist. Die BaFin[250] beschränkt dieses auf Lebenspartner im Sinne des LPartG, was im Hinblick auf den eindeutig abzugrenzenden Personenkreis sinnvoll erscheint. Und auch unter dem Gesichtspunkt, dass ein Grund für die Privilegierung der Verwaltung von Familienvermögen ist, dass Familienvermögen kraft familienrechtlicher Beziehung bereits verbunden sind[251] (siehe S. 38), erscheint es widersprüchlich, dass nun doch Vermögen von Lebenspartnern mit einbezogen werden sollen, welche mangels Institutionalisierung der Partnerschaft keiner familienrechtlichen Verknüpfung (etwa durch das LPartG) unterliegen. Dennoch ist hier der weitergehende Wortlaut der Auslegung der ESMA („die mit der Person in einer eheähnlichen Gemeinschaft, in einem Haushalt und auf einer stabilen und dauerhaften Grundlage lebt"[252]) aus Gründen der europarechtlichen Einheitlichkeit maßgeblich. Es sind daher nicht nur institutionalisierte Lebenspartnerschaften nach dem LPartG erfasst, sondern auch sog. eheähnliche Gemeinschaften im weiteren Sinne.[253] In dem Moment, wo zwar der Familie nahstehende Personen, jedoch eindeutig familienfremde Mitglieder („family and friends") Kapital bereitstellen, sind die Grenzen des Familienprivilegs erreicht und es ist von einem Investmentvermögen auszugehen, soweit die übrigen Merkmale vorliegen.[254] Gleiches gilt, wenn es zu einer gemeinsamen Verwaltung von Vermögen unverbundener Familien kommt, sog. Multi Family Offices, auch hier ist kein Grund für eine Ausnahme vom Merkmal des Einsammelns von Kapital ersichtlich.[255]

---

248 ESMA Leitlinien zu Schlüsselbegriffen der Richtlinie über die Verwalter alternativer Investmentfonds (AIFMD) vom 13.08.2013 (ESMA/2013/611), Ziff. II.

249 *Zetzsche/Preiner,* WM 2013, 2101, 2105.

250 BaFin Auslegungsschreiben zum Anwendungsbereich des KAGB und zum Begriff des „Investmentvermögens", Gz.: Q 31-Wp 2137–2013/0006 vom 14. Juni 2013 (Stand: 09.03.2015), Ziff. I.3.a.

251 *Zetzsche/Preiner,* WM 2013, 2101, 2105.

252 ESMA Leitlinien zu Schlüsselbegriffen der Richtlinie über die Verwalter alternativer Investmentfonds (AIFMD) vom 13.08.2013 (ESMA/2013/611), Ziff. II.

253 *Volhard/Jang,* in: Weitnauer/Boxberger/Anders, KAGB, 2014, § 1 Rn. 16.

254 *Volhard/Jang,* in: Weitnauer/Boxberger/Anders, KAGB, 2014, § 1 Rn. 17.

255 *Seibt/Jander-McAlister,* DB 2013, 2433, 2434; *Zetzsche/Preiner,* WM 2013, 2101, 2105; *Volhard/Jang,* in: Weitnauer/Boxberger/Anders, KAGB, 2014, § 1 Rn. 16, differenzierende Ansicht jedoch *Krause/Klebeck,* BB 2012, 2063, 2066; siehe auch *Jesch,* in: Baur/Tappen, Investmentgesetze: Großkommentar, Bd. 1: §§ 1–272 KAGB, 3. Auflage

2. *Investmentclubs*

Ein Investmentclub stellt eine Vereinigung von natürlichen Personen dar, welche sich zusammengefunden haben, um ihr Privatvermögen gemeinsam in Finanzinstrumente zu investieren.[256] Entscheidende Merkmale in diesem Zusammenhang sind, dass das gemeinsame Vermögen in eigener Regie verwaltet wird, die grundsätzliche Freiheit besteht, sich aus dem Verbund jederzeit zu lösen und dass sich die Anleger privat zusammengefunden haben und nicht kommerziell geworben wurden.[257] Der Verwalter darf das Kapital unter keinen Umständen gewerblich entgegennehmen, sondern es muss sich um ein Hobby, Freundschaftsdienst etc.[258] handeln. Insoweit ist es erforderlich, dass sich die Vorgänge im Zusammenhang mit dem Bereitstellen von Kapital im Bereich der Sozialsphäre abspielen.[259] Wenn diese Merkmale erfüllt sind, ist keine Einsammlung von Kapital vorliegend. In dem Moment, wo jedoch Bestrebungen des Investmentclubs ersichtlich sind, an den Markt heranzutreten, um weitere Investoren zu werben, liegt eindeutig ein Einsammeln von Kapital vor bzw. ist dies beabsichtigt.[260] An diesem Punkt zeigt sich auch, dass das Merkmal des Einsammelns von Kapital mit dem Vorgang des Vertriebs vermischt wird bzw. eine Abgrenzung nur schwer bis gar nicht möglich ist.[261]

2015, § 1 Rn. 12, der bei Multi Family Offices eine „genauere Analyse des Vehikels" fordert; so wohl auch *Krause*, in: Beckmann/Scholtz/Vollmer, Investment (Stand: 11/16), Vor § 405 Rn. 34.

256 BaFin Auslegungsschreiben zum Anwendungsbereich des KAGB und zum Begriff des „Investmentvermögens", Gz.: Q 31-Wp 2137–2013/0006 vom 14. Juni 2013 (Stand: 09.03.2015), Ziff. I.3.b.; *Volhard/Jang*, in: Weitnauer/Boxberger/Anders, KAGB, 2014, § 1 Rn. 18.

257 BaFin Merkblatt Investmentclubs – Hinweise zur finanzaufsichtsrechtlichen Erlaubnispflicht von Investmentclubs und ihrer Geschäftsführer vom 9. Juni 2011 (Stand: 18.07.2013), Ziff. 1; *Volhard/Jang*, in: Weitnauer/Boxberger/Anders, KAGB, 2014, § 1 Rn. 18.

258 *Zetzsche/Preiner*, WM 2013, 2101, 2105.

259 Siehe zu den Ursprüngen von Investmentclubs: *Jesch*, in: Baur/Tappen, Investmentgesetze: Großkommentar, Bd. 1: §§ 1–272 KAGB, 3. Auflage 2015, § 1 Rn. 13; *Zetzsche/Preiner*, WM 2013, 2101, 2105.

260 *Jesch*, in: Baur/Tappen, Investmentgesetze: Großkommentar, Bd. 1: §§ 1–272 KAGB, 3. Auflage 2015, § 1 Rn. 13; *Volhard/Jang*, in: Weitnauer/Boxberger/Anders, KAGB, 2014, § 1 Rn. 18.

261 *Zetzsche/Preiner*, WM 2013, 2101, 2105.

3. *Ausnahmen für andere „Pre-existing groups"?*

Im Allgemeinen sieht die ESMA keine Kapitaleinsammlung gegeben, wenn Mitglieder einer bereits bestehenden Gruppe („pre-existing group") gemeinsam anlegen.[262] Dieses Prinzip zeigt sich in den bereits ausgeführten Ausnahmen im Bereich der Familienvermögen sowie der Investmentclubs. Es stellt sich weitergehend die Frage, ob sich diese von der ESMA benannten Ausnahmen in diesen zwei Gruppentypen erschöpfen oder ob noch weitere Gruppentypen vorstellbar sind, die nicht das Merkmal der Kapitaleinsammlung erfüllen. Die ESMA beschränkt neuerdings „pre-existing groups" auf Familienvermögen,[263] wobei in früheren Stellungnahmen[264] ein deutlich weiteres Verständnis zu erkennen ist.[265] Die Beschränkung auf Familienvermögen ist schon deshalb nicht nachvollziehbar, weil auch Investmentclubs als bereits bestehende Gruppe denkbar sind,[266] weswegen eine Beschränkung auf den Familienzusammenhang als „pre-existing-group" widersprüchlich ist und diese lediglich als Regelbeispiele anzusehen sind.[267] Zudem ist eine solch enge Auslegung auch ein Widerspruch zur AIFM-RL, da bewusst das Merkmal des Kapitaleinsammelns als konstitutives Merkmal eines Investmentvermögens aufgenommen wurde.[268] Es ist somit festzuhalten, dass im Grundsatz das Merkmal der Kapitaleinsammlung auch bei anderen „pre-existing-groups" als denen der Familie fehlen kann.[269] Dieses wurde etwa diskutiert bei der

262 ESMA „Final Report: Guidelines on key concepts of the AIFMD" vom 24.05.2013 (ESMA/2013/600), Annex III Ziff. VI.12.; *Zetzsche/Preiner,* WM 2013, 2101, 2105; *Kloyer,* Der Anwendungsbereich des KAGB in der Beratungspraxis, in: Möllers/Kloyer, Das neue Kapitalanlagegesetzbuch, 2014, S. 97 ff., Rn. 242; *Zetzsche,* Prinzipien der kollektiven Vermögensanlage, 2015, S. 103.

263 ESMA Leitlinien zu Schlüsselbegriffen der Richtlinie über die Verwalter alternativer Investmentfonds (AIFMD) vom 13.08.2013 (ESMA/2013/611), Ziff. II.

264 ESMA „Consultation Paper: Guidelines on key concepts of the AIFMD" vom 19.12.2012 (ESMA/2012/845), Ziff. VII.13.

265 *Zetzsche/Preiner,* WM 2013, 2101, 2105.

266 BaFin Auslegungsschreiben zum Anwendungsbereich des KAGB und zum Begriff des „Investmentvermögens", Gz.: Q 31-Wp 2137–2013/0006 vom 14. Juni 2013 (Stand: 09.03.2015), Ziff. I.3.b.

267 *Zetzsche/Preiner,* WM 2013, 2101, 2105.

268 *Jesch,* in: Baur/Tappen, Investmentgesetze: Großkommentar, Bd. 1: §§ 1–272 KAGB, 3. Auflage 2015, § 1 Rn. 9 ff., auch zur Zulässigkeit eines Ein-Anleger Fonds; *Zetzsche/Preiner,* WM 2013, 2101, 2105.

269 *Zetzsche/Preiner,* WM 2013, 2101, 2105; *Zetzsche,* Prinzipien der kollektiven Vermögensanlage, 2015, S. 103; so wohl auch: *Jesch,* in: Baur/Tappen, Investmentgesetze: Großkommentar, Bd. 1: §§ 1–272 KAGB, 3. Auflage 2015, § 1 Rn. 11.

Mitanlage durch Leitungsorgane oder kontroll- und risikorelevante Mitarbeiter des AIFM.[270] Jedoch verstummte die Diskussion wieder, nachdem das KAGB diese nun der Gruppe der semiprofessionellen Anleger (§ 1 Abs. 19 Nr. 33 b) KAGB) zugeordnet hat,[271] was wiederum voraussetzt, dass es sich bei der Personengruppe um Anleger und dem Vehikel um einen AIF handelt.[272]

IV. Festgelegte Anlagestrategie

Das Merkmal der festgelegten Anlagestrategie soll den Fonds zu der gewerblichen Tätigkeit eines (operativen) Unternehmens abgrenzen.[273] Eine feste Anlagestrategie liegt vor, wenn die einzelnen Kriterien, nach denen das Kapital angelegt werden soll, schriftlich genau bestimmt sind und das in einem Detailgrad, der umfangreicher ist als in einer allgemeinen Geschäftsstrategie.[274] Auch sind bei einer Anlagestrategie im Gegensatz zu einer allgemeinen Geschäftsstrategie die Handlungsspielräume der Kapitalverwaltungsgesellschaft entweder in der Anlagestrategie selbst oder in Satzung bzw. Gesellschaftsvertrag stark eingeschränkt.[275] Indikativ gibt die ESMA Anhaltspunkte vor, die auf das Vorliegen einer Anlagestrategie hindeuten[276]:

> Zunächst ist eine (1) hinreichende Bestimmtheit der Bedingungen notwendig, diese sollten (2) durch Aufnahme in die Vertragsbedingungen oder durch Aufnahme in die Satzung des Organismus bzw. Bezugnahme auf die Bedingungen in der Satzung rechtliche Bindungswirkung entfalten, (3) spätestens zu dem Zeitpunkt vorliegen, ab dem Anleger und Organismus eine Rechtsbeziehung eingehen, wobei spätere Änderungen

---

270 *Zetzsche/Preiner,* WM 2013, 2101, 2105.

271 *Volhard/Jang,* in: Weitnauer/Boxberger/Anders, KAGB, 2014, § 1 Rn. 106.

272 Es gelten jedoch Ausnahmen für sog. Arbeitnehmerbeteiligungssysteme, § 2 Abs. 1 Nr. 6; *Boxberger/Röder,* in: Weitnauer/Boxberger/Anders, KAGB, 2014, § 2 Rn. 12; *Zetzsche/Preiner,* WM 2013, 2101, 2105.

273 BaFin Auslegungsschreiben zum Anwendungsbereich des KAGB und zum Begriff des „Investmentvermögens", Gz.: Q 31-Wp 2137–2013/0006 vom 14. Juni 2013 (Stand: 09.03.2015), Ziff. I.5.

274 Gesetzesentwurf der Bundesregierung, Entwurf eines Gesetzes zur Umsetzung der Richtlinie 2011/61/EU über die Verwalter alternativer Investmentfonds (AIFM-Umsetzungsgesetz – AIFM-UmsG) vom 6. Februar 2013, BT-Drucks. 17/12294, S. 201; *Jesch,* in: Baur/Tappen, Investmentgesetze: Großkommentar, Bd. 1: §§ 1–272 KAGB, 3. Auflage 2015, § 1 Rn. 16; *Volhard/Jang,* in: Weitnauer/Boxberger/Anders, KAGB, 2014, § 1 Rn. 19.

275 *Volhard/Jang,* in: Weitnauer/Boxberger/Anders, KAGB, 2014, § 1 Rn. 19.

276 ESMA Leitlinien zu Schlüsselbegriffen der Richtlinie über die Verwalter alternativer Investmentfonds (AIFMD) vom 13.08.2013 (ESMA/2013/611), Ziff. IX.20.

diesem Merkmal nicht entgegenstehen, (4) Organismus bzw. juristische Person, welche den Organismus verwaltet, ist gegenüber den Anlegern verpflichtet sich an die Anlagebedingungen zu halten und diese Verpflichtung ist auch von den Anlegern rechtlich durchsetzbar.

Zudem sollten in ihnen Vorgaben oder Beschränkungen zur Anlagetätigkeit enthalten sein. Diese betreffen üblicherweise[277]:

Die Anlage in bestimmte Kategorien von Vermögenswerten bzw. Beschränkungen bzgl. der Anlageaufteilung, Festlegung auf bestimmte Strategien, Anlagebeschränkung auf bestimmte geografische Gebiete, Einhaltung von a) Mindesthaltezeiten, b) Einschränkungen bezüglich Hebelfinanzierungen oder c) anderen Einschränkungen zur Risikostreuung.

In der Konsequenz stellt sich die Frage, ob somit dann automatisch bei dem Nichtvorliegen einer Anlagestrategie der Anwendungsbereich des KAGB ausgeschlossen ist. Dieses würde zu einem Anreiz führen, eine besonders vage Beschreibung der Anlage zu geben, um sich dem Geltungsbereich des KAGB zu entziehen.[278] Es würden somit potenzielle Missbrauchsgefahren geschaffen werden und nicht verhindert.[279] Dieses zeigte sich beispielsweise im Rahmen des früheren AuslInvG: Zur Umgehung der Vorschriften des noch stark formalisierten AuslInvG wurde in Ausnahmefällen gänzlich auf eine Anlagestrategiebeschreibung verzichtet. Dieses führte in der Folge dazu, dass für diese Vehikel keine Einordnung als Auslandsfonds erfolgen konnte.[280]

In Anbetracht der Tatsache, dass es eine durch die AIFM-RL vorgegebene Grundentscheidung des Gesetzgebers ist, im Rahmen des KAGB zu einer weitgehenden Hinwendung zum materiellen Fondsbegriff zu kommen (dieser steht in engem Zusammenhang mit dem materiellen Managerbegriff, siehe S. 118) und eben keine Orientierung mehr an rein formalisierten Kriterien stattfindet (formeller Fondsbegriff), erscheint es nicht sachgemäß in diesem Zusammenhang starr auf das Vorliegen einer Anlagestrategie zu bestehen. Eben diese frühere starke Formalisierung bei der Einordnung, ob ein Vehikel in den Geltungsbereich des jeweiligen Gesetzes fiel, provozierte die Etablierung von missbräuchlichen Gestaltungsvarianten des Vehikels. Im Zusammenhang mit dem KAGB wird daher insbesondere für sog. Blind-Pool Fonds, bei denen zum Zeitpunkt der Anlageentscheidung weder bestimmt ist, in welchen konkreten Vermögensgegenstand investiert wird, noch eine allgemeine Beschreibung existiert, mitunter über das

277 *Volhard/Jang*, in: Weitnauer/Boxberger/Anders, KAGB, 2014, § 1 Rn. 19.

278 *Krause/Klebeck*, RdF 2013, 4, 9.

279 *Krause/Klebeck*, RdF 2013, 4, 9 insbesondere Fn. 42.

280 BGH, Urt. v. 23.03.2010, Az.: VI ZR 57/09, BB 2010, 2012; *Krause/Klebeck*, RdF 2013, 4, 9.

Vorliegen einer Anlagestrategie großzügig hinweggeblickt.[281] Ein Herausfallen von Blind-Pool Fonds aus dem Anwendungsbereich des KAGB sei nicht einzusehen, „da die Tatsache, dass die Anlageentscheidungen ausschließlich der juristischen Person überlassen bleiben, die einen Organismus verwaltet, (…) nicht dazu genutzt werden [sollte], die Bestimmungen der AIFMD zu umgehen“[282].

Umgekehrt ist, mit einzelnen Ausnahmen (z. B. den Blind-Pool Fonds) außerdem zu berücksichtigen, dass bei wirtschaftlicher Betrachtungsweise praktisch jedes Vermögenssubjekt über konkretisierende Strategien und Leitlinien verfügt, so ist u. U. auch ein Businessplan schon in dieser Hinsicht einigermaßen konkret.[283] Damit es zu keiner uferlosen Auslegung des Begriffs des AIF kommt, ist daher notwendigerweise davon auszugehen, dass ein Unternehmensgegenstand oder ein Businessplan nicht als Anlagestrategie gelten kann.[284]

V. Investition zum Nutzen der Anleger

Weiteres Merkmal eines Investmentvermögens ist die Investition des eingesammelten Kapitals zum Nutzen der Anleger. Eine Investition des eingesammelten Kapitals in das eigene Unternehmen des Verwalters ist somit unter Berücksichtigung dieser Zielrichtung ausgeschlossen.[285] Regelmäßig erfolgt jedoch die Investiton zum Nutzen der Anleger auch mittelbar zum Nutzen des eigenen Unternehmens, sodass eine Abgrenzung im Einzelfall schwierig ist.[286] Eindeutig nicht vorliegend ist ein Anlegernutzen, wenn die Wertentwicklung von Organismus und Vermögengegenstand nicht korrespondieren.[287] In Bezug auf Stiftungen gilt, dass sie nicht als AIF gelten, wenn die Stiftungsbeträge nicht den Stiftern selbst,

---

281 *Volhard/Jang*, in: Weitnauer/Boxberger/Anders, KAGB, 2014, § 1 Rn. 20; a.A. *Krause/Klebeck*, RdF 2013, 4, 9.

282 ESMA Leitlinien zu Schlüsselbegriffen der Richtlinie über die Verwalter alternativer Investmentfonds (AIFMD) vom 13.08.2013 (ESMA/2013/611), Ziff. IX.22; *Volhard/Jang*, in: Weitnauer/Boxberger/Anders, KAGB, 2014, § 1 Rn. 20; a.A. *Krause/Klebeck*, RdF 2013, 4, 9, die zwar auch die Missbrauchsgefahr erkennen, jedoch daraus nicht die Konsequenz ziehen, dass das Kriterium der Anlagestrategie entbehrlich ist, da insoweit der Gesetzeswortlaut vorrangig ist.

283 *Krause/Klebeck*, RdF 2013, 4, 9; *Haisch/Helios*, BB 2013, 23, 25.

284 *Haisch/Helios*, BB 2013, 23, 25.

285 *Volhard/Jang*, in: Weitnauer/Boxberger/Anders, KAGB, 2014, § 1 Rn. 21.

286 *Volhard/Jang*, in: Weitnauer/Boxberger/Anders, KAGB, 2014, § 1 Rn. 21.

287 *Volhard/Jang*, in: Weitnauer/Boxberger/Anders, KAGB, 2014, § 1 Rn. 21, dieses ist z. B. bei sog. Nicht-Delta-1- oder Nicht-1:1-Zertifikaten der Fall.

sondern Dritten zugute kommen.[288] Auch als eine Ausprägung des materiellen Fondsbegriffs kommt es hier auf die konkrete Rechtsform des Vehikels nicht an.[289]

VI. Kein operativ tätiges Unternehmen außerhalb des Finanzsektors

1. Allgemeines

Grundsätzlich darf ein Investmentvermögen kein operativ tätiges Unternehmen außerhalb des Finanzsektors sein, d. h. es darf kein allgemein-kommerzieller oder allgemein-industrieller Zweck verfolgt werden.[290] Dieses Merkmal ist als Negativmerkmal in § 1 Abs. 1 S. 1 zu finden und soll der Gefahr „dass auch produzierende und andere operativ tätige Unternehmen in den Anwendungsbereich des Gesetzes fallen könnten, die keine Fonds sind und deren Regulierung nicht mit der AIFM-RL bezweckt wurde“[291] und somit ein ausufernder Anwendungsbereichs des KAGB entstehen könnte, entgegenwirken.[292] Teilweise wird die zusätzliche Hervorhebung dieses Merkmals in § 1 Abs. 1 S. 1 a.E. jedoch auch als rein deklaratorisch angesehen, da die Abrenzung zwischen AIF und operativ tätigem Unternehmen bereits anhand der Merkmale „Anlage“ und „Anlagestrategie“ erfolge.[293] Ein operativer Zweck liegt dann vor, wenn eine Geschäftsstrategie gegeben ist, „die sich u. a. durch Merkmale auszeichnet, wie die überwiegende Ausübung (i) einer kommerziellen Tätigkeit einschließlich Kauf, Verkauf und/oder Austausch von Waren oder Gütern und/oder Verkehr mit nicht finanziellen Dienstleistungen oder (ii) einer industriellen Tätigkeit einschließlich der Produktion von Waren oder der Errichtung von Immobilien oder (iii) einer Kombination daraus.“[294]

---

288 *Zetzsche/Preiner,* WM 2013, 2101, 2106.

289 Art. 2 Abs. 2 lit. b) AIFM-RL; *Zetzsche/Preiner,* WM 2013, 2101, 2106.

290 ESMA Leitlinien zu Schlüsselbegriffen der Richtlinie über die Verwalter alternativer Investmentfonds (AIFMD) vom 13.08.2013 (ESMA/2013/611), Ziff. IV.12.a; *Volhard/Jang,* in: Weitnauer/Boxberger/Anders, KAGB, 2014, § 1 Rn. 22.

291 Gesetzesentwurf der Bundesregierung, Entwurf eines Gesetzes zur Umsetzung der Richtlinie 2011/61/EU über die Verwalter alternativer Investmentfonds (AIFM-Umsetzungsgesetz – AIFM-UmsG) vom 6. Februar 2013, BT-Drucks. 17/12294, S. 201.

292 Gesetzesentwurf der Bundesregierung, Entwurf eines Gesetzes zur Umsetzung der Richtlinie 2011/61/EU über die Verwalter alternativer Investmentfonds (AIFM-Umsetzungsgesetz – AIFM-UmsG) vom 6. Februar 2013, BT-Drucks. 17/12294, S. 201; *Krause/Klebeck,* RdF 2013, 4, 9.

293 *Zetzsche/Preiner,* WM 2013, 2101, 2107.

294 ESMA Leitlinien zu Schlüsselbegriffen der Richtlinie über die Verwalter alternativer Investmentfonds (AIFMD) vom 13.08.2013 (ESMA/2013/611), Ziff. II.; *Volhard/Jang,* in: Weitnauer/Boxberger/Anders, KAGB, 2014, § 1 Rn. 22.

Auch wenn diese Ausnahme grundsätzlich zu begrüßen ist, ergeben sich hierbei im Einzelnen erhebliche Abgrenzungsschwierigkeiten.[295]

2. *Schiffsbereich*

Der Charterer eines Schiffs und der Vertragsreeder betreiben ein operatives Unternehmen, da der Charterer in diesem Zusammenhang für die Auslastung des Schiffs verantwortlich ist und auch der Vertragsreeder operative Aufgaben übernimmt.[296]

3. *Immobilien*

Grundsätzlich gilt, dass Tätigkeiten, welche im Zusammenhang mit dem Betrieb einer Immobilie stehen, z. B. der Betrieb eines Hotels oder einer Pflegeeinrichtung, die Entwicklung eines Projekts in diesem Zusammenhang (Konzeption, Ankauf, Weiterverkauf einer zuvor entwickelten Immobilie), Aspekte des „facility managements", Makler- und Bewertungstätigkeiten, aber auch Beratungen bezüglich der Finanzierung einer Immobilie, als operative Tätigkeiten einzustufen sind.[297]

C. Offenes und geschlossenes Investmentvermögen gem. § 1 Abs. 4, 5

I. Grundidee und Relevanz der Abgrenzung

Die grundsätzliche Differenzierung zwischen offenen Fonds und geschlossenen Fonds stammt ursprünglich aus dem amerikanischen Sprachgebrauch, wo „open-end-funds" den „closed-end-funds" gegenüberstehen.[298]

Die Unterscheidung setzt einen materiellen Fondsbegriff voraus, welchen nun auch das auf der AIFM-RL beruhende KAGB in weiten Teilen (siehe S. 118) aufgreift.[299]

---

295 *Krause/Klebeck*, RdF 2013, 4, 9, die eine ähnliche Problematik im schweizerischen Recht erkennen.

296 *Volhard/Jang*, in: Weitnauer/Boxberger/Anders, KAGB, 2014, § 1 Rn. 24.

297 BaFin Auslegungsschreiben zum Anwendungsbereich des KAGB und zum Begriff des „Investmentvermögens", Gz.: Q 31-Wp 2137–2013/0006 vom 14. Juni 2013 (Stand: 09.03.2015), Ziff. I.7.a.; *Volhard/Jang*, in: Weitnauer/Boxberger/Anders, KAGB, 2014, § 1 Rn. 23.

298 *Köndgen/Schmies*, in: Schimansky/Bunte/Lwowski, Bankrechts-Handbuch, Zweiter Band, 4. Auflage 2011, § 113 Rn. 10.

299 Vgl. Gesetzesentwurf der Bundesregierung, Entwurf eines Gesetzes zur Umsetzung der Richtlinie 2011/61/EU über die Verwalter alternativer Investmentfonds (AIFM-Umsetzungsgesetz – AIFM-UmsG) vom 6. Februar 2013, BT-Drucks. 17/12294, S. 188; *Niewerth/Rybarz*, WM 2013, 1154, 1156.

Noch das 2013 aufgehobene InvG folgte hingegen einem weitgehend formellen Fondsbegriff.[300]

Bei einem geschlossenen Fonds ist die Rücknahme von Anteilen vor der Liquidation des Fonds nicht vorgesehen. Eine Realisierung des Wertes des Fondanteils vor der Liquidationsphase ist allenfalls durch Veräußerung des Anteils auf einem Sekundärmarkt möglich.[301] Bei einem offenen Fonds ist grundsätzlich die jederzeitige Anteilsrücknahme gegen Erstattung des Anteilswertes möglich. Somit ist die Anteilsrücknahme auch explizit vor dem Zeitpunkt der Liquidation des offenen Fonds vorgesehen. Hieraus resultieren jedoch Risiken: Das Recht der jederzeitigen Rückgabe gegen Werterstattung steht jedem Anteilsinhaber zu, allerdings können rein praktisch (natürlich) nur so viele Anteile zurückgenommen werden, wie dem Fonds zu diesem Zeitpunkt liquide Mittel zur Verfügung stehen. Der offene Fonds ist somit „stabil, solange die Summe der Anteilsrücknahmen abzüglich Anteilsausgaben die Summe der flüssigen Mittel nicht überschreitet".[302] Unter dem Strich bedeutet dies, je mehr Geld in illiquide Mittel angelegt wird, umso weniger Anteile können kurzfristig zurückgenommen werden.[303] Grundsätzliche Aufgabe des Verwalters in diesem Zusammenhang ist es, den optimalen Grenzwert zwischen Anlage in illiquiden Mitteln und Barreserven zu ermitteln. Misslingt dies, erfolgt konsequenterweise zunächst die Aussetzung der Anteilsrücknahme,[304] und nicht etwa, wie im Falle von Banken, die Insolvenz.[305] Die beschriebene Risikolage bei den offenen Fonds ist Grund dafür, warum diese, anders als die geschlossenen Fonds, bereits vor Inkrafttreten des KAGB, etwa durch das frühere InvG, einer gesetzlichen Regulierung unterlagen.

Ob ein Investmentvermögen als „offen" oder „geschlossen" zu kategorisieren ist, hat Einfluss auf viele Bereiche im Rahmen des Regulierungsregimes des KAGB. So gibt es beispielsweise Unterschiede im Bereich der zulässigen Rechtsform, den Grundsätzen der Risikomischung und der Zulässigkeit der Investition in bestimmte Vermögensgegenstände.[306] Auch für sog. Altfonds ist die Unterschei-

---

300 *Niewerth/Rybarz,* WM 2013, 1154, 1156.

301 *Zetzsche*, Prinzipien der kollektiven Vermögensanlage, 2015, S. 109.

302 *Zetzsche*, Prinzipien der kollektiven Vermögensanlage, 2015, S. 109.

303 *Zetzsche*, Prinzipien der kollektiven Vermögensanlage, 2015, S. 109.

304 Die sog. Fondsschließung ist im KAGB in § 98, bzw. speziell in § 257 für Immobilien-Sondervermögen, geregelt.

305 *Zetzsche*, Prinzipien der kollektiven Vermögensanlage, 2015, S. 109.

306 *Patzner/Schneider-Deters*, in: Patzner/Döser/Kempf, Investmentrecht, 2. Auflage 2015, § 1 KAGB Rn. 28.

dung wichtig, da für geschlossene Altfonds ein anderer Bestandsschutz nach den §§ 343 ff. in Betracht kommt als für offene Altfonds (siehe hierzu S. 61 f.).[307]

II. Unterscheidung nach dem KAGB gem. § 1 Abs. 4, 5

Grundsätzlich unterscheidet das KAGB zwischen offenen und geschlossenen Investmentvermögen (vgl. § 1 Abs. 4, 5). Kurz gesagt ist ein offenes Investmentvermögen gem § 1 Abs. 4 dann vorliegend, wenn es sich entweder um einen OGAW oder um einen AIF handelt, der dem Anleger ein Rückgaberecht gewährt. Gem. § 1 Abs. 5 sind geschlossene Investmentvermögen (geschlossene AIF) „alle AIF, die keine offenen AIF sind". Ein OGAW kann somit kein geschlossenes Investmentvermögen sein.

1. Offene Investmentvermögen

Wie bereits oben erwähnt, umfasst offenes Investmentvermögen gem. § 1 Abs. 4 zum einen „Organismen für gemeinsame Anlagen in Wertpapiere (OGAW)" (§ 1 Abs. 4 Nr. 1), zum anderen sind „AIF, die die Voraussetzungen von Artikel 1 Absatz 2 der Delegierten Verordnung (EU) Nr. 694/2014 der Kommission vom 17. Dezember 2013 zur Ergänzung der Richtlinie 2011/61/EU des Europäischen Parlaments und des Rates im Hinblick auf technische Regulierungsstandards zur Bestimmung der Arten von Verwaltern alternativer Investmentfonds (ABl. L 183 vom 24. 6. 2014, S. 18) erfüllen" (§ 1 Abs. 4 Nr. 2) erfasst.

a) OGAW gem. § 1 Abs. 2, 4 Nr. 1

Investmentvermögen in Form von OGAW werden dann als solche klassifiziert, wenn sie die Anforderungen der OGAW-RL[308] erfüllen, § 1 Abs. 2. Gem. Art. 1 Abs. 2 lit. b der OGAW-RL müssen OGAW-Anteile auf Verlangen der Anleger grundsätzlich jederzeit zu Lasten des Vermögens dieser Organismen zurückgenommen oder ausgezahlt werden. Somit handelt es sich bei OGAWs immer um offene Investmentvermögen.[309] Wie der Name bereits sagt, sind sie auf die Anlage in Vermögensgegenstände in Form von Wertpapieren ausgerichtet. Schon im Rahmen des InvG waren die deutschen OGAWs als richtlinienkonforme Sondervermögen gesetzlich normiert und wurden mit der Schaffung des KAGB in dieses

---

307 *Patzner/Schneider-Deters*, in: Patzner/Döser/Kempf, Investmentrecht, 2. Auflage 2015, § 1 KAGB Rn. 28.

308 Hierzu S. 24 ff.

309 *Volhard/Jang*, in: Weitnauer/Boxberger/Anders, KAGB, 2014, § 1 Rn. 35; zur jederzeitigen Rückgabemöglichkeit allgemein: *Gutsche*, in: Emde/Dornseifer/Dreibus/Hölscher, InvG, 2013, § 37 Rn. 1, 7.

implementiert (§§ 192–213).[310] Es sind jedoch mit dem Begriff „OGAW" nicht nur die deutschen OGAW erfasst, sondern auch die EU-OGAW.[311]

b) *AIF gem. § 1 Abs. 3, 4 Nr. 2*

Die sog. alternativen Investmentfonds (AIF) sind alle Investmentvermögen, die keine OGAW sind, § 1 Abs. 3. Ein offener Immobilienfonds ist ein AIF, da es sich um kein OGAW handelt.

Der weite Begriff des AIF erfasst daher erst einmal grundsätzlich alle Investmentvermögen, d. h. egal, ob offen oder geschlossen.[312] Es sind inländische AIF, EU-AIF und ausländische AIF erfasst.[313] Die Abgrenzungsfrage, ob ein offenes oder ein geschlossenes Investmentvermögen vorliegend ist, bewegt sich daher allein im Bereich der AIF.

aa) Ursprünglicher Ansatz: jährliche Rücknahmepflicht

Die ursprüngliche Fassung des KAGB knüpfte in § 1 Abs. 4 Nr. 2 a. F. bei der Abgrenzung von offenen und geschlossenen AIF an eine jährliche Rücknahmepflicht an.[314] So waren solche AIF, die ihren Anlegern einmal im Jahr ein Rückgaberecht gewähren, als offene Investmentvermögen zu qualifizieren, § 1 Abs. 4 Nr. 2 a. F. Diese Regelung beruhte auf den Vorgaben eines Entwurfs der technischen Regulierungsstandards der ESMA vom 2. April 2013,[315] die der unter Umsetzungsdruck stehende deutsche Gesetzgeber[316] aufgriff, welche jedoch durch die EU-Kommission aufgrund einer anderen Rechtsauffassung[317] nicht gebilligt

---

310 *Volhard/Jang*, in: Weitnauer/Boxberger/Anders, KAGB, 2014, § 1 Rn. 33.

311 *Volhard/Jang*, in: Weitnauer/Boxberger/Anders, KAGB, 2014, § 1 Rn. 33.

312 *Volhard/Jang*, in: Weitnauer/Boxberger/Anders, KAGB, 2014, § 1 Rn. 34.

313 *Volhard/Jang*, in: Weitnauer/Boxberger/Anders, KAGB, 2014, § 1 Rn. 34.

314 *Escher*, Die Regulierung der geschlossenen Fonds im Kapitalanlagegesetzbuch, in: Höche, Bankrechtstag 2013, 2014, S. 123, 127 ff.; *Volhard/Jang*, in: Weitnauer/Boxberger/Anders, KAGB, 2014, § 1 Rn. 36, 38.

315 ESMA „Final report: Draft regulatory technical standards on types of AIFMs" vom 02.04.2013 (ESMA/2013/413); sowie ESMA „Consultation paper: Draft regulatory technical standards on types of AIFMs" vom 19.12.2012 (ESMA/2012/844); hierzu: *Wallach*, Die Regulierung offener Fonds im Kapitalanlagegesetzbuch, in: Höche, Bankrechtstag 2013, 2014, S. 95, 102 ff.

316 Die AIFM-RL musste zeitnah in nationales Recht umgesetzt werden, was dem deutschen Gesetzgeber durch In-Kraft-Treten des KAGB am 22.7.2013 auch gelang.

317 Schreiben der EU-Kommission an die ESMA vom 4. Juli 2013, Ref. Ares(2013)2569526-04/07/2013, https://www.esma.europa.eu/sites/default/files/library/2015/11/ec_letter_to_esma_re_draft_rts_on_types_of_aifmd_4_july_2013.pdf, zuletzt abgerufen am 10.02.2017; *Kuper*, Die einschlägigen Rechtsquellen – die

wurden. Interessanterweise stellte schon dieser Ansatz eine Verschärfung der in Deutschland bis dato geltenden gesetzlichen Regelungen und Verwaltungspraxis der BaFin dar, wonach ein offener Fonds schon dann vorlag, wenn die Anteilsrücknahme mindestens einmal innerhalb von zwei Jahren erfolgte.[318]

Mit Erlass der Delegierten Verordnung (EU) Nr. 694/2014 der EU-Kommission am 17. Dezember 2013 und seiner von § 1 Abs. 4 Nr. 2 a. F. abweichenden Bestimmung eines offenen Fonds wurde die Europarechtswidrigkeit von § 1 Abs. 4 Nr. 2 a. F. unübersehbar.[319]

Durch die Möglichkeit dieses Vorgangs zeigten sich auch die strukturellen Defizite des Lamfalussy-Gesetzgebungsverfahrens,[320] denn es ist u. a. schwer nachzuvollziehen, warum ein so zentraler Punkt überhaupt auf dem Wege einer Level 2-Maßnahme geregelt wird und nicht direkt auf Stufe 1.

bb) Neuer Ansatz: Vorliegen einer Rücknahmepflicht ausreichend

War ursprünglich noch vorgesehen, dass solche AIF, die ihren Anlegern einmal im Jahr ein Rückgaberecht gewähren, als offene Investmentvermögen zu qualifizieren sind, § 1 Abs. 4 Nr. 2 a. F., legt nun die neue Verordnung fest, dass ein AIF schon dann „offen“ ist, wenn für die Anleger überhaupt irgendwelche Rückkauf- oder Rücknahmerechte vorgesehen sind.[321]

Die Ablehnung des ursprünglichen Vorschlags der ESMA durch die EU-Kommission und die Neuregelung durch EU-Verordnung mit unmittelbarer Geltung (Art. 288 Abs. 2 AEUV)[322] war aus Sicht der Kommission nötig, da die von der ESMA vorgeschlagene Abgrenzung nicht vereinbar mit der AIFM-RL sei.[323] Aus Art. 19 Abs. 3 und Art. 16 Abs. 1 der AIFM-RL ergebe sich, dass ent-

---

Level 2-Maßnahmen zur AIFM-Richtlinie, in: Möllers/Kloyer, Das neue Kapitalanlagegesetzbuch, 2014, S. 51 ff., Rn. 107 Fn. 6.

318 *Volhard/Jang*, in: Weitnauer/Boxberger/Anders, KAGB, 2014, § 1 Rn. 36.

319 *Volhard/Jang*, in: Weitnauer/Boxberger/Anders, KAGB, 2014, § 1 Rn. 36.

320 Siehe hierzu auch: *Kuper*, Die einschlägigen Rechtsquellen – die Level 2-Maßnahmen zur AIFM-Richtlinie, in: Möllers/Kloyer, Das neue Kapitalanlagegesetzbuch, 2014, S. 51 ff., Rn. 107 Fn. 6.

321 *Patzner/Schneider-Deters*, in: Patzner/Döser/Kempf, Investmentrecht, 2. Auflage 2015, § 1 KAGB Rn. 28.

322 Zur unmittelbaren Geltung von EU-Verordnungen: *Biervert*, in: Schwarze, EU-Kommentar, 3. Auflage 2012, Art. 288 AEUV Rn. 21; *Patzner/Schneider-Deters*, in: Patzner/Döser/Kempf, Investmentrecht, 2. Auflage 2015, § 1 KAGB Rn. 30.

323 Schreiben der EU-Kommission an die ESMA vom 4. Juli 2013, a. a. O. (Fn. 317); *Patzner/Schneider-Deters*, in: Patzner/Döser/Kempf, Investmentrecht, 2. Auflage 2015, § 1 KAGB Rn. 30.

scheidendes Abgrenzungskriterium nicht die Tatsache ist, wie häufig die Möglichkeit der Anteilsrücknahme gegeben ist, sondern, dass ein Fonds überhaupt im Rahmen seiner Laufzeit, d. h. vor Abwicklung oder Liquidation, eine Anteilsrücknahme gegen Auszahlung aus dem Vermögen des Fonds gewährt.[324]

Der deutsche Gesetzgeber löste den Widerspruch von § 1 Abs. 4 Nr. 2 a. F. mit Art. 1 Abs. 2 S. 1 der Delegierten Verordnung (EU) Nr. 694/2014, indem er den Gesetzeswortlaut von § 1 Abs. 4 Nr. 2 dahingehend änderte, dass auf die Delegierten Verordnung (EU) Nr. 694/2014 der Kommission vom 17. Dezember 2013 direkt verwiesen wurde und nun nicht mehr das Abgrenzungskriterium der einjährigen Rückgabefrist in § 1 Abs. 4 Nr. 2 zu finden ist. Auf diesem Wege kann man eventuellen zukünftigen Änderungen im Europarecht besser begegnen, ohne mühsam den Gesetzestext im Wege eines formalistisch aufwendigen deutschen Gesetzgebungsverfahren bei jeder europarechtlichen Neuerung neu ändern zu müssen. Im vorliegenden Fall machte diese Vorgehensweise insbesondere Sinn, da das Verfahren auf europäischer Ebene noch nicht abgeschlossen war[325] und somit weitere Änderungen nicht unwahrscheinlich waren.

Im Kern gilt somit gem. Art. 1 Abs. 2 S. 1 der Delegierten Verordnung (EU) Nr. 694/2014, dass ein offener Fonds schon dann gegeben ist, wenn überhaupt ein Rückkauf- oder Rücknahmerecht – grundsätzlich und gleich welcher Form – für den Anleger vorgesehen ist.[326]

Allerdings verlagerte dieses Vorgehen in einigen Fällen lediglich bestehende Unklarheiten bzw. schuf gänzlich Neue, allen voran die Frage, was als Rücknahmerecht i.S.v. Art. 1 Abs. 2 S. 1 der Delegierten Verordnung (EU) Nr. 694/2014 zu qualifizieren ist.[327]

cc) Qualifizierung als Rücknahmerecht i.S.v. Art. 1 Abs. 2 S. 1 der Delegierten Verordnung (EU) Nr. 694/2014

Gem. Art. 1 Abs. 2 S. 1 der Delegierten Verordnung (EU) Nr. 694/2014 ist ein AIFM eines offenen AIF „ein AIFM, der einen AIF verwaltet, dessen Anteile vor Beginn

---

324 Schreiben der EU-Kommission an die ESMA vom 4. Juli 2013, a. a. O. (Fn. 317); *Patzner/Schneider-Deters*, in: Patzner/Döser/Kempf, Investmentrecht, 2. Auflage 2015, § 1 KAGB Rn. 30.

325 Bundesverband Sachwerte und Investmentvermögen (bsi), Stellungnahme zum Referentenentwurf des Bundesministeriums der Finanzen vom 4. März 2014 „Gesetz zur Anpassung von Gesetzen auf dem Gebiet des Finanzmarktes“ vom 11. März 2014, S. 3.

326 *Patzner/Schneider-Deters*, in: Patzner/Döser/Kempf, Investmentrecht, 2. Auflage 2015, § 1 KAGB Rn. 28.

327 Hierzu auch: Bundesarbeitsgemeinschaft mittelständischer Investmentsparer (BMI), Stellungnahme zum Entwurf eines Gesetzes zur Anpassung von Gesetzen auf dem Gebiet des Finanzmarktes (BT-Drucks. 18/1305) vom 15. Mai 2014, S. 7 ff.

der Liquidations- oder Auslaufphase auf Ersuchen eines Anteilseigners direkt oder indirekt aus den Vermögenswerten des AIF und nach den Verfahren und mit der Häufigkeit, die in den Vertragsbedingungen oder der Satzung, dem Prospekt oder den Emissionsunterlagen festgelegt sind, zurückgekauft oder zurückgenommen werden."

Fraglich und gleichzeitig problematisch ist in diesem Zusammenhang, was als Rückkauf- bzw. Rücknahmerecht i.S.v. Art. 1 Abs. 2 S. 1 der Delegierten Verordnung (EU) Nr. 694/2014 zu verstehen ist.[328]

Explizit ausgenommen und nicht als Anteilsrücknahme zu qualifizieren sind gem. Art. 1 Abs. 2 S. 2 der Delegierten Verordnung (EU) Nr. 694/2014 Kapitalherabsetzungen des AIF im Zusammenhang mit Ausschüttungen. Auch nicht zu berücksichtigen bei der Feststellung, ob ein Rückgaberecht existiert, ist gem. Art. 1 Abs. 2 S. 3 der Delegierten Verordnung (EU) Nr. 694/2014 „die Tatsache, dass die Anteile eines AIF auf dem Sekundärmarkt gehandelt werden können und vom AIF nicht zurückgekauft oder zurückgenommen werden". Traditionell ebenfalls nicht relevant bei der Feststellung eines Rücknahmerechts sind möglicherweise bestehende Mindesthaltefristen („lock-up-Perioden") und die Möglichkeit der Aussetzung oder Beschränkung der Anteilsrücknahme.[329] So ist insbesondere die bei Immobilien-Sondervermögen vorgesehene Haltefrist von über einem Jahr bei der Qualifizierung des Sondervermögens als offener Fonds nicht zu berücksichtigen.[330]

(1) Kündigungsrechte bei geschlossenen Investment-Kommanditgesellschaften (InvestmentKGen) als Rücknahmerechte?

Ungeklärt ist jedoch, inwieweit Kündigungsrechte, etwa das ordentliche gesetzliche Kündigungsrecht nach § 132 HGB, bei geschlossenen InvestmentKGen eine Einstufung als offener AIF bewirken.[331] So wurde schon frühzeitig empfohlen, im Rahmen des KAGB das ordentliche gesetzliche Kündigungsrecht nach § 132 HGB

328 Siehe hierzu: *Gerlach*, in: Baur/Tappen, Investmentgesetze: Großkommentar, Bd. 2: §§ 273–355 KAGB, InvStG, 3. Auflage 2015, § 352a Rn. 4 ff.; *Patzner/Schneider-Deters*, in: Patzner/Döser/Kempf, Investmentrecht, 2. Auflage 2015, § 1 KAGB Rn. 28.

329 *Volhard/Jang*, in: Weitnauer/Boxberger/Anders, KAGB, 2014, § 1 Rn. 36; *Eckhold/Balzer*, in: Assmann/Schütze, Handbuch des Kapitalanlagerechts, 4. Auflage 2015, § 22 Rn. 46.

330 *Lichtenstein*, in: Baur/Tappen, Investmentgesetze: Großkommentar, Bd. 1: §§ 1–272 KAGB, 3. Auflage 2015, § 91 Rn. 8.

331 Siehe auch insbesondere zu der Frage, ob Sonderkündigungsrechte oder ordentliche Kündigungsrechte als Rückgaberecht qualifizieren: *Gerlach*, in: Baur/Tappen, Investmentgesetze: Großkommentar, Bd. 2: §§ 273–355 KAGB, InvStG, 3. Auflage 2015, § 352a Rn. 5 ff.

aus Gründen der Rechtssicherheit grundsätzlich abzubedingen.[332] Anderenfalls müssten geschlossene InvestmentKGen zwingend Laufzeitbefristungen vorsehen, um das Kündigungsrecht nach § 132 HGB auszuschließen.[333] Hierbei wäre jedoch unklar (da in Rechtsprechung und Literatur uneinheitlich beurteilt) inwieweit die Beschränkung der Laufzeit auf einen maximal zulässigen Zeitraum möglich ist, ohne dass das Kündigungsrecht des § 132 HGB Anwendung findet.[334] Zudem wurde zu bedenken gegeben, dass eine zwingende Laufzeitbeschränkung bei Sachwertanlagen wie Immobilien die Veräußerung erschwert, da günstige Marktzyklen nicht flexibel genutzt werden können.[335] Der Gesetzgeber änderte den

---

332 Bundesverband Sachwerte und Investmentvermögen (bsi), Stellungnahme zum Referentenentwurf des Bundesministeriums der Finanzen vom 4. März 2014 „Gesetz zur Anpassung von Gesetzen auf dem Gebiet des Finanzmarktes" vom 11. März 2014, S. 5, auf dem Wege einer Ergänzung des § 161 Abs. 1 KAGB um einen Satz 4 und 5: „Ein Recht zur ordentlichen Kündigung besteht bei der geschlossenen Investmentkommanditgesellschaft nicht. § 132 des Handelsgesetzbuchs findet keine Anwendung."; so auch: Position des Bundesverband Investment und Asset-Management (BVI) zum Referentenentwurf des Bundesministeriums der Finanzen für ein Gesetz zur Anpassung von Gesetzen auf dem Gebiet des Finanzmarktes (FinMarktAnpG) vom 11. März 2014, Geschäftszeichen: VII B 1 - WK 2000/13/10008:006; Dokument: 2013/1196401, S. 4.

333 Bundesverband Sachwerte und Investmentvermögen (bsi), Stellungnahme zum Referentenentwurf des Bundesministeriums der Finanzen vom 4. März 2014 „Gesetz zur Anpassung von Gesetzen auf dem Gebiet des Finanzmarktes" vom 11. März 2014, S. 5.

334 Bundesverband Sachwerte und Investmentvermögen (bsi), Stellungnahme zum Referentenentwurf des Bundesministeriums der Finanzen vom 4. März 2014 „Gesetz zur Anpassung von Gesetzen auf dem Gebiet des Finanzmarktes" vom 11. März 2014, S. 5; Position des Bundesverband Investment und Asset-Management (BVI) zum Referentenentwurf des Bundesministeriums der Finanzen für ein Gesetz zur Anpassung von Gesetzen auf dem Gebiet des Finanzmarktes (FinMarktAnpG) vom 11. März 2014, Geschäftszeichen: VII B 1 - WK 2000/13/10008:006; Dokument: 2013/1196401, S. 4.

335 Bundesverband Sachwerte und Investmentvermögen (bsi), Stellungnahme zum Referentenentwurf des Bundesministeriums der Finanzen vom 4. März 2014 „Gesetz zur Anpassung von Gesetzen auf dem Gebiet des Finanzmarktes" vom 11. März 2014, S. 5; Position des Bundesverband Investment und Asset-Management (BVI) zum Referentenentwurf des Bundesministeriums der Finanzen für ein Gesetz zur Anpassung von Gesetzen auf dem Gebiet des Finanzmarktes (FinMarktAnpG) vom 11. März 2014, Geschäftszeichen: VII B 1 - WK 2000/13/10008:006; Dokument: 2013/1196401, S. 4.

§ 161 mit Wirkung zum 19. Juli 2014 und regelt nun in Abs. 1, dass das Recht zur ordentlichen Kündigung bei der geschlossenen InvestmentKG nicht bestehe.[336]

Weiterhin unklar bleibt jedoch, inwieweit außerordentliche Kündigungsrechte als Rücknahmerecht i.S.v. Art. 1 Abs. 2 S. 1 der Delegierten Verordnung (EU) Nr. 694/2014 einzustufen sind. Es liegt die Vermutung nahe, dass lediglich ordentliche Kündigungsrechte als „Rücknahmerecht“ in Betracht kommen, da die AIFM-RL insbesondere den Anlegerschutz bezweckt[337] und daher der Gesetzgeber kein Interesse daran haben könnte, Fondsstrukturen zu provozieren, welche dem Anleger noch nicht einmal ein außerordentliches Kündigungsrecht zubilligen (selbstverständlich abgesehen von der Problematik der grundsätzlichen rechtlichen Zulässigkeit der Abbedingung eines außerordentlichen Kündigungsrechts). Jedenfalls ist gem. § 161 Abs. 2 S. 2, 3 i.V.m. § 133 Abs. 3 HGB eine außerordentliche Kündigung bei der (nach KAGB definierten) geschlossenen InvestmentKG explizit zulässig.[338] Diese kann auch nicht vertraglich ausgeschlossen oder beschränkt werden.[339] Zwar ist die Europarechtskonformität noch nicht gänzlich geklärt, aber es ist wohl davon auszugehen, dass außerordentliche Kündigungsrechte bei der Abgrenzung zwischen der offenen und geschlossenen InvestmentKGen irrelevant sind. Allerdings werden viele Fonds, solange Rechtsunsicherheit besteht, dazu tendieren, Kündigungsrechte möglichst umfassend auszuschließen, was nicht im Sinne des sowohl von der AIFM-RL als auch vom KAGB bezweckten Anlegerschutzes sein kann. Daher wird teilweise empfohlen, explizit in den Gesetzestext den zur außerordentlichen Kündigung berechtigenden Grund aufzunehmen und für diese Fälle klarzustellen, dass es sich um keine Rücknahmemöglichkeit gem. Art. 1 Abs. 2 S. 1 der Delegierten Verordnung (EU) Nr. 694/2014 handelt.[340] Diese Forderung ist aus Gründen der Rechtssicherheit zu unterstützen.

(2) Regelung für „Bestandfonds“ i.S.v. § 353 in § 352a

Auch für die in § 353 geregelten „Bestandfonds“, also solchen an sich geschlossenen Fonds, welche vor dem 22. Juli 2013 aufgelegt wurden und für die von der

336 Auch „KAGB-Reparaturgesetz“: Gesetz zur Anpassung von Gesetzen auf dem Gebiet des Finanzmarktes vom 15. Juli 2014, BGBl. I 2014, S. 934.

337 Siehe hierzu S. 39 f.

338 *Paul*, in: Weitnauer/Boxberger/Anders, KAGB, 2014, § 161 Rn. 3; *Lorenz*, in: Weitnauer/Boxberger/Anders, KAGB, 2014, § 138 Rn. 2, 3.

339 *Lorenz*, in: Weitnauer/Boxberger/Anders, KAGB, 2014, § 138 Rn. 3.

340 Bundesarbeitsgemeinschaft mittelständischer Investmentsparer (BMI), Stellungnahme zum Entwurf eines Gesetzes zur Anpassung von Gesetzen auf dem Gebiet des Finanzmarktes (BT-Drucks. 18/1305) vom 15. Mai 2014, S. 5 ff.

AIF-Kapitalverwaltungsgesellschaft nach dem 21. Juli 2013 keine zusätzlichen Anlagen getätigt wurden, stellte sich die Frage, wie im Zusammenhang mit der Neuabgrenzung zwischen offenen und geschlossenen Fonds durch die Delegierten Verordnung (EU) Nr. 694/2014 verfahren werden sollte. Für die „Bestandfonds" gem. § 353 gelten besondere Übergangsvorschriften. So kann eine AIF-KVG u. a. auch weiterhin ohne eine Erlaubnis oder Registrierung nach dem KAGB einen „Bestandsfonds" verwalten, § 353 Abs. 1. Diese Vorschrift zielt, zusammen mit den weiteren Übergangsvorschriften des KAGB (§§ 343 ff.) darauf ab, einen möglichst reibungslosen Übergang[341] zwischen alter und neuer Fondsgeneration zu gewährleisten. So bewegen sich die Vorschriften allgemein „im Spannungsfeld zwischen dem Interesse am Fortbestehen vorhandener Strukturen einerseits und einem funktionfähigen Kapitalmarkt andererseits"[342]. Auch für die „Bestandsfonds" war fraglich, ob bestehende außerordentliche Kündigungsrechte nach neuer Rechtslage als Rückgabemöglichkeit angesehen werden und den gesamten Fonds somit gem. Art. 1 Abs. 2 S. 1 der Delegierten Verordnung (EU) Nr. 694/2014 zu einem offenen machen, was wiederum entsprechende Übergangsvorschriften gegenstandslos machen würde. Der Gesetzgeber erkannte jedoch frühzeitig die Problematik und erließ die Vorschrift des § 352a.[343] Demnach sind abweichend von § 1 Abs. 4 Nr. 2 und Abs. 5 „geschlossene AIF im Sinne von § 353 auch solche AIF, die die Voraussetzungen von Art. 1 Abs. 5 der Delegierten Verordnung (EU) Nr. 694/2014 erfüllen". Art. 1 Abs. 5 der Delegierten Verordnung (EU) Nr. 694/2014 wiederum legt fest, dass ein AIFM eines „Bestandsfonds", „dessen Anteile vor Beginn der Liquidations- oder Auslaufphase erst nach einer Wartezeit von mindestens fünf Jahren [„5-Jahres-Regelung"], während der Rücknahmerechte nicht ausgeübt werden können, auf Ersuchen eines Anteilseigners direkt oder indirekt aus den Vermögenswerten des AIF zurückgenommen oder zurückgekauft werden, als AIFM eines geschlossenen AIF betrachtet" wird. Insofern ist in diesem Bereich Rechtssicherheit geschaffen worden.

---

341 *Jesch*, in: Dornseifer/Jesch/Klebeck/Tollmann, AIFM-Richtlinie, 2013, Art. 61 Rn. 2.

342 *Paul*, in: Weitnauer/Boxberger/Anders, KAGB, 2014, § 353 Rn. 3.

343 „KAGB-Reparaturgesetz": Gesetz zur Anpassung von Gesetzen auf dem Gebiet des Finanzmarktes vom 15. Juli 2014, BGBl. I 2014, S. 934; siehe hierzu *Gerlach*, in: Baur/Tappen, Investmentgesetze: Großkommentar, Bd. 2: §§ 273–355 KAGB, InvStG, 3. Auflage 2015, § 352a Rn. 4 ff., sowie Vor §§ 343–355, Rn. 11, der die Gesetzesänderung kritisch sieht, da sie zu einem „absurden und unüberschaubaren Abstufungssystem an Bestandsschutz innerhalb der §§ 352a, 353" führt.

2. *Geschlossene Investmentvermögen*

Aufgrund der Negativdefinition des § 1 Abs. 5 gestaltet sich die Bestimmung von geschlossenen Investmentvermögen recht simpel: Geschlossen sind alle Investmentvermögen die nicht unter die Definition des offenen Investmentvermögens fallen, d. h. alle, die kein Rücknahmerecht i.S.d. Art. 1 Abs. 2 S. 1 der Delegierten Verordnung (EU) Nr. 694/2014 gewähren.

D. Publikums-Investmentvermögen und Spezial-AIF gem. § 1 Abs. 6

I. Allgemeines

Zahlreiche Produkt- und Vertriebsvorschriften knüpfen an die Unterscheidung zwischen Publikums-Investmentvermögen und Spezial-AIF an.[344] Im Grundsatz sind Spezial-AIF solche AIF, deren Anteile ausschließlich von professionellen und semiprofessionellen Anlegern[345] aufgrund von schriftlichen Vereinbarungen mit der Verwaltungsgesellschaft oder aufgrund der konstituierenden Dokumente des AIF erworben werden können, § 1 Abs. 6 S. 1. Gem. §§ 110 Abs. 3, 125 Abs. 2 S. 2, 142 S. 2, 150 Abs. 2 S. 2 ist dies bei Sondervermögen zwingend in den Anlagebedingungen, bei Investmentgesellschaften entsprechend in die Satzung oder den Gesellschaftsvertrag aufzunehmen. Gem. § 277 hat die AIF-KVG schriftlich mit den Anlegern zu vereinbaren, „dass die Anteile oder Aktien nur an professionelle oder semiprofessionelle Anleger übertragen werden dürfen". Eine Investition in sog. Publikums-AIF ist demgegenüber allen Kategorien von Anlegern und daher auch Privatanlegern erlaubt, § 1 Abs. 6 S. 2.

Ebenso wie bei der Abgrenzung der offenen und geschlossenen Investmentvermögen bedient sich der Gesetzgeber auch in diesem Zusammenhang einer Negativabgrenzung: Publikums-Investmentvermögen sind solche Investmentvermögen, die nicht als Spezial-AIF zu qualifizieren sind, § 1 Abs. 6 S. 2.

Noch in dem Gesetzesentwurf des KAGB vom 21. Dezember 2012[346] war ein Spezial-Fonds dadurch charakterisiert, dass Anteile an dem Fonds ausschließlich von professionellen oder semiprofessionellen Anlegern „gehalten" werden

---

344 *Wallach*, Die Regulierung offener Fonds im Kapitalanlagegesetzbuch, in: Höche, Bankrechtstag 2013, 2014, S. 95, 104.

345 Zu den Begrifflichkeiten siehe S. 57 ff.

346 Gesetzentwurf der Bundesregierung, Entwurf eines Gesetzes zur Umsetzung der Richtlinie 2011/61/EU über die Verwalter alternativer Investmentfonds (AIFM-Umsetzungsgesetz – AIFM-UmsG) vom 21. Dezember 2012, BR-Drucks. 791/12, S. 19, 139.

können. Das Wort „gehalten" wurde jedoch noch vor dem Erlass des KAGB durch „erworben" ersetzt, um Missverständnissen vorzubeugen. Durch das Wort „erworben" in § 1 Abs. 6 S. 1 bringt der Gesetzgeber zum Ausdruck, dass für die Einordnung, ob es sich um ein Spezial-Fonds handelt oder nicht, allein auf den Zeitpunkt des Erwerbs abzustellen ist.[347] Ein Anleger eines Spezial-Fonds muss nur im Zeitpunkt des Erwerbs seine Eigenschaft als professioneller oder semiprofessioneller Anleger innehaben.[348] Fällt der Status als professioneller oder semiprofessioneller Anleger nach dem Erwerb der Fondsanteile weg, ist dieses unschädlich für die Einordnung des Fonds als Spezial-Fonds und unproblematisch zulässig.[349]

Auch schon im InvG fand sich der Begriff des Spezial-Fonds, jedoch sind nach dem KAGB im Unterschied zur früheren Gesetzeslage nun auch natürliche Personen als Anleger möglich.[350] Der Anlegerkreis wurde somit durch das KAGB grundsätzlich erweitert (beispielweise um sog. high net worth individuals[351]).

Die Auflage eines Immobilien-Sondervermögens ist sowohl als Publikums-Immobilien-Sondervermögen (§§ 230–260) als auch als Spezial-Immobilien-Sondervermögen (§§ 282, 284) möglich.[352]

II. Anlegerkategorien

1. Professionelle Anleger gem. § 1 Abs. 19 Nr. 32

Gem. § 1 Abs. 19 Nr. 32 ist professioneller Anleger jeder Anleger, der im Sinne von Anhang II der MiFID „als professioneller Kunde angesehen wird oder auf Antrag als ein professioneller Kunde behandelt werden kann". Diese Differenzie-

---

347 Beschlussempfehlung und Bericht des Finanzausschusses (7. Ausschuss) zu dem Gesetzentwurf der Bundesregierung – Drucksache 17/12294 – vom 10. Mai 2013, BT-Drucks. 17/13395, S. 401; *Volhard/Jang*, in: Weitnauer/Boxberger/Anders, KAGB, 2014, § 1 Rn. 43.

348 *Jesch*, in: Baur/Tappen, Investmentgesetze: Großkommentar, Bd. 1: §§ 1–272 KAGB, 3. Auflage 2015, § 1 Rn. 185; *Volhard/Jang*, in: Weitnauer/Boxberger/Anders, KAGB, 2014, § 1 Rn. 40.

349 *Volhard/Jang*, in: Weitnauer/Boxberger/Anders, KAGB, 2014, § 1 Rn. 40; es gelten jedoch Ausnahmen für Bestandsfonds, bei denen auch ausnahmsweise auf den aktuellen Zeitpunkt abgestellt werden kann: *Jesch*, in: Baur/Tappen, Investmentgesetze: Großkommentar, Bd. 1: §§ 1–272 KAGB, 3. Auflage 2015, § 1 Rn. 185.

350 *Volhard/Jang*, in: Weitnauer/Boxberger/Anders, KAGB, 2014, § 1 Rn. 40.

351 *Volhard/Jang*, in: Weitnauer/Boxberger/Anders, KAGB, 2014, § 1 Rn. 40.

352 *Jesch*, in: Baur/Tappen, Investmentgesetze: Großkommentar, Bd. 1: §§ 1–272 KAGB, 3. Auflage 2015, § 1 Rn. 149.

rung macht deutlich, dass zwischen „geborenen“ und „gekorenen“ professionellen Kunden unterschieden wird.[353]

a) Geborene professionelle Kunden

Unter geborenen professionellen Kunden sind zum einen bereits (ohnenhin) gesetzlich regulierte Unternehmen zu fassen, wie Kreditinstitute, Wertpapierfirmen, Versicherungsunternehmen[354], Fonds und ihre Verwalter, zum anderen fallen hierunter solche (unregulierte) Unternehmen, die bestimmte Finanzkennzahlen erfüllen oder deren schwerpunktmäßige Tätigkeit in der Anlage von Finanzinstrumenten liegt.[355]

b) Gekorene professionelle Kunden

Bei einigen Anlegern erfolgt die Kategorisierung als professioneller Anleger nicht automatisch, sondern es ist eine vorherige Antragsstellung erforderlich.[356] Diese „gekorenen“ professionellen Kunden müssen gem. Ziff. II.1. des Anhang II der MiFID mindestens zwei von drei folgenden Merkmalen erfüllen, um nach Antragsstellung als professioneller Anleger zu gelten: (1.) „Der Kunde hat an dem relevanten Markt während der vier vorhergehenden Quartale durchschnittlich pro Quartal 10 Geschäfte von erheblichem Umfang getätigt“, (2.) „das Finanzinstrument-Portfolio des Kunden, das definitionsgemäß Bardepots und Finanzinstrumente umfasst, übersteigt 500.000 EUR“ und/oder (3.) „der Kunde ist oder war mindestens ein Jahr lang in einer beruflichen Position im Finanzsektor tätig, die Kenntnisse über die geplanten Geschäfte oder Dienstleistungen voraussetzt“.

2. Semiprofessionelle Anleger gem. § 1 Abs. 19 Nr. 33

a) Einleitung

Soweit Investitionen in Investmentvermögen Privatanlegern offen stehen, gelten seit Inkrafttreten des KAGB strenge Anforderungen. Im Vergleich dazu herrschen bei professionellen Anlegern erheblich geringere Anforderungen. Der semiprofessionelle Anleger beschreibt einen durch das KAGB neu geschaffenen Anlegertypus, welcher etwaige Lücken schließen soll und zwischen den Privat-

---

353 *Volhard/Jang*, in: Weitnauer/Boxberger/Anders, KAGB, 2014, § 1 Rn. 100 ff.

354 *Jesch*, in: Baur/Tappen, Investmentgesetze: Großkommentar, Bd. 1: §§ 1–272 KAGB, 3. Auflage 2015, § 1 Rn. 179.

355 *Volhard/Jang*, in: Weitnauer/Boxberger/Anders, KAGB, 2014, § 1 Rn. 101.

356 *Volhard/Jang*, in: Weitnauer/Boxberger/Anders, KAGB, 2014, § 1 Rn. 102.

anlegern und den professionellen Anlegern angesiedelt wird.[357] Die Einführung dieser im Vergleich zur AIFM-RL zusätzlichen Anlegerkategorie ist eine nach Art. 43 Abs. 1 Unterabs. 2 AIFM-RL i.V.m. Erwägungsgrund 10 zulässige Regelung nach nationalem Recht.[358]

b) Definition

Angelehnt an die Definition von anderen Anlegern in Art. 6 EuVECA-VO (sog. semiprofessionelle Privatanleger)[359] definiert § 1 Abs. 19 Nr. 33 diesen im Rahmen des KAGB, wobei im Hinblick auf die Mindestinvestmentsumme auf die Regelung von § 2 Nr. 3 lit. c VermAnlG Bezug genommen wird.[360]

Demnach ist ein semiprofessioneller Anleger jeder Anleger, „der sich verpflichtet, mindestens 200 000 € zu investieren" (§ 1 Abs. 19 Nr. 33 lit. a) aa)), „der schriftlich in einem vom Vertrag über die Investitionsverpflichtung getrennten Dokument angibt, dass er sich der Risiken im Zusammenhang mit der beabsichtigten Verpflichtung oder Investition bewusst ist" (§ 1 Abs. 19 Nr. 33 lit. a) bb)), „dessen Sachverstand, Erfahrungen und Kenntnisse die (…) [AIF-KVG] oder die von ihr beauftragte Vertriebsgesellschaft bewertet, ohne von der Annahme auszugehen, dass der Anleger über die Marktkenntnisse und -erfahrungen der in Anhang II Abschnitt I der MiFID genannten Anleger verfügt" (§ 1 Abs. 19 Nr. 33 lit. a) cc)), „bei dem die (…) [AIF-KVG] oder die von ihr beauftragte Vertriebsgesellschaft unter Berücksichtigung der Art der beabsichtigten Verpflichtung oder Investition hinreichend davon überzeugt ist, dass er in der Lage ist, seine Anlageentscheidungen selbst zu treffen und die damit einhergehenden Risiken versteht und, dass eine solche Verpflichtung für den betreffenden Anleger angemessen ist" (§ 1 Abs. 19 Nr. 33 lit. a) d d)) und „dem die (…) [AIF-KVG] oder die von ihr beauftragte Vertriebsgesellschaft schriftlich bestätigt, dass sie die unter Doppelbuchstabe cc) genannte Bewertung vorgenommen hat und die unter Doppelbuchstabe dd) genannten Voraussetzungen gegeben sind" (§ 1 Abs. 19 Nr. 33 lit. a) ee)), „ein in § 37 Abs. 1 genannter Geschäftsleiter oder Mitarbeiter der (…) [AIF-KVG], sofern er in von der (…) [AIF-KVG]

---

357 *Jesch*, in: Baur/Tappen, Investmentgesetze: Großkommentar, Bd. 1: §§ 1–272 KAGB, 3. Auflage 2015, § 1 Rn. 184; *Voigt*, Die deutsche Umsetzung der AIFM-Richtlinie durch das KAGB, in: Möllers/Kloyer, Das neue Kapitalanlagegesetzbuch, 2014, S. 61 ff. Rn. 146 ff.; *Schubert/Schuhmann*, BKR 2015, 45.

358 *Tollmann*, in: Dornseifer/Jesch/Klebeck/Tollmann, AIFM-Richtlinie, 2013, Art. 1 Rn. 242 Fn. 191; *Jesch*, in: Dornseifer/Jesch/Klebeck/Tollmann, AIFM-Richtlinie, 2013, Art. 43 Rn. 10 ff.

359 *Boxberger*, GWR 2013, 415, 416.

360 *Volhard/Jang*, in: Weitnauer/Boxberger/Anders, KAGB, 2014, § 1 Rn. 103.

verwaltete AIF investiert oder ein Mitglied der Geschäftsführung oder des Vorstands einer extern verwalteten Investmentgesellschaft, sofern es in die extern verwaltete Investmentgesellschaft investiert" (§ 1 Abs. 19 Nr. 33 lit. b)), sowie „jeder Anleger, der sich verpflichtet, mindestens 10 Mio. € in ein Investmentvermögen zu investieren" (§ 1 Abs. 19 Nr. 33 lit. c)).

Daher lassen sich die semiprofessionellen Anleger zusammenfassend gemäß der Legaldefinition grob in drei unterschiedliche Gruppen einteilen: Angestellte der AIF-KVG oder des AIF, mit gewissem Geldaufwand und hinreichender Kenntnisbetätigung qualifizierte Personen, sowie kraft einer sehr hohen Investition qualifizierte Anleger.[361]

3. *Privatanleger gem. § 1 Abs. 19 Nr. 31*

In § 1 Abs. 19 Nr. 31 ist der Privatanleger negativ definiert. Privatanleger ist demnach jeder, der weder die Voraussetzungen für einen professionellen noch für einen semi-professionellen Anleger erfüllt. Es ist somit eine Abweichung zu Art. 4 Abs. 1 lit. aj AIFM-RL[362] festzustellen, da nach der Konzeption des KAGB semiprofessionelle Anleger nicht als Privatanleger angesehen werden.[363]

E. Inländische, EU-Investmentvermögen und ausländische AIF gem. § 1 Abs. 7 ff.

Geographisch unterscheidet das KAGB zwischen Inländischen Investmentvermögen, EU-Investmentvermögen und Ausländischen AIF, § 1 Abs. 7 bis 9.

Gem. § 1 Abs. 7 handelt es sich um ein Inländisches Investmentvermögen, wenn es dem inländischen Recht unterliegt. Ein EU-Investmentvermögen muss „dem Recht eines anderen Mitgliedstaates der Europäischen Union oder eines anderen Vertragsstaates des Abkommens über den Europäischen Wirtschaftsraum unterliegen", um als solches zu qualifizieren, § 1 Abs. 8. Dementsprechend ist gem. § 1 Abs. 9 ein Ausländischer AIF gegeben, wenn der AIF dem Recht eines Drittstaates unterliegt. Ausländische Fonds können nicht als OGAW eingestuft werden,[364] daher die Beschränkung des Gesetzeswortlautes auf AIF.

---

361 *Schubert/Schuhmann*, BKR 2015, 45, 48.

362 *Tollmann*, in: Dornseifer/Jesch/Klebeck/Tollmann, AIFM-Richtlinie, 2013, Art. 1 Rn. 242.

363 *Volhard/Jang*, in: Weitnauer/Boxberger/Anders, KAGB, 2014, § 1 Rn. 99; siehe allgemein zur Differenzierung zwischen professionellen Anlegern und Privatanlegern – „Dichotome Anlegertypologie": *Zetzsche*, Prinzipien der kollektiven Vermögensanlage, 2015, S. 598 ff.

364 *Volhard/Jang*, in: Weitnauer/Boxberger/Anders, KAGB, 2014, § 1 Rn. 46.

Bei dieser Unterscheidung weicht der Gesetzgeber von der AIFM-RL ab, die nur zwischen „EU-AIF“ und „Nicht-EU-AIF“ differenziert.[365] Hintergrund dieser Abweichung ist, dass der deutsche Gesetzgeber nicht mehr auf den satzungsmäßigen Sitz des AIF abstellt.[366] Dieses macht Sinn, da insbesondere AIF des Vertragstypus, anders als solche des Gesellschaftstypus, über keine eigene Rechtspersönlichkeit verfügen und somit ein konkreter Sitz des AIF nicht eindeutig feststellbar ist.[367] Der Anknüpfungspunkt „Sitz des AIF“ ist daher in diesen Fällen wenig praktikabel und die deutsche Herangehensweise sachgerechter.[368]

F. Bestandsschutzvorschriften gem. §§ 343 ff.

Auch die in §§ 343 ff. geregelten Bestandschutzvorschriften gliedern sich in einen Allgemeinen Teil und einen Besonderen Teil.[369] Während in §§ 343, 344 grundlegende Prinzipien statuiert werden, differenziert der Besondere Teil nach offenen AIF (§§ 345–352), geschlossenen AIF (§§ 352a–354) und OGAW (§ 355).[370] Im Rahmen der offenen AIF wird wiederum nach solchen differenziert, die zuvor bereits nach dem InvG reguliert waren (§§ 346–350) und solchen, die nicht nach InvG reguliert waren (§ 351).

Angemessene Übergangsregelungen sind gerade vor dem Hintergrund des verfassungsrechtlich verbürgten Investitionsbestandsschutzes von herausragender Bedeutung.[371]

In § 346 finden sich spezielle Übergangsvorschriften für Immobilien-Sondervermögen.[372] Anknüpfungspunkt ist zum einen, ob es sich um einen Altanleger handelt, der bis zum 21. Juli 2013 investiert hat (§ 346 Abs. 1) oder, ob es

---

365 *Volhard/Jang*, in: Weitnauer/Boxberger/Anders, KAGB, 2014, § 1 Rn. 46.

366 Vgl. § 1 Abs. 7 f.; siehe auch *Jesch*, in: Baur/Tappen, Investmentgesetze: Großkommentar, Bd. 1: §§ 1–272 KAGB, 3. Auflage 2015, § 1 Rn. 60 ff.

367 *Volhard/Jang*, in: Weitnauer/Boxberger/Anders, KAGB, 2014, § 1 Rn. 46.

368 *Volhard/Jang*, in: Weitnauer/Boxberger/Anders, KAGB, 2014, § 1 Rn. 46, andere Ansicht aber *Tollmann*, in: Dornseifer/Jesch/Klebeck/Tollmann, AIFM-Richtlinie, 2013, Art. 4 Rn 102.

369 Siehe zu den Bestandsschutzvorschriften auch: *van Kann/Redeker/Keiluweit*, DStR 2013, 1483, 1488 f.

370 Siehe zur Regelungssystematik: *Gerlach*, in: Baur/Tappen, Investmentgesetze: Großkommentar, Bd. 2: §§ 273–355 KAGB, InvStG, 3. Auflage 2015, Vor §§ 343–355 Rn. 14 ff.

371 *Gerlach*, in: Baur/Tappen, Investmentgesetze: Großkommentar, Bd. 2: §§ 273–355 KAGB, InvStG, 3. Auflage 2015, Vor §§ 343–355 Rn. 6 m.w.N.

372 Siehe hierzu ausführlich: *Reinholz*, in: Baur/Tappen, Investmentgesetze: Großkommentar, Bd. 2: §§ 273–355 KAGB, InvStG, 3. Auflage 2015, § 346 Rn. 3 f.

sich um einen Neuanleger handelt, der ab dem 22. Juli 2013 investiert hat (§ 346 Abs. 2 S. 1). Während Neuanlegern kein Bestandsschutz zugute kommt, werden Altanleger priviliegiert.

Altanleger haben die Möglichkeit, 30.000 € pro Kalenderjahr zurückzugeben, ohne die von § 255 Abs. 3, 4 vorgesehene Mindesthaltefrist (siehe S. 179 ff.) sowie Kündigungsfrist (siehe S. 181 ff.) einhalten zu müssen. Es gelten stattdessen die in den am 21. Juli 2013 geltenden Vertragsbedingungen festgelegten Regeln zur Anteilsrücknahme.

Zusätzlich wird in § 346 Abs. 5 S. 3, Abs. 6 S. 1 die Fortgeltung einzelner Vorschriften des InvG angeordnet. Diese betreffen Immobilien-Sondervermögen, die am 8. April 2011 bestanden haben und umfassen insbesondere die Aussetzung der Anteilsrücknahme und die Fondsabwicklung.[373]

---

373 Siehe ausführlich *Reinholz*, in: Baur/Tappen, Investmentgesetze: Großkommentar, Bd. 2: §§ 273–355 KAGB, InvStG, 3. Auflage 2015, § 346 Rn. 9 f.

4. Teil Das Anlagevehikel Sondervermögen

A. Allgemeines

Gem. § 91 Abs. 1, 2 dürfen offene, inländische Investmentvermögen grundsätzlich nur in drei Rechtsformen aufgelegt werden: als Sondervermögen (§§ 91 Abs. 1, 92 ff.), als Investment-Aktiengesellschaft (InvestmentAG) mit veränderlichem Kapital (§§ 91 Abs. 1, 108 ff.) und unter Einschränkungen als offene Investment-Kommanditgesellschaft (InvestmentKG) (§§ 91 Abs. 2, 124 ff.). Im Wesentlichen werden in den Unterabschnitten die zuvor im InvG bestehenden Vorschriften wiedergegeben.[374] Bedeutendste Ausnahme hiervon ist die Neueinführung der offenen InvestmentKG als Anlagevehikel. Diese Rechtsform wurde durch das KAGB neu geschaffen.[375] Es handelt sich um einen numerus clausus der Organisationsformen.[376] Diese dem Anlegerschutz dienende Regelung soll sicherstellen, dass keinem Anleger ein unreguliertes Investmentprodukt angeboten werden kann.[377]

Die spezielle Regulierung der „offenen Immobilienfonds" findet sich im KAGB unter dem Stichwort „Immobilien-Sondervermögen" (§§ 230–260). Diese sind nach der Legaldefinition des § 1 Abs. 19 Nr. 23 „Sondervermögen, die nach den Anlagebedingungen das bei ihnen eingelegte Geld in Immobilien anlegen".

Während das Sondervermögen rechtlich unselbstständig und nicht rechtsfähig in Vertragsform organisiert ist, sind sowohl die InvestmentAG mit veränderlichem Kapital als auch die offene InvestmentKG in Gesellschaftsform (Satzungsform) als rechtlich selbstständige Gebilde mit Rechtspersönlichkeit organisiert.[378] Es besteht eine grundsätzliche Wahlfreiheit zwischen den Organisationsformen.[379] Für den offenen Immobilienfonds ist jedoch die Rechtsform des Sondervermögens zwingend, § 91 Abs. 3, sodass das Gesetz von einem „Immobilien-Sondervermögen"

---

374 *Anders*, in: Weitnauer/Boxberger/Anders, KAGB, 2014, Vor §§ 91 ff. Rn. 2.

375 *Anders*, in: Weitnauer/Boxberger/Anders, KAGB, 2014, Vor §§ 91 ff. Rn. 2.

376 *Zetzsche/Preiner*, WM 2013, 2101, 2102; *Lichtenstein*, in: Baur/Tappen, Investmentgesetze: Großkommentar, Bd. 1: §§ 1–272 KAGB, 3. Auflage 2015, § 91 Rn. 3; *Anders*, in: Weitnauer/Boxberger/Anders, KAGB, 2014, § 91 Rn. 4.

377 *Lichtenstein*, in: Baur/Tappen, Investmentgesetze: Großkommentar, Bd. 1: §§ 1–272 KAGB, 3. Auflage 2015, § 91 Rn. 2.

378 Siehe zum Gegensatz Kollektivvertragstypus – Gesellschaftstypus S. 66 f.; *Anders*, in: Weitnauer/Boxberger/Anders, KAGB, 2014, § 91 Rn. 4.

379 *Anders*, in: Weitnauer/Boxberger/Anders, KAGB, 2014, § 91 Rn. 5.

spricht, vgl. §§ 230 ff. Ein anderes Vehikel als das Sondervermögen darf auch dann nicht genutzt werden, wenn nur ein Vertrieb an professionelle oder semiprofessionelle Anleger beabsichtigt ist.[380] Hierbei ist jedoch unklar, ab wann ein Immobilienfonds vorliegt, und somit die Restriktion greift. Orientiert man sich am reinen Wortlaut, ist schon die theoretische Möglichkeit des Fonds in Immobilien zu investieren ausreichend.[381]

B. Historie

Bereits vor Inkrafttreten der ersten gesetzlichen Regelungen zum Investmentgeschäft im Rahmen des KAGG in den 1950er Jahren (siehe S. 17 ff.), waren die Vertragswerke zu ähnlichen Ergebnissen gekommen, wie diese später dann in den gesetzlichen Vorschriften zum Sondervermögen vorgesehen waren.[382] Doch der Anleger war vor der gesetzlichen Regulierung des Sondervermögens mit einer größeren Rechtsunsicherheit konfrontiert.[383] So war die Stellung des Treugebers im Fall der Insolvenz des Treuhänders oder bei Vollstreckungsmaßnahmen der Gläubiger des Treuhänders ungeklärt.[384] Durch die erstmalige gesetzliche Regelung dieses traditionell als spezielles Treuhandverhältnis angelegten Rechtsinstituts wurde der Unsicherheit ein Ende gesetzt.[385] Beachtet man die heutige Rechtsprechung in entprechenden Bereichen, ist die Vorschrift des § 92 zumindest unter den Gesichtspunkten der Rechtssicherheit im Fall der Insolvenz des Treuhänders entbehrlich. Allerdings darf auch heute nicht der Wert der durch die explizite gesetzliche Normierung geschaffenen Rechtssicherheit des Anlegers unterschätzt werden.[386]

---

380 *Lichtenstein*, in: Baur/Tappen, Investmentgesetze: Großkommentar, Bd. 1: §§ 1–272 KAGB, 3. Auflage 2015, § 91 Rn. 10.

381 *Wollenhaupt/Beck*, DB 2013, 1950, 1952.

382 *Lichtenstein*, in: Baur/Tappen, Investmentgesetze: Großkommentar, Bd. 1: §§ 1–272 KAGB, 3. Auflage 2015, § 92 Rn. 3, unter Verweis auf *von Caemmerer* JZ 1958, 44.

383 *Baur*, in: Baur, Investmentgesetze: Großkommentar, Bd. 1: Einleitung nebst Länderübersicht, §§ 1–25j KAGG, 2. Auflage 1997, § 6 Rn. 1.

384 *Lichtenstein*, in: Baur/Tappen, Investmentgesetze: Großkommentar, Bd. 1: §§ 1–272 KAGB, 3. Auflage 2015, § 92 Rn. 3.

385 *Lichtenstein*, in: Baur/Tappen, Investmentgesetze: Großkommentar, Bd. 1: §§ 1–272 KAGB, 3. Auflage 2015, § 92 Rn. 3.

386 *Baur*, in: Baur, Investmentgesetze: Großkommentar, Bd. 1: Einleitung nebst Länderübersicht, §§ 1–25j KAGG, 2. Auflage 1997, § 6 Rn. 1; *Lichtenstein*, in: Baur/Tappen, Investmentgesetze: Großkommentar, Bd. 1: §§ 1–272 KAGB, 3. Auflage 2015, § 92 Rn. 3.

C. Strukturelle Merkmale

I. Begriffsbestimmung

Das Sondervermögen ist in § 1 Abs. 10 legaldefiniert. Demnach sind Sondervermögen „inländische offene Investmentvermögen in Vertragsform, die von einer Verwaltungsgesellschaft für Rechnung der Anleger nach Maßgabe dieses Gesetzes [KAGB] und den Anlagebedingungen, nach denen sich das Rechtsverhältnis der Verwaltungsgesellschaft zu den Anlegern bestimmt, verwaltet werden." Es handelt sich somit bei einem Sondervermögen in jedem Fall um ein inländisches Investmentvermögen.[387]

II. Einwirkende Parteien (früher sog. Investmentdreieck)

Auf das Sondervermögen wirken drei Parteien in unterschiedlicher Art und Weise ein: die Anleger, die KVG und die Verwahrstelle.

Durch den Investmentvertrag werden die Rechtsbeziehungen der Anleger zu der KVG geregelt[388]. Die Verwahrstelle als „dritte Partei" ist nicht an diesem Vertragsverhältnis beteiligt, hat jedoch einen eigenen Verwahrstellenvertrag mit der KVG.[389] In diesem sind insbesondere Treuhandfunktionen geregelt, die sich auf die Verwahrung des Investmentvermögens beziehen.[390]

Die Rechtsbeziehungen dieser drei Parteien wurden früher als sog. Investmentdreieck bezeichnet, da jede einzelne Partei in gewissem Umfang gegenüber den beiden anderen Parteien sowohl berechtigt als auch verpflichtet ist.[391] Die Begrifflichkeit des Investmentdreiecks ist jedoch als nicht mehr zeitgemäß anzusehen.[392] Die heutige Realität der Investmentvermögen ist geprägt von der zunehmenden

---

387 *Lichtenstein*, in: Baur/Tappen, Investmentgesetze: Großkommentar, Bd. 1: §§ 1–272 KAGB, 3. Auflage 2015, § 92 Rn. 5.

388 Siehe S. 79 ff.

389 Siehe S. 140.

390 *Lichtenstein*, in: Baur/Tappen, Investmentgesetze: Großkommentar, Bd. 1: §§ 1–272 KAGB, 3. Auflage 2015, § 92 Rn. 11.

391 So auch immernoch: *Köndgen/Schmies*, in: Schimansky/Bunte/Lwowski, Bankrechts-Handbuch, Zweiter Band, 4. Auflage 2011, § 113 Rn 114; *Lichtenstein*, in: Baur/Tappen, Investmentgesetze: Großkommentar, Bd. 1: §§ 1–272 KAGB, 3. Auflage 2015, § 92 Rn. 11; *Nietsch*, in: Emde/Dornseifer/Dreibus/Hölscher, InvG, 2013, Vor §§ 30–39 und §§ 41–45 Rn. 23.

392 *Klusak*, in: Weitnauer/Boxberger/Anders, KAGB, 2014, § 68 Rn. 3; *Anders*, in: Weitnauer/Boxberger/Anders, KAGB, 2014, § 92 Rn. 5 Fn. 9.

Aufspaltung der Wertschöpfungsketten u.a. durch Master-KVG-Strukturen.[393] Ein reines „Dreieck" ist nur in absoluten Ausnahmefällen noch gegeben, weswegen es sich anbietet, sich auf die Analyse der tatsächlich vorliegenden Geschäfts- und Vertragsbeziehungen zu konzentrieren.[394]

Im Rahmen des KAGB werden die Rechtsbeziehungen von KVG, Verwahrstelle und Anlegern in Bezug auf das jeweilige Sondervermögen geregelt (insbes. den §§ 92–107),[395] diese modifizieren die ansonsten bestehende Vertragsfreiheit zwischen den Parteien.

III. Konsequenzen für die Wahl des Anlagevehikels bei einem offenen Investmentvermögen

Grundsätzlich ist bei einem offenen Fonds ein Fondsvehikel sowohl in Form eines Kollektivvertrages als auch in Gesellschaftsform möglich. Es bieten sich jedoch aufgrund bestimmter Charakteristika von offenen Fonds bestimmte Vehikel eher an als andere, weswegen sich in der Praxis typische Fondsvehikel für offene Fonds (und auch für geschlossene Fonds) beobachten lassen.

Bei den offenen Fonds ist die zu Anlagezwecken bereitstehende Vermögensmasse flexibel, d.h. die Ausgabe von Fondsanteilen erfolgt anhand des allgemeinen Marktprinzips von Angebot und Nachfrage.[396] Ein Stop der Ausgabe von Anteilen kommt nur in Ausnahmefällen in Betracht, etwa wenn durch den Mittelzufluss die Anlagestrategie unterlaufen wird und ein „Anlagenotstand" eintritt.[397] Weiteres Kennzeichnungsmerkmal des offenen Fonds ist, dass die anteilsausgebende Fondsverwaltung sich verpflichtet, im Grundsatz jederzeit Anteile zurückzunehmen.[398] Durch die Einräumung der (jederzeitigen) Anteilsrücknahme bieten sich körperschaftliche Strukturen nur selten an. Die körper-

---

393 *Klusak*, in: Weitnauer/Boxberger/Anders, KAGB, 2014, § 68 Rn. 3; zur Master-KVG: *Seidenschwann*, Die Master-Kapitalverwaltungsgesellschaft, 2016, S. 169 ff.

394 *Klusak*, in: Weitnauer/Boxberger/Anders, KAGB, 2014, § 68 Rn. 3.

395 *Lichtenstein*, in: Baur/Tappen, Investmentgesetze: Großkommentar, Bd. 1: §§ 1–272 KAGB, 3. Auflage 2015, § 92 Rn. 4.

396 *Köndgen/Schmies,* in: Schimansky/Bunte/Lwowski, Bankrechts-Handbuch, Zweiter Band, 4. Auflage 2011, § 113 Rn. 10.

397 *Köndgen/Schmies,* in: Schimansky/Bunte/Lwowski, Bankrechts-Handbuch, Zweiter Band, 4. Auflage 2011, § 113 Rn. 10.

398 *Tollmann*, in: Dornseifer/Jesch/Klebeck/Tollmann, AIFM-Richtlinie, 2013, Einl. Rn. 6; *Köndgen,* in: Berger/Steck/Lübbehüsen, InvG, InvStG, 2010, Einl. InvG I Rn. 4 f.; *Servatius*, ZfIR 2013, 709, 710; *Köndgen/Schmies,* in: Schimansky/Bunte/Lwowski, Bankrechts-Handbuch, Zweiter Band, 4. Auflage 2011, § 113 Rn. 10.

schaftliche Finanzverfassung ist streng gesetzlich reguliert (etwa durch AktG, GmbHG, HGB) und erlaubt eine Rückgewähr von Anteilen nur unter Beachtung entsprechender Bestimmungen, was im Falle einer sowohl von der Fondsverwaltung als auch vom Anleger erwünschten schnellen Abwicklung der Anteilsrücknahme problematisch sein kann.[399] Daher ist Kernstück der meisten offenen Fonds ein Sondervermögen.[400] Die Verbindung zwischen Fondsverwaltung und Anlegern ist rein schuldrechtlicher Natur, d. h. die Parteien schließen einen Anlagevertrag („Investmentvertrag", siehe S. 79 ff.), aus dem die gegenseitigen Rechte und Pflichten resultieren.[401]

Dem entgegen bedienen sich die geschlossenen Fonds – aufgrund ihrer von vornherein festgelegten Zahl von Anlegern und begrenztem Anlagezeitraum – einer körperschaftlichen Organisationsstruktur.[402] Sie sind in Deutschland klassischerweise als Personengesellschaft ausgestaltet.[403]

Unabhängig von dem Gegensatz offener oder geschlossener Fonds lässt sich daher die Organisation eines Fonds in Kollektivvertragstypus und Gesellschaftstypus unterscheiden.[404] Ein offener Fonds im Rahmen des Gesellschaftstypus-Modells ist u. a. dann denkbar, wenn die Kapitalgesellschaft über ein variables Grundkapital verfügt[405] (so z. B. die InvestmentAG mit veränderlichem Kapital, §§ 108 ff.).

D. Rechtsnatur und Eigentumsverhältnisse

I. Allgemeines

Das Sondervermögen, in § 96 Abs. 3 S. 2 auch als Zweckvermögen bezeichnet, ist ein rechtlich unselbstständiges Teilvermögen, das abgesondert vom allgemeinen Vermögen eines Rechtsträgers, insbesondere vom Vermögen der KVG, existiert und

---

399 *Köndgen/Schmies,* in: Schimansky/Bunte/Lwowski, Bankrechts-Handbuch, Zweiter Band, 4. Auflage 2011, § 113 Rn. 10.

400 *Köndgen/Schmies,* in: Schimansky/Bunte/Lwowski, Bankrechts-Handbuch, Zweiter Band, 4. Auflage 2011, § 113 Rn. 10; dieses ist bei offenen Immobilienfonds auch zwingen vorgesehen, vgl. § 91 Abs. 3.

401 *Köndgen/Schmies,* in: Schimansky/Bunte/Lwowski, Bankrechts-Handbuch, Zweiter Band, 4. Auflage 2011, § 113 Rn. 10.

402 *Köndgen/Schmies,* in: Schimansky/Bunte/Lwowski, Bankrechts-Handbuch, Zweiter Band, 4. Auflage 2011, § 113 Rn. 11; *Servatius,* ZfIR 2013, 709, 710, Fn. 6.

403 *Servatius,* ZfIR 2013, 709, 710, Fn. 6.

404 *Köndgen/Schmies,* in: Schimansky/Bunte/Lwowski, Bankrechts-Handbuch, Zweiter Band, 4. Auflage 2011, § 113 Rn. 10, 11.

405 *Köndgen/Schmies,* in: Schimansky/Bunte/Lwowski, Bankrechts-Handbuch, Zweiter Band, 4. Auflage 2011, § 113 Rn. 11.

speziellen Regelungen unterliegt.[406] Das Sondervermögen entsteht mit Abschluss des Investmentvertrags zwischen der KVG und dem Anleger.[407] Durch Erhalt der verbrieften Anteilsscheine (§ 95) wird der direkte oder indirekte Eigentumsanspruch der Anleger an dem Anlagekapital, d. h. dem Sondervermögen, deutlich.[408]

Es handelt sich bei dem Sondervermögen um eine nicht rechtsfähige Vermögensmasse, d. h. das Vermögen selbst ist nicht im Stande Rechte und Pflichten zu übernehmen.[409] Aus diesem Grund bedarf es zwingend einer Rechtsperson, die für das Sondervermögen handelt.[410] Gem. § 93 Abs. 1 ist die KVG „berechtigt, im eigenen Namen über die zu einem Sondervermögen gehörenden Gegenstände nach Maßgabe (…) [des KAGB] und der Anlagebedingungen zu verfügen und alle Rechte aus ihnen auszuüben". Bei der Fondsstruktur Sondervermögen ist daher die verwaltende KVG zwingend eine externe KVG gem. § 18, da die Rechtsform als Sondervermögen keine interne Verwaltung zulässt (Umkehrschluss zu § 17 Abs. 2 Nr. 2).[411]

Die Bildung von Sondervermögen ist nicht auf das Investmentrecht beschränkt. Zwar haben grundsätzlich Vermögensmassen im Privatrecht eine einheitliche Form. Nur ausnahmensweise für bestimmte Zwecke, ist die Bildung eines Sondervermögens vorgesehen. So stellt das Gesamthandsvermögen der Gesellschaft bürgerlichen Rechts, § 718 Abs. 1 BGB, beispielsweise auch ein Sondervermögen dar.[412] Anders als das Gesamthandsvermögen der GbR verfügt das investmentrechtliche Sondervermögen jedoch über keine Teilrechtsfähigkeit.[413]

II. Grundsatz der Vermögenstrennung

1. Trennung von Sondervermögen und Vermögen der KVG

Das in § 92 Abs. 1 S. 2 geregelte Trennungsgebot besagt, dass die KVG das Sondervermögen als „fremdes" Vermögen der Anleger von ihrem eigenen Vermögen zu

---

406 *Anders*, in: Weitnauer/Boxberger/Anders, KAGB, 2014, § 92 Rn. 3.

407 *Nietsch*, in: Emde/Dornseifer/Dreibus/Hölscher, InvG, 2013, Vor §§ 30–39 und §§ 41–45 Rn. 19 ff.; *Anders*, in: Weitnauer/Boxberger/Anders, KAGB, 2014, § 92 Rn. 5.

408 *Lichtenstein*, in: Baur/Tappen, Investmentgesetze: Großkommentar, Bd. 1: §§ 1–272 KAGB, 3. Auflage 2015, § 91 Rn. 12.

409 *Lichtenstein*, in: Baur/Tappen, Investmentgesetze: Großkommentar, Bd. 1: §§ 1–272 KAGB, 3. Auflage 2015, § 91 Rn. 14.

410 *Weiser/Hüwel*, BB 2013, 1091, 1092; *Fischer/Friedrich*, ZBB 2013, 153, 155; *Lichtenstein*, in: Baur/Tappen, Investmentgesetze: Großkommentar, Bd. 1: §§ 1–272 KAGB, 3. Auflage 2015, § 91 Rn. 14.

411 *Tollmann*, in: Dornseifer/Jesch/Klebeck/Tollmann, AIFM-Richtlinie, 2013, Art. 5 Rn. 13.

412 *Sprau*, in: Palandt, BGB, 76. Auflage 2017, § 718 Rn. 1 ff.

413 *Anders*, in: Weitnauer/Boxberger/Anders KAGB, 2014, § 92 Rn. 3.

trennen hat.[414] Die Seperation des Sondervermögens vom sonstigen Vermögen der KVG ist als „Kardinalprinzip"[415] der Konstruktion des Sondervermögens als Anlagevehikel anzusehen. Die Auflegung eines Investmentfonds in der Variante des Vertragstypus wäre ohne die rechtliche Möglichkeit eines Investment-Sondervermögens nicht denkbar.[416]

Die Trennung der Vermögen äußert sich ohnehin schon an zahlreichen Punkten. So ist gem. § 93 die Verfügungsbefugnis der KVG über das Sondervermögen eingeschränkt. Gem. § 93 Abs. 2 S. 1 haftet grundsätzlich das Sondervermögen nicht für Verbindlichkeiten der KVG. Kommt es zur Insolvenz der KVG ist das Sondervermögen gem. § 99 Abs. 3 S. 2 nicht Teil der Insolvenzmasse.

Auch schon die Eigentumsverhältnisse am Sondervermögen, je nachdem als Treuhands- oder Miteigentumslösung (dazu S. 70 ff.) ausgestaltet, machen die Trennung deutlich.

Es geht daher bei dem in § 92 Abs. 1 S. 2 normierten Grundsatz vor allem darum, die Trennung auch in tatsächlicher Hinsicht zu vollziehen.[417] Die Anforderungen an die tatsächliche Trennung sind in den §§ 26–30 zu finden und werden u.a. durch die KAVerOV[418] und die KAMaRisk[419] konkretisiert.[420] Sie betreffen insbesondere die betriebliche und buchhalterische Organisation.[421]

2. Vermögenstrennung bei mehreren Sondervermögen

Es ist gem. § 92 Abs. 3 S. 1 der KVG explizit gestattet, mehrere Sondervermögen zu bilden, wenngleich dieses im Hinblick auf Routine und theoretische Expertise

---

414 *Anders*, in: Weitnauer/Boxberger/Anders, KAGB, 2014, § 92 Rn. 9.

415 *Zetzsche,* Grundprinzipien des KAGB, in: Möllers/Kloyer, Das neue Kapitalanlagegesetzbuch, 2014, S. 131 ff. Rn. 383 f.

416 *Anders*, in: Weitnauer/Boxberger/Anders, KAGB, 2014, § 92 Rn. 4.

417 *Beckmann,* in: Beckmann/Scholtz/Vollmer, Investment (Stand: 2/17), § 92 KAGB Rn. 72; *Anders*, in: Weitnauer/Boxberger/Anders, KAGB, 2014, § 92 Rn. 9.

418 Verordnung zur Konkretisierung der Verhaltensregeln und Organisationsregeln nach dem Kapitalanlagegesetzbuch (Kapitalanlage-Verhaltens- und Organisationsverordnung - KAVerOV) vom 16. Juli 2013, BGBl. I 2013, S. 2460.

419 BaFin Rundschreiben Mindestanforderungen an das Risikomanagement von Kapitalverwaltungsgesellschaften - KAMaRisk vom 10. Januar 2017, Gz.: 01/2017/WA, im Zuge dessen viele Anforderungen, die sich nun in der Level 2-VO finden, aus der früher geltenden InvMaRisk gestrichen wurden.

420 *Anders*, in: Weitnauer/Boxberger/Anders, KAGB, 2014, § 92 Rn. 10.

421 *Anders*, in: Weitnauer/Boxberger/Anders, KAGB, 2014, § 92 Rn. 10; *Swoboda*, in: Weitnauer/Boxberger/Anders, KAGB, 2014, § 28 Rn. 5 ff.

gerade bei unterschiedlichen Fondsarten nicht immer sinnvoll ist.[422] Entscheidend ist, dass die KVG die Sondervermögen durch Bezeichnung voneinander abgrenzt und auch in organisatorischer Hinsicht das Trennungsgebot beachtet, § 92 Abs. 3 S. 2. So ist etwa die Führung eines Gemeinschaftskontos oder ein Gemeinschaftsdepot für mehrere Sondervermögen nicht gestattet.[423] Rechtsgeschäfte zwischen den gleichzeitig verwalteten Sondervermögen sollten vermieden werden, da die Missbrauchsgefahr durch bestehende Interessenkonflikte zu hoch ist.[424] Es bietet sich eine analoge Anwendung des § 181 BGB an, da dieselbe KVG für die unterschiedlichen Sondervermögen handelt.[425]

Bei Verstößen gegen die erforderlichen Maßnahmen der Vermögenstrennung kann die BaFin einschreiten, indem sie die Trennung verlangt, und bei Nicht-Erfüllung diesbezüglicher Auflagen als äußerstes Mittel die Erlaubnis zum Geschäftsbetrieb entzieht.[426]

III. Miteigentumslösung und Treuhandlösung

1. Allgemeines

Es wird grundsätzlich zwischen der „Miteigentumslösung" (§ 92 Abs. 1 S. 1 Fall 1), bei der das Eigentum am Sondervermögen bei den Anteilsinhabern liegt und der „Treuhandlösung" (§ 92 Abs. 1 S. 1 Fall 2), bei der die KVG Eigentümerin des Sondervermögens ist, unterschieden.[427] Es besteht Wahlfreiheit zwischen den Eigentumsgestaltungsformen, wobei in der Praxis die Miteigentumslösung,

---

422 *Lichtenstein,* in: Baur/Tappen, Investmentgesetze: Großkommentar, Bd. 1: §§ 1–272 KAGB, 3. Auflage 2015, § 92 Rn. 33; *Beckmann,* in: Beckmann/Scholtz/Vollmer, Investment (Stand: 2/17), § 92 KAGB Rn. 80.

423 *Lichtenstein,* in: Baur/Tappen, Investmentgesetze: Großkommentar, Bd. 1: §§ 1–272 KAGB, 3. Auflage 2015, § 92 Rn. 36.

424 Für die grundsätzliche Zulässigkeit: *Lichtenstein,* in: Baur/Tappen, Investmentgesetze: Großkommentar, Bd. 1: §§ 1–272 KAGB, 3. Auflage 2015, § 92 Rn. 34; *Baur,* in: Baur, Investmentgesetze: Großkommentar, Bd. 1: Einleitung nebst Länderübersicht, §§ 1–25j KAGG, 2. Auflage 1997, § 6 Rn. 30; *Zeller,* in: Brinkhaus/Scherer, KAGG AuslInvestmentG, 2003, § 6 KAGG Rn. 19; so wohl auch: *Beckmann,* in: Beckmann/Scholtz/Vollmer, Investment (Stand: 2/17),§ 92 KAGB Rn. 83.

425 Für eine direkte Anwendung: *Beckmann,* in: Beckmann/Scholtz/Vollmer, Investment (Stand: 2/17), § 92 KAGB Rn. 83.

426 *Lichtenstein,* in: Baur/Tappen, Investmentgesetze: Großkommentar, Bd. 1: §§ 1–272 KAGB, 3. Auflage 2015, § 92 Rn. 36.

427 *Anders,* in: Weitnauer/Boxberger/Anders, KAGB, 2014, § 92 Rn. 6.

wohl auch aus psychologischen Gründen[428], überwiegt,[429] da hier der Anleger als direkter Eigentümer unter Umständen ein größeres Gefühl der Kontrolle und Teilhabe hat. Beide Varianten, sowohl die Miteigentumslösung als auch die Treuhandlösung stellen eine Form der Treuhand im weiteren Sinne dar.[430]

In den Anlagebedingungen ist grundsätzlich festzulegen, wer Träger und Eigentümer des Sondervermögens ist, § 162 Abs. 2 Nr. 3 (gilt nur für Publikumsinvestmentvermögen).

Welche Variante gewählt wird, hängt zum einen von dem Bereich ab, in den investiert wird. So bietet es sich z. B. aus aktienrechtlichen Gründen an, dass die KVG zur effektiveren Wahrung der Aktionärsrechte selbst Aktionärin ist.[431] Hier würde die Miteigentumslösung stets umfangreiche Nachweisungen über die Berechtigung der KVG nach sich ziehen.[432] Für den Bereich der Immobilien-Sondervermögen ist die Treuhandlösung aus grundbuchtechnischen Gründen sogar zwingend vorgeschrieben, § 245.

Aber auch historische Gründe sind bei der Wahl zu berücksichtigen. Traditionell ist bei Wertpapier-Sondervermögen im Allgemeinen die Miteigentumslösung am weitesten verbreitet, da man in der Vergangenheit nur auf diesem Wege das Aussonderungs- und Drittwiderspruchsrecht der Anleger als gesichert ansah.[433] Nach heutigem Rechtsstand sind Treuhandlösung und Miteigentumslösung hinsichtlich der Sicherheit des Anlegervermögens, inbesondere hinsichtlich des Zugriffs Dritter auf das Sondervermögen, gleichwertig (siehe hierzu S. 70 ff.).[434]

---

428 Anleger wird selbst Inhaber einer dinglichen Rechtsposition: *Anders*, in: Weitnauer/Boxberger/Anders, KAGB, 2014, § 92 Rn. 7 Fn. 15; *Beckmann*, in: Beckmann/Scholtz/Vollmer, Investment (Stand: 2/17), § 92 KAGB Rn. 34.

429 *Nietsch*, in: Emde/Dornseifer/Dreibus/Hölscher, InvG, 2013, § 30 Rn. 7; *Anders*, in: Weitnauer/Boxberger/Anders, KAGB, 2014, § 92 Rn. 7; *Lichtenstein*, in: Baur/Tappen, Investmentgesetze: Großkommentar, Bd. 1: §§ 1–272 KAGB, 3. Auflage 2015, § 91 Rn. 13, § 92 Rn. 6, 12.

430 *Lichtenstein*, in: Baur/Tappen, Investmentgesetze: Großkommentar, Bd. 1: §§ 1–272 KAGB, 3. Auflage 2015, § 92 Rn. 16.

431 *Lichtenstein*, in: Baur/Tappen, Investmentgesetze: Großkommentar, Bd. 1: §§ 1–272 KAGB, 3. Auflage 2015, § 92 Rn. 14.

432 *Lichtenstein*, in: Baur/Tappen, Investmentgesetze: Großkommentar, Bd. 1: §§ 1–272 KAGB, 3. Auflage 2015, § 92 Rn. 14.

433 *Lichtenstein*, in: Baur/Tappen, Investmentgesetze: Großkommentar, Bd. 1: §§ 1–272 KAGB, 3. Auflage 2015, § 92 Rn. 13.

434 *Lichtenstein*, in: Baur/Tappen, Investmentgesetze: Großkommentar, Bd. 1: §§ 1–272 KAGB, 3. Auflage 2015, § 92 Rn. 15 insbesondere Fn. 38 m.w.N.

Im Falle des Erlöschens des Verwaltungsrechts der KVG aufgrund einer eigenen Kündigung (§ 99 Abs. 1), kraft Gesetzes im Insolvenzfall (§ 99 Abs. 3) oder durch Kündigung der Verwahrstelle (§ 99 Abs. 4) geht das Eigentum bzw. das Verfügungsrecht über das Sondervermögen auf die Verwahrstelle über, § 100 Abs. 1. Die Verwahrstelle hat dann gem. § 100 Abs. 2 die Pflicht, das Sondervermögen abzuwickeln und unter den Anlegern aufzuteilen.

2. Miteigentumslösung

Nach § 92 Abs. 1 S. 1 2. Alt. können Vermögensgegenstände des Sondervermögens im Miteigentum der Anleger stehen. Das Rechtsverhältnis der Miteigentümer ist eine Bruchteilsgemeinschaft i.S.d. §§ 1008, 741 ff. BGB.[435] Dieses folgt u. a. aus den Wortlauten von §§ 92 Abs. 1, 95 Abs. 2 S. 1, 99 Abs. 5, 100 Ab s. 1 sowie aus der Vorgeschichte der investmentrechtlichen Regulierung.[436] Die allgemeinen Vorschriften der §§ 741 ff. BGB zur Bruchteilsgemeinschaft werden im Rahmen des KAGB modifiziert, sodass von einer besonderen Art der Ausgestaltung des Bruchteilseigentums durch das KAGB gesprochen wird.[437] Beispielsweise wird gem. § 99 Abs. 5 ein Aufhebungsrecht des Miteigentümers oder des Vollstreckungsgläubigers im Falle eines wichtigen Grundes oder für den Fall der Pfändung des Anteils eines Teilhabers ausgeschlossen.[438] Im Rahmen der allgemeinen Vorschriften des BGB zur Bruchteilsgemeinschaft ist dieses vorgesehen, §§ 749 Abs. 3, 751 S. 2 BGB.[439]

---

435 *K. Schmidt*, in: MünchKommBGB, 7. Auflage 2017, § 741 Rn. 50 ff.; *Ohl*, Die Rechtsbeziehungen innerhalb des Investment-Dreiecks, 1989, S. 31; *Lichtenstein,* in: Baur/Tappen, Investmentgesetze: Großkommentar, Bd. 1: §§ 1–272 KAGB, 3. Auflage 2015, § 92 Rn. 17.

436 *Lichtenstein,* in: Baur/Tappen, Investmentgesetze: Großkommentar, Bd. 1: §§ 1–272 KAGB, 3. Auflage 2015, § 92 Rn. 17; *Schäcker*, Entwicklung und System des Investmentsparens, 1961, S. 126 f.

437 *von Proff*, in: von Staudinger, BGB, Neubearbeitung 2015, § 741 Rn. 5: Die Gemeinschaft der Anleger eines offenen inländischen Investmentvermögens in Form des Sondervermögens ist eine „Bruchteilsgemeinschaft besonderen Rechts"; *Lichtenstein,* in: Baur/Tappen, Investmentgesetze: Großkommentar, Bd. 1: §§ 1–272 KAGB, 3. Auflage 2015, § 92 Rn. 17; rechtsgeschichtlich: *Meyer-Cording*, ZHR 115, 65, 78 f.; *Klenk*, Rechtliche Behandlung des Investmentanteils, 1967, S. 8 ff.

438 *Lichtenstein*, in: Baur/Tappen, Investmentgesetze: Großkommentar, Bd. 1: §§ 1–272 KAGB, 3. Auflage 2015, § 92 Rn. 17.

439 *Lichtenstein*, in: Baur/Tappen, Investmentgesetze: Großkommentar, Bd. 1: §§ 1–272 KAGB, 3. Auflage 2015, § 92 Rn. 17.

3. *Treuhandlösung*

Der wesentliche Unterschied zwischen Miteigentumslösung und Treuhandlösung ist, dass im Rahmen der Treuhandlösung das Eigentum an den Vermögensgegenständen des Sondervermögens bei der KVG liegt. Es handelt sich hierbei allerdings um ein rein formales Eigentum, da es durch die unverzichtbaren Ansprüche der Anleger wesentlich beschränkt wird.[440] Wirtschaftlich gesehen ergibt sich kein Unterschied zur Miteigentumslösung. Dieses kommt auch in den Fällen zum Ausdruck, in denen den Anlegern, wenngleich nicht formelle Miteigentümer des Sondervermögens, „quasidingliche" Ansprüche zustehen.[441] Diese Bestehen zum einen im Falle der Insolvenz der KVG, hier steht den Anlegern ein (von der Verwahrstelle auszuübendes) Aussonderungsrecht gem. § 47 InsO zu, zum anderen bei Zwangsvollstreckungen Dritter in Gegenstände des Sondervermögens, hier besteht ein ebenfalls von der Verwahrstelle auszuübendes Drittwiderspruchsrecht, § 771 ZPO.[442]

Unterschiedlich beurteilt wird die Frage, ob das Rechtsverhältnis der Anleger untereinander ebenfalls ein (wenn auch durch das KAGB modifiziertes) Bruchteilseigentum gem. §§ 1008, 741 ff. BGB ist oder zumindest so behandelt werden kann.[443] So geht etwa *Canaris*[444] bei der Treuhandlösung von einer Gesamthandsgemeinschaft aus. Unter Anlegerschutzgesichtspunkten erscheint es sinnvoll, trotz des formalen Eigentums der KVG die Regeln der Bruchteilsgemeinschaft als Korrektiv in Zweifelsfällen entsprechend heranzuziehen, zumindest soweit das Verhältnis der Anleger zum Sondervermögen betroffen ist.[445]

440 *Lichtenstein*, in: Baur/Tappen, Investmentgesetze: Großkommentar, Bd. 1: §§ 1–272 KAGB, 3. Auflage 2015, § 92 Rn. 20.

441 *Lichtenstein*, in: Baur/Tappen, Investmentgesetze: Großkommentar, Bd. 1: §§ 1–272 KAGB, 3. Auflage 2015, § 92 Rn. 20.

442 *Baur*, in: Baur, Investmentgesetze: Großkommentar, Bd. 1: Einleitung nebst Länderübersicht, §§ 1–25j KAGG, 2. Auflage 1997, § 6 Rn. 14; *Lichtenstein*, in: Baur/Tappen, Investmentgesetze: Großkommentar, Bd. 1: §§ 1–272 KAGB, 3. Auflage 2015, § 92 Rn. 20.

443 Für die Annahme einer Bruchteilsgemeinschaft: *Lichtenstein*, in: Baur/Tappen, Investmentgesetze: Großkommentar, Bd. 1: §§ 1–272 KAGB, 3. Auflage 2015, § 92 Rn. 22; *Schäcker*, Entwicklung und System des Investmentsparens, 1961, S. 126; ablehnend hingegen: *Klenk*, Rechtliche Behandlung des Investmentanteils, 1967, S. 10; *Gericke*, DB 1959, 1276; *Canaris*, in: Staub, Großkommentar HGB, BankvertragsR, 3. Auflage 1981, Rn. 2397.

444 *Canaris*, in: Staub, Großkommentar HGB, BankvertragsR, 3. Auflage 1981, Rn. 2397.

445 *Lichtenstein*, in: Baur/Tappen, Investmentgesetze: Großkommentar, Bd. 1: §§ 1–272 KAGB, 3. Auflage 2015, § 92 Rn. 22.

4. *Besonderheit im Bereich der Immobilien-Sondervermögen*

Für Immobilien-Sondervermögen kommt aus grundbuchrechtlichen Gründen nur die Treuhandlösung in Betracht (§ 245).[446] Würde die Miteigentumslösung auch im Rahmen des Immobilien-Sondervermögens zulässig sein, hätte dies zur Folge, dass die Anleger Miteigentümer an den Immobilien werden würden und als solche auch zwingend in das Grundbuch eingetragen werden müssten. Gerade bei einer größeren Zahl von Anlegern und einer hohen Fluktuation der Anleger ist dieses mit einem unverhältnismäßg hohen Aufwand verbunden.[447] Den durch die Treuhandlösung gegebenen Missbrauchsgefahren (die KVG hat im Rahmen ihrers rechtlichen Könnens erheblich weitere Möglichkeiten als ihr im Rahmen des rechtlichen Dürfens erlaubt sind) begegnet der Gesetzgber, indem er zwingend eine im Grundbuch einzutragende Verfügungsbeschränkung zu Lasten der KVG vorsieht, § 84 Abs. 1 Nr. 3 i.V.m. § 246 Abs. 1.[448]

E. Zusammensetzung des Sondervermögens

I. Allgemeines

Charakterprägend für den jeweiligen Fonds ist die Zusammensetzung des Sondervermögens. Zunächst besteht dieses aus den Einzahlungen der Anteilsinhaber.[449] Diese Mittel verwendet dann die KVG, um Investitionen vorzunehmen, wobei vom KAGB geregelt ist, in welchem Rahmen diese vorgenommen werden können. Zum

---

446 *Wind/Kautenburger-Behr*, in: Weitnauer/Boxberger/Anders, KAGB, 2014, § 245 Rn. 2 ff; *Polifke*, in: Weitnauer/Boxberger/Anders, KAGB, 2014, § 162 Rn. 16; *Koemm*, Immobilien-Investmentfonds: Vorschläge zur Reform der Immobilienfonds unter dem InvG unter Berücksichtigung des schweizerischen und spanischen Investmentrechts, 2012, S. 30; *Baur*, in: Baur, Investmentgesetze: Großkommentar, Bd. 1: Einleitung nebst Länderübersicht, §§ 1–25j KAGG, 2. Auflage 1997, Einl. I Rn. 73; *Lichtenstein*, in: Baur/Tappen, Investmentgesetze: Großkommentar, Bd. 1: §§ 1–272 KAGB, 3. Auflage 2015, § 91 Rn. 13; *Canaris*, in: Staub, Großkommentar HGB, BankvertragsR, 3. Auflage 1981, Rn. 2395.

447 *Wind/Kautenburger-Behr*, in: Weitnauer/Boxberger/Anders, KAGB, 2014, § 245 Rn. 3; *Anders*, in: Weitnauer/Boxberger/Anders, KAGB, 2014, § 92 Rn. 8.

448 *Wind/Kautenburger-Behr*, in: Weitnauer/Boxberger/Anders, KAGB, 2014, § 245 Rn. 4, § 246 Rn. 3.

449 *Lichtenstein*, in: Baur/Tappen, Investmentgesetze: Großkommentar, Bd. 1: §§ 1–272 KAGB, 3. Auflage 2015, § 92 Rn. 7; *Koemm*, Immobilien-Investmentfonds: Vorschläge zur Reform der Immobilienfonds unter dem InvG unter Berücksichtigung des schweizerischen und spanischen Investmentrechts, 2012, S. 30.

Sondervermögen zählen insbesondere auch die mit dem eingelegten Geld erworbenen Vermögensgegenstände. Der Erwerb nicht jedes Vermögensgegenstandes ist, je nach Fondstyp unterschiedlich, zulässig. Hierbei sind beispielsweise bei Immobilien-Sondervermögen die speziellen Vorschriften in §§ 231, 253 zu beachten.

Auch sind beispielsweise gem. § 71 Abs. 1 S. 3 Sacheinlagen für OGAW, bis auf einige Ausnahmen im Falle der Umwandlung eines Sondervermögens in einen Feederfonds (§ 180 Abs. 4) und der Verschmelzung von Publikums-Investmentvermögen (§ 190 Abs. 1 und 2), nicht zulässig.

Aus dem Sondervermögen ziehen die Anleger ihre Erträge. Aufgrund der Wahrnehmung von Verwaltungs- bzw. Verwahrtätigkeiten sind zudem KVG und Verwahrstelle berechtigt, ihre Forderungen aus dem Sondervermögen zu befriedigen.[450] Hierbei darf die Verwahrstelle der KVG die angefallene Verwaltungsvergütung sowie den Aufwendungsersatz auszahlen (§ 89a Abs. 1). Nach Zustimmung der KVG ist die Verwahrstelle berechtigt, die ihr zustehende Vergütung zu entnehmen (§ 89a Abs. 2).

Die regelmäßige Bewertung der Vermögensgegenstände des Immobilien-Sondervermögens erfolgt nach den Vorschriften der §§ 249, 250 i.V.m. 168, 169, 216, 217.[451] Es ergeben sich insbesondere Probleme bei der Bewertung der zum Sondervermögen gehörenden Immobilien, da ihr Wert, anders als etwa bei Aktien, nicht durch die von einer Börse veröffentlichten durchschnittlichen Transaktionspreise ermittelt werden kann.[452]

II. Surrogate

Gem. § 92 Abs. 2 gehört auch alles, was die KVG aufgrund „eines zum Sondervermögen gehörenden Rechts oder durch ein Rechtsgeschäft erwirbt, das sich auf das Sondervermögen bezieht, oder was derjenige, dem das Sondervermögen zusteht, als Ersatz für ein zum Sondervermögen gehörendes Recht erwirbt“, zum

450 *Koemm*, Immobilien-Investmentfonds: Vorschläge zur Reform der Immobilienfonds unter dem InvG unter Berücksichtigung des schweizerischen und spanischen Investmentrechts, 2012, S. 29.

451 Die Bewertung der Vermögensgegenstände des Immobilien-Sondervermögens ist ausführlich auf S. 196 ff. behandelt.

452 Siehe zur Bewertung der Vermögensgegenstände von Immobilien-Sondervermögen: S. 163 ff.; *Koemm*, Immobilien-Investmentfonds: Vorschläge zur Reform der Immobilienfonds unter dem InvG unter Berücksichtigung des schweizerischen und spanischen Investmentrechts, 2012, S. 34.

Sondervermögen. Diese Vorschrift zur sog. Surrogation soll einen substanziellen Schutz des Sondervermögens gegen Verluste sicherstellen.[453]

Grundsätzlich sind somit drei unterschiedliche Surrogationsfälle voneinander zu differenzieren:

Erstens die KVG erwirbt etwas aufgrund eines zum Sondervermögen gehörenden Rechts. Hierzu zählen etwa beispielsweise der Erwerb von landwirtschaftlichen Erzeugnissen eines zum Sondervermögen gehörenden Grundstücks (unmittelbare Sachfrüchte, § 99 Abs. 1 BGB), Dividenden (unmittelbare Rechtsfrüchte, § 99 Abs. 2 BGB), aber auch Miet- bzw. Pachtzinsen (mittelbare Sach- oder Rechtsfrüchte, § 99 Abs. 3 BGB).[454]

Zweitens die KVG erwirbt etwas durch ein Rechtsgeschäft, das sich auf das Sondervermögen bezieht. Hierunter fallen u. a. Ansprüche gerichtet auf die Übereignung von Grundstücken, die Übertragung von Erbbaurechten oder die Zahlung des Kaufpreises aus der Veräußerung eines Grundstücks.[455]

Dritte Variante der Surrogation ist die Konstellation, dass derjenige, dem das Sondervermögen zusteht, etwas als Ersatz für ein zum Sondervermögen gehörendes Recht erwirbt. Diese Regelung entspricht der aus dem Allgemeinen Teil des Schuldrechts bekannten Vorschrift des § 281 BGB.[456] In diese Kategorie gehören u. a. Versicherungsansprüche und -leistungen, Entschädigungsansprüche in Enteignungsfällen, sowie Ansprüche aus ungerechtfertigter Bereicherung.[457]

Aufgrund der fehlenden Rechtspersönlichkeit des Sondervermögens sollen nach Ansicht von *Anders*[458] Verbindlichkeiten gegenüber Dritten nicht zum Sondervermögen gehören. Allerdings sind aufgrund der Tatsache, dass (dem Gesetzeswortlaut nach) alles das, was die KVG „durch ein Rechtsgeschäft erwirbt, das sich auf das Sondervermögen bezieht" (§ 92 Abs. 2 Var. 2) zum Sondervermögen gehört, konsequenterweise auch die Verbindlichkeiten gehören, die durch ein

---

453 *Anders*, in: Weitnauer/Boxberger/Anders, KAGB, 2014, § 92 Rn. 11; *Lichtenstein*, in: Baur/Tappen, Investmentgesetze: Großkommentar, Bd. 1: §§ 1–272 KAGB, 3. Auflage 2015, § 92 Rn. 25.

454 Ausführlich hierzu: *Lichtenstein*, in: Baur/Tappen, Investmentgesetze: Großkommentar, Bd. 1: §§ 1–272 KAGB, 3. Auflage 2015, § 92 Rn. 27.

455 *Lichtenstein*, in: Baur/Tappen, Investmentgesetze: Großkommentar, Bd. 1: §§ 1–272 KAGB, 3. Auflage 2015, § 92 Rn. 28.

456 *Lichtenstein*, in: Baur/Tappen, Investmentgesetze: Großkommentar, Bd. 1: §§ 1–272 KAGB, 3. Auflage 2015, § 92 Rn. 29.

457 *Lichtenstein*, in: Baur/Tappen, Investmentgesetze: Großkommentar, Bd. 1: §§ 1–272 KAGB, 3. Auflage 2015, § 92 Rn. 29.

458 *Anders*, in: Weitnauer/Boxberger/Anders, KAGB, 2014, § 92 Rn. 12, Fn. 22.

Rechtsgeschäft „erworben“ werden. Daher sind auch Verbindlichkeiten gegenüber Dritten dem Sondervermögen zuzuordnen.

Allen Fällen des § 92 Abs. 2 ist gemein, dass sich der Erwerb für das Sondervermögen kraft Gesetzes vollzieht.[459] Auf den konkreten Willen des Handelnden, für das Sondervermögen tätig zu werden, kommt es explizit nicht an,[460] allerdings muss das Rechtsgeschäft auf das Sondervermögen bezogen sein, was u. a. bei allen Verfügungen über Vermögensgegenstände des Sondervermögens der Fall ist.[461] In Zweifelsfällen ist der subjektive Wille der KVG dann zu berücksichtigen, wenn bei dem Erwerb auf fremde Mittel, d. h. keine Mittel des Sondervermögens, sondern beispielsweise Mittel der KVG, zurückgegriffen wird.[462]

Grundsätzlich vollzieht sich der Erwerb der Vermögensgegenstände unabhängig davon, ob die Miteigentumslösung oder die Treuhandlösung gewählt wurde, mittels eines Direkterwerbs.[463] Insbesondere im Fall der Treuhandlösung ist somit der Zugriff von Gläubigern der KVG im Falle von Vollstreckungsmaßnahmen auf (wirtschaftlich und eigentumsrechtlich) zum Sondervermögen gehörende Vermögensgegenstände versperrt.[464]

III. Kreditaufnahme auf Rechnung des Immobilien-Sondervermögens

Neben der Kapitalbeschaffung durch Einsammlung von Anlegerkapital bestehen noch weitere Möglichkeiten für die KVG, mit denen sie für Rechnung des Sondervermögens an Mittel gelangen kann. So ist in §§ 199, 230 Abs. 1 explizit die Kapitalbeschaffung per Darlehen zugunsten des Immobilien-Sondervermögens geregelt.[465]

---

459 *Lichtenstein*, in: Baur/Tappen, Investmentgesetze: Großkommentar, Bd. 1: §§ 1–272 KAGB, 3. Auflage 2015, § 92 Rn. 30.

460 *Canaris*, in: Staub, Großkommentar HGB, BankvertragsR, 3. Auflage 1981, Rn. 2402; *Zeller*, in: Brinkhaus/Scherer, KAGG AuslInvestmentG, 2003, § 6 KAGG Rn. 13; *Lichtenstein*, in: Baur/Tappen, Investmentgesetze: Großkommentar, Bd. 1: §§ 1–272 KAGB, 3. Auflage 2015, § 92 Rn. 30.

461 *Baur*, in: Baur, Investmentgesetze: Großkommentar, Bd. 1: Einleitung nebst Länderübersicht, §§ 1–25j KAGG, 2. Auflage 1997, § 6 Rn. 24; *Lichtenstein*, in: Baur/Tappen, Investmentgesetze: Großkommentar, Bd. 1: §§ 1–272 KAGB, 3. Auflage 2015, § 92 Rn. 30.

462 *Baur*, in: Baur, Investmentgesetze: Großkommentar, Bd. 1: Einleitung nebst Länderübersicht, §§ 1–25j KAGG, 2. Auflage 1997, § 6 Rn. 25; *Beckmann*, in: Beckmann/Scholtz/Vollmer, Investment (Stand: 2/17), § 92 KAGB Rn. 56.

463 *Lichtenstein*, in: Baur/Tappen, Investmentgesetze: Großkommentar, Bd. 1: §§ 1–272 KAGB, 3. Auflage 2015, § 92 Rn. 32.

464 *Lichtenstein*, in: Baur/Tappen, Investmentgesetze: Großkommentar, Bd. 1: §§ 1–272 KAGB, 3. Auflage 2015, § 92 Rn. 32.

465 Hierzu *Schultz-Süchting/Thomas*, WM 2009, 2156, noch zum alten § 80a InvG.

Durch diese Vorschrift wird die Aufnahme kurzfristiger Kredite bis zur Höhe von maximal 10 % des Immobilien-Sondervermögens ermöglicht.[466] In § 254 ist speziell die Aufnahme von Krediten, wobei sämtliche Formen der Fremdfinanzierung erfasst sind,[467] für Immobilien-Sondervermögen geregelt. Nach dieser Vorschrift darf im Grundsatz ein Kreditvolumen von 30 % des Wertes der zum Sondervermögen gehörenden Immobilien nicht überschritten werden. Mögen die Vorschriften des §§ 199, 230 Abs. 1 und § 254 auf den ersten Blick widersprüchlich sein, löst sich der vermeintliche Widerspruch schnell auf. Beide Vorschriften sind nebeneinander anwendbar, da die Zielrichtung der Kreditaufnahme im Rahmen des § 254 eine andere ist als im Rahmen von §§ 230 Abs. 1.[468] Nach § 254 Abs. 1 S. 2 gilt für die Kreditaufnahme zur Finanzierung von Anteilsrücknahmen, dass diese nur nach § 199 möglich ist. Dieses hat zur Konsequenz, dass in Fällen der Aufnahme von Krediten zum Zweck der Rücknahme von Anteilen die 10 %ige Wertgrenze Anwendung findet.

Keine Mittelbeschaffung – und nicht zu verwechseln mit der Kapitalbeschaffung per Darlehen zugunsten des Sondervermögens – ist die Fallvariante des § 240. In § 240 (ehemals § 69 InvG) ist speziell die Darlehensgewährung durch die KVG zugunsten von Immobiliengesellschaften für Rechnung des Sondervermögens geregelt.[469]

Die Bedingungen zur Gewährung von Wertpapierdarlehen allgemein sind in §§ 230 Abs. 1, 200 ff. i.V.m. § 253 Abs. 3 geregelt.

IV. Unzulässiger Erwerb von Vermögengegenständen

Kommt es zu einem unzulässigen Erwerb von Vermögensgegenständen, stellt dieses eine Ordnungswidrigkeit nach § 340 Abs. 3 Nr. 9 dar und wird mit einem Bußgeld von bis zu 50.000 € von der BaFin geahndet. Daneben sind auch weitere Maßnahmen der BaFin möglich, etwa nach §§ 46, 35 Abs. 2 KWG.[470] Ziel dieser Maßnahmen ist es, unzulässig erworbene Vermögensgegenstände wieder aus dem Sondervermögen zu entfernen.[471] Die Rechtsgeschäfte, die von der KVG abgeschlossen wurden, um entsprechende Vermögensgegenstände zu erwerben, werden von dem Verstoß gegen die Anlagevorschriften des KAGB nicht berührt,

466 *Wind/Kautenburger-Behr,* in: Weitnauer/Boxberger/Anders, KAGB, 2014, § 230 Rn. 13.
467 *Wind/Kautenburger-Behr,* in: Weitnauer/Boxberger/Anders, KAGB, 2014, § 254 Rn. 3.
468 *Wind/Kautenburger-Behr,* in: Weitnauer/Boxberger/Anders, KAGB, 2014, § 254 Rn. 4.
469 Siehe *Schultz-Süchting/Thomas*, WM 2009, 2156, 2162 (noch zu § 69 InvG).
470 *Lichtenstein,* in: Baur/Tappen, Investmentgesetze: Großkommentar, Bd. 1: §§ 1–272 KAGB, 3. Auflage 2015, § 92 Rn. 8.
471 *Lichtenstein,* in: Baur/Tappen, Investmentgesetze: Großkommentar, Bd. 1: §§ 1–272 KAGB, 3. Auflage 2015, § 92 Rn. 8.

§§ 205 S. 2, 242, sodass auch die unzulässig erworbenen Vermögensgegenstände Bestandteil des Sondervermögens werden.[472]

F. Investmentvertrag

Der Investmentvertrag regelt die Rechtsbeziehung zwischen dem Anleger und der KVG und ist daher von zentraler Bedeutung. Das Gesetz selbst spricht jedoch nicht vom „Investmentvertrag", sondern wählt den Oberbegriff der „Anlagebedingungen", vgl. § 162. Der in § 162 Abs. 2 normierte Mindestinhalt der Anlagebedingungen stellt nämlich nicht nur den Mindestinhalt des Investmentvertrags dar, sondern ist auch bei der Anlage mittels eines Anlagevehikels in Satzungsform heranzuziehen.[473] Da jedoch im Rahmen der Auflegung eines Fonds in Form des Gesellschaftstypus (wie etwa bei der InvestmentAG) kein Investmentvertrag geschlossen wird, ist der allgemeine Begriff der Anlagebedingungen passender.

I. Rechtsnatur

Die rechtliche Beziehung zwischen der KVG und den Anlegern („Investmentvertrag") wird nach h.M. durch einen auf entgeltliche Geschäftsbesorgung gerichteten Dienstvertrag im Sinne des § 675 BGB geregelt.[474] Es wird jedoch vereinzelt auch vertreten, dass es sich um einen Vertrag sui generis mit lediglich geschäftsbesorgungsähnlichen Elementen handele.[475] Bei den Anlagebedingungen handelt es sich eindeutig um Allgemeine Geschäftsbedingungen gem. §§ 305 ff. BGB, da sie für eine Vielzahl von Anlegern vorformuliert sind und einheitlich gelten.[476] Eine vollumfängliche Inhaltskontrolle gem. §§ 307 ff. BGB ist jedoch dennoch nicht möglich, sondern nur insoweit ihr Inhalt nicht durch das KAGB vorgegeben ist (§ 307 Abs. 3 BGB).[477]

II. Mindestinhalt

Welche Anforderungen an den Mindestinhalt des Investmentvertrags zu stellen sind, ob ein Genehmigungserfordernis der BaFin vorliegt und wel-

---

472 *Lichtenstein*, in: Baur/Tappen, Investmentgesetze: Großkommentar, Bd. 1: §§ 1–272 KAGB, 3. Auflage 2015, § 92 Rn. 8.

473 *Polifke*, in: Weitnauer/Boxberger/Anders, KAGB, 2014, § 162 Rn. 1.

474 *Polifke*, in: Weitnauer/Boxberger/Anders, KAGB, 2014, § 162 Rn. 2; *Reiter*, in: Kümpel/Wittig, Bank- und Kapitalmarktrecht, 2011, 9. Teil Rn. 9.152.

475 *Köndgen/Schmies*, in: Schimansky/Bunte/Lwowski, Bankrechts-Handbuch, Zweiter Band, 4. Auflage 2011, § 113 Rn. 115.

476 *Polifke*, in: Weitnauer/Boxberger/Anders, KAGB, 2014, § 162 Rn. 5.

477 *Polifke*, in: Weitnauer/Boxberger/Anders, KAGB, 2014, § 162 Rn. 5.

che sonstigen Details zu beachten sind, richtet sich danach, ob es sich um ein Publikums-Investmentvermögen oder einen Spezial-AIF handelt. Da die Auflage eines Immobilien-Sondervermögens sowohl als Publikums-Immobilien-Sondervermögen (§§ 230–260) als auch als Spezial-Immobilien-Sondervermögen (§§ 282–284) möglich ist,[478] muss an dieser Stelle differenziert werden.

1. *Investmentvertrag bei Publikums-Investmentvermögen*

Aus Gründen des Anlegerschutzes ist in § 162 Abs. 2 für Publikums-Investmentvermögen der Mindestinhalt der Anlagebedingungen geregelt. Das KAGB gibt in diesem Zusammenhang sehr enge Vorgaben zum Inhalt des Investmentvertrages vor, sodass die wesentliche Ausgestaltung des Vertrages bereits gesetzlich vorgegeben ist. Diese sind vor Ausgabe der Anteile schriftlich festzuhalten, § 162 Abs. 1. Die Beschränkung des § 162 auf Publikums-Investmentvermögen hat den Hintergrund, dass Anleger eines Spezial-AIF ohnehin schon über eine gewisse Professionalität verfügen (siehe hierzu S. 56 ff.) und daher als nicht so schutzwürdig eingestuft werden. Die Anlagebedingungen sowie deren Änderungen bedürfen der Genehmigung der BaFin, § 163 Abs. 1.

Zu den Mindestinhalten gem. § 162 Abs. 2 zählen beispielsweise Angaben zu Art und Stichtag der Veröffentlichung von Jahresbericht und Halbjahresbericht (Nr. 5), Regelungen zur konkreten Ertragsverwendung (Nr. 6), zu Vergütungen und Aufwendungserstattungen der Verwaltungsgesellschaft und der Verwahrstelle (Nr. 11) sowie ggf. die Höhe des Ausgabeaufschlags bzw. Rücknahmeabschlags (Nr. 12).[479]

2. *Investmentvertrag bei Spezial-AIF*

Grundsätzlich sind auch die Anlagebedingungen von Spezial-AIF schriftlich festzuhalten, § 273 S. 1. Anders als bei den Anlagebedingungen von Publikums-Investmentvermögen müssen die Anlagebedingungen von Spezial-AIF nicht genehmigt werden.[480] Dieses ergibt sich aus § 273 sowie direkt aus dem Wortlaut der AIFM-RL in Art. 7 Abs. 3 lit. c).[481] Es besteht lediglich eine Vorlagepflicht gegenüber der BaFin, § 273 S. 2, damit diese anhand der Regelungen nachvollziehen

---

478 *Jesch*, in: Baur/Tappen, Investmentgesetze: Großkommentar, Bd. 1: §§ 1–272 KAGB, 3. Auflage 2015, § 1 Rn. 149.

479 Ausführlich hierzu siehe *Polifke*, in: Weitnauer/Boxberger/Anders, KAGB, 2014, § 162 Rn. 10 ff.

480 *Swoboda*, in: Weitnauer/Boxberger/Anders, KAGB, 2014, § 273 Rn. 2.

481 *Patzner/Schneider-Deters*, in: Patzner/Döser/Kempf, Investmentrecht, 2. Auflage 2015, § 273 Rn. 1; *Swoboda*, in: Weitnauer/Boxberger/Anders, KAGB, 2014, § 273 Rn. 2.

kann, ob die AIF Klassifikation als Spezial-AIF zutreffend ist und die in diesem Zusammenhang vom KAGB vorgegebenen Rahmenbedingungen eingehalten wurden.[482] Die Vorlagepflicht besteht auch insbesondere dann, wenn wesentliche Änderungen an den Anlagebedingungen vorgenommen wurden, § 273 S. 2.

Aufgrund der geringeren Schutzwürdigkeit von semiprofessionellen und professionellen Anlegern besteht grundsätzlich eine erhöhte Flexibilität für Spezial-Immobilien-Sondervermögen.[483] Gem. § 284 Abs. 2 können bei Spezial-AIF mit festen Anlagebedingungen bei Zustimmung der Anleger die Anlagebedingungen im Grundsatz individuell ausgestaltet werden.[484]

G. Exkurs: Anlagevehikel in Satzungsform in Abgrenzung zum Sondervermögen

I. Allgemeines

Als Anlagevehikel offener Investmentvermögen in Satzungsform kommen ausschließlich die InvestmentAG mit veränderlichem Kapital, §§ 108 ff. sowie die offene InvestmentKG, §§ 124 ff., in Betracht.[485] Im Unterschied zum Sondervermögen haben die Investmentvermögen in Satzungsform eine eigene Rechtspersönlichkeit.[486] Anstelle von Anteilsscheinen am Sondervermögen erhält der Anleger Mitgliedschaftsrechte an dem Unternehmen in Form von Aktien- oder Kommanditanteilen. Als Aktionär bzw. Kommanditist erwirbt er mittelbares Eigentum an dem Vermögen der Gesellschaft.[487] Ein Anlagevehikel in Satzungsform kommt etwa bei einem geschlossenen Immobilienfonds in Betracht.

II. Investment-AG mit veränderlichem Kapital

Die Investment-Aktiengesellschaft (InvestmentAG) ist in §§ 108 ff. geregelt und unterliegt, durch Regelungen des KAGB modifiziert, grundsätzlich den

---

482 *Swoboda*, in: Weitnauer/Boxberger/Anders, KAGB, 2014, § 273 Rn. 2.

483 *Jesch*, in: Baur/Tappen, Investmentgesetze: Großkommentar, Bd. 1: §§ 1–272 KAGB, 3. Auflage 2015, § 1 Rn. 149.

484 *Jesch*, in: Baur/Tappen, Investmentgesetze: Großkommentar, Bd. 1: §§ 1–272 KAGB, 3. Auflage 2015, § 1 Rn. 149.

485 *Lichtenstein*, in: Baur/Tappen, Investmentgesetze: Großkommentar, Bd. 1: §§ 1–272 KAGB, 3. Auflage 2015, § 91 Rn. 18.

486 *Lichtenstein*, in: Baur/Tappen, Investmentgesetze: Großkommentar, Bd. 1: §§ 1–272 KAGB, 3. Auflage 2015, § 91 Rn. 18.

487 *Lichtenstein*, in: Baur/Tappen, Investmentgesetze: Großkommentar, Bd. 1: §§ 1–272 KAGB, 3. Auflage 2015, § 91 Rn. 18.

Vorschriften des AktG, § 108 Abs. 2. Gem. § 110 Abs. 2 darf satzungsmäßig festgelegter Unternehmensgegenstand der InvestmentAG mit veränderlichem Kapital ausschließlich die Anlage und Verwaltung ihrer Mittel nach einer festen Anlagestrategie und dem Grundsatz der Risikomischung zur gemeinschaftlichen Kapitalanlage zum Nutzen ihrer Aktionäre sein.

Anstelle eines Sondervermögens tritt das Gesellschaftsvermögen der InvestmentAG. Da das Gesellschaftsvermögen im Eigentum der Gesellschaft steht, ist die InvestmentAG berechtigt, auch unter haftungsrechtlichen Gesichtspunkten Teilgesellschaftsvermögen zu bilden.[488]

Die Aktien einer InvestmentAG werden differenziert nach Anlage- und Unternehmensaktien, § 109 Abs. 1 S. 1 1. Hs. Die Aktien, welche anstelle der Anteilsscheine beim Sondervermögen ausgegeben werden, stellen die sog. Anlageaktien dar. Diese können erst nach Eintragung in das Handelsregister ausgegeben werden und berechtigen nicht zur Teilnahme an der Hauptversammlung, zudem gewähren sie kein Stimmrecht, es sei denn, die Satzung der InvestmentAG sieht dies ausdrücklich vor, § 109 Abs. 3. Die Unternehmensaktien hingegen sind Aktien, die von den Personen, die die Gesellschaft unter Leistung der erforderlichen Einlagen gründen, zwingend übernommen werden müssen, § 109 Abs. 2 S. 1. Diese sog. Unternehmensaktionäre sind zur Teilnahme an der Hauptversammlung berechtigt und haben ein Stimmrecht.[489]

Die InvestmentAG hat anders als ein Sondervermögen eine eigene Rechtspersönlichkeit und kann daher auch die Verwaltung ihres Anlagevermögens selbst übernehmen.[490] Die Selbstverwaltung nach § 17 Abs. 2 Nr. 2 S. 1 ist jedoch nur eine Möglichkeit. Auch eine InvestmentAG kann sich dazu entschließen, die Verwaltung auf eine externe KVG (§ 17 Abs. 2 Nr. 1) zu übertragen, § 112 Abs. 1 S. 1.[491]

Bei der Firma einer InvestmentAG ist darauf zu achten, dass sie entweder die ausführliche Bezeichnung „Investmentaktiengesellschaft" enthält oder eine allgemein verständliche Abkürzung dieser Bezeichnung (z. B InvestmentAG) im Namen führt.[492]

---

488 *Lorenz*, in: Weitnauer/Boxberger/Anders, KAGB, 2014, § 108 Rn. 27; *Lichtenstein*, in: Baur/Tappen, Investmentgesetze: Großkommentar, Bd. 1: §§ 1–272 KAGB, 3. Auflage 2015, § 91 Rn. 20.

489 *Lichtenstein*, in: Baur/Tappen, Investmentgesetze: Großkommentar, Bd. 1: §§ 1–272 KAGB, 3. Auflage 2015, § 91 Rn. 21.

490 *Lichtenstein*, in: Baur/Tappen, Investmentgesetze: Großkommentar, Bd. 1: §§ 1–272 KAGB, 3. Auflage 2015, § 91 Rn. 23.

491 *Lichtenstein*, in: Baur/Tappen, Investmentgesetze: Großkommentar, Bd. 1: §§ 1–272 KAGB, 3. Auflage 2015, § 91 Rn. 23.

492 *Lichtenstein*, in: Baur/Tappen, Investmentgesetze: Großkommentar, Bd. 1: §§ 1–272 KAGB, 3. Auflage 2015, § 91 Rn. 24.

III. Offene InvestmentKG

1. Neuerung gegenüber dem InvG

Im Rahmen des KAGB wurde mit der Investment-Kommanditgesellschaft (InvestmentKG) ein weiteres Anlagevehikel in Satzungsform neben der bereits unter dem InvG bestehenden InvestmentAG geschaffen.[493] Diese neue Organisationsform des Satzungstyps steht jedoch nur als alternative Fondsplattform für Spezial-AIF zur Verfügung.[494] Im Bereich der Beteiligungsgesellschaften (sog. Private-Equity-Fonds) waren InvestmentKGs bereits vor der gesetzlichen Kodifizierung und Regulierung durch das KAGB eine übliche Organisationsform.[495] Die Intention des Gesetzgebers bei Schaffung des neuen Investmentvehikels war es u. a., Wettbewerbsnachteile im Bereich des sog. Pension Asset Pooling zu vermeiden.[496] Beim Pension Asset Pooling werden betriebliche Altersvorsorgevermögen international tätiger Unternehmen gebündelt, wodurch Größenvorteile genutzt und Kosten reduziert werden können.[497] Daher ist es aus volkswirtschaftlicher Sicht sinnvoll, attraktive Rahmenbedingungen zu schaffen, insbesondere auch im Hinblick auf steuerliche Gesichtspunkte,[498] die die Entscheidung zum Fondsstandort Deutschland erleichtern.[499]

2. Allgemeines zur Kommanditgesellschaft

Grundsätzlich handelt es sich auch bei der InvestmentKG um eine Kommanditgesellschaft nach dem HGB.[500]

---

493 Hierzu ausführlich: *Wiedemann*, NZG 2013, 1041 ff.; *Lichtenstein*, in: Baur/Tappen, Investmentgesetze: Großkommentar, Bd. 1: §§ 1–272 KAGB, 3. Auflage 2015, § 91 Rn. 26.

494 *Fischer/Friedrich*, ZBB 2013, 153, 160; *Lichtenstein*, in: Baur/Tappen, Investmentgesetze: Großkommentar, Bd. 1: §§ 1–272 KAGB, 3. Auflage 2015, § 91 Rn. 26.

495 *Lichtenstein*, in: Baur/Tappen, Investmentgesetze: Großkommentar, Bd. 1: §§ 1–272 KAGB, 3. Auflage 2015, § 91 Rn. 28.

496 *Lorenz*, in: Weitnauer/Boxberger/Anders, KAGB, 2014, § 124 Rn. 1; *Lichtenstein*, in: Baur/Tappen, Investmentgesetze: Großkommentar, Bd. 1: §§ 1–272 KAGB, 3. Auflage 2015, § 91 Rn. 28.

497 *Lichtenstein*, in: Baur/Tappen, Investmentgesetze: Großkommentar, Bd. 1: §§ 1–272 KAGB, 3. Auflage 2015, § 91 Rn. 28.

498 Hierbei sind insbesondere Privilegierungen von Pensionsfonds nach Doppelbesteuerungsabkommen (DBA) relevant, *Lichtenstein*, in: Baur/Tappen, Investmentgesetze: Großkommentar, Bd. 1: §§ 1–272 KAGB, 3. Auflage 2015, § 91 Rn. 28.

499 *Lichtenstein*, in: Baur/Tappen, Investmentgesetze: Großkommentar, Bd. 1: §§ 1–272 KAGB, 3. Auflage 2015, § 91 Rn. 29.

500 *Lichtenstein*, in: Baur/Tappen, Investmentgesetze: Großkommentar, Bd. 1: §§ 1–272 KAGB, 3. Auflage 2015, § 91 Rn. 30.

Die Kommanditgesellschaft (KG) ist eine besondere Ausprägung der Offenen Handelsgesellschaft (OHG).[501] Gem. § 161 Abs. 1 HGB gibt es, anders als bei der OHG, zwei Klassen von Gesellschaftern: die Komplementäre und die Kommanditisten. Der Komplementär ist, ebenso wie der OHG-Gesellschafter, ein persönlich haftender Gesellschafter (§§ 128 ff. HGB), demgegenüber genießt der Kommanditist eine haftungsrechtliche Privilegierung. Soweit keine Sonderregelungen für die KG bestehen, findet gem. § 161 Abs. 2 HGB subsidiär das Recht der OHG Anwendung. In den §§ 162 ff. HGB wird der Charakter der KG im Kern durch die Regelungen bezüglich der Sonderstellung des Kommanditisten geprägt. Diese betreffen zum einen die Haftung sowie das Verhältnis der Gesellschafter bezüglich Geschäftsführung und Vertretung, aber auch die Abschwächung des personalistischen Charakters der Gesellschaft.[502]

3. *Besonderheiten der InvestmentKG*

Neben den Vorschriften des HGB trifft das KAGB dort abweichende Regelungen, wo dies aus organisationstechnischen Gründen als Anlagevehikel eines Investmentvermögens erforderlich ist.[503] Insofern ergeben sich Parallelen zur InvestmentAG. Eingangsvoraussetzung für die InvestmentKG als Anlagevehikel ist, dass deren Anteile ausschließlich von professionellen und semiprofessionellen Anlegern gehalten werden (zu den Anlegerkategorien siehe S. 57 ff.), worauf auch im Gesellschaftsvertrag explizit hinzuweisen ist.[504]

Auch in anderen Zusammenhängen sind Besonderheiten beim Gesellschaftsvertrag zu beachten. Gem. §§ 125 Abs. 1, 150 Abs. 1 ist für den Gesellschaftsvertrag aus Transparenzgründen[505] die Schriftform zwingend vorgeschrieben. Dieses ist allerdings in der Praxis für Fondsgesellschaften aufgrund von Vertriebszwecken und zum Nachweis der Vertretungsbefugnis der die Gesellschaft ins Handelsregister eintragenden Personen ohnehin die Regel und daher keine

---

501 *Weller/Prütting*, Handels- und Gesellschaftsrecht, 9. Auflage 2016, Rn. 352.

502 *Weller/Prütting*, Handels- und Gesellschaftsrecht, 9. Auflage 2016, Rn. 353.

503 Zum Verhältnis des Rechts der InvKG zum Recht der einfachen KG: *Wiedemann*, NZG 2013, 1041, 1042 f.; *Lichtenstein*, in: Baur/Tappen, Investmentgesetze: Großkommentar, Bd. 1: §§ 1–272 KAGB, 3. Auflage 2015, § 91 Rn. 30.

504 Zu den Begrifflichkeiten des professionellen und semifprofessionellen Anlegers siehe S. 56 ff.; *Lichtenstein*, in: Baur/Tappen, Investmentgesetze: Großkommentar, Bd. 1: §§ 1–272 KAGB, 3. Auflage 2015, § 91 Rn. 26, 32.

505 Gesetzentwurf der Bundesregierung, Entwurf eines Gesetzes zur Umsetzung der Richtlinie 2011/61/EU über die Verwalter alternativer Investmentfonds (AIFM-Umsetzungsgesetz – AIFM-UmsG) vom 21. Dezember 2012, BR-Drucks. 791/12, S. 442.

große Hürde.[506] Im Gesellschaftsvertrag festgelegter Unternehmensgegenstand muss zwingend die Anlage und Verwaltung ihrer Mittel nach einer festgelegten Anlagestrategie und dem Grundsatz der Risikomischung zur gemeinschaftlichen Kapitalanlage zum Nutzen ihrer Anleger sein, § 125 Abs. 2 S. 1.

Eine Beteiligung der Anleger ist nur als Kommanditisten der KG möglich, § 127. Wie auch schon die InvestmentAG ist die InvestmentKG berechtigt, aus haftungsrechtlichen Gründen Teilgesellschaftsvermögen zu bilden, § 132. Auch hat sie gem. § 129 die Wahlfreiheit zwischen einer internen oder einer externen Verwaltung.

Die Firma muss die Bezeichnung „offene Investment-Kommanditgesellschaft" oder eine allgemein verständliche Abkürzung enthalten, zudem muss im Falle der Begründung eines Teilgesellschaftsvermögens der Zusatz „mit Teilgesellschaftsvermögen" oder eine hierauf hinweisende Abkürzung enthalten sein.[507]

---

506 *Freitag*, NZG 2013, 329, 333.

507 *Lichtenstein*, in: Baur/Tappen, Investmentgesetze: Großkommentar, Bd. 1: §§ 1–272 KAGB, 3. Auflage 2015, § 91 Rn. 34.

5. Teil Zentrale Akteure: Verwaltungsgesellschaft und Verwahrstelle

A. Verwaltungsgesellschaft

I. Allgemeines

Der „[Investmentfonds]Manager“ oder schlicht „Verwalter“ wird im Rahmen des KAGB als „[Kapital]Verwaltungsgesellschaft (KVG)“ bezeichnet.[508] Nach dem alten InvG handelte es sich hierbei um eine „Kapitalanlagegesellschaft (KAG)“. Für die AIFM-RL ist die Bezeichnung des Verwalters namensgebend: „Alternative Investment Fonds Manager (AIFM)“. Die Regulierung der Manager – und nicht etwa des Fonds als solchen – ist auch primäres Ziel der AIFM-RL.[509] Allerdings wird selbstverständlich damit auch mittelbar der Fonds selbst reguliert. Bestimmungen zur KVG finden sich über das KAGB verteilt, insbesondere jedoch in den §§ 17 ff.

Das Gesetz differenziert gem. § 1 Abs. 14 S. 1 zwischen AIF-Verwaltungsgesellschaften und OGAW-Verwaltungsgesellschaften. Bei der KVG eines Immobilien-Sondervermögens handelt es sich um eine AIF-Verwaltungsgesellschaft. Aus § 1 Abs. 16 folgt, dass AIF-KVGen (genauso wie OGAW-KVGen) Kapitalverwaltungsgesellschaften gem. § 17 sind, die mindestes einen AIF (bzw. OGAW) verwalten oder zu verwalten beabsichtigen. Die KVG ist in § 17 legaldefiniert, allerdings ist diese Begriffsbestimmung nur im Zusammenhang mit den Begriffbestimmungen der § 1 Abs. 14 bis 18 zu lesen.[510] Gem. § 17 Abs. 1 S. 1 sind KVGen „Unternehmen mit satzungsmäßigem Sitz und Hauptverwaltung im Inland, deren Geschäftsbetrieb darauf gerichtet ist, inländische Investmentvermögen, EU-Investmentvermögen oder ausländische AIF zu verwalten“. Grundsätzlich ist es nicht möglich, dass ein Investmentvermögen mehrere KVGen hat, die für die Einhaltung der Anforderungen des KAGB verantwortlich sind, § 17 Abs. 3. Diese Beschränkung hat seinen Grund darin, dass es einen zentralen Verantwortungsträger geben soll, der sich seiner Aufsicht nicht so einfach

---

508 *Winterhalder,* in: Weitnauer/Boxberger/Anders, KAGB, 2014, § 17 Rn. 1.

509 *van Kann/Redeker/Keiluweit,* DStR 2013, 1483; siehe hierzu S. 27.

510 *Winterhalder,* in: Weitnauer/Boxberger/Anders, KAGB, 2014, § 17 Rn. 5.

entziehen kann.[511] Zudem wird auch eine höhere Effizienz durch Zentralisierung gewährleistet.[512]

II. Erlaubnispflichtigkeit und -fähigkeit

Die BaFin muss gem. § 20 Abs. 1 S. 1 den Geschäftsbetrieb der KVG schriftlich genehmigen. Konkretere Bestimmungen hierzu finden sich in § 22, welcher das Erlaubnisverfahren samt Mindestantragsinhalt für AIF-KVG regelt.[513] Ausnahmsweise kann im Sinne der de-minimis-Regelung auch eine bloße Registrierung ausreichend sein (§ 44 Abs. 1).[514] Im Allgemeinen ist zu unterscheiden zwischen Erlaubnispflichtigkeit und Erlaubnisfähigkeit.

Erlaubnispflichtig ist ein Unternehmen schon dann, wenn entweder die Portfolioverwaltung oder das Risikomanagement in eigener Verantwortung, d.h. nicht als Auslagerungsunternehmen (siehe S. 107 ff.), ausgeübt werden.[515] Die Erteilung einer Erlaubnis ist hingegen nur dann möglich (sog. Erlaubnisfähigkeit), wenn sowohl die Portfolioverwaltung als auch das Risikomanagement in einem Unternehmen „erbracht" werden.[516] Hierbei ist das Wort „erbringen" sehr weit auszulegen und eher im Sinne von „verantworten" zu verstehen, weswegen auch ausgelagerte Tätigkeiten erfasst sind.[517]

Gem. § 39 steht der BaFin spiegelbildlich zur Erlaubniserteilungkompetenz auch die Erlaubnisaufhebungskompetenz zu.

---

511 *Tollmann*, Der materielle Managerbegriff der AIFM-Richtlinie und des Kapitalanlagegesetzbuches, in: Möllers/Kloyer, Das neue Kapitalanlagegesetzbuch, 2014, S. 363 ff. Rn. 1067 f.

512 Siehe ausführlich *Zetzsche*, Prinzipien der kollektiven Vermögensanlage, 2015, S. 650 zur Frage, was unter Verwaltung eines Investmentvermögens zu verstehen ist.

513 Zu den konkreten Anforderungen an den Inhalt des Erlaubnisantrags siehe: *Hartrott/Goller*, BB 2013, 1603, 1606 f.

514 Hierzu ausführlich: *Boxberger*, GWR 2013, 415 ff.; *Winterhalder*, in: Weitnauer/Boxberger/Anders, KAGB, 2014, § 17 Rn. 15.

515 *Weiser/Hüwel*, BB 2013, 1091, 1092; *Winterhalder*, in: Weitnauer/Boxberger/Anders, KAGB, 2014, § 17 Rn. 15.

516 *Emde/Dreibus*, BKR 2013, 89, 92; *Winterhalder*, in: Weitnauer/Boxberger/Anders, KAGB, 2014, § 17 Rn. 15.

517 Zu den in diesem Zusammenhang aufgekommenen Missverständnissen siehe S. 95 ff., sowie *Winterhalder*, in: Weitnauer/Boxberger/Anders, KAGB, 2014, § 17 Rn. 16, *Volhard/Jang* in: Weitnauer/Boxberger/Anders, KAGB, 2014, § 36 Rn. 4; *Weiser/Hüwel*, BB 2013, 1091, 1092; *Emde/Dreibus*, BKR 2013, 89, 92: „das Erbringen sei in § 23 Nr. 10 KAGB (…) nicht als tatsächliche Erbringung zu verstehen, sondern als Fähigkeit, die betreffenden Tätigkeiten ausüben zu können", auch unter Verweis auf die „Sinnwidrigkeit" eines anderen Verständnisses.

III. Differenzierung zwischen externer und interner Verwaltung

1. Allgemeines

In § 17 Abs. 2 wird je nach Stellung in Bezug auf das verwaltete Investmentvermögen zwischen einer externen KVG und einer internen KVG differenziert. Diese Unterscheidung spiegelt im Wesentlichen die schon aus dem InvG bekannte Differenzierung zwischen Selbst- und Fremdverwaltung wieder.[518] Bei Investmentvermögen ohne Rechtspersönlichkeit ist zwingend die Fremdverwaltung (durch eine externe KVG) erforderlich, so etwa bei dem Investment-Vehikel des Sondervermögens. Bei Investmentvermögen mit Rechtspersönlichkeit besteht grundsätzlich die Wahlmöglichkeit zwischen Selbst- oder Fremdverwaltung.[519] So ist die Verwaltung eines Investmentvermögens in Gesellschaftsform, z. B. einer InvestmentAG, sowohl durch die InvestmentAG als KVG selbst (interne KVG) oder mittels einer separaten Gesellschaft (externe KVG) denkbar.[520] In § 1 Abs. 12 und 13 sind intern bzw. extern verwaltete Investmentgesellschaften legaldefiniert.

Verwaltet sich die InvestmentAG selbst, muss die InvestmentAG selbstverständlich auch selbst gem. § 20 Abs. 1 als KVG zugelassen werden.[521] Dieses stellt eine Neuerung zum InvG dar, da bei dem im InvG verwendeten Begriff der sog. KAG (Kapitalanlagegesellschaft) nur die Fremdverwaltung und nicht etwa die Selbstverwaltung im Rahmen einer InvestmentAG erfasst war.[522] Im KAGB ist somit nun nicht nur die fremdverwaltende KVG, sondern auch die selbstverwaltende KVG geregelt.[523] Unter den Voraussetzungen des § 36 können Aufgaben der KVG auf ein anderes Unternehmen (Auslagerungsunternehmen) ausgelagert werden. In diesen Fällen ist an sich selbstverständlich, dass nur die KVG selbst

---

518 *Winterhalder,* in: Weitnauer/Boxberger/Anders, KAGB, 2014, § 17 Rn. 32.

519 *Beckmann,* in: Beckmann/Scholtz/Vollmer, Investment (Stand: 11/16), § 17 KAGB Rn. 50; *Volhard/Jang,* in: Weitnauer/Boxberger/Anders, KAGB, 2014, § 1 Rn. 49, *Winterhalder,* in: Weitnauer/Boxberger/Anders, KAGB, 2014, § 17 Rn. 33.

520 *Bentele,* in: Baur/Tappen, Investmentgesetze: Großkommentar, Bd. 1: §§ 1–272 KAGB, 3. Auflage 2015, § 17 Rn. 24; *Winterhalder,* in: Weitnauer/Boxberger/Anders, KAGB, 2014, § 17 Rn. 32; *Beckmann,* in: Beckmann/Scholtz/Vollmer, Investment (Stand: 11/16), § 17 KAGB Rn. 50.

521 *Winterhalder,* in: Weitnauer/Boxberger/Anders, KAGB, 2014, § 17 Rn. 33.

522 *Winterhalder,* in: Weitnauer/Boxberger/Anders, KAGB, 2014, § 17 Rn. 5.

523 *Beckmann,* in: Beckmann/Scholtz/Vollmer, Investment (Stand: 11/16), § 17 KAGB Rn. 40; *Winterhalder,* in: Weitnauer/Boxberger/Anders, KAGB, 2014, § 17 Rn. 5.

erlaubnispflichtig ist, nicht etwa das Auslagerungsunternehmen.[524] Allerdings steht gem. § 36 Abs. 2 die Auslagerung unter dem Genehmigungsvorbehalt der BaFin.[525] Zur Auslagerung siehe S. 107 ff.

2. *Externe KVG gem. § 17 Abs. 1 Nr. 1, 18*

a) Bestellung

Die externe Kapitalverwaltungsgesellschaft wird durch den Abschluss eines schuldrechtlichen Vertrages mit Geschäftsbesorgungscharakter („Verwaltungsvertrag") bestellt.[526] Vertragsparteien sind zum einen die KVG, zum anderen das Investmentvermögen, soweit es über eine eigene Rechtspersönlichkeit verfügt, anderenfalls der Fondinitiator im Namen des Sondervermögens.[527] Diese Form der „Bestellung" darf jedoch nicht mit einer organschaftlichen Bestellung verwechselt werden.[528] Daher ist die Erlaubniserteilung der BaFin, welche als Verwaltungsakt mit feststellender Wirkung zu klassifizieren ist,[529] auch nicht als Bestellung zu werten, vielmehr ist der Abschluss des Investmentvertrages konstitutives Merkmal der Bestellung.[530]

b) Rechtsformzwang

Aus § 18 Abs. 1 folgt, dass als externe KVG nur Aktiengesellschaften (AG), Gesellschaften mit beschränkter Haftung (GmbH) oder Kommanditgesellschaften (KG),

---

524 Eine Ausnahme gilt hier jedoch aus historischen Gründen für eine extern verwaltete OGAW-InvAG, die neben der externen KVG selbst zulassungspflichtig ist, allerdings unter vereinfachten Bedingungen, *Winterhalder,* in: Weitnauer/Boxberger/Anders, KAGB, 2014, § 20 Rn. 18, *Lorenz,* in: Weitnauer/Boxberger/Anders, KAGB, 2014, § 113 Rn. 3; *Beckmann,* in: Beckmann/Scholtz/Vollmer, Investment (Stand: 11/16), § 17 KAGB Rn. 91; *Bentele,* in: Baur/Tappen, Investmentgesetze: Großkommentar, Bd. 1: §§ 1–272 KAGB, 3. Auflage 2015, § 17 Rn. 23.

525 Näher hierzu: *Auerbach,* in: Auerbach, Handbuch Banken- und Wertpapieraufsicht, 2015, Teil E Rn. 71.

526 *Winterhalder,* in: Weitnauer/Boxberger/Anders, KAGB, 2014, § 17 Rn. 36; a.A.: *Beckmann,* in: Beckmann/Scholtz/Vollmer, Investment (Stand: 11/16), § 17 KAGB Rn. 77, der entgegen der h.M. nicht von einem Geschäftsbesorgungsvertrag ausgeht, da die Verwaltungstätigkeit der externen KVG „Gegenstand eines eigenen erlaubnispflichtigen Geschäftsbetriebs" sei.

527 *Winterhalder,* in: Weitnauer/Boxberger/Anders, KAGB, 2014, § 17 Rn. 35.

528 *Zetzsche,* AG 2013, 613, 614; *Winterhalder,* in: Weitnauer/Boxberger/Anders, KAGB, 2014, § 17 Rn. 36.

529 *Winterhalder,* in: Weitnauer/Boxberger/Anders, KAGB, 2014, § 17 Rn. 37.

530 *Herring/Loff,* DB 2012, 2029; *Winterhalder,* in: Weitnauer/Boxberger/Anders, KAGB, 2014, § 17 Rn. 37 f.

„bei der der persönlich haftende Gesellschafter ausschließlich eine Gesellschaft mit beschränkter Haftung (GmbH) ist", tätig sein dürfen. Dieser abschließende Katalog[531] der zulässigen Rechtsformen ist schon aus § 6 Abs. 1 S. 2 InvG bekannt, wurde jedoch im Rahmen des KAGB um die Rechtsform der KG ergänzt.

Die bis dato geltende Beschränkung auf die Rechtsformen der AG und der GmbH bestand seit dem Inkrafttreten des KAGG.[532] Gründe waren zum einen die für entsprechende Rechtsformen in diesem Zusammenhang auftretenden besonderen Publizitätspflichten und eine Sicherung des Eigenkapitals.[533] Alle AGen sowie gem. § 41 Abs. 4 GmbHG a. F. alle GmbHs, welche Bankgeschäfte betrieben,[534] waren zur gesetzlichen Prüfung und Veröffentlichung ihrer Jahresabschlüsse verpflichtet. Dieser Mechanismus sicherte ausreichend Publizität für eine (damals noch) KAG.[535] Diese Pflichten galten für eine KAG im Laufe der Zeit jedoch nach § 19d InvG (heute § 38 Abs. 1 für die KVG) auch unabhängig von ihrer Rechtsform, sodass der Rechtsformzwang aus diesen Erwägungen keinen Sinn mehr macht.[536] Auch der weitere Erwägungsgrund, dass eine KVG nur eine juristische Person mit einem (durch die GmbHG und AktG-Vorschriften) gesichertem Eigenkapital sein kann, läuft ins Leere, da § 25 (und vorher schon § 11 InvG für die KAG) rechtsformunabhängig detaillierte Vorgaben bezüglich Eigenkapitalanforderungen festlegt.[537]

Hierbei weicht der deutsche Gesetzgeber von Art. 4 Abs. 1 lit. b) AIFM-RL ab, welche für einen AIFM lediglich die Eigenschaft einer juristischen Person als zwingend ansieht. Insbesondere vor dem Hintergrund der Möglichkeit einer KVG, einen grenzüberschreitenden Verwaltungspass zu erwerben, er-

---

531 *Winterhalder,* in: Weitnauer/Boxberger/Anders, KAGB, 2014, § 18 Rn. 4 ff.; *Bentele,* in: Baur/Tappen, Investmentgesetze: Großkommentar, Bd. 1: §§ 1–272 KAGB, 3. Auflage 2015, § 18 Rn. 1 f.

532 *Bentele,* in: Baur/Tappen, Investmentgesetze: Großkommentar, Bd. 1: §§ 1–272 KAGB, 3. Auflage 2015, § 18 Rn. 3.

533 *Bentele,* in: Baur/Tappen, Investmentgesetze: Großkommentar, Bd. 1: §§ 1–272 KAGB, 3. Auflage 2015, § 18 Rn. 3.

534 Jedes Investmentgeschäft galt seinerzeit als Bankgeschäft i.S.d. KWG, *Bentele,* in: Baur/Tappen, Investmentgesetze: Großkommentar, Bd. 1: §§ 1–272 KAGB, 3. Auflage 2015, § 17 Rn. 5.

535 *Bentele,* in: Baur/Tappen, Investmentgesetze: Großkommentar, Bd. 1: §§ 1–272 KAGB, 3. Auflage 2015, § 18 Rn. 3.

536 *Bentele,* in: Baur/Tappen, Investmentgesetze: Großkommentar, Bd. 1: §§ 1–272 KAGB, 3. Auflage 2015, § 18 Rn. 3.

537 *Bentele,* in: Baur/Tappen, Investmentgesetze: Großkommentar, Bd. 1: §§ 1–272 KAGB, 3. Auflage 2015, § 18 Rn. 3.

scheint die Einschränkung des deutschen Gesetzgebers auf die Gesellschaftsformen der AG, GmbH und KG jedoch nicht sachgerecht.[538] Zumindest die Möglichkeit, die Rechtsform der EU weit harmonisierten Societas Europae (SE) zu wählen, sollte einer KVG auch in Deutschland offen stehen.[539] Derzeit stellt die Verwaltung eines AIF durch eine KVG in anderer Rechtsform als einer AG, GmbH oder KG in Deutschland ein unerlaubtes Investmentgeschäft nach § 15 dar, in deren Konsequenz die BaFin gem. § 16 verpflichtet ist einzuschreiten.[540]

c) Externe KVG beim Fondsvehikel Sondervermögen

Im Falle des Fondsvehikels Sondervermögen sind drei wesentliche Akteure zu benennen: Anleger, KVG und Verwahrstelle. Da das Sondervermögen keine eigene Rechtspersönlichkeit hat, handelt naturgemäß nur die Geschäftsführung bzw. der Vorstand der KVG für das Sondervermögen.[541]

d) Externe KVG beim Fondsvehikel in Satzungsform

Verwaltet eine externe KVG ein Investmentvermögen, das als Investmentgesellschaft aufgelegt ist, handelt es sich nicht wie bei dem Fondsvehikel Sondervermögen um drei wesentliche Akteure, sondern um vier: Investmentgesellschaft, externe KVG, Anleger und Verwahrstelle.[542] Es wird daher auch von einem Investmentviereck gesprochen.[543]

---

538 *Tollmann*, Der materielle Managerbegriff der AIFM-Richtlinie und des Kapitalanlagegesetzbuches, in: Möllers/Kloyer, Das neue Kapitalanlagegesetzbuch, 2014, 363 ff. Rn. 1064.

539 *Tollmann*, Der materielle Managerbegriff der AIFM-Richtlinie und des Kapitalanlagegesetzbuches, in: Möllers/Kloyer, Das neue Kapitalanlagegesetzbuch, 2014, S. 363 ff. Rn. 1064 Fn. 18.

540 *Bentele*, in: Baur/Tappen, Investmentgesetze: Großkommentar, Bd. 1: §§ 1–272 KAGB, 3. Auflage 2015, § 18 Rn. 2; *Tollmann*, Der materielle Managerbegriff der AIFM-Richtlinie und des Kapitalanlagegesetzbuches, in: Möllers/Kloyer, Das neue Kapitalanlagegesetzbuch, 2014, S. 363 ff. Rn. 1064 f., zudem wird der Betrieb eines unerlaubten Investmentgeschäfts gem. § 339 Abs. 1 KAGB auch strafrechtlich sanktioniert; *Demleitner*, BB 2014, 2058, 2060.

541 *Winterhalder*, in: Weitnauer/Boxberger/Anders, KAGB, 2014, § 17 Rn. 40.

542 *Winterhalder*, in: Weitnauer/Boxberger/Anders, KAGB, 2014, § 17 Rn. 41.

543 *Fischer/Friedrich*, ZBB 2013, 153, 156; *Winterhalder*, in: Weitnauer/Boxberger/Anders, KAGB, 2014, § 17 Rn. 41; so auch schon: *Martini*, Rechtliche Probleme eines Immobilienzertifikats, 1967, S. 20 ff.

3. *Interne KVG gem. § 17 Abs. 2 Nr. 2*

Bei einer internen KVG verwaltet sich das Investmentvermögen selbst, d.h. es besteht Identität zwischen Investmentvermögen und dessen Manager, der KVG.[544] Voraussetzung hierfür ist, dass die Rechtsform des Investmentvermögens eine interne Verwaltung zulässt, was nicht bei jedem Fondsvehikel gegeben ist. Zwingend notwendig ist, dass das Investmentvermögen eine eigene Rechtspersönlichkeit hat. Dieses ist bei dem Fondsvehikel Sondervermögen nicht gegeben, weswegen eine interne Verwaltung u.a. bei Immobilien-Sondervermögen ausscheidet. Die zulässigen Rechtsformen müssen daher nicht wie in § 18 Abs. 1 für die externe KVG extra aufgezählt werden, da als Fondsvehikel mit Rechtspersönlichkeit ohnehin nur die Investmentgesellschaften nach § 1 Abs. 11 – eine InvestmentAG oder eine InvestmentKG – infrage kommen. Eine Ausnahme gilt jedoch für die nach §§ 44 ff. registrierten „kleinen" KVG.[545] Es ist erforderlich, dass sich Vorstand bzw. Geschäftsführung des Investmentvermögens explizit gegen die Bestellung einer externen KVG entscheiden und die Verwaltungszuständigkeit an ein unternehmensinternes Organ zuweist.[546] Davon unabhängig kann selbstverständlich auch eine interne KVG Aufgaben an Drittunternehmen auslagern.[547]

IV. Anforderungen an die Verwaltung von Investmentvermögen

1. *Grundsätzliches*

Nach dem KAGB ist der Tatbestand der Verwaltung eines Investmentvermögens gegeben, wenn mindestens die Portfolioverwaltung oder das Risikomanagement für ein oder mehrere Investmentvermögen erbracht wird. Dieses folgt direkt aus § 17 Abs. 1 S. 2, welcher wiederum der Umsetzung von Art. 4 Abs. 1 lit. b) i.V.m. l it. w) i.V.m. Anhang I Nr. 1 AIFM-RL dient.

---

544 *Bentele,* in: Baur/Tappen, Investmentgesetze: Großkommentar, Bd. 1: §§ 1–272 KAGB, 3. Auflage 2015, § 17 Rn. 24.

545 Siehe zum „kleinen" AIFM: *Nelle/Klebeck,* BB 2013, 2499; *Bentele,* in: Baur/Tappen, Investmentgesetze: Großkommentar, Bd. 1: §§ 1–272 KAGB, 3. Auflage 2015, § 17 Rn. 24.

546 *Bentele,* in: Baur/Tappen, Investmentgesetze: Großkommentar, Bd. 1: §§ 1–272 KAGB, 3. Auflage 2015, § 17 Rn. 24.

547 *Bentele,* in: Baur/Tappen, Investmentgesetze: Großkommentar, Bd. 1: §§ 1–272 KAGB, 3. Auflage 2015, § 17 Rn. 24.

Hier ist der der AIFM-RL zugrunde gelegte materielle Managerbegriff erkennbar (siehe S. 118 ff.). Der Manager (die KVG) wird von seiner Tätigkeit her bestimmt, sodass an sich allein die Erbringung der Verwaltung für eine KVG konstituierend ist.[548]

Im Zusammenhang mit den Bestimmungen des KAGB zur Verwaltung von Investmentvermögen treten jedoch auf den ersten Blick Widersprüchlichkeiten auf.[549] So scheint unklar, ob die KVG im Rahmen der Verwaltungstätigkeit zwingend die Portfolioverwaltung und das Risikomanagement erbringen muss oder ob lediglich die Erbringung eines von beiden, d. h. Portfolioverwaltung oder Risikomanagement, erforderlich ist.

a) Begriffsbestimmungen

Es ist sinnvoll zunächst zu bestimmen, was konkret unter Portfolioverwaltung und Risikomanagement zu verstehen ist.

aa) Portfolioverwaltung

Der Begriff der Portfolioverwaltung ist weder in der AIFM-RL noch im KAGB definiert. Mangels gesetzlicher Konkretisierung des Begriffs der Portfolioverwaltung schlägt *Hanten*[550] in Anlehnung an die Definition des Art. 4 Abs. 1 Nr. 9 der MiFID vor, unter diesem Begriff die Verwaltung Portfolios mit Ermessensspielraum zu verstehen. Das ist allerdings nicht besonders konkret und auch die Anlehnung an die Definition der MiFID ist nicht gänzlich passend. Die gemeinsame Portfolioverwaltung i.S.d. AIFM-RL ist grundsätzlich anders ausgerichtet als die „Finanzportfolioverwaltung" nach der MiFID.[551] Bei der Finanzportfolioverwaltung nach Verständnis der MiFID handelt es sich um die „Verwaltung von Portfolio auf Einzelkundenbasis mit Ermessensspielraum"[552], die gemeinsame Portfolioverwaltung i.S.d. AIFM-RL ist analog zur Legaldefinition im Rahmen der OGAW-RL in Art. 2 Abs. 1 lit. b) OGAW-RL zu verstehen.[553] Demnach umfasst „die gemeinsame Portfolioverwaltung die An-

---

548 *Winterhalder,* in: Weitnauer/Boxberger/Anders, KAGB, 2014, § 17 Rn. 14 f.

549 *Tollmann,* Der materielle Managerbegriff der AIFM-Richtlinie und des Kapitalanlagegesetzbuches, in: Möllers/Kloyer, Das neue Kapitalanlagegesetzbuch, 2014, S. 363 ff. Rn. 1069 ff.

550 *Hanten,* in: Baur/Tappen, Investmentgesetze: Großkommentar, Bd. 1: §§ 1–272 KAGB, 3. Auflage 2015, § 36 Rn. 75.

551 Das Verständnis der Finanzportfolioverwaltung nach MiFID findet sich in § 1 Abs. 1a Nr. 3 KWG und § 2 Abs. 2 Nr. 7 WpHG wieder, *Winterhalder,* in: Weitnauer/Boxberger/Anders, KAGB, 2014, § 17 Rn. 20.

552 *Winterhalder,* in: Weitnauer/Boxberger/Anders, KAGB, 2014, § 17 Rn. 20.

553 *Winterhalder,* in: Weitnauer/Boxberger/Anders, KAGB, 2014, § 17 Rn. 20.

schaffung, die Veräußerung von Vermögensgegenständen und die Einkunftserzielung aus Vermögensgegenständen für gemeinschaftliche Rechnung der Anleger“[554]. Zugegebenermaßen birgt auch diese Definition Unsicherheiten und es ist abzuwarten, inwieweit ggf. Verwaltung und Rechtsprechung mehr Klarheit schaffen können.[555]

Eindeutig festzustellen ist, dass Tätigkeiten, die keine Dispositionsbefugnis umfassen, d. h. im Rahmen derer keine Vermögensgegenstände erworben oder veräußert werden können, nicht der Portfolioverwaltung zuzuordnen sind.[556] Zudem muss die Verwaltung zwingend auf eine gewisse Dauer angelegt sein.[557]

bb) Risikomanagement

Auch der Begriff des Risikomanagements ist im KAGB oder der AIFM-RL nicht näher definiert, wenngleich sich in § 29 die konkreten Anforderungen an dieses finden.[558] Im Allgemeinen sind hierunter „Verfahren zur systematischen Erkennung, Beurteilung, Steuerung, Kontrolle und Überwachung von Risiken“[559] zu verstehen.

b) Uneindeutigkeiten in der AIFM-RL

Anhang I Nr. 1 der AIFM-RL konkretisiert dahingehend, dass zwingend von der KVG sowohl die Portfolioverwaltung als auch das Risikomanagement erbracht werden muss. Zu dem gleichen Ergebnis führt Art. 6 Abs. 5 lit. d) AIFM-RL: Eine Zulassung eines AIFM zur Erbringung der Dienstleistung der Portfolioverwaltung darf nicht ohne die gleichzeitige Zulassung zur Erbringung des Risikomanagements erfolgen und umgekehrt.[560] Demgegenüber legt Art. 4 Abs. 1 lit w) der AIFM-RL fest,

---

554 *Winterhalder*, in: Weitnauer/Boxberger/Anders, KAGB, 2014, § 17 Rn. 20; *Steck*, in: Emde/Dornseifer/Dreibus/Hölscher, InvG, 2013, § 9 Rn. 14 ff.

555 Siehe zu Abgrenzungsschwierigkeiten auch *Volhard/Jang*, in: Dornseifer/Jesch/Klebeck/Tollmann, AIFM-Richtlinie, 2013, Art. 6 Rn. 10; *Winterhalder*, in: Weitnauer/Boxberger/Anders, KAGB, 2014, § 17 Rn. 20.

556 *Hanten*, in: Baur/Tappen, Investmentgesetze: Großkommentar, Bd. 1: §§ 1–272 KAGB, 3. Auflage 2015, § 36 Rn. 78.

557 Für § 1 Abs. 1a S. 2 Nr. 3 (Kreditwesengesetz) KWG: BaFin Merkblatt Finanzportfolioverwaltung – Hinweise zum Tatbestand der Finanzportfolioverwaltung vom 3. Januar 2011 (Stand: 11.06.2014), Ziff. 1.; *Hanten*, in: Baur/Tappen, Investmentgesetze: Großkommentar, Bd. 1: §§ 1–272 KAGB, 3. Auflage 2015, § 36 Rn. 76.

558 Zum Risikomanagement allgemein siehe S. 131 f.

559 *Josek/Steffen*, in: Baur/Tappen, Investmentgesetze: Großkommentar, Bd. 1: §§ 1–272 KAGB, 3. Auflage 2015, § 29 Rn. 2.

560 *Tollmann*, Der materielle Managerbegriff der AIFM-Richtlinie und des Kapitalanlagegesetzbuches, in: Möllers/Kloyer, Das neue Kapitalanlagegesetzbuch, 2014, S. 363 ff. Rn. 1069 Fn. 30.

dass der betreffende Verwalter (alternativ) entweder die Portfolioverwaltung oder das Risikomanagement erbringen muss. Diesem Verständnis ist auch die ESMA gefolgt,[561] welche allerdings in ihrem finalen Bericht vom 24. Mai 2013[562] keine Stellung mehr zu der Thematik nimmt. Diese Aufassung der ESMA verwundert, da trotz des (scheinbaren) Redaktionsversehens in Art. 4 Abs. 1 lit. w) AIFM-RL der eindeutige Wille des Richtliniengebers erkennbar ist.[563] Eine KVG muss zwingend sowohl die Portfolioverwaltung als auch das Risikomanagement erbringen.[564] Im Rahmen der vergangenen Finanzkrisen sind teils drastische Fehler von Fondsmanagern beim Risiko- und Liquiditätsmanagement zutage getreten, z. B. im Rahmen der Geldmarktfondskrise als Folge der Illiquidität von ABS-Produkten.[565] Diesen Missständen wollte der Richtliniengeber entgegentreten, indem er das Risikomanagement zur Kernaufgabe eines jeden AIFM machte, was sich anhand zahlreicher Vorschriften in der AIFM-RL niederschlägt. Ein AIFM ohne Ausübung des Risikomanagements ist somit im Rahmen der AIFM-RL nicht vorgesehen.

In Art. 15 Abs. 1 AIFM-RL ist die funktionale und hierarchische Trennung von Risikomanagement und Portfolioverwaltung normiert, diese setzt voraus,

---

561 ESMA „Discussion paper: Key concepts of the Alternative Investment Fund Manager Directive (AIFMD) and Types of AIFM" vom 23.02.2012 (ESMA/2012/117), Ziff. III.6.; *Tollmann*, Der materielle Managerbegriff der AIFM-Richtlinie und des Kapitalanlagegesetzbuches, in: Möllers/Kloyer, Das neue Kapitalanlagegesetzbuch, 2014, S. 363 ff. Rn. 1069 Fn. 31.

562 ESMA „Final report: Guidelines on key concepts of the AIFMD" vom 24.05.2013 (ESMA/2013/600).

563 *Tollmann*, Der materielle Managerbegriff der AIFM-Richtlinie und des Kapitalanlagegesetzbuches, in: Möllers/Kloyer, Das neue Kapitalanlagegesetzbuch, 2014, S. 363 ff. Rn. 1069 ff.; siehe in diesem Zusammenhang auch *Bentele*, in: Baur/Tappen, Investmentgesetze: Großkommentar, Bd. 1: §§ 1–272 KAGB, 3. Auflage 2015, § 17 Rn. 20 f., der darauf hinweist, dass sich kein Widerspruch ergibt, wenn zwischen Erlaubnispflichtigkeit, die die Erbringung der Portfolioverwaltung *oder* des Risikomanagements voraussetzte und Erlaubnisfähigkeit, welche zwingend die Erbringung der Portfolioverwaltung *und* des Risikomanagements voraussetzt, unterschieden wird, siehe hierzu auch S. 88.

564 *Winterhalder*, in: Weitnauer/Boxberger/Anders, KAGB, 2014, § 20 Rn. 22; *Bentele*, in: Baur/Tappen, Investmentgesetze: Großkommentar, Bd. 1: §§ 1–272 KAGB, 3. Auflage 2015, § 17 Rn. 21.

565 *Tollmann*, Der materielle Managerbegriff der AIFM-Richtlinie und des Kapitalanlagegesetzbuches, in: Möllers/Kloyer, Das neue Kapitalanlagegesetzbuch, 2014, S. 363 ff. Rn. 1069 Fn. 33.

dass sich beides in einer Hand befindet.[566] In Art. 16 Abs. 2 AIFM-RL sind Vorschriften zu finden, nach denen Anlagestrategie, Liquiditätsprofil und die Rücknahmegrundsätze eines Fonds schlüssig ineinander greifen müssen. In diesem Zusammenhang sind sowohl Regelungen zum Risikomanagement als auch zur Portfolioverwaltung zu finden. Auch diese Vorschrift setzt somit voraus, dass beide Komponenten zentral erbracht werden.[567]

c) Die deutsche Umsetzung im KAGB

Der deutsche Gesetzgeber scheint gleichwohl in § 17 Abs. 1 S. 2 auf den ersten Blick der Auffassung der ESMA gefolgt zu sein. Demnach liegt eine Verwaltung eines Investmentvermögens vor, wenn mindestens die Portfolioverwaltung oder das Risikomanagement für ein oder mehrere Investmentvermögen erbracht wird. Schaut man jedoch genauer hin, ergibt sich ein differenzierteres Bild: Es ist zwischen Erlaubnispflichtigkeit und Erlaubnisfähigkeit zu unterscheiden.

§ 20 Abs. 1 S. 1 i.V.m. § 17 Abs. 1 regelt die Erlaubnispflichtigkeit,[568] d.h. sowohl die alleinige Ausübung des Risikomanagements als auch die alleinige Ausübung der Portfolioverwaltung bedürfen der vorherigen Erlaubnis der BaFin. Unter Ausübung ist die Erbringung in eigener Verantwortung zu verstehen und nicht als bloßes Auslagerungsunternehmen.[569] Übt ein Auslagerungsunternehmen beispielsweise Teile der Portfolioverwaltung aus, bedarf das Auslagerungsunternehmen keiner eigenen Erlaubnis der BaFin, da es die Tätigkeit nicht in eigener Verantwortung übernimmt. Das auslagernde Unternehmen hingegen benötigt gem. § 17 Abs. 1 zwingend eine Erlaubnis der BaFin.

---

566 *Tollmann*, Der materielle Managerbegriff der AIFM-Richtlinie und des Kapitalanlagegesetzbuches, in: Möllers/Kloyer, Das neue Kapitalanlagegesetzbuch, 2014, S. 363 ff. Rn. 1069 ff.

567 *Tollmann*, Der materielle Managerbegriff der AIFM-Richtlinie und des Kapitalanlagegesetzbuches, in: Möllers/Kloyer, Das neue Kapitalanlagegesetzbuch, 2014, S. 363 ff. Rn. 1069 ff.

568 *Winterhalder*, in: Weitnauer/Boxberger/Anders, KAGB, 2014, § 20 Rn. 3; *Bentele*, in: Baur/Tappen, Investmentgesetze: Großkommentar, Bd. 1: §§ 1–272 KAGB, 3. Auflage 2015, § 17 Rn. 21.

569 Gesetzesentwurf der Bundesregierung, Entwurf eines Gesetzes zur Umsetzung der Richtlinie 2011/61/EU über die Verwalter alternativer Investmentfonds (AIFM-Umsetzungsgesetz – AIFM-UmsG) vom 6. Februar 2013, BT-Drucks. 17/12294, S. 211 f.; *Winterhalder*, in: Weitnauer/Boxberger/Anders, KAGB, 2014, § 20 Rn. 10; *Bentele*, in: Baur/Tappen, Investmentgesetze: Großkommentar, Bd. 1: §§ 1–272 KAGB, 3. Auflage 2015, § 17 Rn. 20.

Davon zu trennen ist die Erlaubnisfähigkeit der Tätigkeit,[570] die u.a. in § 23 Nr. 9, 10 geregelt ist. Gem. § 23 Nr. 9 ist der KVG die Erlaubnis zu versagen, wenn sie ausschließlich administrative Tätigkeiten, den Vertrieb von eigenen Investmentanteilen oder Tätigkeiten im Zusammenhang mit den Vermögensgegenständen des AIF erbringt, ohne auch die Portfolioverwaltung und das Risikomanagement zu erbringen. Gem. § 23 Nr. 10 ist die Erlaunbis zudem zu versagen, wenn die KVG die Portfolioverwaltung erbringt, ohne zugleich auch das Risikomanagement zu erbringen und umgekehrt.

Die Vorschriften zur Erlaubnisfähigkeit legen somit eindeutig fest, dass sich das Risikomanagement und die Portfolioverwaltung in einer Hand befinden müssen, d.h. zwingend von einer KVG zu erbringen sind. Nur wenn man dieses Verständnis zugrunde legt, macht auch die Regelung des § 17 Abs. 3 Sinn, dass für ein Investmentvermögen nur jeweils eine KVG zuständig sein kann. Auf diesem Wege soll sichergestellt werden, dass es pro Investmentvermögen nur einen einheitlichen Verantwortungsträger gibt.[571] Unter „Erbringen" des Risikomanagements bzw. der Portfolioverwaltung ist im Zusammenhang mit § 23 Nr. 9, 10 lediglich „Kontrolle" zu verstehen,[572] es ist nicht zwingend Höchstpersönlichkeit hierunter zu fassen.[573]

In der Konsequenz kann die KVG grundsätzlich entsprechende Aufgaben auslagern, wie und in welchem Umfang legt wiederum § 36 i.V.m. Art. 20 AIFM-RL fest (siehe hierzu S. 107 ff.).[574]

---

570 *Bentele*, in: Baur/Tappen, Investmentgesetze: Großkommentar, Bd. 1: §§ 1–272 KAGB, 3. Auflage 2015, § 17 Rn. 21.

571 *Tollmann*, Der materielle Managerbegriff der AIFM-Richtlinie und des Kapitalanlagegesetzbuches, in: Möllers/Kloyer, Das neue Kapitalanlagegesetzbuch, 2014, S. 363 ff. Rn. 1069 ff.; *Bentele*, in: Baur/Tappen, Investmentgesetze: Großkommentar, Bd. 1: §§ 1–272 KAGB, 3. Auflage 2015, § 17 Rn. 29.

572 Gesetzesentwurf der Bundesregierung, Entwurf eines Gesetzes zur Umsetzung der Richtlinie 2011/61/EU über die Verwalter alternativer Investmentfonds (AIFM-Umsetzungsgesetz – AIFM-UmsG) vom 6. Februar 2013, BT-Drucks. 17/12294, S. 216; *Winterhalder*, in: Weitnauer/Boxberger/Anders, KAGB, 2014, § 23 Rn. 22.

573 Gesetzesentwurf der Bundesregierung, Entwurf eines Gesetzes zur Umsetzung der Richtlinie 2011/61/EU über die Verwalter alternativer Investmentfonds (AIFM-Umsetzungsgesetz – AIFM-UmsG) vom 6. Februar 2013, BT-Drucks. 17/12294, S. 216; *Winterhalder*, in: Weitnauer/Boxberger/Anders, KAGB, 2014, § 23, Rn. 22, 29, § 17 Rn. 21; *Tollmann*, Der materielle Managerbegriff der AIFM-Richtlinie und des Kapitalanlagegesetzbuches, in: Möllers/Kloyer, Das neue Kapitalanlagegesetzbuch, 2014, S. 363 ff. Rn. 1069.

574 *Winterhalder*, in: Weitnauer/Boxberger/Anders, KAGB, 2014, § 23 Rn. 22.

Im Hinblick auf die Eindeutigkeit des Wortlautes und Übersichtlichkeit der Vorschriften besteht jedoch offensichtlicher Verbesserungsbedarf.[575]

2. *Wohlverhaltenspflichten*

Die grundsätzlich in §§ 26–30 geregelten und durch Art. 16 ff. Level 2-VO konkretisierten[576] Wohlverhaltenspflichten bilden einen Mindeststandard, welcher Ausstrahlungswirkung auf zahlreiche Bereiche hat, insbesondere auf die Ausgestaltung des Investmentvertrags[577] (siehe S. 79 ff.), aber auch auf die gesamte Organisation des Fonds.

Zusätzlich werden in der „Verordnung zur Konkretisierung der Verhaltensregeln und Organisationsregeln nach dem Kapitalanlagegesetzbuch (KAVerOV)“[578] die Pflichten präzisiert.[579] In dieser Verordnung ist die Durchführungs-RL[580] zu der OGAW IV-RL umgesetzt und durch sie wird zugleich auch die frühere „Investmentverhaltens- und Organisationsverordnung (InvVerOV)“[581] ersetzt.[582]

Die einzelnen Vorschriften des KAGB, insbesondere §§ 27 ff., sollten immer unter Berücksichtigung der Grundsatznorm des § 26 ausgelegt werden.[583]

575 *Emde/Dreibus,* BKR 2013, 89, 93; *Winterhalder,* in: Weitnauer/Boxberger/Anders, KAGB, 2014, § 23 Rn. 22.

576 Siehe insbesondere für konkrete Kriterien zur Beurteilung der Erfüllung der Pflichten nach § 26 Abs. 1, 2, Art. 16–29 der Level 2-VO, vgl. § 26 Abs. 7.

577 *Swoboda,* in: Weitnauer/Boxberger/Anders, KAGB, 2014, § 26 Rn. 2.

578 Verordnung zur Konkretisierung der Verhaltensregeln und Organisationsregeln nach dem Kapitalanlagegesetzbuch (Kapitalanlage-Verhaltens- und Organisationsverordnung – KaVerOV) vom 16. Juli 2013, BGBl. I 2013, S. 2460.

579 Siehe Begründung zur Kapitalanlage-Verhaltens- und Organisationsverordnung, https://www.bafin.de/SharedDocs/Veroeffentlichungen/DE/Aufsichtsrecht/Verordnung/KAVerOV_Begründung.html, zuletzt abgerufen am 06.01.2017.

580 Richtlinie 2010/43/EU der Kommission vom 1. Juli 2010 zur Durchführung der Richtlinie 2009/65/EG des Europäischen Parlaments und des Rates im Hinblick auf organisatorische Anforderungen, Interessenkonflikte, Wohlverhalten, Risikomanagement und den Inhalt der Vereinbarung zwischen Verwahrstelle und Verwaltungsgesellschaft, ABl. (EU) L 176 vom 10. Juli 2010, S. 42.

581 Verordnung zur Konkretisierung der Verhaltensregeln und Organisationsregeln nach dem Investmentgesetz (Investment-Verhaltens- und Organisationsverordnung – InvVerOV) vom 28. Juni 2011, BGBl. I 2011, S. 1288.

582 Siehe Begründung zur Kapitalanlage-Verhaltens- und Organisationsverordnung, https://www.bafin.de/SharedDocs/Veroeffentlichungen/DE/Aufsichtsrecht/Verordnung/KAVerOV_Begründung.html, zuletzt abgerufen am 06.01.2017.

583 *Swoboda,* in: Weitnauer/Boxberger/Anders, KAGB, 2014, § 26 Rn. 2; *Beckmann,* in: Beckmann/Scholtz/Vollmer, Investment (Stand: 11/16), § 27 KAGB Rn. 1.

Es handelt sich bei den in §§ 26 ff. geregelten Pflichten nicht um Schutzgesetze i.S.d. § 823 Abs. 2 BGB, da diese zu unkonkret sind.[584] Eine deliktischer Anlegerschutz scheint zudem in Anbetracht der im Investmentvertrag konkretisierten Pflichten und den sich daraus ergebenden Regressmöglichkeiten (§§ 280 ff. BGB)[585] nicht notwendig.[586] Auch sanktioniert das KAGB im Rahmen des KAGB-eigenen Rechtsfolgenkonzeptes gerade nicht Verletzungen der §§ 26 ff., vgl. §§ 339 f.[587]

a) *Grundsatz: Handeln im Anlegerinteresse*

Kardinalpflicht der Verwalter ist das Handeln im Anlegerinteresse.[588] Gem. § 26 Abs. 1 hat die KVG bei der Wahrnehmung ihrer Aufgaben ausschließlich im Anlegerinteresse zu handeln. Sie hat gem. § 26 Abs. 2 Nr. 2 „im besten Interesse der von ihr verwalteten Investmentvermögen oder der Anleger dieser Investmentvermögen und der Integrität des Marktes zu handeln".

Dieser Grundsatz wird durch zahlreiche Ge- und Verbote an den unterschiedlichsten Stellen konkretisiert, welche zum Teil im Gesetz explizit normiert sind, wie beispielsweise das in § 27 geregelte Gebot zur Identifikation, Vermeidung und Auflösung von Interessenkonflikten[589] oder die in § 37 zu findenden Bestimmungen zum Vergütungssystem (siehe hierzu S. 127 ff.), teilweise aber auch nicht kodifiziert sind, wie das Glücksspielverbot.[590]

Unabhängig von der konkreten vertraglichen Ausgestaltung des Investmentvertrags ist das Verhältnis zwischen Verwalter und Anlegern durch einen geschäftsbesorgungsrechtlichen Charakter geprägt.[591] Das Handeln im Interesse der

---

584 So auch *Swoboda*, in: Weitnauer/Boxberger/Anders, KAGB, 2014, § 26 Rn. 8, der jedoch auch auf die unter der alten Rechtlage des § 9 InvG vertretenen anderen Meinungen hinweist; a.A. nach neuer Rechtslage: *Steffen*, in: Baur/Tappen, Investmentgesetze: Großkommentar, Bd. 1: §§ 1–272 KAGB, 3. Auflage 2015, § 26 Rn. 32.

585 Hierzu: *Steffen*, in: Baur/Tappen, Investmentgesetze: Großkommentar, Bd. 1: §§ 1–272 KAGB, 3. Auflage 2015, § 26 Rn. 32 ff.

586 *Swoboda*, in: Weitnauer/Boxberger/Anders, KAGB, 2014, § 26 Rn. 8.

587 *Swoboda*, in: Weitnauer/Boxberger/Anders, KAGB, 2014, § 26 Rn. 8.

588 *Steffen*, in: Baur/Tappen, Investmentgesetze: Großkommentar, Bd. 1: §§ 1–272 KAGB, 3. Auflage 2015, § 26 Rn. 27 ff.; *Zetzsche*, Prinzipien der kollektiven Vermögensanlage, 2015, S. 653.

589 *Swoboda*, in: Weitnauer/Boxberger/Anders, KAGB, 2014, § 27 Rn. 1.

590 *Zetzsche*, Prinzipien der kollektiven Vermögensanlage, 2015, S. 653.

591 *Steffen*, in: Baur/Tappen, Investmentgesetze: Großkommentar, Bd. 1: §§ 1–272 KAGB, 3. Auflage 2015, § 26 Rn. 32; *Zetzsche*, Prinzipien der kollektiven Vermögensanlage, 2015, S. 653.

Anleger als Geschäftsherren ist daher auch schon aufgrund dessen eine logische Konsequenz.[592] Im Falle eines eigenständigen Stakeholder- oder Unternehmensinteresses der Gesellschafter und Angestellten der KVG, welches je nach Organisationsform sogar nach gesellschaftlichen Grundsätzen anzuerkennen ist, hat dieses im Zweifel hinter das Anlegerinteresse zurückzutreten.[593]

Bei der Feststellung, was das Interesse der Anleger umfasst, ist der jeweilige Anlegertypus von entscheidender Bedeutung.[594] So muss die KVG bei einem Privatanleger-Fonds beispielsweise „die Interessen passiver, unkundiger und auf Fondsebene Diversifikation suchender Anleger gewährleisten“[595]. Zusammenfassend lässt sich feststellen, dass sich das „beste Interesse“ nur anhand der Asset-Klasse, dem Risikoprofil und dem spezifischen Geschäftsmodell des jeweiligen Fonds bestimmen lässt.[596] In diesem Zusammenhang ist die Detailliertheit der Anlagebedingungen ausschlaggebend, denn je konkreter die Vorgaben dort, umso klarer die Maßstäbe zur Beurteilung des „besten Interesses“.[597] Relevant ist das Handeln „im besten Interesse (...) der Anleger“ immer dann, wenn verschiedene Handlungsoptionen zur Auswahl stehen, die allesamt im Einklang mit den Anlagebedingungen stehen.[598] Beispielsweise bei den Verhandlungen zum Verkauf einer Immobilie eines Immobilien-Sondervermögens ist das „beste Interesse“ durch die Wertung der KVG zu ermitteln. Hier ist von der KVG u. U. abzuwägen, ob ein Verkaufsprozess aufgrund eines aktuell eher niedrig zu erzielenden Preises abzubrechen ist und ein erneuter Versuch des Verkaufs zu einem späteren Zeitpunkt interessengerechter ist, oder aber ob ein Verkauf zu dem aktuell verhandelten Preis „im besten Interesse“ ist.[599]

592 *Zetzsche*, Prinzipien der kollektiven Vermögensanlage, 2015, S. 653.

593 *Steffen*, in: Baur/Tappen, Investmentgesetze: Großkommentar, Bd. 1: §§ 1–272 KAGB, 3. Auflage 2015, § 26 Rn. 28; *Zetzsche*, Prinzipien der kollektiven Vermögensanlage, 2015, S. 653.

594 *Swoboda*, in: Weitnauer/Boxberger/Anders, KAGB, 2014, § 26 Rn. 8 ff.; *Zetzsche*, Prinzipien der kollektiven Vermögensanlage, 2015, S. 653.

595 *Zetzsche*, Prinzipien der kollektiven Vermögensanlage, 2015, S. 653.

596 *Swoboda*, in: Weitnauer/Boxberger/Anders, KAGB, 2014, § 26 Rn. 8; *Steffen*, in: Baur/Tappen, Investmentgesetze: Großkommentar, Bd. 1: §§ 1–272 KAGB, 3. Auflage 2015, § 26 Rn. 30, der das „beste Interesse“ als Kollektivinteresse der Anleger („Gesamtinteresse“) versteht.

597 *Swoboda*, in: Weitnauer/Boxberger/Anders, KAGB, 2014, § 26 Rn. 8.

598 *Swoboda*, in: Weitnauer/Boxberger/Anders, KAGB, 2014, § 26 Rn. 8.

599 Zu dem ähnlich gelagerten Fall des Verkaufs einer Beteiligung im Bereich Private Equity: *Swoboda*, in: Weitnauer/Boxberger/Anders, KAGB, 2014, § 26 Rn. 8.

b) Pflicht zur Identifikation, Vermeidung und Auflösung von Interessenkonflikten

aa) Allgemeine Pflicht

Gem. § 26 Abs. 2 Nr. 3 hat die KVG „alle angemessenen Maßnahmen zur Vermeidung von Interessenkonflikten und, wo diese nicht vermieden werden können, zur Ermittlung, Beilegung, Beobachtung und gegebenenfalls Offenlegung dieser Interessenkonflikte zu treffen". Ziel ist es, zum einen zu erreichen, dass durch die Ergreifung der Maßnahmen nachteilige Auswirkungen auf die Interessen des Investmentvermögens selbst und die Interessen der Anleger vermieden werden, § 26 Abs. 2 Nr. 3 lit. a). Zum anderen soll sichergestellt werden, dass dem verwalteten Investmentvermögen eine faire Behandlung zukommt, § 26 Abs. 2 Nr. 3 lit. b).

Präventive Mechanismen zur Vermeidung oder Entschärfung von Interessenkonflikten finden sich an zahlreichen Stellen des KAGB. Insbesondere bei der Frage der Vergütung der KVG für ihre Tätigkeit (speziell für die Verwaltungstätigkeit) drängt sich der Interessenkonflikt auf, weswegen sich in diesem Kontext in § 37 und Anhang II der AIFM-RL detaillierte gesetzliche Vorgaben finden.[600] Im Rahmen der allgemeinen Wohlverhaltenspflichten ist vorgesehen, dass die KVG über geeignete Verfahren verfügen muss, um „eine Beeinträchtigung von Anlegerinteressen durch unangemessene Kosten, Gebühren und Praktiken zu vermeiden", § 26 Abs. 5.

Auch aufgrund der Befürchtung eines zu riskanten Interessenkonflikts ist es der KVG grundsätzlich verboten, das Vermögen des Kunden in Anteile der von ihr verwalteten (weiteren) Investmentvermögen anzulegen, § 26 Abs. 4.[601]

Allgemeine Vorschrift zur Identifikation, Vermeidung und Auflösung von Interessenkonflikten jeglicher Art ist der § 27.

bb) Besondere Regelung des § 239

Eine besondere Ausprägung der Intention des Gesetzgebers, Interessenkonflikte zu vermeiden, findet sich in den speziellen Regulierungsvorschriften für Immobilien-Sondervermögen.[602] In § 239 ist eine Erwerbsbeschränkung für Vermögensgegenstände nach § 231 Abs. 1 S. 1 Nr. 1–6 sowie nach §§ 231 Abs. 1

600 Siehe zu Fragen der Vergütung und den Anforderungen an ein Vergütungssystem insbesondere auch S. 127 ff.

601 Eine Ausnahme von diesem Grundsatz ist dann gegeben, wenn die Zustimmung des Anlegers vorliegt, § 26 Abs. 4.

602 Gesetzentwurf der Bundesregierung, Entwurf eines Gesetzes zur weiteren Fortentwicklung des Finanzplatzes Deutschland (Viertes Finanzmarktförderungsgesetz) vom 18. Januar 2002, BT-Drucks. 14/8017, S. 105; *Schachinger*, in: Baur/Tappen, Investmentgesetze: Großkommentar, Bd. 1: §§ 1–272 KAGB, 3. Auflage 2015, § 239 Rn. 1, 4.

S. 1 Nr. 7 i.V.m. 234 für zwei Fallkonstellationen normiert. Zum einen ist der Erwerb (auf Rechnung des Sondervermögens durch die KVG) von Vermögensgegenständen untersagt, die bereits im Eigentum der KVG stehen. Zum anderen dürfen auch keine Vermögensgegenstände erworben werden, die im Eigentum von Mutter-, Schwester- oder Tochterunternehmen der KVG oder einer Gesellschaft, an der die KVG deutlich beteiligt ist, stehen. Ferner besteht nach § 239 Abs. 2 in bestimmten Fallkonstellationen ein Veräußerungsverbot.[603]

Unklar bleibt jedoch, welche Vermögensgegenstände konkret erfasst sind. Der Wortlaut des Gesetzes spricht von „Vermögengegenständen nach § 231 Absatz 1 oder nach § 234", womit unklar ist, ob auch die Liquiditätsanlagen nach § 253 erfasst sind, welche an sich in § 231 Abs. 1 Nr. 7 (wie im Übrigen auch die Beteiligungen an Immobilien-Gesellschaften nach § 234) genannt sind, aber nicht wie die Beteiligungen nach § 234 noch einmal explizit vom Gesetzgeber in § 239 Abs. 1 bezeichnet werden („§ 253"). Ob tatsächlich, wie etwa *Schachinger*[604], davon auszugehen ist, dass nunmehr als Neuerung ggü. dem InvG auch Liquiditätsanlagen von dem Erwerbsverbot erfasst sind, bleibt zweifelhaft. Zum einen hat der Gesetzgeber bereits an anderer Stelle des Gesetzes Ungenauigkeiten bei der Bezeichnung der Vermögengegenstände offenbart (so im Zusammenhang mit § 248 Abs. 2 S. 1 und § 250 Abs. 1 Nr. 1 a. F., siehe S. 168 f.), zum anderen ist die Sinnhaftigkeit einer solchen Regelung bei Liquiditätsanlagen zu hinterfragen. Aufgrund der Illiquidität von Immobilien ist eine kurzfristige objektive Preisfeststellung häufig nicht möglich und es kann im Übrigen zu großen Wertschwankungen kommen.[605] Die Folge ist Intransparenz auch aufgrund eines fehlenden unabhängigen Marktplatzes als Korrektiv.[606] Diese Tatsachen bilden die entscheidende Gefahrenlage von Interessenkonflikten, denen § 239 durch ein Erwerbs- bzw. Veräußerungsverbot begegnen will. Bei Liquiditätsanlagen ist die Gefahrenlage so nicht gegeben. Daher erscheint die Regelung des InvG sachgerechter und die Vorschrift ist dahin gehend auszulegen, dass Liquiditätsanlagen nicht erfasst sind.

---

603 Zur (analogen) Anwendung auf andere Fallkonstellationen bzw. auf die an sich erfassten offenen Spezial-Immobilien-Sondervermögen gem. §§ 282, 284 siehe *Schachinger*, in: Baur/Tappen, Investmentgesetze: Großkommentar, Bd. 1: §§ 1–272 KAGB, 3. Auflage 2015, § 239 Rn. 5 ff.

604 *Schachinger*, in: Baur/Tappen, Investmentgesetze: Großkommentar, Bd. 1: §§ 1–272 KAGB, 3. Auflage 2015, § 239 Rn. 9.

605 *Schachinger*, in: Baur/Tappen, Investmentgesetze: Großkommentar, Bd. 1: §§ 1–272 KAGB, 3. Auflage 2015, § 239 Rn. 1.

606 So explizit *Schachinger*, in: Baur/Tappen, Investmentgesetze: Großkommentar, Bd. 1: §§ 1–272 KAGB, 3. Auflage 2015, § 239 Rn. 1 zum Sinn und Zweck der Norm.

c) Organisationspflichten

aa) Allgemein

Aus § 26 Abs. 2 Nr. 4 folgt, dass die KVG für eine ordnungsgemäße Geschäftstätigkeit zu sorgen hat. Präzisiert wird dieses in § 28 ff.[607] Gem. § 28 Abs. 1 S. 2 umfasst eine ordnungsgemäße Geschäftsorganisation u. a. insbesondere ein angemessenes Risikomanagementsystem (Nr. 1), angemessene und geeignete personelle und technische Ausstattung (Nr. 2), geeignete Regelungen für die persönlichen Geschäfte der Mitarbeiter (Nr. 3), geeignete Regelungen für die Anlage des eigenen Vermögens der KVG (Nr. 4), eine ordnungsgemäße Buchführung (Nr. 8) sowie interne Kontrollverfahren (insbes. Revision und Compliance) (Nr. 5, 7) und eine vollständige Dokumentation der ausgeführten Geschäfte (Nr. 6).

bb) Risiko- und Liquiditätsmanagement

Aufgrund der Erfahrungen aus der nahen Vergangenheit[608] kommt insbesondere dem Risikomanagement eine zentrale Rolle in der Organisation des Fonds zu.

So hat die KVG eine dauerhafte Risiko-Controlling-Funktion einzurichten und aufrechtzuerhalten, die hierarchisch und funktionell unabhängig von den operativen Bereichen ist, § 29 Abs. 1 S. 1. Die Vorschrift des § 29 ist sowohl an den alten § 9a InvG angelehnt als auch an Art. 15 AIFM-RL.[609]

Das Risikomanagement sollte zunächst die Definition und Identifikation von Risiken, darauf folgend die Bewertung der Risiken mittels Szenarien und Limits (Stichwort: Stresstest) und schließlich die Ergreifung bestimmter Maßnahmen sowie eine Dokumentation der Vorgänge vorsehen.[610]

Als besonderer Teil des Risikomanagements hat die KVG grundsätzlich ein Liquiditätsmanagementsystem zu etablieren, § 30.[611] Weitere Vorgaben zum Liquiditätsmanagement finden sich in den Art. 46 f. der Level 2-VO.

Grundsätzlich ist das Liquiditätsmanagementsystem individuell für jeden Fonds einzeln unter Berücksichtigung von dessen Anlagestrategie und aktuellen

---

607 Zu den organisatorischen Pflichten nach der AIFM-RL: *Klebeck/Zollinger*, BB 2013, 459, 460 ff.

608 *Swoboda,* in: Weitnauer/Boxberger/Anders, KAGB, 2014, § 30 Rn. 1.

609 *Swoboda,* in: Weitnauer/Boxberger/Anders, KAGB, 2014, § 29 Rn. 1.

610 *Swoboda,* in: Weitnauer/Boxberger/Anders, KAGB, 2014, § 29 Rn. 2.

611 Eine Ausnahme von diesem Grundsatz besteht dann, wenn es sich um ein geschlossenes Investmentvermögen handelt, für das kein Leverage eingesetzt wird, vgl. § 30.

Vermögenssituation zu initiieren,[612] da je nach Art der erworbenen Vermögensgegenstände der Grad der Illiquidität variiert. Liquiditätsplanung ist bei offenen Fonds aufgrund der grundsätzlichen Verpflichtung zur Rücknahme von Anteilen von besonderer Bedeutung.[613] Diese wird bei offenen Immobilienfonds durch die den Immobilien immanente Illiquidität noch gesteigert, weswegen der Gesetzgeber spezielle Maßnahmen für ein effektives Liquiditätsmanagement bei Immobilien-Sondervermögen vorsieht, siehe die §§ 230 ff.[614]

d) Gebot der „Fairness"

Aus § 26 Abs. 2 Nr. 6 sowie Art. 23 Abs. 1 Level 2-VO folgt, dass alle Anleger „fair" zu behandeln sind. Was hierunter konkret zu verstehen ist, ist vom Gesetzgeber bewusst nicht präziser benannt worden.[615] Es darf keinem Anleger eine nicht in den Anlagebedingungen, in der Satzung oder dem Gesellschaftsvertrag vorgesehene Vorzugsbehandlung gewährt werden, § 26 Abs. 3. Demnach ist eine Vorzugsbehandlung einzelner Anleger nicht grundsätzlich verboten oder „unfair", sondern eingeschränkt zulässig. Ein Gleichbehandlungsgebot der Anleger besteht somit unter dem KAGB nicht.[616] Ob und in welchem Umfang einzelnen Anlegern eine Vorzugsbehandlung gewährt werden soll, wurde teilweise kontrovers diskutiert.[617] Im Ergebnis dürfen Sonderrechte, beispielsweise in Form von Sitzen in Gremien für Investoren, die sich frühzeitig zur Anlage entschieden haben und/oder einen besonders hohen Betrag zugesagt haben, gewährt werden.[618]

---

612 Siehe Erwägungsgründe 57 f. Level 2-VO; *Swoboda,* in: Weitnauer/Boxberger/Anders, KAGB, 2014, § 30 Rn. 6.

613 *Swoboda,* in: Weitnauer/Boxberger/Anders, KAGB, 2014, § 30 Rn. 1.

614 Siehe zum Liquiditätsmanagement bei Immobilien-Sondervermögen unter dem Stichwort Fristentransformation S. 191 ff.

615 ESMA „Consultation paper: ESMA's draft technical advice to the European Commission on possible implementing measures of the Alternative Investment Fund Manager Directive" vom 13.07.2011 (ESMA/2011/209), Box 19 Ziff. 41; *Swoboda* in: Weitnauer/Boxberger/Anders, KAGB § 26 Rn. 20.

616 *Swoboda,* in: Weitnauer/Boxberger/Anders, KAGB, 2014, § 26 Rn. 20; noch zur alten Rechtslage unter § 18 Abs. 2 S. 2 KAGG bzw. § 20 Abs. 1 InvVerOV: *Steck* in: Emde/Dornseifer/Dreibus/Hölscher, InvG, 2013, § 9 Rn. 34.

617 So etwa im Rahmen der Konsultation der AIFM-RL und der Level 2-VO, *Swoboda,* in: Weitnauer/Boxberger/Anders, KAGB, 2014, § 26 Rn. 21.

618 *Swoboda,* in: Weitnauer/Boxberger/Anders, KAGB, 2014, § 26 Rn. 21, siehe ausführlich zu den zulässigen Vorzugsbehandlungen § 26 Rn. 29 ff.

e) Sorgfaltspflicht

Gem. § 26 Abs. 2 Nr. 1 ist die KVG verpflichtet „ihrer Tätigkeit ehrlich, mit der gebotenen Sachkenntnis, Sorgfalt und Gewissenhaftigkeit (...) nachzugehen". Die Sorgfaltspflichtanforderungen an die KVG im Rahmen des KAGB entsprechen im Wesentlichen denen in § 9 Abs. 2 Nr. 2 InvG.[619] Der Sorgfaltsmaßstab ist je nach Asset-Klasse und Investitionsmodell individuell zu bestimmen.[620]

f) Glücksspielverbot

Bei dem Glücksspielverbot handelt es sich ebenfalls um eine Konkretisierung der Pflicht, im Anlegerinteresse zu handeln.[621] Dahinter steht der Gedanke, dass Vermögensverwalter nicht wegen ihrer Spielerqualitäten, sondern aufgrund ihrer professionalisierten Kenntnisse in diesem Bereich mit der Aufgabe der Vermögensverwaltung betraut wurden.[622] Es ist von entscheidender Bedeutung, dass die Anlageentscheidung, auch bei fehlender Vereinbarung, zumindest auf anerkannte Entscheidungsmethoden gestützt wird und nicht willkürlich erfolgt.[623] Dieses darf aber nicht als ein grundsätzliches Spekulationsverbot missverstanden werden. Unter der Voraussetzung, dass Spekulation eine Anlage mit erhöhten Verlustrisiken ist und ein generelles Verbot zur Eingehung erhöhter Risiken nicht besteht, ist ein Spekulationsverbot ohne explizite Vereinbarung nicht gegeben.[624] Hierfür ist eine explizite Abrede erforderlich.[625]

Aus § 26 Abs. 6 ergibt sich allerdings, dass „insbesondere die kurzfristige, systematische Spekulation mit Investmentanteilen durch Ausnutzung von Kursdifferenzen an Börsen und anderen organisierten Märkten und damit verbundene Möglichkeiten, Arbitragegewinne zu erzielen", als missbräuchliche Marktpraktiken eingestuft werden und nicht zulässig sind.

---

619 *Swoboda,* in: Weitnauer/Boxberger/Anders, KAGB, 2014, § 26 Rn. 18, unter Verweis auf die Kommentierungen zu § 9 InvG: *Köndgen,* in: Berger/Steck/Lübbehüsen, InvG, InvStG, 2010, § 9 InvG Rn. 3 f.; *Steck,* in: Emde/Dornseifer/Dreibus/Hölscher, InvG, 2013, § 9 Rn. 61 ff.

620 *Swoboda,* in: Weitnauer/Boxberger/Anders, KAGB, 2014, § 26 Rn. 18.

621 *Zetzsche*, Prinzipien der kollektiven Vermögensanlage, 2015, S. 654.

622 *Zetzsche*, Prinzipien der kollektiven Vermögensanlage, 2015, S. 654.

623 *Zetzsche*, Prinzipien der kollektiven Vermögensanlage, 2015, S. 654.

624 *Zetzsche*, Prinzipien der kollektiven Vermögensanlage, 2015, S. 655.

625 *Zetzsche*, Prinzipien der kollektiven Vermögensanlage, 2015, S. 655.

V. Auslagerung von Tätigkeiten gem. § 36

1. *Allgemeines*

Die Möglichkeit der Auslagerung von Anlageverwaltertätigkeiten ist in § 36 geregelt und setzt Art. 20 AIFM-RL nahezu eins zu eins um,[626] mit der Folge, dass die Vorschrift nicht nur für AIF-KVGen, sondern auch für OGAW-KVGen gilt.[627] Nach dem Motto „do what you can do best – outsource the rest" wird (und wurde) in der Praxis von der Auslagerung im Rahmen vielfältiger Modelle (u. a. sog. Service- und Master-KVG- Strukturen) Gebrauch gemacht.[628] Aus Sicht der KVG besteht der Anreiz einer Auslagerung vor allem durch die Möglichkeit, Kosten einzusparen und eine effizientere Geschäftsführung zu gewährleisten.[629] Auch kann eine Auslagerung durch eine höhere Spezialisierung des Auslagerungsunternehmens zu einer tatsächlichen Qualitätsverbesserung bei der Erbringung der Dienstleistung führen.[630] Dem steht jedoch entgegen, dass mit jeder Auslagerung von Aufgaben eine Unübersichtlichkeit entsteht und eine effiziente Aufsicht erschwert wird.[631] Indem § 36 Anforderungen vorgibt, nach denen eine Auslagerung zulässig ist, probiert die Vorschrift einen Kompromiss zwischen diesen widerstrebenden Interessen zu gewährleisten.

Es ist gem. § 36 Abs. 3 der KVG untersagt, die Portfolioverwaltung oder das Risikomanagement auf die Verwahrstelle sowie den Unterverwahrer auszulagern. Diese Regelung entspricht im Grundsatz Art. 20 Abs. 2 lit. a) AIFM-RL, der jedoch anstelle von „Unterverwahrer" von einem „Beauftragten der Verwahrstelle" spricht. Der im Verhältnis zum deutschen Gesetz scheinbar weiter gefasste Wortlaut der EU-Richtlinie gibt Raum für Spekulationen einer nichtrichtlinienkonformen Umsetzung[632] und es ist daher dem deutschen Gesetzgeber zu raten, den Wortlaut von § 36 Abs. 3 Nr. 1 dahingehend anzupassen. Zudem

---

626 Zugleich ersetzt die Vorschrift § 16 InvG, *Volhard/Jang,* in: Weitnauer/Boxberger/Anders, KAGB, 2014, § 36 Rn. 1; *Hanten,* in: Baur/Tappen, Investmentgesetze: Großkommentar, Bd. 1: §§ 1–272 KAGB, 3. Auflage 2015, § 36 Rn. 5.

627 *Hanten,* in: Baur/Tappen, Investmentgesetze: Großkommentar, Bd. 1: §§ 1–272 KAGB, 3. Auflage 2015, § 36 Rn. 5; *Volhard/Jang,* in: Weitnauer/Boxberger/Anders, KAGB, 2014, § 36 Rn. 1.

628 *Volhard/Jang,* in: Weitnauer/Boxberger/Anders, KAGB, 2014, § 36 Rn. 2; zu der Auslagerung von Tätigkeiten nach § 25a Abs. 2 KWG, siehe *Campbell,* ZBB 2003, 148 ff.

629 *Volhard/Jang,* in: Weitnauer/Boxberger/Anders, KAGB, 2014, § 36 Rn. 2.

630 *Volhard/Jang,* in: Weitnauer/Boxberger/Anders, KAGB, 2014, § 36 Rn. 2.

631 *Volhard/Jang,* in: Weitnauer/Boxberger/Anders, KAGB, 2014, § 36 Rn. 2.

632 *Hanten,* in: Baur/Tappen, Investmentgesetze: Großkommentar, Bd. 1: §§ 1–272 KAGB, 3. Auflage 2015, § 36 Rn. 119.

besteht ein Auslagerungsverbot bezüglich Unternehmen, dessen Anleger oder KVG-Interessen in Konflikt stehen könnten. Gem. § 36 Abs. 3 Nr. 2 lit a) und b) ist eine Auslagerung auf ein solches Unternehmen aber dennoch zulässig, soweit „die Ausführung seiner Aufgaben bei der Portfolioverwaltung oder dem Risikomanagement funktional und hierarchisch von seinen anderen potenziell dazu im Interessenkonflikt stehenden Aufgaben" getrennt sind und „die potenziellen Interessenkonflikte ordnungsgemäß ermittelt, gesteuert, beobachtet und den Anlegern des Investmentvermögens gegenüber offengelegt" wurden.

2. *Vorliegen einer „Auslagerung"*

Eine Definition, wann eine Auslagerung vorliegt, findet sich weder in der AIFM-RL selbst, noch im KAGB.[633] Die ESMA schlägt folgende Begriffbestimmung vor: „(….) performing a task, which would otherwise be undertaken by the AIFM and which is critical or important for the proper performance of the functions it provides to an AIF. (….)"[634]. Nach Ziff. 10 der KAMaRisk ist eine Auslagerung dann gegeben, „wenn ein anderes Unternehmen mit der Wahrnehmung von Aufgaben beauftragt wird (Auslagerungsunternehmen), die ansonsten von der Gesellschaft selbst erbracht würden." Diese Definition der BaFin ist insofern deckungsgleich mit der des „Outsourcing" nach der alten Rechtslage des § 16 InvG i.V.m. InvMaRisk.[635]

3. *Allgemeine Voraussetzungen*

a) *Rechtfertigung der Auslagerungsstruktur*

In § 36 Abs. 1 S. 1 Nr. 1 sind die Voraussetzungen geregelt, unter denen eine KVG berechtigt ist auszulagern. Demnach muss die KVG in der Lage sein, ihre gesamte Auslagerungsstruktur anhand von objektiven Gründen zu rechtfertigen. Die Vorschrift ist die Umsetzung des Art. 20 Abs. 1 a) AIFM-RL und wird durch Art. 76 Level 2-VO konkretisiert. Es kommen als objektive Gründe einer Rechtfertigung die Optimierung von Geschäftsfunktionen und -verfahren, Kosteneinsparung, Fachkenntnisse des Beauftragten im Bereich der Verwaltung oder auf bestimmten

---

633 *Hanten,* in: Baur/Tappen, Investmentgesetze: Großkommentar, Bd. 1: §§ 1–272 KAGB, 3. Auflage 2015, § 36 Rn. 8.

634 ESMA „Final report: ESMA's draft technical advice to the European Commission on possible implementing measures of the Alternative Investment Fund Manager Directive" vom 16.11.2011 (ESMA/2011/379), Box 63; *Hanten,* in: Baur/Tappen, Investmentgesetze: Großkommentar, Bd. 1: §§ 1–272 KAGB, 3. Auflage 2015, § 36 Rn. 8.

635 *Volhard/Jang,* in: Weitnauer/Boxberger/Anders, KAGB, 2014, § 36 Rn. 3.

Märkten oder mit bestimmten Anlagen und der Zugang des Beauftragenden zu globalen Handelsmöglichkeiten in Betracht.[636] Hiebei ist jedoch offen, ob der Kriterienkatalog abschließend ist oder nicht.[637]

Die KVG hat eine Anzeigepflicht gegenüber der BaFin hinsichtlich jeder einzelnen Auslagerung.[638] Es ist allerdings noch nicht abschließend geklärt, wie und in welchem Umfang diese vorzunehmen ist.[639]

Fest steht, dass die Anzeige rechtzeitig, d.h. spätestens einen Tag vor dem Wirksamwerden der Auslagerungsvereinbarung zu erstatten ist.[640]

Als Mindestinhalt der Anzeige verlangt die BaFin, dass das Auslagerungsunternehmen eindeutig benannt wird, insbesondere ist die Namensnennung der juristischen Person mit Angabe des Sitzes erforderlich.[641] Es muss zudem eine Beschreibung der ausgelagerten Funktion bzw. Tätigkeit erfolgen.[642] Dieses umfasst, sofern Verwechslungsgefahr besteht, die Angabe des konkreten Investmentvermögens und des spezifischen Vermögensgegenstandes bei objektspezifischen Auslagerungen (beispielsweise die Verwaltung einer Immobilie).[643] Auch ist der Zeitpunkt, zu dem die Auslagerung in Kraft tritt, anzugeben sowie die objektiven Gründe gem. Art. 76 Abs. 1 S. 1 Level 2-VO.[644]

---

636 *Hanten,* in: Baur/Tappen, Investmentgesetze: Großkommentar, Bd. 1: §§ 1–272 KAGB, 3. Auflage 2015, § 36 Rn. 32.

637 So die BaFin FAQ Auslagerung gemäß § 36 KAGB, Gz.: WA 41-Wp 2137–2013/0036 vom 10. Juli 2013 (Stand: 12.05.2014), Ziff. 10; für einen abschließenden Kriterienkatalog: *Weiser/Hüwel*, BB 2013, 1091, 1095; *Hanten,* in: Baur/Tappen, Investmentgesetze: Großkommentar, Bd. 1: §§ 1–272 KAGB, 3. Auflage 2015, § 36 Rn. 32 Fn. 49.

638 *Hanten,* in: Baur/Tappen, Investmentgesetze: Großkommentar, Bd. 1: §§ 1–272 KAGB, 3. Auflage 2015, § 36 Rn. 40 f.

639 *Hanten,* in: Baur/Tappen, Investmentgesetze: Großkommentar, Bd. 1: §§ 1–272 KAGB, 3. Auflage 2015, § 36 Rn. 40.

640 BaFin FAQ Auslagerung gemäß § 36 KAGB, Gz.: WA 41-Wp 2137–2013/0036 vom 10. Juli 2013 (Stand: 12.05.2014), Ziff. 6; *Hanten,* in: Baur/Tappen, Investmentgesetze: Großkommentar, Bd. 1: §§ 1–272 KAGB, 3. Auflage 2015, § 36 Rn. 42.

641 BaFin FAQ Auslagerung gemäß § 36 KAGB, Gz.: WA 41-Wp 2137–2013/0036 vom 10. Juli 2013 (Stand: 12.05.2014), Ziff. 6.

642 BaFin FAQ Auslagerung gemäß § 36 KAGB, Gz.: WA 41-Wp 2137–2013/0036 vom 10. Juli 2013 (Stand: 12.05.2014), Ziff. 6.

643 BaFin FAQ Auslagerung gemäß § 36 KAGB, Gz.: WA 41-Wp 2137–2013/0036 vom 10. Juli 2013 (Stand: 12.05.2014), Ziff. 6.

644 BaFin FAQ Auslagerung gemäß § 36 KAGB, Gz.: WA 41-Wp 2137–2013/0036 vom 10. Juli 2013 (Stand: 12.05.2014), Ziff. 6.

Neben der Anzeige der einzelnen Auslagerungen muss eine gesonderte Rechtfertigung der gesamten Auslagerungsstruktur erfolgen können.[645]

b) Ausreichende Ressourcen beim Auslagerungsunternehmen

aa) Allgemeines

Das in § 36 Abs. 1 S. 1 Nr. 2 vorgegebene Erfordernis der ausreichenden Ressourcen beim Auslagerungsunternehmen setzt Art. 20 Abs. 1 lit. b) AIFM-RL um und wird im Rahmen des Art. 77 Level 2-VO konkretisiert.[646]

So muss das Auslagerungsunternehmen neben dem Vorhalten ausreichender Ressourcen im Allgemeinen, „Mitarbeiter mit Kenntnissen und Fähigkeiten, die zur ordnungsgemäßen Erfüllung der ihnen zugewiesenen Aufgaben erforderlich sind, in ausreichender Stärke beschäftigen und über eine für die Ausführung der übertragenen Aufgaben geeignete Organisationsstruktur verfügen“, Art. 77 Abs. 1 Level 2-VO.[647]

Problematisch ist hier das Auftreten gleich mehrerer unbestimmter Rechtsbegriffe, die der Konkretisierung bedürfen.[648]

So besteht eine geeignete Organisationsstruktur dann, „wenn eine adäquate Aufbauorganisation, insbesondere mit ausreichendem Versicherungsschutz, Interner Revision sowie Compliance- und Risiko-Controlling-Funktion, gegeben ist“[649].

Ausdrücklich sind auch die technischen Ressourcen des Auslagerungsunternehmens, wenngleich weder in § 36 noch in Art. 77 Level 2-VO erwähnt, im Rahmen der Ressourcenbewertung mit einzubeziehen.[650]

---

645 Insbesondere auch zur pragmatischen Vorgehensweise der Darlegung der Auslagerungsstrategie ggü. der BaFin: *Hanten,* in: Baur/Tappen, Investmentgesetze: Großkommentar, Bd. 1: §§ 1–272 KAGB, 3. Auflage 2015, § 36 Rn. 46.

646 *Beckmann,* in: Beckmann/Scholtz/Vollmer, Investment (Stand: 11/16), § 36 KAGB Rn. 91 ff.; *Volhard/Jang,* in: Weitnauer/Boxberger/Anders, KAGB, 2014, § 36 Rn. 17; *Hanten,* in: Baur/Tappen, Investmentgesetze: Großkommentar, Bd. 1: §§ 1–272 KAGB, 3. Auflage 2015, § 36 Rn. 47.

647 *Beckmann,* in: Beckmann/Scholtz/Vollmer, Investment (Stand: 11/16), § 36 KAGB Rn. 92; *Hanten,* in: Baur/Tappen, Investmentgesetze: Großkommentar, Bd. 1: §§ 1–272 KAGB, 3. Auflage 2015, § 36 Rn. 53.

648 *Hanten,* in: Baur/Tappen, Investmentgesetze: Großkommentar, Bd. 1: §§ 1–272 KAGB, 3. Auflage 2015, § 36 Rn. 48, 54.

649 *Hanten,* in: Baur/Tappen, Investmentgesetze: Großkommentar, Bd. 1: §§ 1–272 KAGB, 3. Auflage 2015, § 36 Rn. 51, auch unter Verweis auf die Fragebögen des Bundesverband Investment und Asset Management e. V. (BVI), https://www.bvi.de/regulierung/branchenstandards/, zuletzt abgerufen am 11.02.2017.

650 *Beckmann,* in: Beckmann/Scholtz/Vollmer, Investment (Stand: 11/16), § 36 KAGB Rn. 93; *Volhard/Jang,* in: Weitnauer/Boxberger/Anders, KAGB, 2014, § 36 Rn. 17;

bb) Anforderungen an Mitarbeiter des Auslagerungsunternehmens

(1) Mitarbeiter allgemein

In Art. 77 Abs. 2 Level 2-VO werden die Anforderungen an die Mitarbeiter des Auslagerungsunternehmens konkretisiert.[651] So werden u. a. angemessene theoretische Kenntnisse und Praxiserfahrung in der Ausübung der betreffenden Tätigkeit gefordert.[652] Hierbei ist zu beachten, dass an das Personal des Auslagerungsunternehmens keine höheren Anforderungen gestellt werden können als an das Personal des auslagernden Unternehmens.[653] In der Praxis ist eine Due Diligence beim Auslagerungsunternehmen durch die KVG durchzuführen, mit dem Ziel, Klarheit über die Zahl, Qualifikation und Fluktuation der Mitarbeiter zu erhalten.[654]

(2) Leitende Personen

Leitende Personen des Auslagerungsunternehmens müssen geeignet für ihre Position und zudem zuverlässig sein. Der in § 36 Abs. 1 S. 1 Nr. 2 verwendet Terminus der „Personen, die die Geschäfte des Auslagerungsunternehmens tatsächlich leiten" lässt zunächst offen, ob hierunter im Rahmen der in Deutschland typischen dualistischen Unternehmensverfassung auch das Aufsichtsgremium zu fassen ist oder nur das Geschäftsleitungsgremium.[655] Durch Bezugnahme auf das unionsrechtliche Zulassungsverfahren im Zusammenhang mit Art. 77 Abs. 3 S. 4 Level 2-VO wird deutlich, dass es nur auf die Eignung und Zuverlässigkeit der

---

Hanten, in: Baur/Tappen, Investmentgesetze: Großkommentar, Bd. 1: §§ 1–272 KAGB, 3. Auflage 2015, § 36 Rn. 52.

651 *Hanten,* in: Baur/Tappen, Investmentgesetze: Großkommentar, Bd. 1: §§ 1–272 KAGB, 3. Auflage 2015, § 36 Rn. 56.

652 *Volhard/Jang,* in: Weitnauer/Boxberger/Anders, KAGB, 2014, § 36 Rn. 19; *Beckmann,* in: Beckmann/Scholtz/Vollmer, Investment (Stand: 11/16), § 36 KAGB Rn. 93; *Hanten,* in: Baur/Tappen, Investmentgesetze: Großkommentar, Bd. 1: §§ 1–272 KAGB, 3. Auflage 2015, § 36 Rn. 57.

653 *Hanten,* in: Baur/Tappen, Investmentgesetze: Großkommentar, Bd. 1: §§ 1–272 KAGB, 3. Auflage 2015, § 36 Rn. 58.

654 ESMA „Final report: ESMA's draft technical advice to the European Commission on possible implementing measures of the Alternative Investment Fund Manager Directive" vom 16.11.2011 (ESMA/2011/379), Box 66; *Hanten,* in: Baur/Tappen, Investmentgesetze: Großkommentar, Bd. 1: §§ 1–272 KAGB, 3. Auflage 2015, § 36 Rn. 58, Fn. 60.

655 *Hanten,* in: Baur/Tappen, Investmentgesetze: Großkommentar, Bd. 1: §§ 1–272 KAGB, 3. Auflage 2015, § 36 Rn. 59.

Geschäftsleiter ankommt und nicht auf die Eigenschaften von etwaigen Aufsichtsratsmitgliedern.[656]

Als Eignungsvoraussetzung findet sich in § 36 Abs. 1 Nr. 2 das Merkmal der „ausreichenden Erfahrung" der Geschäftsleiter des Auslagerungsunternehmens. Art. 77 Abs. 2 Level 2-VO stellt hier auf die in der Vergangenheit erworbenen theoretischen Kenntnisse und praktischen Erfahrungen ab.[657] Grundsätzlich wird diese, anders als die Zuverlässigkeit, nicht vermutet.[658] Es ist jedoch (dennoch) von einem ausreichenden Erfahrungsschatz der Geschäftsleiter auszugehen, wenn auf ein der Finanzaufsicht des EWR unterliegendes Unternehmen ausgelagert wird.[659]

Das Merkmal der Zuverlässigkeit wird in Art. 77 Abs. 3 Level 2-VO negativ definiert. Eine Person gilt dann als unzuverlässig, wenn Informationen vorliegen, die die Unbescholtenheit (den „Leumund") der Person infrage stellen.[660] So wirken sich u. a. strafbare Handlungen, gerichtliche Verfahren oder Verwaltungssanktionen mit Bezug auf die Ausführung der übertragenen Aufgaben negativ aus. Insbesondere sind u. a. Finanzvergehen, Verstöße gegen Verpflichtungen zur Verhinderung von Geldwäsche, Unredlichkeit, Betrug oder Finanzkriminalität, Konkurs oder Insolvenz zu berücksichtigen.[661] Auch andere Informationen, die darauf schließen lassen, dass eine Person nicht vertrauenswürdig ist, können relevant sein.

In der Praxis wird trotz der starken Wortwahl des Gesetzgebers (guter „Leumund") die Vorlage eines Führungszeugnisses, einer Straffreiheitserklärung und ggf. des letzten Dienstzeugnisses ausreichend sein.[662] Die Prüfungsanforderungen in diesem Zusammenhang gehen keinesfalls über die Zuverlässigkeitsprüfungen

---

656 *Hanten,* in: Baur/Tappen, Investmentgesetze: Großkommentar, Bd. 1: §§ 1–272 KAGB, 3. Auflage 2015, § 36 Rn. 59.

657 *Beckmann,* in: Beckmann/Scholtz/Vollmer, Investment (Stand: 11/16), § 36 KAGB Rn. 102; *Volhard/Jang,* in: Weitnauer/Boxberger/Anders, KAGB, 2014, § 36 Rn. 19.

658 *Hanten,* in: Baur/Tappen, Investmentgesetze: Großkommentar, Bd. 1: §§ 1–272 KAGB, 3. Auflage 2015, § 36 Rn. 61.

659 *Hanten,* in: Baur/Tappen, Investmentgesetze: Großkommentar, Bd. 1: §§ 1–272 KAGB, 3. Auflage 2015, § 36 Rn. 61.

660 *Beckmann,* in: Beckmann/Scholtz/Vollmer, Investment (Stand: 11/16), § 36 KAGB Rn. 101; *Volhard/Jang,* in: Weitnauer/Boxberger/Anders, KAGB, 2014, § 36 Rn. 18; *Hanten,* in: Baur/Tappen, Investmentgesetze: Großkommentar, Bd. 1: §§ 1–272 KAGB, 3. Auflage 2015, § 36 Rn. 64.

661 *Volhard/Jang,* in: Weitnauer/Boxberger/Anders, KAGB, 2014, § 36 Rn. 18.

662 *Hanten,* in: Baur/Tappen, Investmentgesetze: Großkommentar, Bd. 1: §§ 1–272 KAGB, 3. Auflage 2015, § 36 Rn. 65.

im behördlichen Geschäftsleiterprüfungsverfahren[663], etwa nach § 22 Abs. 1 Nr. 3, hinaus.[664]

c) *Vermeidung von Interessenkonflikten und Umgehungsverbot*

Ebenso wie bei der KVG selbst (siehe S. 102 f.) ist auch Interessenkonflikten und Umgehungen der Aufsicht im Zusammenhang mit einer Auslagerung von Tätigkeiten vorzubeugen. Gem. § 36 Abs. 1 Nr. 5, 1. Hs. darf die Auslagerung die Wirksamkeit der Beaufsichtigung der KVG nicht beeinträchtigen. Das Auslagerungsunternehmen darf insbesondere nicht die KVG daran hindern, im Interesse ihrer Anleger zu handeln, noch darf es verhindern, dass das Investmentvermögen im Interesse der Anleger verwaltet wird, § 36 Abs. 1 Nr. 5, 2. Hs. Die Auslagerung von Tätigkeiten darf nicht dazu führen, dass der Auslagerungstatbestand der öffentlichen Beaufsichtigung entzogen wird.[665] In Art. 79 und 80 der Level 2-VO sind zum einen Kriterien zu finden, um zu beurteilen, wann eine Beeinträchtigung der wirksamen Beaufsichtigung des AIFM vorliegt, Art. 79 lit. a) bis c) Level 2-VO, aber auch unter welchen Voraussetzungen ein Interessenkonflikt vorliegt, Art. 80 Abs. 1 Level 2-VO. Das Erfordernis einer funktionalen und hierarchischen Trennung von Portfolioverwaltung und Risikomanagement muss konsequenterweise auch im Rahmen der Auslagerung beachtet werden, Art. 80 Abs. 2 Level 2-VO. Auch stellt der Gesetzgeber im Rahmen von Art. 80 Abs. 3 Level 2-VO Anforderungen an die Ermittlung, Beobachtung und Offenlegung potenzieller Interessenkonflikte auf.[666]

So ist durch die KVG u. a. sicherzustellen, dass das Auslagerungsunternehmen keine Beratung zum eigenen Vorteil erbringt.[667] Im Konkreten ist dieses z. B. bedeutsam im Rahmen der Auslagerung des Portfoliomanagements und

---

663 Zu den konkreten Anforderungen im behördlichen Geschäftsleiterprüfverfahren siehe: BaFin Merkblatt zu den Geschäftsleitern gemäß KWG, ZAG und KAGB vom 4. Januar 2016 (Stand: 31.01.2017).

664 *Hanten,* in: Baur/Tappen, Investmentgesetze: Großkommentar, Bd. 1: §§ 1–272 KAGB, 3. Auflage 2015, § 36 Rn. 66.

665 *Beckmann,* in: Beckmann/Scholtz/Vollmer, Investment (Stand: 11/16), § 36 KAGB Rn. 110 ff.; *Hanten,* in: Baur/Tappen, Investmentgesetze: Großkommentar, Bd. 1: §§ 1–272 KAGB, 3. Auflage 2015, § 36 Rn. 90.

666 *Volhard/Jang,* in: Weitnauer/Boxberger/Anders, KAGB, 2014, § 36 Rn. 40; *Hanten,* in: Baur/Tappen, Investmentgesetze: Großkommentar, Bd. 1: §§ 1–272 KAGB, 3. Auflage 2015, § 36 Rn. 95.

667 *Hanten,* in: Baur/Tappen, Investmentgesetze: Großkommentar, Bd. 1: §§ 1–272 KAGB, 3. Auflage 2015, § 36 Rn. 100.

bei Advisory-Mandaten, da hier die Gefahr bestehen könnte, dass das Auslagerungsunternehmen einen unerwünschten Vermögensgegenstand, der in ihrem Eigentum steht, in das Vermögen des AIF „hineinberät".[668]

d) *Überwachungspflichten*

§ 36 Abs. 1 Nr. 7 regelt die Überwachungspflichten der KVG im Verhältnis zum Auslagerungsunternehmen. So muss die KVG jederzeit in der Lage sein, die ausgelagerten Aufgaben wirksam zu überwachen. Um ihren Überwachungspflichten nachzukommen, muss sich die KVG die erforderlichen Weisungsbefugnisse und Kündigungsrechte in dem Auslagerungsvertrag mit dem Auslagerungsunternehmen zusichern lassen.[669]

4. *Besondere Voraussetzungen der Auslagerung von Portfolioverwaltung und Risikomanagement gem. § 36 Abs. 1 S. 1 Nr. 3*

a) *Allgemeines*

Das KAGB führt die deutsche Umsetzung der OGAW-RL fort und setzt gleichzeitig die AIFM-RL in nationales Recht um. Daher unterscheidet es an dieser Stelle zwischen OGAW-KVGen und AIF-KVGen.[670] Da sich keine Regelungen zur Beschränkung der Auslagerung des Risikomanagements in der OGAW-RL finden, gelten für diesen Bereich keine erhöhten Anforderungen.[671] Allein die Auslagerung der Portfolioverwaltung ist an besondere Voraussetzungen geknüpft. Bei AIF-KVGen hingegen greifen sowohl für die Auslagerung der Portfolioverwaltung als auch für die Auslagerung des Risikomanagements besondere Regelungen.[672]

---

668 *Hanten,* in: Baur/Tappen, Investmentgesetze: Großkommentar, Bd. 1: §§ 1–272 KAGB, 3. Auflage 2015, § 36 Rn. 100.

669 *Beckmann,* in: Beckmann/Scholtz/Vollmer, Investment (Stand: 11/16), § 36 KAGB Rn. 132, 142; *Volhard/Jang,* in: Weitnauer/Boxberger/Anders, KAGB, 2014, § 36 Rn. 31; *Hanten,* in: Baur/Tappen, Investmentgesetze: Großkommentar, Bd. 1: §§ 1–272 KAGB, 3. Auflage 2015, § 36 Rn. 113.

670 *Hanten,* in: Baur/Tappen, Investmentgesetze: Großkommentar, Bd. 1: §§ 1–272 KAGB, 3. Auflage 2015, § 36 Rn. 69.

671 *Hanten,* in: Baur/Tappen, Investmentgesetze: Großkommentar, Bd. 1: §§ 1–272 KAGB, 3. Auflage 2015, § 36 Rn. 69 f., Fn. 67.

672 *Beckmann,* in: Beckmann/Scholtz/Vollmer, Investment (Stand: 11/16), § 36 KAGB Rn. 180 ff.; *Hanten,* in: Baur/Tappen, Investmentgesetze: Großkommentar, Bd. 1: §§ 1–272 KAGB, 3. Auflage 2015, § 36 Rn. 69.

b) Explizites Verbot der Auslagerung in einzelnen Fällen

Aufgrund befürchteter Interessenkollisionen ist die Auslagerung bzw. Unterauslagerung der Portfolioverwaltung oder des Risikomanagements auf die Verwahrstelle oder einen Unterverwahrer verboten, § 36 Abs. 3, 7. Auch dürfen diese Aufgaben grundsätzlich nicht auf ein Unternehmen übertragen werden, dessen Interessen mit denen der KVG oder der Anleger des Investmentvermögens in Konflikt stehen könnten, § 36 Abs. 3 Nr. 2, Abs. 7. Wann genau ein solcher Interessenkonflikt vorliegt und unter welchen Voraussetzungen ausnahmsweise doch die Auslagerung auf ein solches Unternehmen zulässig ist, legt § 36 Abs. 3 Nr. 2, 2. Hs. lit a) und b) i.V.m. Art. 80 Level 2-VO fest.[673]

c) Zulassungs- bzw. Genehmigungserfordernis

Eine Auslagerung des Risikomanagements und der Portfolioverwaltung ist grundsätzlich nur dann zulässig, wenn das Auslagerungsunternehmen zum Zwecke der Vermögens- und Finanzportfolioverwaltung zugelassen oder registriert ist und aufgrund dessen beaufsichtigt wird.[674] In Art. 78 Abs. 2 Level 2-VO wird die Vermutung aufgestellt,[675] dass dieses in den dort aufgelisteten Fällen gegeben ist. So ist die Auslagerung auf eine ohnehin nach den Anforderungen der OGAW-RL registrierte Verwaltungsgesellschaft (Art. 78 Abs. 2 lit a) Level 2-VO), aber auch auf eine gemäß der MiFID für die Portfolioverwaltung zugelassene Wertpapierfirma (Art. 78 Abs. 2 lit b) Level 2-VO) in der Regel ohne weiteres zulässig.

Soll das Risikomanagement oder die Portfolioverwaltung auf ein Unternehmen ausgelagert werden, das nicht für die Vermögensverwaltung oder die Finanzportfolioverwaltung zugelassen ist, bedarf es zur Auslagerung der Genehmigung der BaFin.[676] Soweit die Voraussetzungen für die Genehmigung erfüllt sind, ist diese innerhalb einer Frist von vier Wochen nach Eingang des Antrags zu erteilen,

---

673 *Volhard/Jang*, in: Weitnauer/Boxberger/Anders, KAGB, 2014, § 36 Rn. 38.

674 *Beckmann*, in: Beckmann/Scholtz/Vollmer, Investment (Stand: 11/16), § 36 KAGB Rn. 187 f.; *Hanten*, in: Baur/Tappen, Investmentgesetze: Großkommentar, Bd. 1: §§ 1–272 KAGB, 3. Auflage 2015, § 36 Rn. 80.

675 Die Vermutung ist aus Sicht *Hantens* widerlegbar: *Hanten*, in: Baur/Tappen, Investmentgesetze: Großkommentar, Bd. 1: §§ 1–272 KAGB, 3. Auflage 2015, § 36 Rn. 80; siehe auch: *Beckmann*, in: Beckmann/Scholtz/Vollmer, Investment (Stand: 11/16), § 36 KAGB Rn. 188.

676 *Hanten*, in: Baur/Tappen, Investmentgesetze: Großkommentar, Bd. 1: §§ 1–272 KAGB, 3. Auflage 2015, § 36 Rn. 85.

§ 36 Abs. 1 S. 2. Die Voraussetzungen der Genehmigung leitet die BaFin[677] aus den allgemeinen Zulässigkeitvoraussetzungen des § 36 Abs. 1 S. 1 Nr. 2 und der Art. 75 bis 80 Level 2-VO ab.[678] Bei der Auslagerung auf ein Unternehmen mit Sitz in einem Drittstaaat ist sicherzustellen, dass eine schriftliche Vereinbarung zwischen der BaFin und der zuständigen Aufsichtsbehörde des Auslagerungsunternehmens besteht, die eine effektive Aufsicht gewährleistet.[679]

5. *Briefkastenfirmaverbot, Subauslagerung und materieller Managerbegriff*

Das Briefkastenfirmaverbot und Fragen im Zusammenhang mit den Grenzen der Auslagerung und Subauslagerung sind eng mit dem materiellen Managerbegriff verbunden.

a) Konkrete gesetzliche Bestimmungen

aa) Briefkastenfirmaverbot

In § 36 Abs. 5 ist das sog. Briefkastenfirmaverbot geregelt. Dieses besagt recht simpel, dass durch die Auslagerung keine Briefkastenfirma entstehen darf. Auch diese Vorschrift wird in der Level 2-VO konkretisiert. In Art. 82 Level 2-VO sind konkrete Fälle benannt, in denen eine Briefkastenfirma vorliegt und nicht mehr genügend Substanz für das Vorliegen einer KVG gegeben ist. Hiervon ist auszugehen, wenn[680]:

- die KVG nicht mehr „über die Fachkenntnisse und Ressourcen (…) [verfügt], die für eine wirksame Überwachung der übertragenen Aufgaben und die Steuerung der mit der Übertragung verbundenen Risiken erforderlich sind“, Art. 82 Abs. 1 lit a) Level 2-VO.
- die KVG „in zentralen Angelegenheiten, die in die Zuständigkeit der Geschäftsleitung fallen, keine Entscheidungsgewalt mehr [hat] oder insbesondere

---

677 BaFin FAQ Auslagerung gemäß § 36 KAGB, Gz.: WA 41-Wp 2137–2013/0036 vom 10. Juli 2013 (Stand: 12.05.2014), Ziff. 5.

678 *Hanten,* in: Baur/Tappen, Investmentgesetze: Großkommentar, Bd. 1: §§ 1–272 KAGB, 3. Auflage 2015, § 36 Rn. 85.

679 *Beckmann,* in: Beckmann/Scholtz/Vollmer, Investment (Stand: 11/16), § 36 KAGB Rn. 200 ff.; *Hanten,* in: Baur/Tappen, Investmentgesetze: Großkommentar, Bd. 1: §§ 1–272 KAGB, 3. Auflage 2015, § 36 Rn. 89; mit einer Liste von Drittstaaten mit denen eine entsprechende Vereinbarung besteht: BaFin Merkblatt zu Vereinbarungen über die Zusammenarbeit zwischen der Bundesanstalt und der zuständigen Stellen eines Drittstaats im Rahmen der AIFM-Richtlinie 2011/61/EU vom 22. Juli 2013 (Stand: 10.02.2014).

680 Ausführlich auch: *Volhard/Jang,* in: Weitnauer/Boxberger/Anders, KAGB, 2014, § 36 Rn. 46.

im Zusammenhang mit der Umsetzung der allgemeinen Anlagepolitik und der Anlagestrategien nicht mehr befugt ist, Geschäftsleitungsfunktionen auszuüben", Art. 82 Abs. 1 lit b) Level 2-VO.
- die KVG ihre „vertraglichen Rechte auf Einsichtnahme, Ermittlung, ihre Zugangsrechte oder das Recht auf Erteilung von Anweisungen an ihre Beauftragten [verliert] oder die Wahrnehmung dieser Rechte (...) in der Praxis nicht mehr möglich" ist, Art. 82 Abs. 1 lit c) Level 2-VO.
- die KVG „Funktionen der Anlageverwaltung in einem Umfang [überträgt], die die Wahrnehmung solcher Funktionen durch die KVG selbst deutlich überschreitet", Art. 82 Abs. 1 lit d) Level 2-VO.

In der Folge sind in Art. 82 Abs. 1 lit d) i)-vii) Level 2-VO die zu berücksichtigenden Aspekte genannt. U.a. sind in diesem Zusammenhang das Risikoprofil des Fonds, Art. 82 Abs. 1 lit d) iv) Level 2-VO sowie die Arten der übertragenen Aufgaben im Vergleich zu den verbleibenden Aufgaben, Art. 82 Abs. 1 lit d) vi) Level 2-VO, zu berücksichtigen.

bb) Subauslagerung

Die Unterauslagerung oder Subauslagerung ist in § 36 Abs. 6 geregelt und ist an drei Bedingungen geknüpft.

Aus § 36 Abs. 6 S. 1 Nr. 1 ergibt sich ein Zustimmungserfordernis der KVG für jede Subauslagerung. Die Zustimmung zu einer Unterauslagerung muss individualisiert erfolgen und kann nicht auf dem Wege einer Sammelzustimmung für jegliche Unterauslagerung von der KVG erteilt werden.[681]

Zudem ist die Unterauslagerung vor Inkrafttreten der Unterauslagerungsvereinbarung von der KVG gegenüber der BaFin anzuzeigen, § 36 Abs. 6 S. 1 Nr. 2.

Als letzte Voraussetzung legt § 36 Abs. 6 S. 1 Nr. 3 fest, dass mit Ausnahme von § 36 Abs. 1 S. 1 Nr. 1 (Rechtfertigung der gesamten Auslagerungsstruktur) die Unterauslagerung grundsätzlich nur unter den gleichen Bedingungen vorgenommen werden darf wie die Erstauslagerung.

§ 36 Abs. 7 ordnet als zusätzliche Einschränkung an, dass die Besonderheiten bei der Auslagerung der Portfolioverwaltung und des Risikomanagements (§ 36 Abs. 3) auch im Rahmen der Unterauslagerung Anwendung finden. Diese Regelung ist notwendig, da sonst eine Umgehungsmöglichkeit der qualifizierten Anforderungen an die Auslagerung von Portfolioverwaltung und Risikomanagement bestehen würde.[682]

---

681 *Hanten,* in: Baur/Tappen, Investmentgesetze: Großkommentar, Bd. 1: §§ 1–272 KAGB, 3. Auflage 2015, § 36 Rn. 128.

682 *Hanten,* in: Baur/Tappen, Investmentgesetze: Großkommentar, Bd. 1: §§ 1–272 KAGB, 3. Auflage 2015, § 36 Rn. 131.

b) Materieller Managerbegriff contra formeller Managerbegriff

Der materielle Managerbegriff, welcher in enger Beziehung zum materiellen Investmentbegriff insgesamt steht, ist im deutschen Recht traditionell schon aus der Gesetzgebung für ausländische Investmentanlagen bekannt.[683] Er definiert den Fondsmanager von seiner konkreten Tätigkeit her und betrachtet nicht die bloßen formellen Gegebenheiten.[684]

Die Entscheidung, statt eines formellen Managerbegriffs, welcher noch der OGAW-RL und dem Investmentgesetz zugrunde lag, in der AIFM-RL und in der Folge daher auch im KAGB einen materiellen Managerbegriff vorauszusetzen, kann nur vor dem Hintergrund des allumfassenden Ansatzes der neuen gesetzlichen Regelungen verstanden werden. So ist erklärtes Ziel der AIFM-RL, alle Fonds-Verwalter zu erfassen, welche nicht schon unter die Regelungen der OGAW-RL fallen.[685] Das Festhalten an formellen Kriterien, was die Zugrundelegung eines formellen Managerbegriffs nach sich zieht, erscheint hierfür ungeeignet.[686] Zwar bietet der formelle Managerbegriff ein höheres Maß an Rechtssicherheit,[687] jedoch auch die Gefahr bestimmte Konstellationen nicht zu erfassen und schafft somit bei kreativen Strukturen potenzielle Möglichkeiten der Umgehung.

c) Stellungnahme

Die Substanzanforderungen der KVG im Bereich der Portfolioverwaltung und des Risikomanagements sind durch die AIFM-RL bzw. das KAGB erhöht worden, dagegen gelten nunmehr geringere Anforderungen u. a. an administrative Tätig-

---

683 Ausländische Investmentanlagen waren früher im Auslands-Investmentgesetz (AuslInvestmG) geregelt, welches bis 2004 in Kraft war und vom Investmentgesetz abgelöst wurde. In diesem Zusammenhang wurde eine sog. wirtschaftliche Betrachtungsweise zugrunde gelegt, welche die des materiellen Managerbegriffs entspricht, näher hierzu: *Pfüller/Schmitt*, in: Brinkhaus/Scherer, KAGG AuslInvestmentG, 2003, § 1 AuslInvestmG Rn. 24 ff.; *Tollmann*, Der materielle Managerbegriff der AIFM-Richtlinie und des Kapitalanlagegesetzbuches, in: Möllers/Kloyer, Das neue Kapitalanlagegesetzbuch, 2014, S. 363 ff. Rn. 1062.

684 Hierzu: *Schneider*, Der Anwendungsbereich des neuen KAGB, in: Möllers/Kloyer, Das neue Kapitalanlagegesetzbuch, 2014, S. 79 ff. Rn. 181 ff.

685 *Schneider*, Der Anwendungsbereich des neuen KAGB, in: Möllers/Kloyer, Das neue Kapitalanlagegesetzbuch, 2014, S. 79 ff. Rn. 181.

686 *Tollmann*, Der materielle Managerbegriff der AIFM-Richtlinie und des Kapitalanlagegesetzbuches, in: Möllers/Kloyer, Das neue Kapitalanlagegesetzbuch, 2014, S. 363 ff. Rn. 1062.

687 *Tollmann*, Der materielle Managerbegriff der AIFM-Richtlinie und des Kapitalanlagegesetzbuches, in: Möllers/Kloyer, Das neue Kapitalanlagegesetzbuch, 2014, S. 363 ff. Rn. 1062.

keiten und den Vertrieb.[688] Ursache hierfür ist das Umschschwenken von einem tendenziell formellen Managerbegriff hin zu einem materiellen Managerbegriff durch die neuen Regelungen der AIFM-RL bzw. des KAGB.

Sowohl beim Briefkastenfirmaverbot, bei Fragen der Grenzen der Auslagerung und Subauslagerung als auch bei der Frage der Substanzanforderungen an die KVG allgemein im Zusammenhang mit dem materiellen Managerbegriff geht es im Grundsatz um ein und dieselbe Frage: Gibt es einen Kernbereich an Tätigkeiten, der nicht auslagerungsfähig ist?[689] Umgekehrt gefragt: Wie viel Substanz muss eine auslagernde KVG zwangsläufig behalten, um noch materiell als KVG gewertet zu werden?

Diese Frage bemisst sich daran, in welchem Umfang der AIFM bzw. die KVG die Kernaufgaben eines Verwalters, nämlich die Portfolioverwaltung und das Risikomanagement, wahrnimmt.[690] Unzweifelhaft nicht statthaft ist die Totalauslagerung von Portfolioverwaltung und des Risikomanagements sowie die Auslagerung von wesentlichen Leitungsaufgaben.[691] Gem. Art. 82 Abs. 1 lit. d) Level 2-VO dürfen grundsätzlich nicht wesentlich mehr Anlageverwaltungsaufgaben ausgelagert werden als zurück behalten werden. Hierbei stellt sich jedoch die Frage, ab welchem konkreten Verhältnis der ausgelagerten Aufgaben zu den verbleibenden Aufgaben von einem wesentlichen Überwiegen gesprochen werden kann und inwiefern die Qualität der Aufgaben zu berücksichtigen ist. Fraglich bleibt auch, inwieweit entweder die Portfolioverwaltung oder das Risikomanagement totalausgelagert (und nicht nur teilweise ausgelagert) werden darf.

§ 16 InvG erlaubte der KAG als Einschränkung vom Grundsatz der Eigenverantwortlichkeit das sog. Outsourcing.[692] Die komplette Auslagerung des Portfoliomanagements seitens der KAG war demnach an sich zulässig, allerdings durfte die KAG zu keiner „leeren Hülle" verkommen, d.h. lediglich Sammelstelle für

---

688 *Tollmann*, Der materielle Managerbegriff der AIFM-Richtlinie und des Kapitalanlagegesetzbuches, in: Möllers/Kloyer, Das neue Kapitalanlagegesetzbuch, 2014, S. 363 ff. Rn. 1060 ff.

689 *Hanten,* in: Baur/Tappen, Investmentgesetze: Großkommentar, Bd. 1: §§ 1–272 KAGB, 3. Auflage 2015, § 36 Rn. 122.

690 *Tollmann*, Der materielle Managerbegriff der AIFM-Richtlinie und des Kapitalanlagegesetzbuches, in: Möllers/Kloyer, Das neue Kapitalanlagegesetzbuch, 2014, S. 363 ff. Rn. 1076.

691 *Volhard/Jang,* in: Weitnauer/Boxberger/Anders, KAGB, 2014, § 36 Rn. 47; *Tollmann*, Der materielle Managerbegriff der AIFM-Richtlinie und des Kapitalanlagegesetzbuches, in: Möllers/Kloyer, Das neue Kapitalanlagegesetzbuch, 2014, S. 363 ff. Rn. 1078.

692 *Köndgen/Schmies,* in: Schimansky/Bunte/Lwowski, Bankrechts-Handbuch, Zweiter Band, 4. Auflage 2011, § 113 Rn. 123.

die verschiedenen Auslagerungsverhältnisse sein.[693] Entscheidend war gem. § 16 Abs. 2 InvG auch erforderlich, dass die jeweilige Stelle, auf die ausgelagert wurde, einer gleichwertigen Aufsicht unterliegt wie die KAG.[694]

Die Rechtslage nach dem KAGB ist an vielen Stellen nicht eindeutig. Es lässt sich jedoch in jedem Fall festhalten, dass zum einen die Totalauslagerung von Portfolioverwaltung und Risikomanagement mit dem materiellen Managerbegriff der AIFM-RL nicht vereinbar ist und daher zwingend unzulässig. Zum anderen dürfen nicht wesentlich mehr Verwaltungsaufgaben ausgelagert als zurückbehalten werden (Art. 82 Abs. 1 lit. d) Level 2-VO).

d) Konsequenzen für bestimmte Geschäftsmodelle

Welche Konsequenzen sich aufgrund der neuen Rechtlage nach dem KAGB und den gesteigerten Substanzanforderungen an den Manager insbesondere für die Zukunft bestehender Geschäftsmodelle ergeben, ist noch nicht hinreichend geklärt.[695] Insbesondere die Auswirkungen auf Multi-Manager-Fonds und Master- bzw. Service-KVG[696] -Modelle sind näher zu betrachten.

aa) Multi-Manager-Fonds

Im Kern handelt es sich bei sog. Multi-Manager-Fonds, wie der Name schon vermuten lässt, um solche Investmentfonds, die von mehr als einer KVG verwaltet werden. Gebräuchlich ist dies z. B. im anglo-amerikanischen Rechtsraum, wenn die Anlage in unterschiedliche Asset-Klassen erfolgt und je nach Asset-Klasse jeweils ein anderer Manager bestellt wird.[697] Echte Multi-Manager-Fonds waren schon nach alter Rechtslage unter dem InvG unzulässig.[698] Und auch nach neuer

---

693 *Köndgen/Schmies,* in: Schimansky/Bunte/Lwowski, Bankrechts-Handbuch, Zweiter Band, 4. Auflage 2011, § 113 Rn. 123.

694 *Köndgen/Schmies,* in: Schimansky/Bunte/Lwowski, Bankrechts-Handbuch, Zweiter Band, 4. Auflage 2011, § 113 Rn. 123.

695 *Tollmann*, Der materielle Managerbegriff der AIFM-Richtlinie und des Kapitalanlagegesetzbuches, in: Möllers/Kloyer, Das neue Kapitalanlagegesetzbuch, 2014, S. 363 ff. Rn. 1060 f.

696 Im Folgenden wird noch der Terminus des InvG einer Kapitalanlagegesellschaft (KAG) verwendet, das KAGB hingegen spricht von einer Kapitalverwaltungsgesellschaft (KVG).

697 *Tollmann*, Der materielle Managerbegriff der AIFM-Richtlinie und des Kapitalanlagegesetzbuches, in: Möllers/Kloyer, Das neue Kapitalanlagegesetzbuch, 2014, S. 363 ff. Rn. 1081 ff.

698 *Tollmann*, Der materielle Managerbegriff der AIFM-Richtlinie und des Kapitalanlagegesetzbuches, in: Möllers/Kloyer, Das neue Kapitalanlagegesetzbuch, 2014, S. 363 ff. Rn. 1081 ff.

Rechtslage ist von der Unzulässigkeit echter Multi-Manager-Fonds auszugehen.[699] Dies ergibt sich eindeutig aus Art. 5 Abs. 1 der AIFM-RL bzw. § 17 Abs. 3.[700] Danach darf jeder AIF jeweils nur einen AIFM (bzw. eine KVG) haben, der dann allein die ihm kraft Gesetzes obliegenden Funktionen (Anhang I Nummer 1 der AIFM-RL) wahrnimmt.[701] Dies ist auch zwingende Konsequenz bei Zugrundelegung des materiellen Managerbegriffs, demzufolge überhaupt nur eine solche Stelle als AIFM bezeichnet werden kann.

Im Gegensatz dazu können teilweise als sog. unechte Multi-Manager-Fonds bezeichnete Geschäftsmodelle auch nach neuer Rechtslage zulässig sein. Bei ihnen erfolgt die effektive Verwaltung durch unterschiedliche Stellen aufgrund einer Auslagerung von Tätigkeiten der Master-KVG an Auslagerungsunternehmen, was insbesondere bei Spezialfonds in Deutschland üblich ist.[702]

bb) Master-KVG und Service-KVG

(1) Begriff der Master-KVG

Grundsätzlich erbringt eine Master-KVG die Funktion der Portfolioverwaltung nicht selbst, sondern lagert diese an ein oder mehrere Auslagerungsunternehmen aus.[703] Allerdings können auch einzelne Asset-Management-Dienstleistungen, wie

699 *Winterhalder*, in: Weitnauer/Boxberger/Anders, KAGB, 2014, § 17 Rn. 59; *Tollmann*, Der materielle Managerbegriff der AIFM-Richtlinie und des Kapitalanlagegesetzbuches, in: Möllers/Kloyer, Das neue Kapitalanlagegesetzbuch, 2014, S. 363 ff. Rn. 1081 ff.

700 *Winterhalder*, in: Weitnauer/Boxberger/Anders, KAGB, 2014, § 17 Rn. 56; *Tollmann*, Der materielle Managerbegriff der AIFM-Richtlinie und des Kapitalanlagegesetzbuches, in: Möllers/Kloyer, Das neue Kapitalanlagegesetzbuch, 2014, S. 363 ff. Rn. 1081 ff.

701 *Tollmann*, Der materielle Managerbegriff der AIFM-Richtlinie und des Kapitalanlagegesetzbuches, in: Möllers/Kloyer, Das neue Kapitalanlagegesetzbuch, 2014, S. 363 ff. Rn. 1081 ff.

702 *Tollmann*, Der materielle Managerbegriff der AIFM-Richtlinie und des Kapitalanlagegesetzbuches, in: Möllers/Kloyer, Das neue Kapitalanlagegesetzbuch, 2014, S. 363 ff. Rn. 1081 ff.

703 *Hanten*, ZBB 2003, 291, 293 f.; *Volhard/Jang*, in: Weitnauer/Boxberger/Anders, KAGB, 2014, § 36 Rn. 7; in Unterscheidung von unzulässigem Master-KAG-Modell und zulässigem Master-KVG-Modell: *Winterhalder*, in: Weitnauer/Boxberger/Anders, KAGB, 2014, § 17 Rn. 59; *Tollmann*, Der materielle Managerbegriff der AIFM-Richtlinie und des Kapitalanlagegesetzbuches, in: Möllers/Kloyer, Das neue Kapitalanlagegesetzbuch, 2014, S. 363 ff. Rn. 1083.

z. B. die Orderaufgabe an einen Broker bei der Master-KVG verbleiben.[704] Zudem lagert eine Master-KVG in der Regel auch das Risikomanagement aus.[705] Es verbleiben administrative Tätigkeiten i.S. von Anhang I Nr. 2 lit. a) der AIFM-RL bei der KVG, wie beispielsweise das Reporting und das Qualitätsmanagement.[706] Im Einzelnen variieren die Aufgaben allerdings je nach konkreter Master-KVG.[707] In der Praxis ist es insbesondere bei institutionellen Anlegern üblich, dass eine Master-KVG sämtliche Einleger-Spezialfonds des institutionellen Anlegers verwaltet.[708]

(2) Begriff der Service-KVG

An sich handelt es sich bei einer Service-KVG um eine Master-KVG, bei der das Maß der Auslagerung noch höher ist.[709] Sie beschränkt sich auf rein administrative Tätigkeiten i.S.v. Anhang I Nr. 2 lit a) der AIFM-RL.[710]

(3) Zulässigkeit nach dem KAGB

Eindeutig unzulässig nach dem KAGB sind reine Service-KVGen, da durch die Totalauslagerung sowohl der Portfolioverwaltung als auch des Risikomanage-

---

704 *Tollmann*, Der materielle Managerbegriff der AIFM-Richtlinie und des Kapitalanlagegesetzbuches, in: Möllers/Kloyer, Das neue Kapitalanlagegesetzbuch, 2014, S. 363 ff. Rn. 1085.

705 *Tollmann*, Der materielle Managerbegriff der AIFM-Richtlinie und des Kapitalanlagegesetzbuches, in: Möllers/Kloyer, Das neue Kapitalanlagegesetzbuch, 2014, S. 363 ff. Rn. 1083.

706 *Volhard/Jang*, in: Weitnauer/Boxberger/Anders, KAGB, 2014, § 36 Rn. 7; *Tollmann*, Der materielle Managerbegriff der AIFM-Richtlinie und des Kapitalanlagegesetzbuches, in: Möllers/Kloyer, Das neue Kapitalanlagegesetzbuch, 2014, S. 363 ff. Rn. 1083.

707 Zu den unterschiedlichen Master-KAG (bzw. nun KVG) -Modellen: *Hanten*, ZBB 2003, 291, 292 f.; *Tollmann*, Der materielle Managerbegriff der AIFM-Richtlinie und des Kapitalanlagegesetzbuches, in: Möllers/Kloyer, Das neue Kapitalanlagegesetzbuch, 2014, S. 363 ff. Rn. 1083.

708 *Tollmann*, Der materielle Managerbegriff der AIFM-Richtlinie und des Kapitalanlagegesetzbuches, in: Möllers/Kloyer, Das neue Kapitalanlagegesetzbuch, 2014, S. 363 ff. Rn. 1083.

709 *Tollmann*, Der materielle Managerbegriff der AIFM-Richtlinie und des Kapitalanlagegesetzbuches, in: Möllers/Kloyer, Das neue Kapitalanlagegesetzbuch, 2014, S. 363 ff. Rn. 1085; siehe hierzu auch *Hanten*, ZBB 2003, 291, 292, der nicht den Begriff der sog. Service-KAG (KVG) verwendet, sondern wohl in diesem Zusammenhang lediglich zwei Master-KAG (KVG)-Modelle unterscheidet.

710 *Tollmann*, Der materielle Managerbegriff der AIFM-Richtlinie und des Kapitalanlagegesetzbuches, in: Möllers/Kloyer, Das neue Kapitalanlagegesetzbuch, 2014, S. 363 ff. Rn. 1085.

ments eindeutig die Grenzen der zulässigen Auslagerung ausgereizt werden.[711] Bei der Master-KVG ist genau zu prüfen, welche konkreten Aufgaben und in welchem Umfang von dieser tatsächlich selbst erbracht werden.[712] Erbringt die Master-KVG beispielsweise Teile der Portfolioverwaltung selbst und ansonsten administrative Aufgaben, ist auch eine Zulässigkeit nach dem KAGB mit der Folge einer Erlaubniserteilung nach § 20 Abs. 1 S. 1 möglich.

6. *Abgrenzungen und Ausnahmen*

Die recht allgemeine Definition der Auslagerung führt in Einzelfällen zu Abgrenzungsschwierigkeiten. Insbesondere im Rahmen der Fremdverwaltung durch eine externe KVG und im Zusammenhang mit sog. sonstigen Fremdbezug von Leistungen treten immer wieder Unsicherheiten auf.

a) *Fremdverwaltung durch eine externe KVG*

Im Zusammenhang mit der Fremdverwaltung durch eine externe KVG treten Abgrenzungsprobleme zu der geschäftsüblichen Praxis[713] der Auslagerung von Verwaltungstätigkeiten auf. Liegt eine externe Kapitalverwaltung (Fremdverwaltung) vor, ist an sich keine Auslagerung gegeben, sodass § 36 nicht anzuwenden ist.

Als entscheidendes Kriterium für die Abgrenzung der Fremdverwaltung von der Auslagerung wird „die Übertragung nicht nur der investmentrechtlichen Tätigkeit, sondern auch der damit einhergehenden Verantwortung an die KVG“[714] identifiziert. Entscheidend ist, wer die Verantwortung gegenüber Dritten für die

---

711 *Volhard/Jang,* in: Weitnauer/Boxberger/Anders, KAGB, 2014, § 36 Rn. 7: „Briefkastenfirma“; hierzu auch: *Winterhalder,* in: Weitnauer/Boxberger/Anders, KAGB, 2014, § 17 Rn. 59; *Tollmann*, Der materielle Managerbegriff der AIFM-Richtlinie und des Kapitalanlagegesetzbuches, in: Möllers/Kloyer, Das neue Kapitalanlagegesetzbuch, 2014, S. 363 ff. Rn. 1087 ff.

712 Ausführlich zur rechtlichen Zulässigkeit des Master-KVG-Konzepts: *Seidenschwann*, Die Master-Kapitalverwaltungsgesellschaft, 2016, S. 169 ff., sowie *Herring/Loff,* DB 2012, 2029 ff.; *Tollmann*, Der materielle Managerbegriff der AIFM-Richtlinie und des Kapitalanlagegesetzbuches, in: Möllers/Kloyer, Das neue Kapitalanlagegesetzbuch, 2014, S. 363 ff. Rn. 1092.

713 *Volhard/Jang,* in: Weitnauer/Boxberger/Anders, KAGB, 2014, § 36 Rn. 2.

714 *Winterhalder,* in: Weitnauer/Boxberger/Anders, KAGB, 2014, § 17 Rn. 34; BaFin FAQ Auslagerung gemäß § 36 KAGB, Gz.: WA 41-Wp 2137–2013/0036 vom 10. Juli 2013 (Stand: 12.05.2014), Ziff. 1.

Tätigkeit trägt.[715] Eine externe KVG, also ein „Fremdverwalter“ ist gegenüber Dritten für seine Verwaltungstätigkeit verantwortlich, ein Auslagerungsunternehmen nicht. Gem. § 36 Abs. 4 hat eine KVG ein Verschulden des Auslagerungsunternehmens in gleichem Umfang zu vertreten wie eigenes Verschulden.

b) „sonstiger Fremdbezug von Leistungen“

Grundsätzlich galt bis zum Inkrafttreten der KAMaRisk, dass die in Ziff. 9 der InvMaRisk getroffenen Aussagen zur Abgrenzung der Anlageberatung bzw. die Ausführungen insgesamt zum „sonstigen Fremdbezug von Leistungen“ im Wesentlichen weiter zur Auslegung herangezogen werden können.[716] Nun ist in Ziff. 10 KAMaRisk geregelt, dass „Leistungen, die typischerweise von einem Unternehmen bezogen und aufgrund tatsächlicher Gegebenheiten oder rechtlicher Vorgaben regelmäßig weder zum Zeitpunkt des Fremdbezugs noch in der Zukunft von der Gesellschaft selbst erbracht werden oder erbracht werden können“, nicht als Auslagerung zu qualifizieren sind. Dieses betrifft u. a. die Nutzung von Clearingstellen im Rahmen des Zahlungsverkehrs und der Wertpapierabwicklung oder die Einschaltung von Korrespondenzbanken.[717] Auch sind sog. Advisory Modelle, bei denen eine externe Anlageberatung erfolgt, die qualifizierte Anlageentscheidung jedoch auf Grundlage der eigenen Analyse der KVG erfolgt, nicht als Auslagerung zu qualifizieren.[718] In diesem Zusammenhang reicht es nicht aus, dass die Anlageempfehlung lediglich einer formalen Kontrolle unterzogen wird und im Übrigen die Gesellschaft die Empfehlung ohne eigene Beurteilung der Anlage durchführt.[719] Letzlich offen bleibt jedoch die Frage, wann genau die qualifizierte Anlageentscheidung auf Grundlage „eigener Analayse“ erfolgt. Es lässt sich jedoch festhalten, dass je bedeutender die Entscheidung für ein Anlage-

---

715 BaFin FAQ Auslagerung gemäß § 36 KAGB, Gz.: WA 41-Wp 2137–2013/0036 vom 10. Juli 2013 (Stand: 12.05.2014), Ziff. 14; *Volhard/Jang,* in: Weitnauer/Boxberger/Anders, KAGB, 2014, § 36 Rn. 4.

716 BaFin FAQ Auslagerung gemäß § 36 KAGB, Gz.: WA 41-Wp 2137–2013/0036 vom 10. Juli 2013 (Stand: 12.05.2014), Ziff. 12.

717 BaFin FAQ Auslagerung gemäß § 36 KAGB, Gz.: WA 41-Wp 2137–2013/0036 vom 10. Juli 2013 (Stand: 12.05.2014), Ziff. 12.

718 Hierzu: *Winterhalder,* in: Weitnauer/Boxberger/Anders, KAGB, 2014, § 17 Rn. 66; Ziff. 10 KAMaRisk; BaFin FAQ Auslagerung gemäß § 36 KAGB, Gz.: WA 41-Wp 2137–2013/0036 vom 10. Juli 2013 (Stand: 12.05.2014), Ziff. 13; *Volhard/Jang,* in: Weitnauer/Boxberger/Anders, KAGB, 2014, § 36 Rn. 7; *Hanten,* in: Baur/Tappen, Investmentgesetze: Großkommentar, Bd. 1: §§ 1–272 KAGB, 3. Auflage 2015, § 36 Rn. 28.

719 BaFin FAQ Auslagerung gemäß § 36 KAGB, Gz.: WA 41-Wp 2137–2013/0036 vom 10. Juli 2013 (Stand: 12.05.2014), Ziff. 13.

vermögen ist, desto höhere Anforderungen an eine „eigene Analyse" zu stellen sind.[720] Auch gibt Ziff. 10 KAMaRisk als Beispiel vor, dass „eine eigene qualifizierte Anlageentscheidung auf Basis einer Anlageempfehlung (...) dann nicht vor[liegt], wenn die Anlageempfehlung lediglich einer formalen Kontrolle" unterliegt.

Auch werden bei einer Unwesentlichkeit der Auslagerung z. B. im Falle der Erbringung allgemeiner Service-Leistungen (beispielsweise durch einen Hausmeister oder einen Sicherheitsdienst) Ausnahmen gewährt.[721]

7. Besonderheiten der Auslagerung bei Immobilien-Sondervermögen

a) Vollauslagerung der Portfolioverwaltung

Auch bei Immobilien-Sondervermögen kann die Portfolioverwaltung ausgelagert werden und im Zuge dessen die Anlageentscheidung zum Kauf oder Verkauf einer Immobilie durch das Auslagerungsunternehmen getroffen werden.[722] Auslagerungsfähig ist nun auch, im Gegensatz zur bisherigen Verwaltungspraxis, die Dispositionsbefugnis (d. h. die Entscheidungsmacht über die Veräußerung oder den Erwerb von Immobilien) als Kernkompetenz der KVG.[723]

Entscheidend ist in solchen Auslagerungsfällen die Kompetenz des Auslagerungsunternehmens, welche im Genehmigungsverfahren durch die BaFin entsprechend geprüft wird.[724] Bewertungskriterien sind hierbei u. a. der Umfang der Auslagerung und das Risiko der Auslagerung auf die KVG und das Immobilien-Sondervermögen.[725] Allerdings sieht die Gesetzesbegründung[726] zu § 36 Abs. 1 Nr. 3 vor dem Hintergrund der Bedeutung einer Entscheidung zum Kauf/Verkauf

720 *Hanten,* in: Baur/Tappen, Investmentgesetze: Großkommentar, Bd. 1: §§ 1–272 KAGB, 3. Auflage 2015, § 36 Rn. 29.

721 Insbes. zur Erbringung von Dienstleistungen im Zusammenhang mit Immobilien-Sondervermögen siehe S. 126 f.; *Volhard/Jang,* in: Weitnauer/Boxberger/Anders, KAGB, 2014, § 36 Rn. 9 ff.

722 BaFin FAQ Auslagerung gemäß § 36 KAGB, Gz.: WA 41-Wp 2137–2013/0036 vom 10. Juli 2013 (Stand: 12.05.2014), Ziff. 15.

723 BaFin FAQ Auslagerung gemäß § 36 KAGB, Gz.: WA 41-Wp 2137–2013/0036 vom 10. Juli 2013 (Stand: 12.05.2014), Ziff. 15.

724 BaFin FAQ Auslagerung gemäß § 36 KAGB, Gz.: WA 41-Wp 2137–2013/0036 vom 10. Juli 2013 (Stand: 12.05.2014), Ziff. 15.

725 BaFin FAQ Auslagerung gemäß § 36 KAGB, Gz.: WA 41-Wp 2137–2013/0036 vom 10. Juli 2013 (Stand: 12.05.2014), Ziff. 15.

726 Gesetzesentwurf der Bundesregierung, Entwurf eines Gesetzes zur Umsetzung der Richtlinie 2011/61/EU über die Verwalter alternativer Investmentfonds (AIFM-Umsetzungsgesetz – AIFM-UmsG) vom 6. Februar 2013, BT-Drucks. 17/12294, S. 221.

von Objekten bzw. Sachwerten, den Genehmigungsfall einer umfangreichen Auslagerung auf ein nicht zugelassenes Auslagerungsunternehmen als Ausnahme gegenüber der Regel an.[727]

b) *Erbringung von Dienstleistungen im Zusammenhang mit Immobilien*

Aus Anhang I der AIFM-RL, der in Abs. 1 die Portfolioverwaltung aufführt und hiervon die weiteren in Abs. 2 c) genannten Tätigkeiten abgrenzt, ergibt sich, dass einzelne Tätigkeiten im Zusammenhang mit der Verwaltung von Immobilien, die keine Dispositionsbefugnis über die Immobilie umfassen, u. a. das Facility Management und weitere Verwaltungstätigkeiten, nicht als Teilbereich der Portfolioverwaltung anzusehen sind.[728] In der Konsequenz müssen bei einer Übertragung dieser Tätigkeiten nicht die qualifizierten Anforderungen des § 36 Abs. 1 Nr. 3 erfüllt sein. Gem. Erwägungsgrund 82 der Level 2-VO sollen allerdings die Einschränkungen und Anforderungen für die Auslagerung grundsätzlich für alle in Anhang I der AIFM-RL dargelegten Verwaltungsfunktionen gelten.[729] Bei Tätigkeiten wie dem Facility Management ist zu differenzieren, inwieweit sich die Gesellschaft einmalig und in geringem Umfang Dienstleistern zur Unterstützung bedient (bspw. bei kleineren Reparaturen) oder laufend die Aufgaben delegiert.[730] Bei einer einmaligen Beauftragung liegt in der Regel ein bloßer Fremdbezug (siehe S. 124 f.) von Dienstleistungen und keine Auslagerung vor.[731]

Unter Umständen sind die betreffenden Tätigkeiten auch als Portfolioverwaltung anzusehen, sodass deren „Outsourcing" zusätzlich den Anforderungen des § 36 Abs. 1 Nr. 3 genügen muss. In Betracht kommen hierbei Tätigkeiten mit weitgehender Entscheidungsbefugnis, z. B. bei Vermietung oder Sanierung von

---

727 BaFin FAQ Auslagerung gemäß § 36 KAGB, Gz.: WA 41-Wp 2137–2013/0036 vom 10. Juli 2013 (Stand: 12.05.2014), Ziff. 15.

728 BaFin FAQ Auslagerung gemäß § 36 KAGB, Gz.: WA 41-Wp 2137–2013/0036 vom 10. Juli 2013 (Stand: 12.05.2014), Ziff. 16.

729 BaFin FAQ Auslagerung gemäß § 36 KAGB, Gz.: WA 41-Wp 2137–2013/0036 vom 10. Juli 2013 (Stand: 12.05.2014), Ziff. 16; „Verwaltungsfunktionen" sind allerdings von den „unterstützenden Aufgaben" wie etwa Catering abzugrenzen, die nicht erfasst sind, vgl. Erwägungsgrund 82 Level 2-VO.

730 *Volhard/Jang*, in: Weitnauer/Boxberger/Anders, KAGB, 2014, § 36 Rn. 11; BaFin FAQ Auslagerung gemäß § 36 KAGB vom 10.7.2013, Gz.: WA 41-Wp 2137–2013/0036, Ziff. 16.

731 *Volhard/Jang*, in: Weitnauer/Boxberger/Anders, KAGB, 2014, § 36 Rn. 11; BaFin FAQ Auslagerung gemäß § 36 KAGB vom 10.7.2013, Gz.: WA 41-Wp 2137–2013/0036, Ziff. 16.

Objekten.[732] Wenn das Letztentscheidungsrecht hinsichtlich eines Vermögensgegenstandes nach eingehender Prüfung, konkret (beispielsweise) die Entscheidung über eine Renovierungsmaßnahme nach Vorschlag eines Architekten, bei der KVG verbleibt, kann ein sonstiger Fremdbezug einer Dienstleistung vorliegen (siehe „Advisory-Modelle", S. 124 f.) und keine Auslagerung.[733]

VI. Vergütung gem. § 37

1. Notwendigkeit einer staatlichen Regulierung

Im Zuge der Finanzmarktkrise geriet auch die bisherige Vergütungspraxis der Verwalter von Investmentfonds in den Fokus des Gesetzgebers. So wurde ein unausgewogenes Vergütungssystem nicht nur im Bereich der Investmentfonds als Risikofaktor für die Stabilität der Finanzmärkte identifiziert.[734] Fehlt es an einer nachhaltigen Vergütungspolitik, d.h. es wird einseitig Erfolg belohnt, ohne dass umgekehrt eine ausreichende Sanktionierung von Misserfolg gegeben ist, wird Fehlverhalten provoziert.[735] Daher wird die Regulierung der Vergütung auch als wichtige Komponente eines angemessenen Risikomanagements begriffen.[736] Neben dem Erlass von Vorschriften zu einer soliden Vergütungspraxis in den Bereichen der Banken und Versicherungen (u.a. auf nationaler Ebene durch die auf § 25a Abs. 6 KWG basierende Institutsvergütungsverordnung (InstitutsVergV)[737])[738], wird auch die Vergütung im Bereich der Investmentfonds

---

732 BaFin FAQ Auslagerung gemäß § 36 KAGB, Gz.: WA 41-Wp 2137–2013/0036 vom 10. Juli 2013 (Stand: 12.05.2014), Ziff. 16.

733 BaFin FAQ Auslagerung gemäß § 36 KAGB, Gz.: WA 41-Wp 2137–2013/0036 vom 10. Juli 2013 (Stand: 12.05.2014), Ziff. 16.

734 *Kirchner/Hesser,* in: Baur/Tappen, Investmentgesetze: Großkommentar, Bd. 1: §§ 1–272 KAGB, 3. Auflage 2015, § 37 Rn. 1.

735 BaFin Auslegungshilfe zur Institutionsvergütungsordnung vom 1. Januar 2014, Teil A; *Kirchner/Hesser,* in: Baur/Tappen, Investmentgesetze: Großkommentar, Bd. 1: §§ 1–272 KAGB, 3. Auflage 2015, § 37 Rn. 1.

736 *Boxberger* in: Dornseifer/Jesch/Klebeck/Tollmann, AIFM-Richtlinie, 2013, Art. 13 Rn. 1; *Spindler/Tancredi,* WM 2011, 1393, 1404; *Kirchner/Hesser,* in: Baur/Tappen, Investmentgesetze: Großkommentar, Bd. 1: §§ 1–272 KAGB, 3. Auflage 2015, § 37 Rn. 1, 3.

737 Verordnung über die aufsichtsrechtlichen Anforderungen an Vergütungssysteme von Instituten (Institutsvergütungsverordnung – InstitutsVergV) vom 16. Dezember 2013, BGBl. I 2013, S. 4270 vom 19. Dezember 2013.

738 *Kirchner/Hesser,* in: Baur/Tappen, Investmentgesetze: Großkommentar, Bd. 1: §§ 1–272 KAGB, 3. Auflage 2015, § 37 Rn. 1.

gesetzlich reguliert. Im Rahmen der AIFM-RL regelt Art. 13 i.V.m. Anhang II die Vergütung der Manager und findet auf nationaler Ebene seine Entsprechung in § 37. Schon im Erlaubnisverfahren ist die Vergütungspraxis relevant, da gem. § 22 Abs. 1 Nr. 8 der Erlaubnisantrag zwingend Angaben zu der Vergütungspolitik und Vergütungspraxis nach § 37 enthalten muss.[739] Aufgrund von Überschneidungen der InstitutsVergV, welche die Vergütungssysteme im Bereich der Banken und Versicherungen reguliert, und der entsprechenden gesetzlichen Bestimmungen im Bereich der Investmentfonds liegt es nahe, bei Auslegungsfragen auch im Bereich der Investmentfonds auf die InstitutsVergV zurückzugreifen.[740]

2. *Leitlinien der ESMA*

Die ESMA[741] spielt im Rahmen der Vergütungspolitik im AIF-Sektor eine entscheidende Rolle. Es ist ihre Aufgabe, Leitlinien für solide Vergütungspolitik zur Verfügung zu stellen.[742] Hierbei hat die ESMA die Empfehlung der Kommission zur Vergütungspolitik im Finanzleistungssektor zu berücksichtigen, insbesondere die Größe des AIFM (der KVG) sowie die Größe, interne Organisation, Art, Umfang und Komplexität der Geschäftstätigkeiten des AIF, Art. 13 Abs. 2 AIFM-RL. Es besteht eine enge Zusammenarbeit zwischen ESMA und der EBA (Europäische Finanzaufsichtsbehörde). Gem. des Auftrags erließ die ESMA „Leitlinien für solide Vergütungspolitiken unter Berücksichtigung der AIFMD" (AIFMD-Vergütungsleitlinien)[743] im Rahmen der Stufe 3 des Lamfalussy-Verfahrens.[744]

---

739 Dieses Erfordernis wird von der BaFin weiter konkretisiert: BaFin Merkblatt zum Erlaubnisverfahren für eine AIF-Kapitalverwaltungsgesellschaft nach § 22 KAGB-E vom 22. März 2013, Ziff. 8; *Boxberger/Klebeck*, BKR 2013, 441, 449.

740 *Kirchner/Hesser*, in: Baur/Tappen, Investmentgesetze: Großkommentar, Bd. 1: §§ 1–272 KAGB, 3. Auflage 2015, § 37 Rn. 6; insbesondere zur InstitutsVergV siehe: *Müller-Bonanni/Mehrens*, NZA 2010, 792 ff.

741 Zur Rolle der ESMA im europäischen Finanzaufsichtssystem siehe u. a.: *Assmann/Schneider*, WpHG, 6. Auflage 2012, § 7a Rn. 1 ff.; *Baur/Boegl*, BKR 2011, 177, 181 ff.

742 *Kirchner/Hesser*, in: Baur/Tappen, Investmentgesetze: Großkommentar, Bd. 1: §§ 1–272 KAGB, 3. Auflage 2015, § 37 Rn. 7.

743 ESMA Leitlinien für solide Vergütungspolitiken unter Berücksichtigung der AIFMD vom 03.07.2013 (ESMA/2013/232).

744 Zum Lamfalussy-Verfahren, sowie zur faktischen Bindungswirkung der Leitlinien und Empfehlungen der ESMA siehe u. a. *Rötting/Lang*, EuZW 2012, 8 ff.

Am 31. März 2016 erließ die ESMA neue Leitlinien für solide Vergütungspolitiken.[745] Ziel ist es, die Bestimmungen für OGAW und AIF zu vereinheitlichen.[746] Die neuen Leitlinien werden seit dem 1. Januar 2017 angewendet.[747] Die BaFin kündigte an, dass sie bis zum Erlass einer auf § 37 Abs. 3 basierenden Rechtsverordnung wie bisher die ESMA Leitlinien anwenden wird.[748]

3. *Persönlicher Anwendungsbereich*

§ 37 Abs. 1 S. 1 teilt den persönlichen Anwendungsbereich auf. Zum einen sind Geschäftsleiter und Mitarbeiter, deren Tätigkeiten einen wesentlichen Einfluss auf das Risikoprofil der Verwaltungsgesellschaft oder der verwalteten Investmentvermögen haben, erfasst, sog. Risikoträger. Zum anderen sind Mitarbeiter mit Kontrollfunktionen und alle Mitarbeiter, die eine Gesamtvergütung erhalten, aufgrund derer sie sich in derselben Einkommensstufe befinden wie Geschäftsleiter und Risikoträger, sog. identifizierte Mitarbeiter,[749] erfasst.

Wer Geschäftsleiter ist, legt § 1 Abs. 19 Nr. 15 fest, demnach sind Geschäftsleiter „natürliche Personen, die nach Gesetz, Satzung oder Gesellschaftsvertrag zur Führung der Geschäfte und zur Vertretung einer (...) [KVG] berufen sind sowie diejenigen natürlichen Personen, die die Geschäfte der (...) [KVG] tatsächlich leiten".

Sog. Risikoträger sind Mitarbeiter, die mit Entscheidungsbefugnissen ausgestattet sind, mit denen sie erheblichen Einfluss auf das Risikoprofil der KVG

---

745 Eine Neuerung im Rahmen der OGAW-V-RL (2014/91/EU) ist, dass nun auch OGAW-Verwaltungsgesellschaften ein Vergütungssystem für Geschäftsleiter sowie bestimmte Mitarbeiter festlegen müssen, die ESMA erließ daher neue Vergütungsleitlinien, die sowohl die OGAW-RL als auch die AIFM-RL betreffen: ESMA „Final report: Guidelines in sound remuneration policies under the UCITIS Directive and AIFMD" vom 31.03.2016 (ESMA/2016/411).

746 *Boxberger*, in: Weitnauer/Boxberger/Anders, KAGB, 2014, § 37 Rn. 2.

747 BaFin Schreiben zur Anwendung der „Leitlinien für solide Vergütungspolitiken unter Berücksichtigung der OGAW-Richtlinie und der AIFMD" von ESMA, Gz.: WA 41-Wp 2137–2013/0037 vom 22. Juli 2013 (Stand: 01.11.2016), Gz.: WA 41-Wp 2137–2013/0037.

748 BaFin Schreiben zur Anwendung der „Leitlinien für solide Vergütungspolitiken unter Berücksichtigung der OGAW-Richtlinie und der AIFMD" von ESMA, Gz.: WA 41-Wp 2137–2013/0037 vom 22. Juli 2013 (Stand: 01.11.2016), Gz.: WA 41-Wp 2137–2013/0037.

749 *Kirchner/Hesser*, in: Baur/Tappen, Investmentgesetze: Großkommentar, Bd. 1: §§ 1–272 KAGB, 3. Auflage 2015, § 37 Rn. 9.

oder den verwalteten Fonds direkt haben können, dieses sind etwa Vertriebsmitarbeiter oder Mitarbeiter von Handelsplattformen.[750]

Wer als sog. identifizierter Mitarbeiter gilt, konkretisieren die ESMA-Leitlinien[751] in Ziff. VI. So werden als Mitarbeiter mit Kontrollfunktion leitende Mitarbeiter genannt, die für das Risikomanagement, die Compliance, die interne Kontrolle oder vergleichbare Aufgaben zuständig sind, beispielsweise ein Chief Financial Officer (CFO).[752] Zudem können als sog. identifizierte Mitarbeiter solche Personen gelten, die an der Spitze des Portfoliomanagements, der Verwaltung, des Marketings oder des Personalbereichs stehen.[753] Die Kategorisierung, ob und inwieweit es sich um einen sog. identifizierten Mitarbeiter handelt, obliegt der KVG selbst.[754] Zwar soll die KVG laut ESMA-Leitlinien in der Lage sein, gegenüber der zuständigen Behörde den Nachweis zu erbringen, wie sie die identifizierten Mitarbeiter bewertet und ausgesucht hat.[755] Dennoch birgt die Selbstkategorisierung durch die KVG ein Einfallstor zur Umgehung der Vergütungsvorschriften.

Im Zusammenhang mit der Auslagerung von Aufgaben i.S.d. § 36 regelt Ziff. 18 der ESMA-Leitlinien, dass die KVG durch Vereinbarung sicherzustellen hat, dass es zu keiner Umgehung der Vergütungsvorschriften kommt, wenn ein Mitarbeiter des Auslagerungsunternehmens als sog. qualifizierter Mitarbeiter anzusehen ist. Allerdings kommt auch hier dem Auslagerungsunternehmen selbst die Aufgabe zu, zu analysieren, welche Mitarbeiter durch ihre Tätigkeit im Auslagerungsunternehmen einen wesentlichen Einfluss auf das Risikoprofil des Fonds haben.[756]

---

750 *Kirchner/Hesser,* in: Baur/Tappen, Investmentgesetze: Großkommentar, Bd. 1: §§ 1–272 KAGB, 3. Auflage 2015, § 37 Rn. 11; *Boxberger* in: Dornseifer/Jesch/Klebeck/Tollmann, AIFM-Richtlinie, 2013, Art. 13 Rn. 15; *Mujan,* BB 2013, 1653, 1654.

751 ESMA Leitlinien für solide Vergütungspolitiken unter Berücksichtigung der AIFMD vom 03.07.2013 (ESMA/2013/232), Ziff. VI.

752 ESMA Leitlinien für solide Vergütungspolitiken unter Berücksichtigung der AIFMD vom 03.07.2013 (ESMA/2013/232), Ziff. 4; *Kirchner/Hesser,* in: Baur/Tappen, Investmentgesetze: Großkommentar, Bd. 1: §§ 1–272 KAGB, 3. Auflage 2015, § 37 Rn. 11.

753 ESMA Leitlinien für solide Vergütungspolitiken unter Berücksichtigung der AIFMD vom 03.07.2013 (ESMA/2013/232), Ziff. 20; *Kirchner/Hesser,* in: Baur/Tappen, Investmentgesetze: Großkommentar, Bd. 1: §§ 1–272 KAGB, 3. Auflage 2015, § 37 Rn. 11.

754 *Kirchner/Hesser,* in: Baur/Tappen, Investmentgesetze: Großkommentar, Bd. 1: §§ 1–272 KAGB, 3. Auflage 2015, § 37 Rn. 12.

755 ESMA Leitlinien für solide Vergütungspolitiken unter Berücksichtigung der AIFMD vom 03.07.2013 (ESMA/2013/232), Ziff. 20; *Kirchner/Hesser,* in: Baur/Tappen, Investmentgesetze: Großkommentar, Bd. 1: §§ 1–272 KAGB, 3. Auflage 2015, § 37 Rn. 12.

756 *Kirchner/Hesser,* in: Baur/Tappen, Investmentgesetze: Großkommentar, Bd. 1: §§ 1–272 KAGB, 3. Auflage 2015, § 37 Rn. 12; *Boxberger/Klebeck,* BKR 2013, 441, 445.

Anders als im Rahmen der InstitutsVergV besteht grundsätzlich auch die Möglichkeit, dass Handelsvertreter als sog. qualifizierte Mitarbeiter anzusehen sind, ebenso andere externe Dritte.[757] Im Unterschied zu den Vergütungsregelungen im Rahmen der Banken und Versicherungen lässt der Art. 13 Abs. 1 S. 1 AIFM-RL durch die Formulierung „alle Kategorien von Mitarbeitern" erkennen, dass eine weite Auslegung bezweckt ist. Diese weite Auslegung steht auch im Einklang mit der Intention Umgehungstatbestände zu vermeiden, um die Funktion eines angemessenen Risikomanagements zu gewährleisten.[758]

4. Sachlicher Anwendungsbereich

a) Vorliegen einer „Vergütung"

Als Vergütung i.S.d. Ziff. 2 des Anhangs II der AIFM-RL ist grundsätzlich jede Art von Zahlung oder Leistung anzusehen, ohne Belang, ob diese bar oder unbar geleistet wird.[759] Auch die Höhe der Vergütung ist nicht maßgeblich, bereits geringfügige Vergütungen sind erfasst.[760] Keine Vergütung i.S.d. § 37 sind solche Nebenleistungen oder Vorteile, „die Teil einer allgemeinen, nichtdiskretionären Politik auf der Ebene des AIFM sind und keinen Anreiz im Hinblick auf die Übernahme von Risiken schaffen".[761]

Grundsätzlich kann die Vergütung unterteilt werden in feste Vergütungsbestandteile, d.h. Zahlungen oder Leistungen ohne Berücksichtigung von Leistungskriterien und variable Vergütungsbestandteile.[762] Unter variablen Vergütungsbestandteilen sind zusätzliche Zahlungen oder Leistungen zu verstehen, die auf der Grundlage von Leistungskriterien oder in bestimmten Fällen von anderen vertraglichen Kriterien gewährt werden.[763]

---

757 Zu identifizierten Mitarbeitern in Drittunternehmen siehe: *Insam/Heisterhagen/Hinrichs*, DStR 2014, 913, 914; *Kirchner/Hesser*, in: Baur/Tappen, Investmentgesetze: Großkommentar, Bd. 1: §§ 1–272 KAGB, 3. Auflage 2015, § 37 Rn. 14.

758 *Kirchner/Hesser*, in: Baur/Tappen, Investmentgesetze: Großkommentar, Bd. 1: §§ 1–272 KAGB, 3. Auflage 2015, § 37 Rn. 14.

759 *Kirchner/Hesser*, in: Baur/Tappen, Investmentgesetze: Großkommentar, Bd. 1: §§ 1–272 KAGB, 3. Auflage 2015, § 37 Rn. 15.

760 *Kirchner/Hesser*, in: Baur/Tappen, Investmentgesetze: Großkommentar, Bd. 1: §§ 1–272 KAGB, 3. Auflage 2015, § 37 Rn. 15.

761 ESMA Leitlinien für solide Vergütungspolitiken unter Berücksichtigung der AIFMD vom 03.07.2013 (ESMA/2013/232), Ziff. 11.

762 ESMA Leitlinien für solide Vergütungspolitiken unter Berücksichtigung der AIFMD vom 03.07.2013 (ESMA/2013/232), Ziff. 11.

763 ESMA Leitlinien für solide Vergütungspolitiken unter Berücksichtigung der AIFMD vom 03.07.2013 (ESMA/2013/232), Ziff. 11.

Rentenbeiträge und Sondervergütungen für Fahrzeuge oder Mobiltelefone fallen ebenso unter den Vergütungsbegriff, wie die Übertragung von Anteilen an dem AIF als Gegenleistung für berufliche Dienstleistungen.[764]

Unklar ist, ob Zahlungen von Konzerngesellschaften vom Anwendungsbereich erfasst sind. Weder der Anhang II der AIFM-RL noch die ESMA-Leitlinien treffen hierzu eine eindeutige Aussage.[765] Legt man den Wortlaut von Ziff. 2 des Anhang II der AIFM-RL zugrunde, sind nur Zahlungen der KVG selbst erfasst. Da jedoch auch beispielsweise Zahlungen des Auslagerungsunternehmens im Falle, dass es sich um einen sog. identifizierten Mitarbeiter des Auslagerungsunternehmens handelt erfasst sind, ist die Beschränkung auf lediglich die KVG selbst eindeutig zu eng. In Anlehnung an die InstitutsVergV empfiehlt es sich darauf abzustellen, ob durch die Zahlung von einer Konzerngesellschaft eine Anreizwirkung zur Eingehung von Risiken bei der jeweiligen anderen Konzerngesellschaft besteht.[766] Indikator für das Nicht-Vorliegen einer Anreizwirkung ist, dass der Konzernbonus nicht ausschließlich vom Erfolg der einzelnen Konzerngesellschaft abhängig ist, d. h., dass die jeweiligen Bemessungskriterien für den ganzen Konzern gelten und nicht nur für die einzelne Konzerngesellschaft.[767]

b) Carried Interest

Unter Carried Interest ist gem. § 1 Abs. 19 Nr. 7 der Anteil an den Gewinnen des AIF zu verstehen, den eine KVG als Vergütung für die Verwaltung des Fonds erhält. Erfolgen disproportionale Gewinnauszahlungen mittels eines sog. Carried-Interest-Vehikels an Mitarbeiter der KVG, d. h. Zahlungen, die über die anteilsmäßige Beteiligung an dem Fonds hinausgehen, sind diese Carried Interests als Vergütung einzustufen.[768]

---

764 ESMA Leitlinien für solide Vergütungspolitiken unter Berücksichtigung der AIFMD vom 03.07.2013 (ESMA/2013/232), Ziff. 11; *Kirchner/Hesser,* in: Baur/Tappen, Investmentgesetze: Großkommentar, Bd. 1: §§ 1–272 KAGB, 3. Auflage 2015, § 37 Rn. 15, 17.

765 *Kirchner/Hesser,* in: Baur/Tappen, Investmentgesetze: Großkommentar, Bd. 1: §§ 1–272 KAGB, 3. Auflage 2015, § 37 Rn. 19.

766 *Kirchner/Hesser,* in: Baur/Tappen, Investmentgesetze: Großkommentar, Bd. 1: §§ 1–272 KAGB, 3. Auflage 2015, § 37 Rn. 19.

767 *Kirchner/Hesser,* in: Baur/Tappen, Investmentgesetze: Großkommentar, Bd. 1: §§ 1–272 KAGB, 3. Auflage 2015, § 37 Rn. 19.

768 ESMA Leitlinien für solide Vergütungspolitiken unter Berücksichtigung der AIFMD vom 03.07.2013 (ESMA/2013/232), Ziff. 12, 16; *Kirchner/Hesser,* in: Baur/Tappen, Investmentgesetze: Großkommentar, Bd. 1: §§ 1–272 KAGB, 3. Auflage 2015, § 37 Rn. 20.

Hiervon abzugrenzen sind die sog. Co-Investitionen, die den Anteil darstellen, den die KVG als Gewinn für ihre Anlagen in dem Fonds bezieht und keine Vergütung i.S.d. § 37 sind.[769]

5. *Vergütungssystem*

a) *Verhältnismäßigkeit*

Als Ausprägung des Verhältnismäßigkeitsgrundsatzes hat nicht jede KVG die Vorgaben zur Vergütungspolitik in gleicher Intensivität anzuwenden.[770] So kommt es entscheidend auf die Größe, Art und Umfang der Geschäfte und die interne Organisation der KVG an.[771]

Eine Nicht-Anwendung von Anforderungen kommt nur in Ausnahmefällen in Betracht und zudem auch nur dann, wenn dies mit dem Risikoprofil, der Risikobereitschaft und der Strategie der KVG bzw. mit der Strategie des von ihr verwalteten Fonds und den in den ESMA-Leitlinien enthaltenen Einschränkungen vereinbar ist.[772] Grundsätzlich wird ein prinzipienbasierter Ansatz verfolgt, d. h. es ist kein bestimmtes Vergütungssystem vorgeschrieben.[773] Wenn die KVG Anforderungen nicht anwendet, muss sie in der Lage sein, gegenüber der BaFin begründen zu können, weshalb sie die Nicht-Anwendung für angemessen hält.[774]

---

769 *Boxberger*, in: Weitnauer/Boxberger/Anders, KAGB, 2014, § 37 Rn. 22, *Kirchner/Hesser*, in: Baur/Tappen, Investmentgesetze: Großkommentar, Bd. 1: §§ 1–272 KAGB, 3. Auflage 2015, § 37 Rn. 20; ESMA Leitlinien für solide Vergütungspolitiken unter Berücksichtigung der AIFMD vom 03.07.2013 (ESMA/2013/232), Ziff. 16; *Boxberger/Klebeck*, BKR 2013, 441, 447.

770 ESMA Leitlinien für solide Vergütungspolitiken unter Berücksichtigung der AIFMD vom 03.07.2013 (ESMA/2013/232), Ziff. 24; *Kirchner/Hesser*, in: Baur/Tappen, Investmentgesetze: Großkommentar, Bd. 1: §§ 1–272 KAGB, 3. Auflage 2015, § 37 Rn. 22.

771 ESMA Leitlinien für solide Vergütungspolitiken unter Berücksichtigung der AIFMD vom 03.07.2013 (ESMA/2013/232), Ziff. 23; *Kirchner/Hesser*, in: Baur/Tappen, Investmentgesetze: Großkommentar, Bd. 1: §§ 1–272 KAGB, 3. Auflage 2015, § 37 Rn. 22.

772 ESMA Leitlinien für solide Vergütungspolitiken unter Berücksichtigung der AIFMD vom 03.07.2013 (ESMA/2013/232), Ziff. 25.

773 *Boxberger/Klebeck*, BKR 2013, 441, 443.

774 ESMA Leitlinien für solide Vergütungspolitiken unter Berücksichtigung der AIFMD vom 03.07.2013 (ESMA/2013/232), Ziff. 25; *Kirchner/Hesser*, in: Baur/Tappen, Investmentgesetze: Großkommentar, Bd. 1: §§ 1–272 KAGB, 3. Auflage 2015, § 37 Rn. 22.

b) *Anforderungen nach Anhang II der AIFM-Richtlinie*

aa) Anforderungen an Vergütungssystem

Konkrete Anforderungen an das Vergütungssystem sind in Abs. 1 des Anhang II der AIFM-RL geregelt.[775] Dieser umfasst insgesamt 18 Gebote, welche wiederum durch die Leitlinien der ESMA[776] konkretisiert werden. So besteht grundsätzlich ein Verbot zur Ermutigung zur Übernahme von unverhältnismäßigen Risiken (Abs. 1 Ziff. 1 lit. a) Anhang II der AIFM-RL). Es müssen Maßnahmen zur Vermeidung von Interessenkonflikten getroffen werden (Abs. 1 Ziff. 1 lit. b) Anhang II der AIFM-RL) und eine Prüfung der Vergütungspolitik muss mindestens einmal pro Jahr erfolgen (Abs. 1 Ziff. 1 lit. d) Anhang II der AIFM-RL). Zudem finden sich u. a. Vorschriften betreffend der Höhe der variablen Vergütung (Abs. 1 Ziff. 1 lit. e) Anhang II der AIFM-RL) sowie der Bewertungsparameter für die variable Vergütung (Abs. 1 Ziff. 1 lit. g) Anhang II der AIFM-RL).[777] Auch ist im jeden Fall bei der Festlegung der Vergütung eine Orientierung an der Finanzlage des Fonds vorgeschrieben (Abs. 1 Ziff. 1 lit. o) Anhang II der AIFM-RL). Zudem muss einer Etablierung von Mechanismen, die die Umgehung der Anforderungen an das Vergütungssystem erleichtern, entgegengewirkt werden (Abs. 1 Ziff. 1 lit. r) Anhang II der AIFM-RL).

bb) Vergütungsausschuss

In Abs. 3 des Anhang II der AIFM-RL ist festgelegt, dass grundsätzlich ein Vergütungsausschuss zu bilden ist.[778] Der Ausschuss soll „kompetent und unabhängig über die Vergütungsregelungen und -praxis sowie die für das Management der Risiken geschaffenen Anreize (…) urteilen."[779] Kernkomptenz ist die Ausarbeitung von Entschiedungen über die konkrete Vergütung. Die ESMA schränkt die Pflicht zur Einrichtung eines Vergütungsausschusses jedoch für bestimmte KVGen ein. Liegt der Wert des Portfolios der von der KVG verwalteten AIF unter 1,25 Milliarden € und hat diese weniger als 50 Mitarbeiter oder ist die KVG Teil

---

775 Siehe auch den Verweis in § 37 Abs. 2.

776 ESMA Leitlinien für solide Vergütungspolitiken unter Berücksichtigung der AIFMD vom 03.07.2013 (ESMA/2013/232).

777 Zur Zusammensetzung der variablen Vergütung: *Insam/Heisterhagen/Hinrichs*, DStR 2014, 913, 914 f.

778 Siehe hierzu: ESMA Leitlinien für solide Vergütungspolitiken unter Berücksichtigung der AIFMD vom 03.07.2013 (ESMA/2013/232), Ziff. 52 bis 64, sowie *Boxberger*, in: Dornseifer/Jesch/Klebeck/Tollmann, AIFM-Richtlinie, 2013, Art. 13 Rn. 33 f.

779 Abs. 3 S. 2 des Anhang II der AIFM-RL.

von Banken, Versicherungen oder ähnlichen Instituten, die bereits über einen vergleichbaren Ausschuss verfügen, ist kein (zusätzlicher) Vergütungsausschuss einzurichten.[780]

c) Praktische Umsetzung

Die Anforderungen an das Vergütungssystem sind von der KVG arbeitsvertraglich umzusetzen. In diesem Zusammenhang treten insbesondere Probleme im Umgang mit bestehenden Verträgen und Vereinbarungen auf, die den Anforderungen nicht entsprechen.[781]

Grundsätzlich ist von einer Hinwirkungspflicht analog den Regelungen der InstitutsVergV auszugehen.[782] Das bedeutet konkret, dass darauf hinzuwirken ist, dass bestehende Arbeitsverträge, Betriebs- und Dienstvereinbarungen sowie betriebliche Übungen, die mit den Vorgaben nicht vereinbar sind, angepasst werden, § 14 InstitutsVergV analog.[783] Hierdurch wird auch deutlich, dass bei einem Verstoß gegen die Vorgaben eine Berufung auf § 134 BGB mit der Konsequenz der Nichtigkeit nicht zulässig ist, da es sich bei den Anforderungen an das Vergütungssystem um keine Verbotsgesetze i.S.d. § 134 BGB handelt.[784]

6. Transparenz

Ein wesentliches Element im Zusammenhang mit regulatorischen Maßnahmen bezüglich der Steuerung von Vergütungssystemen sind die Offenlegungspflichten. Traditionell ist dieses in Deutschland wesentlich geringer ausgeprägt als beispielsweise im US-amerikanischen Recht („disclosure"), allerdings bedient sich auch der nationale Gesetzgeber immer häufiger dieses Steuerungsmittels.

---

780 *Boxberger*, in: Weitnauer/Boxberger/Anders, KAGB, 2014, § 37 Rn. 16; ESMA Leitlinien für solide Vergütungspolitiken unter Berücksichtigung der AIFMD vom 03.07.2013 (ESMA/2013/232), Ziff. 55.

781 *Kirchner/Hesser*, in: Baur/Tappen, Investmentgesetze: Großkommentar, Bd. 1: §§ 1–272 KAGB, 3. Auflage 2015, § 37 Rn. 45.

782 *Kirchner/Hesser*, in: Baur/Tappen, Investmentgesetze: Großkommentar, Bd. 1: §§ 1–272 KAGB, 3. Auflage 2015, § 37 Rn. 45; *Mujan*, BB 2013, 1653, 1656 f.; *Boxberger*, in: Dornseifer/Jesch/Klebeck/Tollmann, AIFM-Richtlinie, 2013, Art. 13 Rn. 32; *Boxberger/Klebeck*, BKR 2013, 441, 443.

783 *Kirchner/Hesser*, in: Baur/Tappen, Investmentgesetze: Großkommentar, Bd. 1: §§ 1–272 KAGB, 3. Auflage 2015, § 37 Rn. 45.

784 *Diller/Arnold*, ZIP 2011, 837; *Mujan*, BB 2013, 1653, 1656; *Kirchner/Hesser*, in: Baur/Tappen, Investmentgesetze: Großkommentar, Bd. 1: §§ 1–272 KAGB, 3. Auflage 2015, § 37 Rn. 45.

Im Zusammenhang mit der Regulierung von Vergütungssystemen von KVGen treten die Transparenzpflichten an zwei Stellen besonders hervor: zum einen im Rahmen des Erlaubnisantrags (§§ 20, 22 Abs. 1 Nr. 8), zum anderen sind Angaben zur Vergütungspolitik und -praxis im Jahresbericht (§ 299 Abs. 1 Nr. 3 lit. f) und g)) verpflichtend.[785]

7. *Stellungnahme*

Die Zielsetzung, durch eine detaillierte Regelung der Vergütungspolitik eine größtmögliche Kongruenz zwischen Vergütungsanreiz und Risiken zu schaffen,[786] ist grundsätzlich zu begrüßen und in Anbetracht des erheblichen Missbrauchspotenzials auch dringend erforderlich. Der Verzicht auf die Festlegung eines bestimmten Vergütungssystems für KVG und stattdessen die Wahl eines prinzipienbasierten Ansatzes[787] erscheint in Anbetracht der Vielfalt allein der gesellschaftsrechtlichen Gestaltungsmöglichkeiten einer KVG sinnvoll, zumal durch Anhang II der AIFM-RL und den Leitlinien der ESMA[788] auch eine weitergehende Konkretisierung erfolgt.

Bei einzelnen Regelungen ist allerdings fraglich, inwieweit die Gefahr von Umgehungen besteht. So brirgt die Selbsteinstufung der sog. indentifizierten Mitarbeiter durch die KVG die Gefahr des Missbrauchs, andererseits ist auch eine Einstufung beispielsweise durch die BaFin in Anbetracht des hohen Verwaltungsaufwands und der teilweise fehlenden Informationen bzgl. der konkreten KVG unrealistisch.

B. Verwahrstelle

I. Allgemeines

Die „Verwahrstelle" des KAGB wurde noch im Rahmen des InvG als „Depotbank" bezeichnet.[789] Das KAGB differenziert zwischen Vorschriften für OGAW-Verwahrstellen (§§ 68–79) und solchen für AIF-Verwahrstellen (§§ 80–90). Obgleich die AIFM-RL primär auf die Regulierung der Fondsmanager abzielt, enthält sie in Art. 21 AIFM-RL auch umfangreiche Regelungen zur Verwahr-

785 *Boxberger,* in: Weitnauer/Boxberger/Anders, KAGB, 2014, § 37 Rn. 27 ff.
786 *Boxberger,* in: Weitnauer/Boxberger/Anders, KAGB, 2014, § 37 Rn. 1.
787 *Boxberger,* in: Weitnauer/Boxberger/Anders, KAGB, 2014, § 37 Rn. 3.
788 ESMA Leitlinien für solide Vergütungspolitiken unter Berücksichtigung der AIFMD vom 03.07.2013 (ESMA/2013/232).
789 *Kapteina/Davis*, WM 2013, 1977, 1979.

stelle.[790] Diese Regelungen sind in den §§ 80–90 umgesetzt. Ergänzend sind in der Level 2-VO Konkretisierungen enthalten.[791] Aufgrund der Gefahr von Interessenkonflikten sieht das KAGB eine strikte Trennung zwischen Verwahrung und Verwaltung vor.[792] Deswegen ist auch eine Auslagerung der Portfolioverwaltung oder des Risikomanagements auf die Verwahrstelle bzw. einen Unterverwahrer oder ein anderes Unternehmen, das in einem Interessenkonflikt mit Anlegern oder der KVG steht, gem. § 36 Abs. 3 nicht zulässig.[793]

II. Verwahrstelleneigenschaft

1. Verwahrstelle i.S.d. § 80 Abs. 2

Gem. § 80 Abs. 2 sind die verschiedenen Typen aufgezählt, die als Verwahrstelle zulässig sind.

a) Kreditinstitut

Eine mögliche Verwahrstelle ist ein Kreditinstitut i.S.d. Art. 4 Abs. 1 Nr. 1 der CRR[794] „mit satzungsmäßigem Sitz in der Europäischen Union oder in einem anderen Vertragsstaat des Abkommens über den EWR, das gemäß § 32 KWG oder den im Herkunftsmitgliedstaat des EU-AIF anzuwendenden Vorschriften, (…) [die die CRD[795] umsetzen], zugelassen ist“, § 80 Abs. 2 Nr. 1. Es ist zu beachten, dass der in der CRR verwendete Begriff des „Kreditinstituts“ nicht deckungs-

---

790 *Kobbach/Anders*, NZG 2012, 1170, 1171.

791 Hierzu: *Oser*, ZfgKW 2014, 71 ff.

792 Dieses gibt zum einen § 26 Abs. 1 schon im Rahmen der allgemeinen Wohlverhaltenspflichten vor, zum anderen findet sich aber auch in den Vorschriften zur Verwahrstelle in § 83 Abs. 5 mittelbar ein Trennungsgebot; *Moericke*, in: Baur/Tappen, Investmentgesetze: Großkommentar, Bd. 1: §§ 1–272 KAGB, 3. Auflage 2015, § 81 Rn. 40.

793 *Moericke*, in: Baur/Tappen, Investmentgesetze: Großkommentar, Bd. 1: §§ 1–272 KAGB, 3. Auflage 2015, § 81 Rn. 40.

794 „CRR“: Verordnung (EU) Nr. 575/2013 des europäischen Parlaments und des Rates vom 26. Juni 2013 über Aufsichtsanforderungen an Kreditinstitute und Wertpapierfirmen und zur Änderung der Verordnung Nr. 646/2012, ABl. (EU) L 176 vom 27. Juni 2013, S. 1.

795 „CRD“: Richtlinie 2013/36/EU des europäischen Parlaments und des Rates vom 26. Juni 2013 über den Zugang zur Tätigkeit von Kreditinstituten und die Beaufsichtigung von Kreditinstituten und Wertpapierfirmen, zur Änderung der Richtlinie 2002/87/EG und zur Aufhebung der Richtlinien 2006/48/EG und 2006/49/EG, ABl. (EU) L 176 vom 27. Juni 2013, S. 338.

gleich ist mit dem des § 1 Abs. 1 KWG.[796] Nach Art. 4 Abs. 1 Nr. 1 CRR ist ein Kreditinstitut „ein Unternehmen, dessen Tätigkeit darin besteht, Einlagen oder andere rückzahlbare Gelder des Publikums entgegenzunehmen und Kredite für eigene Rechnung zu gewähren“, demgegenüber ist für eine Qualifikation als Kreditinstitut nach KWG das Betreiben eines einzigen Bankgeschäfts aus dem Katalog des § 1 Abs. 1 S. 2 KWG ausreichend.[797] Daher kommt ein nach dem KWG zugelassenes Kreditinstitut nur als Verwahrstelle in Betracht, sofern es sowohl für das Einlagengeschäft als auch für das Kreditgeschäft zugelassen ist.[798]

b) *Wertpapierfirma*

§ 80 Abs. 2 Nr. 2 legt fest, was unter einer Wertpapierfirma zu verstehen ist. Es handelt sich hierbei um eine „Wertpapierfirma (…) [i.S.d. Art. 4 Abs. 1 Nr. 2 der CRR] mit satzungsmäßigem Sitz in der Europäischen Union oder in einem anderen Vertragsstaat des Abkommens über den EWR, für die die Eigenkapitalanforderungen (…) [gem. Art. 92 der CRR], einschließlich der Kapitalanforderungen für operationelle Risiken, gelten, die gemäß den Vorschriften, die die (…) [MiFID] umsetzen, zugelassen ist und die auch die Nebendienstleistungen wie Verwahrung und Verwaltung von Finanzinstrumenten für Rechnung von Kunden gemäß Anhang I Abschnitt B Nr. 1 der (…) [MiFID] erbringt“. Zudem muss die betreffende Wertpapierfirma über Eigenmittel verfügen, die ein Anfangskapital von 730.000 € nicht unterschreiten (Art. 28 Abs. 2 CRD).

c) *Andere Kategorien von Einrichtungen*

Schließlich sind gem. § 80 Abs. 2 Nr. 3 auch andere Kategorien von Einrichtungen zugelassen. Dieses sind „Einrichtungen, die einer Beaufsichtigung und ständigen Überwachung unterliegen und die am 21. Juli 2011 unter eine der von den Mitgliedstaaten der Europäischen Union oder den anderen Vertragsstaaten des Abkommens über den (…) [EWR] gem. Art. 23 Abs. 3 der (…) [OGAW-RL] festgelegten Kategorien von Einrichtungen fallen“, § 80 Abs. 2 Nr. 3. Die Zulassung dieser anderen Kategorie von Einrichtungen beruht auf dem Gedanken, dass, wenn sich eine Einrichtung als Verwahrstelle für einen OGAW qualifiziert,

---

796 *Karcher*, in: Baur/Tappen, Investmentgesetze: Großkommentar, Bd. 1: §§ 1–272 KAGB, 3. Auflage 2015, § 80 Rn. 12.

797 *Karcher*, in: Baur/Tappen, Investmentgesetze: Großkommentar, Bd. 1: §§ 1–272 KAGB, 3. Auflage 2015, § 80 Rn. 12.

798 *Karcher*, in: Baur/Tappen, Investmentgesetze: Großkommentar, Bd. 1: §§ 1–272 KAGB, 3. Auflage 2015, § 80 Rn. 12.

erstmal nicht ersichtlich ist, warum nicht auch die Verwahrung für einen AIF zulässig sein soll.[799] Es ist allerdings zu beachten, dass nicht immer ergänzende Kapitalanforderungen an solche Einrichtungen gestellt wurden, was insbesondere auch direkt im Zusammenhang mit der OGAW-Regulierung bemängelt wurde.[800] Zukünftig muss eine OGAW Verwahrstelle die erweiterten Anforderungen des Art. 23 Abs. 2 lit. (c) der OGAW V-RL erfüllen, die dann mittelbar auch für die Verwahrstellen von AIF gelten.[801]

2. *Treuhänder als Verwahrstelle für geschlossenen AIF*

Als Verwahrstelle für geschlossene AIF kommt zudem ein Treuhänder in Betracht, § 80 Abs. 3, 4. Dieser nimmt die Aufgaben einer Verwahrstelle im Rahmen seiner beruflichen oder geschäftlichen Tätigkeit wahr.[802] Es ist davon auszugehen, dass der Gesetzgeber bei Schaffung dieser Vorschrift einer gegenwärtigen Praxis bei bestimmten Arten von geschlossenen Fonds Rechnung tragen wollte: Häufig leisten Wirtschaftsprüfungs- und Steuerberatungsgesellschaften unterstützende Arbeit.[803]

Der Kreis der tauglichen AIF ist eingeschränkt. Neben der Eigenschaft eines geschlossenen AIF dürfen innerhalb von fünf Jahren nach Tätigung der ersten Anlagen keine Rücknahmerechte ausgeübt werden können, § 80 Abs. 3 S. 1 Nr. 1. Auch darf der AIF in der Regel nicht in Vermögensgegenstände investieren, die nach § 81 Abs. 1 Nr. 1 verwahrt werden und er darf auch nicht in Emittenten oder nicht börsennotierte Unternehmen investieren, um die Kontrolle über solche Unternehmen zu erlangen, § 80 Abs. 3 S. 1 Nr. 1. Dieses muss in der in den Anlagebedingungen enthaltenen Hauptanlagestrategie festgelegt sein.[804]

Als Treuhänder kommt sowohl eine natürliche Person als auch eine Gesellschaft in Betracht.[805] Zudem muss der Treuhänder weitere Anforderungen erfüllen, ins-

799 *Karcher,* in: Baur/Tappen, Investmentgesetze: Großkommentar, Bd. 1: §§ 1–272 KAGB, 3. Auflage 2015, § 80 Rn. 14.

800 *Karcher,* in: Baur/Tappen, Investmentgesetze: Großkommentar, Bd. 1: §§ 1–272 KAGB, 3. Auflage 2015, § 80 Rn. 14.

801 *Karcher,* in: Baur/Tappen, Investmentgesetze: Großkommentar, Bd. 1: §§ 1–272 KAGB, 3. Auflage 2015, § 80 Rn. 14.

802 *Boxberger,* in: Weitnauer/Boxberger/Anders, KAGB, 2014, § 80 Rn. 14 f.; *Karcher,* in: Baur/Tappen, Investmentgesetze: Großkommentar, Bd. 1: §§ 1–272 KAGB, 3. Auflage 2015, § 80 Rn. 15 f.

803 *Boxberger,* in: Weitnauer/Boxberger/Anders, KAGB, 2014, § 80 Rn. 14.

804 *Boxberger,* in: Weitnauer/Boxberger/Anders, KAGB, 2014, § 80 Rn. 15.

805 *Boxberger,* in: Weitnauer/Boxberger/Anders, KAGB, 2014, § 80 Rn. 17.

besondere persönliche Zuverlässigkeit nachweisen sowie ausreichende finanzielle und berufliche Garantien gewährleisten.[806] Weitere detaillierte Anforderungen finden sich im BaFin-Treuhänder-Merkblatt.[807] Ob lediglich eine Benennung des Treuhänders gem. § 80 Abs. 4 gegenüber der Bafin ausreichend ist oder ob ein Genehmigungsverfahren erforderlich ist, richtet sich danach, ob es sich um ein Spezial-AIF oder ein Publikums-AIF handelt.[808] Bei einem Publikums-AIF ist zwingend ein Genehmigungsverfahren erforderlich, § 87 i.V.m. § 69 Abs. 1, 2 und 4.[809]

III. Beauftragung der Verwahrstelle und Verwahrstellenvertrag

Als unabdingbare Vorraussetzung für das Betreiben eines AIF-Investmentgeschäfts nach dem KAGB muss die Bestellung der Verwahrstelle durch die KVG erfolgt sein (vgl. auch Art. 21 Abs. 1 AIFM-RL).[810] Die KVG hat gem. § 80 Abs. 1 S. 1, 1. Hs. „sicherzustellen", dass für jeden von ihr verwalteten AIF eine Verwahrstelle beauftragt wird. Die Beauftragung muss in Form eines schriftlichen Vertrags erfolgen, in dem gem. § 80 Abs. 1 S. 3 in jedem Fall „der Informationsaustausch zwischen den Vertragsparteien geregelt ist, der für erforderlich erachtet wird, damit die Verwahrstelle nach den Vorschriften des KAGB und gemäß den anderen einschlägigen Rechts- und Verwaltungsvorschriften ihren Aufgaben für den AIF, für den sie als Verwahrstelle beauftragt wurde, nachkommen kann".

Weitere inhaltliche Anforderungen an den Verwahrstellenvertrag sind in § 80 Abs. 10 sowie in Art. 83 der Level 2-VO geregelt und umfassen u.a. die Beschreibung der von der Verwahrstelle zu erbringenden Dienstleistungen, Laufzeit des Vertrages und eine grundsätzliche Erklärung, dass die Haftung der Verwahrstelle von einer etwaigen Übertragung ihrer Verwahrfunktionen unberührt bleibt.[811] Die Verwahrstelle erhält aufgrund des Verwahrstellenvertrages eine Vergütung, die sie jedoch nur mit Zustimmung der KVG entnehmen darf, § 89a Abs. 2 S. 1.

---

806 *Boxberger,* in: Weitnauer/Boxberger/Anders, KAGB, 2014, § 80 Rn. 19 f.

807 BaFin Merkblatt zu den Anforderungen an Treuhänder als Verwahrstelle nach § 80 Abs. 3 KAGB, Gz.: WA 41-Wp 2137–2013/0080 vom 18. Juli 2013, Ziff. III.; *Boxberger,* in: Weitnauer/Boxberger/Anders, KAGB, 2014, § 80 Rn. 16.

808 *Boxberger,* in: Weitnauer/Boxberger/Anders, KAGB, 2014, § 80 Rn. 22 ff.

809 *Karcher,* in: Baur/Tappen, Investmentgesetze: Großkommentar, Bd. 1: §§ 1–272 KAGB, 3. Auflage 2015, § 80 Rn. 31; *Boxberger,* in: Weitnauer/Boxberger/Anders, KAGB, 2014, § 80 Rn. 24.

810 *Karcher,* in: Baur/Tappen, Investmentgesetze: Großkommentar, Bd. 1: §§ 1–272 KAGB, 3. Auflage 2015, § 80 Rn. 2.

811 Ausführlich hierzu: *Karcher,* in: Baur/Tappen, Investmentgesetze: Großkommentar, Bd. 1: §§ 1–272 KAGB, 3. Auflage 2015, § 80 Rn. 52 f.

IV. Verwahrtätigkeit

1. Allgemein

In § 81 ist die Verwahrtätigkeit der Verwahrstelle für inländische AIF bzw. die für Rechnung des AIF handelnde KVG geregelt. Mit der Norm ist Art. 21 Abs. 8 lit a) und b) der AIFM-RL umgesetzt.[812] Die entsprechende Vorschrift für OGAW-Verwahrstellen ist in § 72 zu finden.

Grundsätzlich ist die Verwahrstelle für die Verwahrung der Vermögenswerte des Fonds verantwortlich, wobei zwischen der Verwahrung von Finanzinstrumenten im Sinne der AIFM-RL (§ 81 Abs. 1 Nr. 1) und der Verwahrung sonstiger Vermögenswerte (§ 81 Abs. 1 Nr. 2) differenziert wird. Ziel ist es, das Investmentvermögen durch eine selbstständige rechtliche Einheit[813] vor ungerechtfertigten Eingriffen zu schützen.[814] Die Verwahrungs- und Überwachungsfunktion ist hierbei zentrale Aufgabe der Verwahrstelle und stellt eine besondere Ausprägung der in § 83 geregelten allgemeinen Kontrollfunktion dar.[815] Im Kern ist die Verwahrstelle im Rahmen dieser Funktion verpflichtet, die zum Investmentvermögen gehörenden Finanzinstrumente zu verwahren und bei sonstigen Vermögensgegenständen eine Eigentumsprüfung vorzunehmen und diese zu dokumentieren.[816] Sie hat tatsächliche Verfügungsgewalt über das Investmentvermögen, da ihre Mitwirkung bei jeder Verfügung notwendig ist.[817]

Es ist zu berücksichtigen, dass bei einigen Geschäftsmodellen und Fondsarten bestimmte Verwahraufgaben wichtiger sind als bei anderen.[818] Diese Besonderheiten sind entscheidend von den Vermögenswerten abhängig, in die investiert

---

812 *Boxberger*, in: Weitnauer/Boxberger/Anders, KAGB, 2014, § 81 Rn. 1.

813 Erwägungsgrund 32 der AIFM-RL; *Boxberger*, in: Weitnauer/Boxberger/Anders, KAGB, 2014, § 81 Rn. 2.

814 *Schrödermeier/Baltzer*, in: Brinkhaus/Scherer, KAGG AuslInvestmentG, 2003, § 12a KAGG Rn. 1; *Moericke*, in: Baur/Tappen, Investmentgesetze: Großkommentar, Bd. 1: §§ 1–272 KAGB, 3. Auflage 2015, § 81 Rn. 2.

815 *Moericke*, in: Baur/Tappen, Investmentgesetze: Großkommentar, Bd. 1: §§ 1–272 KAGB, 3. Auflage 2015, § 81 Rn. 2; *Ohl*, Die Rechtsbeziehungen innerhalb des Investment-Dreiecks, 1989, S. 58: „Schutzfunktion der Depotbank".

816 *Boxberger*, in: Weitnauer/Boxberger/Anders, KAGB, 2014, § 81 Rn. 1; *Moericke* in: Baur/Tappen, Investmentgesetze: Großkommentar, Bd. 1: §§ 1–272 KAGB, 3. Auflage 2015 § 81 Rn. 2.

817 *Moericke*, in: Baur/Tappen, Investmentgesetze: Großkommentar, Bd. 1: §§ 1–272 KAGB, 3. Auflage 2015, § 81 Rn. 2.

818 *Moericke*, in: Baur/Tappen, Investmentgesetze: Großkommentar, Bd. 1: §§ 1–272 KAGB, 3. Auflage 2015, § 81 Rn. 3.

wird.[819] So können die einzelnen Mitgliedsstaaten beispielsweise für den Bereich der Immobilienfonds gem. Erwägungsgrund 34 der AIFM-RL vorsehen, dass eine Registerstelle, ein Notar, ein Rechtsanwalt oder eine andere Stelle damit beauftragt wird, die Verwahrung unter bestimmten Voraussetzungen wahrzunehmen.[820]

Grundsätzlich muss die Verwahrstelle ihren Sitz oder zumindest eine Zweigstelle in demselben Land wie der AIF haben, d. h. bei inländischen AIF in der Bundesrepublik Deutschland.[821]

2. *Verwahrung von Finanzinstrumenten nach § 81 Abs. 1 Nr. 1*

Finanzinstrumente i.S.d. § 81 Abs. 1 Nr. 1 sind nicht im Rahmen des KAGB definiert. Als Anhaltspunkt, was konkret von dem Begriff umfasst ist, dient Art. 4 Abs. 1 lit n) AIFM-RL, der wiederum auf die in Anhang I Abschnitt C der MiFID genannten Instrumente verweist.[822] Als Auslegungshilfe bei Zweifelsfällen kann auch der § 1 Abs. 11 KWG herangezogen werden.[823]

Kernaufgabe der Verwahrstelle ist es, sicherzustellen, dass die Finanzinstrumente des AIF auf Depots von Verwahrstellen i.S.d. § 80 Abs. 2[824] sowie auf ein spezielles „Konto für Finanzinstrumente“ gebucht werden.[825] Die Inhaberschaft dieses Kontos muss beim AIF selbst liegen, sofern dieser eine eigene Rechtspersönlichkeit besitzt.[826] Da Immobilien-Sondervermögen über keine eigene Rechtspersönlichkeit verfügen, muss in diesem Fall die KVG im Namen des AIF Eigentümerin sein.[827] Im Einklang mit der MiFID wird hierdurch eine klare Vermögenszuordnung der Finanzinstrumente sichergestellt und es entsteht ein Schutz vor sog. Commingling Risks, die durch Vermischung von Vermögensgegenständen im Falle der Insolvenz

---

819 Erwägungsgrund 33 der AIFM-RL; *Emde/Dreibus*, BKR 2013, 89, 97; *Moericke*, in: Baur/Tappen, Investmentgesetze: Großkommentar, Bd. 1: §§ 1–272 KAGB, 3. Auflage 2015, § 81 Rn. 3.

820 *Moericke*, in: Baur/Tappen, Investmentgesetze: Großkommentar, Bd. 1: §§ 1–272 KAGB, 3. Auflage 2015, § 81 Rn. 3.

821 Siehe insbesondere auch zur Verwahrstelle bei ausländischen AIF: *Moericke*, in: Baur/Tappen, Investmentgesetze: Großkommentar, Bd. 1: §§ 1–272 KAGB, 3. Auflage 2015, § 81 Rn. 6, Fn. 18 m.w.N.

822 *Boxberger*, in: Weitnauer/Boxberger/Anders, KAGB, 2014, § 81 Rn. 4, Fn. 2.

823 *Boxberger*, in: Weitnauer/Boxberger/Anders, KAGB, 2014, § 81 Rn. 4, Fn. 2.

824 *Boxberger*, in: Weitnauer/Boxberger/Anders, KAGB, 2014, § 81 Rn. 4.

825 Näher zum Begriff des „Finanzinstrumentenkonto“: *Tollmann*, in: Dornseifer/Jesch/Klebeck/Tollmann, AIFM-Richtlinie, 2013, Art. 21 Rn. 229; *Boxberger*, in Weitnauer/Boxberger/Anders KAGB, § 81 Rn. 4, Fn. 5.

826 *Boxberger*, in: Weitnauer/Boxberger/Anders, KAGB, 2014, § 81 Rn. 5.

827 *Boxberger*, in: Weitnauer/Boxberger/Anders, KAGB, 2014, § 81 Rn. 5.

der depotführenden Stelle entstehen.[828] Weitere in diesem Zusammenhang stehende Kontrollaufgaben ergeben sich aus Art. 89 Level 2-VO.[829]

Während die Einrichtung von Sperrkonten im Rahmen der OGAW-Regelung in § 72 verpflichtend ist, steht es der Verwahrstelle im Rahmen von AIF frei, die Eintragung eines Sperrvermerks zu ihren Gunsten zu bewirken.[830] Ein Sperrvermerk gibt der Verwahrstelle eine effektivere Möglichkeit der Kontrolle, insbesondere der täglichen Cashflow-Kontrolle,[831] da auf diesem Wege nur mit Zustimmung der Verwahrstelle über das Konto verfügt werden kann.[832]

Ebenfalls anders als im Rahmen der OGAW-Verwahrung gem. § 72 Abs. 2, müssen die liquiden Mittel eines AIF nicht zwangsläufig bei der Verwahrstelle angelegt werden, soweit dieses überhaupt möglich ist.[833]

3. *Verwahrung von sonstigen Vermögensgegenständen nach § 81 Abs. 1 Nr. 2*

Handelt es sich bei den Vermögensgegenständen nicht um Finanzinstrumente, sondern um sonstige an sich nicht verwahrfähige Vermögensgegenstände, sind die Pflichten der Verwahrstelle anders gelagert. Eine Überprüfung der Buchung auf ein Finanzinstrumentenkonto ist beispielsweise bei Immobilien aus tatsächlichen Gründen nicht möglich. Die Verwahrstelle ist stattdessen verpflichtet zu prüfen, inwieweit der AIF bzw. bei Immobilien-Sondervermögen die AIF-KVG für Rechnung des AIF Eigentum an dem Vermögensgegenstand erworben hat, § 81 Abs. 1 Nr. 2 a) i.V.m. Art. 89 Abs. 1 lit. g) Level 2-VO.[834] Im Zuge dieser Eigentumsverifikation sind auch Rechte Dritter sowie Nutzungseinschränkungen zu berücksichtigen.[835]

---

828 *Boxberger*, in: Weitnauer/Boxberger/Anders, KAGB, 2014, § 81 Rn. 5; siehe zu den sog. Commingling Risks: *Tollmann*, in: Boos/Fischer/Schulte-Mattler, KWG, 5. Auflage 2016, § 22j KWG Rn. 64 ff.

829 *Boxberger*, in: Weitnauer/Boxberger/Anders, KAGB, 2014, § 81 Rn. 5.

830 *Boxberger*, in: Weitnauer/Boxberger/Anders, KAGB, 2014, § 81 Rn. 6.

831 Siehe hierzu: Art. 86 Level 2-VO; BaFin Entwurf eines Rundschreibens zu den Aufgaben und Pflichten der Verwahrstelle nach Kapitel 1 Abschnitt 3 des Kapitalanlagegesetzbuchs, Konsultation 03/2015, Gz.: WA 41-Wp 2137–2013/0068 vom 13. Februar 2015 (Stand: 09.10.2015), Ziff. 4.2.

832 *Boxberger*, in: Weitnauer/Boxberger/Anders, KAGB, 2014, § 81 Rn. 6.

833 Handelt es sich bei der Verwahrstelle um ein Finanzdienstleistungsinstitut gem. § 80 Abs. 2 Nr. 2 oder einen Treuhänder gem. § 80 Abs. 3 ist dieses ohnehin ausgeschlossen, vgl. *Boxberger*, in Weitnauer/Boxberger/Anders, KAGB, 2014, § 81 Rn. 7.

834 *Boxberger*, in: Weitnauer/Boxberger/Anders, KAGB, 2014, § 81 Rn. 8.

835 *Boxberger*, in: Weitnauer/Boxberger/Anders, KAGB, 2014, § 81 Rn. 8.

Zudem ist die Verwahrstelle verpflichtet, ein fortlaufend aktualisiertes Bestandsverzeichnis zu führen.[836] Neben Immobilien und Beteiligungen an Immobiliengesellschaften fallen hierunter jegliche nicht verwahrfähigen Vermögensgegenstände, die von dem Fonds erworben werden können.[837]

V. Unterverwahrung

Ähnlich wie die Auslagerung von Verwaltungstätigkeiten durch die KVG auf ein Auslagerungsunternehmen im Rahmen des § 36 ist auch der Verwahrstelle die Delegierung von Verwahrtätigkeiten an einen Unterverwahrer möglich.[838] Aus § 82 folgt die grundsätzliche Möglichkeit der Auslagerung von Verwahraufgaben nach § 81 auf einen Unterverwahrer sowie die Bedingungen, unter welchen diese zulässig ist. So muss u. a. ein objektiver Grund für die Übertragung von Verwahraufgaben vorliegen, § 82 Abs. 1 Nr. 2) und es ist das Verbot der Umgehung zu beachten, § 82 Abs. 1 Nr. 1.[839] Die Vorschrift zur Übertragung von Verwahrtätigkeiten durch AIF-Verwahrstellen in § 82 ist im Wesentlichen deckungsgleich mit der Vorschrift für OGAW-Verwahrstellen in § 73.[840]

VI. Kontrollpflichten gegenüber der KVG

In § 83 sind die Kontrollpflichten der Verwahrstelle gegenüber der KVG geregelt. Die Verwahrstelle hat grundsätzlich die Tätigkeiten der KVG zum Schutze der Anleger zu überwachen.[841] Umfasst sind hiervon im Besonderen die Überwachung der Anteilsausgabe und -rücknahme, die Anteilswertermittlung nach §§ 168 f. i.V.m. §§ 248 f. sowie die Einhaltung der Vorgaben zur Ertragsverwendung,[842] § 83 Abs. 1.

---

836 *Boxberger*, in: Weitnauer/Boxberger/Anders, KAGB, 2014, § 81 Rn. 8.

837 *Boxberger*, in: Weitnauer/Boxberger/Anders, KAGB, 2014, § 81 Rn. 9; insbesondere für Immobilien-Sondervermögen siehe S. 149 ff.

838 Ausführlich hierzu: *Kapteina/Davis*, WM 2013, 1977, 1980 ff.

839 *Boxberger*, in: Weitnauer/Boxberger/Anders, KAGB, 2014, § 82 Rn. 1.

840 *Boxberger*, in: Weitnauer/Boxberger/Anders, KAGB, 2014, § 82 Rn. 1.

841 *Gringel*, ZBB 2012, 106, 114; *Boxberger*, in: Weitnauer/Boxberger/Anders, KAGB, 2014, § 83 Rn. 1.

842 Bei Immobilien-Sondervermögen ist im Zusammenhang mit der Ertragsverwendung der § 252 zu berücksichtigen. Dieser gibt beispielsweise vor, dass mindestens 50 Prozent der Erträge des Sondervermögens ausgeschüttet werden müssen, es sei denn, sie sind für künftige erforderliche Instandsetzungen der Vermögensgegenstände (insbes. Immobilien) nötig.

Nach § 84 Abs. 1 Nr. 3 darf die KVG Verfügungen über zum Immobilien-Sondervermögen gehörenden Immobilien nur mit Zustimmung der Verwahrstelle vornehmen. Um diese Verfügungsbeschränkung auch faktisch durchzusetzen,[843] sieht § 83 Abs. 4 vor, dass die Verwahrstelle bei inländischen Immobilien die Eintragung der Verfügungsbeschränkung in das Grundbuch zu überwachen hat, § 83 Abs. 4 Nr. 1, bei EU- oder ausländischen Immobilien die Wirksamkeit der Verfügungsbeschränkung zu kontrollieren hat, § 83 Abs. 4 Nr. 2.

Auch hat die Verwahrstelle gem. § 83 Abs. 5 eine Rechtmäßigkeitskontrollpflicht bezüglich der Weisungen der KVG. Die Verwahrstelle ist zwar grundsätzlich verpflichtet, die Weisungen der KVG auszuführen, allerdings erst, nachdem sie sichergestellt hat, dass diese auch im Einklang mit den gesetzlichen Bestimmungen und den Anlagebedingungen stehen.[844]

Zu den Kontrollpflichten zählt auch die Überwachung der Zahlungsströme, das sog. „Cash-Monitoring", § 85 Abs. 6. Hierdurch soll Pflichtverletzungen der KVG (Stichwort: „Schneeballsystem") vorgebeugt werden.[845]

VII. Interessenkonflikte

§ 85 Abs. 1 schreibt vor, dass die Verwahrstelle ausschließlich im Interesse des Fonds sowie im Interesse der Anleger zu handeln hat. Zudem ist sie der KVG grundsätzlich weisungsunterworfen (allerdings unter dem Vorbehalt der Rechtmäßigkeitsprüfung, siehe S. 144 f.). Das sich aus den Interessen des Fonds, der Anleger und der KVG ergebende Spannungfeld birgt im Einzelfall die Gefahr von Interessenkonflikten.[846] Oberste Pflicht ist zunächst, wenn möglich, Interessenkonflikte zu vermeiden.[847] Ist dieses nicht möglich, gilt ähnlich wie bei den Wohlverhaltenspflichten der KVG in §§ 26, 27, die Pflicht zur Identifikation, Überwachung und idealerweise Steuerung der Interessenkonflikte.[848] § 85 Abs. 2 S. 3 sieht die Etablierung von Leitlinien zu diesem Zwecke vor.

VIII. Haftung

Die spezielle Haftung der Verwahrstelle ist in § 88 geregelt und übernimmt im Wesentlichen die Konzeption des Art. 21 Abs. 12 bis 14 AIFM-RL und wird durch

843 *Boxberger*, in: Weitnauer/Boxberger/Anders, KAGB, 2014, § 83 Rn. 10.

844 *Boxberger*, in: Weitnauer/Boxberger/Anders, KAGB, 2014, § 83 Rn. 12.

845 *Boxberger*, in: Weitnauer/Boxberger/Anders, KAGB, 2014, § 83 Rn. 26.

846 *Boxberger*, in: Weitnauer/Boxberger/Anders, KAGB, 2014, § 85 Rn. 1.

847 *Boxberger*, in: Weitnauer/Boxberger/Anders, KAGB, 2014, § 85 Rn. 5.

848 *Boxberger*, in: Weitnauer/Boxberger/Anders, KAGB, 2014, § 85 Rn. 9.

die Bestimmungen der Level 2-VO ergänzt.[849] Vor dem Hintergrund des Zusammenbruchs von Lehmann Brothers und der Madoff-Affäre war das Thema der Haftung von Verwahrstellen „Hauptthema aller Diskussionen“[850]. Eine detallierte Auseinandersetzung würde jedoch den Rahmen dieser Arbeit sprengen. Daher seien an dieser Stelle nur die grundsätzlichen Haftungstatbestände im Rahmen des KAGB genannt.[851]

In § 88 werden zwei Haftungstatbestände voneinander unterschieden: Zum einen die verschuldensunabhängige Haftung für das Abhandenkommen verwahrter Finanzinstrumente, zum anderen die verschuldensabhängige Haftung für sonstige Verluste durch fahrlässige oder vorsätzliche sonstige Pflichtverletzungen.[852]

---

849 *Oser*, ZfgKW 2014, 71 ff.

850 *Oser*, ZfgKW 2014, 71 f.; siehe auch: Gesetzesentwurf der Bundesregierung, Entwurf eines Gesetzes zur Umsetzung der Richtlinie 2011/61/EU über die Verwalter alternativer Investmentfonds (AIFM-Umsetzungsgesetz – AIFM-UmsG) vom 6. Februar 2013, BT-Drucks. 17/12294, S. 324.

851 Zu der möglichen Haftung der Verwahrstelle aus dem zwischen den Anlegern und der Verwahrstelle bestehenden gesetzlichen Schuldverhältnis aus § 280 BGB (h.M.), siehe *Gringel*, ZBB 2012, 106, 115.

852 *Kuper*, Die einschlägigen Rechtsquellen – die Level 2-Maßnahmen zur AIFM-Richtlinie, in: Möllers/Kloyer, Das neue Kapitalanlagegesetzbuch, 2014, S. 51 ff., Rn. 117 ff. auch zur Frage einer Exkulpationsmöglichkeit der Verwahrstelle; *Boxberger*, in: Weitnauer/Boxberger/Anders, KAGB, 2014, § 88 Rn. 1.

6. Teil Wesentliche Aspekte der besonderen Regulierung von Immobilien-Sondervermögen

A. Allgemeines

Die besonderen Regelungen der §§ 230–260 ergänzen an vielen Stellen die allgemeinen Bestimmungen mit dem Ziel, den Besonderheiten von Immobilien-Sondervermögen gerecht zu werden, um ein größtmögliches Maß an Anlegerschutz sicherzustellen. Aufgrund ihrer systematischen Stellung im KAGB ist davon auszugehen, dass sie unmittelbar nur die Publikums-Immobilien-Sondervermögen regeln,[853] wenngleich ein Immobilen-Sondervermögen auch als Spezial-Immobilien-Sondervermögen (§§ 282, 284) aufgelegt werden kann.[854] Im Idealfall greifen die Bestimmungen der allgemeinen Teile und des besonderen Teils wie Zahnräder ineinander. Auch schon im InvG fanden sich in §§ 66–82 InvG spezielle Bestimmungen betreffend Immobilien-Sondervermögen, an die die Regelungen des KAGB angelehnt sind.[855]

Aus § 230 Abs. 1 folgt die sinngemäße Anwendung der für OGAW- Investmentvermögen geltenden Bestimmungen (§§ 192–211). Diese sind z. B. bei Fragen der Zulässigkeit des Erwerbs der Vermögensgegenstände relevant (§§ 192 ff.), aber auch im Rahmen der Bewertung (§ 216).

Auszugsweise seien im Folgenden einige Besonderheiten genannt.

Grundsätzlich besteht die Möglichkeit, Publikums-Investmentvermögen, zu denen auch die Immobilien-Sondervermögen zählen, mit einer festen Laufzeit aufzulegen (vgl. § 165 Abs. 2 Nr. 1). Diese Regelung greift gem. § 230 Abs. 2 bei Immobilien-Sondervermögen explizit nicht. Immobilien lassen sich u. a. nicht so flexibel veräußern wie etwa Wertpapiere oder Investmentanteile, sodass eine Auflösung zu einem festen Termin schwer möglich ist.[856] Zudem basiert das Investment in der

---

853 Die §§ 230–260 stehen in Kapitel 2 des KAGB, das Regelungen zu „Publikumsinvestmentvermögen" trifft, *Schachinger,* in: Baur/Tappen, Investmentgesetze: Großkommentar, Bd. 1: §§ 1–272 KAGB, 3. Auflage 2015, § 239 Rn. 7.

854 Zur Anwendung der Vorschriften auf offene Spezial-Immobilien-Sondervermögen: *Schachinger,* in: Baur/Tappen, Investmentgesetze: Großkommentar, Bd. 1: §§ 1–272 KAGB, 3. Auflage 2015, § 239 Rn. 7.

855 *Jesch,* in: Baur/Tappen, Investmentgesetze: Großkommentar, Bd. 1: §§ 1–272 KAGB, 3. Auflage 2015, § 1 Rn. 146.

856 *Hinrichs/Virreira Winter,* in: Baur/Tappen, Investmentgesetze: Großkommentar, Bd. 1: §§ 1–272 KAGB, 3. Auflage 2015, § 230 Rn. 28; *Conradi,* in: Emde/Dornseifer/

Regel auf einer langfristigen Vermögensstrategie. Aufgrund dieser Eigenschaften eines Immobilien-Investments hat sich der Gesetzgeber entschlossen, die auf eine begrenzte Dauer gerichtete Auflage zu verbieten.[857] In der Konsequenz entfallen daher bei Immobilen-Sondervermögen die Angaben nach § 162 Abs. 2 Nr. 7.[858]

Immobilienspezifische Ergänzungen sind auch in § 247, in Übernahme der Vorschrift des § 79 Abs. 1 und 2 InvG,[859] bezüglich der Rechnungslegung geregelt. So sieht § 247 Abs. 1 Zusatzangaben (wie etwa Größe, Art und Lage sowie Bau- und Erwerbsjahr eines Grundstücks, § 247 Abs. 1 S. 1 Nr. 1) in der nach § 101 Abs. 1 S. 3 Nr. 1 grundsätzlich für offene inländische Investmentvermögen notwendigen Vermögensaufstellung im Rahmen des Jahresberichtes vor.

Auch aus dem InvG übernommen (§ 82 InvG) ist der § 260, welcher die Veräußerung und Belastung von Vermögensgegenständen des Immobilien-Sondervermögens regelt. So darf u. a. der Verkauf aus Anlegerschutzgesichtspunkten außerhalb der Abwicklungsphasen (§ 257, siehe S. 184 ff.) grundsätzlich nur zu Verkehrswerten erfolgen.[860]

In § 245 (früher § 74 InvG) ist geregelt, dass Vermögensgegenstände, die zu einem Immobilien-Sondervermögen gehören, abweichend von § 92 Abs. 1 nur im Eigentum der KVG stehen dürfen und ein Miteigentum der Anleger nicht möglich ist (siehe S. 74).

Von zentraler Bedeutung sind die Regelungen der zu Investitionszwecken zulässigen Vermögensgegenstände und der Anlagegrenzen (B., S. 149 ff.), der Bewertung der Vermögensgegenstände (C., S. 163 ff.) sowie der Ausgabe und Rücknahme von Anteilen (D., S. 176 ff.) und der Aussetzung der Anteilsrücknahme und Fondsabwicklung (E., S. 184 ff.), weswegen diese in der Folge schwerpunktmäßig betrachtet werden.

Daran anknüpfend werden in F. (S. 191 ff.) alternative Lösungsansätze vorgestellt und bewertet.

Dreibus/Hölscher, InvG, 2013, § 67 Rn. 159; *Zöll,* in: Beckmann/Scholtz/Vollmer, Investment (Stand: 11/16), § 67 InvG Rn. 47.

857 *Hinrichs/Virreira Winter,* in: Baur/Tappen, Investmentgesetze: Großkommentar, Bd. 1: §§ 1–272 KAGB, 3. Auflage 2015, § 230 Rn. 28; *Klusak,* in: Berger/Steck/Lübbehüsen, InvG, InvStG, 2010, § 67 InvG Rn. 45; *Conradi,* in: Emde/Dornseifer/Dreibus/Hölscher, InvG, 2013, § 67 Rn. 159.

858 *Hinrichs/Virreira Winter,* in: Baur/Tappen, Investmentgesetze: Großkommentar, Bd. 1: §§ 1–272 KAGB, 3. Auflage 2015, § 230 Rn. 29.

859 *Wind/Kautenburger-Behr,* in: Weitnauer/Boxberger/Anders, KAGB, 2014, Vor §§ 230–260, Rn. 31.

860 *Wind/Kautenburger-Behr,* in: Weitnauer/Boxberger/Anders, KAGB, 2014, Vor §§ 230–260, Rn. 44.

B. Zulässige Vermögensgegenstände und Beschränkungen der Anlage

Der abschließende Katalog des § 231[861] benennt in § 231 Abs. 1 Vermögensgegenstände, in die ein Immobilien-Sondervermögen seine Mittel anlegen darf. Dieses sind, neben den in § 231 Abs. 1 S. 1 Nr. 7 genannten Besonderheiten (siehe hierzu S. 157 ff.), Grundstücke und grundstücksgleiche Rechte, die einen nachhaltigen Ertrag erwarten lassen, d.h. Immobilien, vgl. § 1 Abs. 19 Nr. 21.[862] Auch wenn die Eigenschaft des „dauernden Ertrags" explizit nur für Vermögensgegenstände nach § 231 Abs. 1 S. 1 Nr. 5 und Nr. 6 in § 231 Abs. 1 S. 2 vorgesehen ist, gilt dies selbstverständlich auch für alle übrigen benannten Anlagen.[863] Hierbei ist die konkrete Höhe des Ertrags erstmal nachrangig, da niedrig laufende Erträge durch konstante Wertsteigerungen kompensiert werden können.[864]

Bei dem Erwerb von Vermögensgegenständen in Drittstaaten[865] ist der § 233 (§ 67 Abs. 3, 4 InvG) zu beachten. Hierbei ist insbesondere darauf zu achten, dass „die Wahrnehmung der Rechte und Pflichten durch die Verwahrstelle gewährleistet ist", § 233 Abs. 1 Nr. 5.[866] Zudem ist noch auf den § 232 hinzuweisen, der die Vorschrift des § 67 Abs. 7 InvG im Wesentlichen übernimmt und den Sonderfall der Erbbaurechtsbestellung regelt.

I. Gebot der Risikomischung und Anlaufzeit

Bei dem Gebot der Risikomischung in § 243 handelt es sich um eine Konkretisierung des in § 214 allgemein für offene, inländische Publikums-AIF geregelten Prinzips der Streuung von Risken, welches neben dem Merkmal der Streuung von Chancen an

861 *Hinrichs/Virreira Winter,* in: Baur/Tappen, Investmentgesetze: Großkommentar, Bd. 1: §§ 1–272 KAGB, 3. Auflage 2015, § 231 Rn. 2; *Schultz-Süchting/Thomas,* WM 2008, 2285 f.; *Köndgen/Schmies,* in: Schimansky/Bunte/Lwowski, Bankrechts-Handbuch, Zweiter Band, 4. Auflage 2011, § 113 Rn. 99.

862 *Hinrichs/Virreira Winter,* in: Baur/Tappen, Investmentgesetze: Großkommentar, Bd. 1: §§ 1–272 KAGB, 3. Auflage 2015, § 231 Rn. 2, 5.

863 *Hinrichs/Virreira Winter,* in: Baur/Tappen, Investmentgesetze: Großkommentar, Bd. 1: §§ 1–272 KAGB, 3. Auflage 2015, § 231 Rn. 5.

864 *Hinrichs/Virreira Winter,* in: Baur/Tappen, Investmentgesetze: Großkommentar, Bd. 1: §§ 1–272 KAGB, 3. Auflage 2015, § 231 Rn. 5.

865 Drittstaaten sind solche Länder, die keine Vertragsstaaten des Abkommens über den Europäischen Wirtschaftsraum sind, vgl. § 233 Abs. 1.

866 Siehe ausführlich zu den Anforderungen an einen Immobilienerwerb im Ausland: *Schultz-Süchting/Thomas,* WM 2008, 2285 f., 2290.

sich jedem Investmentfonds immanent ist (bzw. sein sollte).[867] Gem. § 243 Abs. 1 S. 1 darf der Wert einer Immobilie zum Erwerbszeitpunkt 15 % des Wertes des Sondervermögens nicht übersteigen.[868] Zudem darf der Gesamtwert aller Immobilien, deren einzelner Wert wiederum mehr als 10 % des Sondervermögens beträgt, 50 % des Wertes des Sondervermögens nicht übersteigen, § 243 Abs. 1 S. 2. Zu berücksichtigen ist auch, dass der Immobilienbegriff im Rahmen des § 243 Abs. 1 nicht synonym ist mit dem des § 1 Abs. 19 Nr. 21, da es sich im Zusammenhang mit § 243 erweitert um Immobilien im wirtschaftlichen Sinne handelt, § 243 Abs. 2. Ausschlaggebend sind daher nicht zwingend die Eintragungen im Grundbuch, sondern ob die Grundstücke eine wirtschaftliche Einheit bilden, hierbei ist die Verkehrsanschauung ausschlaggebend.[869]

Die individuellen Anlagegrenzen (beispielsweise in Form von Wertgrenzen bei dem Erwerb von Vermögensgegenständen oder in Form von Mindest- oder Höchstliquiditätsgrenzen, siehe hierzu S. 158) sowie die in § 243 für Immobilien-Sondervermögen allgemein aufgestellten Wertgrenzen sollen eine Diversifikation der Vermögensgegenstände bewirken und sog. Klumpenrisiken[870] verhindern.[871] Letzlich zielen auch diese Bestimmungen auf den Anlegerschutz ab, da sie der Verringerung der Ausfallwahrscheinlichkeit bei Anlegerforderungen dienen.[872]

Es ist zudem der § 244 zu beachten. Demnach gelten die Anlagegrenzen der §§ 231–238, die Liquiditätsbestimmung des § 253 Abs. 1 S. 1 von 49 % und die allgemeinen Anlagegrenzen des § 243 erst nach dem Ablauf einer Anlaufzeit von 4 Jahren. Durch diese Bestimmung soll der Besonderheit von Immobilien-Sondervermögen Rechnung getragen werden, bei denen die Anlage sukzessiv erfolgt, da in der Regel zwischen erstmaliger Identifizierung des passenden Kaufobjekts und letztendlicher Beurkundung des Kaufvertrags mehrere Monate liegen.[873] Sind die Anlagegrenzen auch nach dem Ablauf von 4 Jahren noch nicht

---

867 *Wülfert*, in: Baur/Tappen, Investmentgesetze: Großkommentar, Bd. 1: §§ 1–272 KAGB, 3. Auflage 2015, § 214 Rn. 3; *Wind/Kautenburger-Behr*, in: Weitnauer/Boxberger/Anders, KAGB, 2014, § 243 Rn. 1.

868 Hierzu auch: *Hartrott/Goller*, BB 2013, 1603, 1608.

869 *Wind/Kautenburger-Behr*, in: Weitnauer/Boxberger/Anders, KAGB, 2014, § 243 Rn. 8.

870 Unter einem sog. Klumpenrisiko ist die Gefahr zu verstehen, wenn ein großer Anteil des Portfolios in nur einen Vermögensgegenstand oder in eine Gruppe von Vermögensgegenständen mit großer Abhängigkeit untereinander investiert wird, siehe *Wind/Kautenburger-Behr*, in: Weitnauer/Boxberger/Anders, KAGB, 2014, § 235 Rn. 9 Fn 4.

871 *Wind/Kautenburger-Behr*, in: Weitnauer/Boxberger/Anders, KAGB, 2014, § 243 Rn. 1, § 235 Rn. 9 zur Wertgrenze beim Erwerb einer Immobilie (oder einer Beteiligung an einer Immobilien-Gesellschaft) durch eine Immobilien-Gesellschaft.

872 *Wind/Kautenburger-Behr*, in: Weitnauer/Boxberger/Anders, KAGB, 2014, § 243 Rn. 1.

873 *Wind/Kautenburger-Behr*, in: Weitnauer/Boxberger/Anders, KAGB, 2014, § 244 Rn. 2.

eingehalten, ist die BaFin gem. § 5 Abs. 6 berechtigt, Maßnahmen zu treffen.[874] Als Fristbeginn ist auf den Zeitpunkt der Bildung des Sondervermögens abzustellen.[875] Auf die Wirksamkeit des Verpflichtungs- und Verfügungsgeschäfts hat die Missachtung der Anlagegrenzen gem. § 242 jedoch keinen Einfluss.[876]

II. Fondsprägend: Anlage in Immobilien gem. § 231 Abs. 1 Nr. 1–6

1. *Einzelne Anlagemöglichkeiten*

In § 231 Abs. 1 S. 2 ist festgelegt, dass der Erwerb von den in § 231 Abs. 1 S. 1 Nr. 5 und Nr. 6 aufgezählten Vermögensgegenständen nur dann zulässig ist, wenn dies konkret in den Anlagebedingungen vorgesehen ist. Demgegenüber ist die Investition in Vermögensgegenstände nach § 231 Abs. 1 S. 1 Nr. 1–4 schon von Gesetzes wegen zulässig. Zur Konkretisierung der Vermögensgegenstände kann im Einzelfall auf die Begriffsbestimmungen des Bewertungsgesetzes (BewG) zurückgegriffen werden.[877]

a) Gesetzlich zugelassene Vermögensgegenstände

aa) Bebaute Ertragsgrundstücke: Mietwohngrundstücke, Geschäftsgrundstücke und gemischtgenutzte Grundstücke gem. § 231 Abs. 1 S. 1 Nr. 1

(1) Mietwohngrundstücke i.S.d. § 75 Abs. 1 Nr. 1 i.V.m. Abs. 2 BewG

Der Begriff der Mietwohngrundstücke orientiert sich an § 75 Abs. 1 Nr. 1 i.V.m. Abs. 2 BewG.[878] Demanch fallen hierunter solche Grundstücke, die mehr als 80 % Wohnzwecken dienen, mit Ausnahme der Ein- und Zweifamilienhäuser.[879] Berechnungsgrundlage ist die Jahresrohmiete (§ 79 BewG) und nicht etwa die qm-Nutzfläche.[880] Hierbei wird die gesamte Jahresrohmiete in die Miete für Wohnräume

874 *Wind/Kautenburger-Behr,* in: Weitnauer/Boxberger/Anders, KAGB, 2014, § 244 Rn. 5.

875 Siehe zum konkreten Zeitpunkt der Bildung des Sondervermögens in Abhängigkeit von der jeweils von der KVG gewählten Finanzierungsstrategie: *Wind/Kautenburger-Behr,* in: Weitnauer/Boxberger/Anders, KAGB, 2014, § 244 Rn. 3.

876 *Wind/Kautenburger-Behr,* in: Weitnauer/Boxberger/Anders, KAGB, 2014, § 244 Rn. 6.

877 *Wind/Kautenburger-Behr,* in: Weitnauer/Boxberger/Anders, KAGB, 2014, § 231 Rn. 9; so etwa auch: *Hinrichs/Virreira Winter,* in: Baur/Tappen, Investmentgesetze: Großkommentar, Bd. 1: §§ 1–272 KAGB, 3. Auflage 2015, § 231 Rn. 8 ff.

878 *Hinrichs/Virreira Winter,* in: Baur/Tappen, Investmentgesetze: Großkommentar, Bd. 1: §§ 1–272 KAGB, 3. Auflage 2015, § 231 Rn. 8.

879 *Halaczinsky,* in: Rössler/Troll, BewG, 25. Ergänzungslieferung Oktober 2016, § 75 Rn. 16.

880 *Hinrichs/Virreira Winter,* in: Baur/Tappen, Investmentgesetze: Großkommentar, Bd. 1: §§ 1–272 KAGB, 3. Auflage 2015, § 231 Rn. 8.

und die Miete für gewerblichen oder öffentlichen Zwecken dienenden Grundstücksteilen aufgeteilt.[881] Nach § 79 Abs. 1 BewG umfasst diese neben der Nettokaltmiete auch die Umlagen, ausgenommen sind hingegen die Betriebskosten der zentralen Heizungs- und Warmwasserversorgungsanlage und des Fahrstuhls.[882]

(2) Geschäftsgrundstücke i.S.d. § 75 Abs. 1 Nr. 2 i.V.m. Abs. 3 BewG

Nach § 75 Abs. 1 Nr. 2 i.V.m. Abs. 3 BewG sind Geschäftsgrundstücke Grundstücke, die zu mehr als 80 % eigenen oder fremden gewerblichen oder öffentlichen Zwecken dienen. Als Berechnungsgrundlage dient auch hier, wie schon bei den Mietwohngrundstücken, die Jahresrohmiete.[883] Voraussetzung der Verwendung zu gewerblichen Zwecken ist, dass eine selbständige nachhaltige Betätigung gegeben ist, die mit Gewinnabsicht unternommen wird und sich als Beteiligung am allgemeinen wirtschaftlichen Verkehr darstellt.[884] Grundsätzlich liegt eine Verwendung für gewerbliche Zwecke vor, „wenn die Räume eigenen oder fremden gewerblichen Zwecken dienen oder einem wirtschaftlichen Geschäftsbetrieb dienen (z. B. Verkaufsräume, Büroräume, Werkstätten)“[885]. Bei einer Mischnutzung von Räumen, z. B. wenn das Wohnzimmer auch als Arbeitszimmer genutzt wird, liegt keine gewerbliche Nutzung vor, dagegen ist diese gegeben, wenn einzelne Räume einer Wohnung ausschließlich gewerblich oder beruflich genutzt werden.[886]

(3) Gemischtgenutzte Grundstücke i.S.d. § 75 Abs. 1 Nr. 2 i.V.m. Abs. 4 BewG

Nach § 75 Abs. 1 Nr. 2 i.V.m. Abs. 4 BewG sind gemischtgenutzte Grundstücke solche Grundstücke, die teils Wohnzwecken, teils eigenen oder fremden gewerb-

---

881 *Halaczinsky,* in: Rössler/Troll, BewG, 25. Ergänzungslieferung Oktober 2016, § 75 Rn. 16; *Hinrichs/Virreira Winter,* in: Baur/Tappen, Investmentgesetze: Großkommentar, Bd. 1: §§ 1–272 KAGB, 3. Auflage 2015, § 231 Rn. 8.

882 *Hinrichs/Virreira Winter,* in: Baur/Tappen, Investmentgesetze: Großkommentar, Bd. 1: §§ 1–272 KAGB, 3. Auflage 2015, § 231 Rn. 8.

883 *Hinrichs/Virreira Winter,* in: Baur/Tappen, Investmentgesetze: Großkommentar, Bd. 1: §§ 1–272 KAGB, 3. Auflage 2015, § 231 Rn. 9.

884 *Halaczinsky,* in: Rössler/Troll, BewG, 25. Ergänzungslieferung Oktober 2016, § 75 Rn. 23; *Hinrichs/Virreira Winter,* in: Baur/Tappen, Investmentgesetze: Großkommentar, Bd. 1: §§ 1–272 KAGB, 3. Auflage 2015, § 231 Rn. 9.

885 *Hinrichs/Virreira Winter,* in: Baur/Tappen, Investmentgesetze: Großkommentar, Bd. 1: §§ 1–272 KAGB, 3. Auflage 2015, § 231 Rn. 9.

886 *Hinrichs/Virreira Winter,* in: Baur/Tappen, Investmentgesetze: Großkommentar, Bd. 1: §§ 1–272 KAGB, 3. Auflage 2015, § 231 Rn. 9.

lichen oder öffentlichen Zwecken dienen und nicht Mietwohngrundstücke, Geschäftsgrundstücke, Einfamilienhäuser oder Zweifamilienhäuser sind.

bb) Grundstücke im Zustand der Bebauung gem. § 231 Abs. 1 S. 1 Nr. 2

(1) Begriffsbestimmung „Zustand der Bebauung"

Die Terminologie des BewG kennt nur unbebaute und bebaute Grundstücke, sodass anders als bei § 231 Abs. 1 S. 1 Nr. 1 (s. o.) nicht auf eine Definition des BewG Bezug genommen werden kann.[887] Bei Grundstücken im Zustand der Bebauung nach § 231 Abs. 1 S. 1 Nr. 2 handelt es sich um solche in einem Zwischenstadium zwischen den in Nr. 3 genannten unbebauten Grundstücken und den bebauten Grundstücken in Nr. 1. In diesen Fällen entwickelt die KVG, häufig aus Gründen der Kostenersparnis, eigene Projekte und tritt als Bauherr auf.[888] In der Vermögensaufstellung ist das Grundstück entsprechend seines Stadiums anzugeben.[889] Bei der Durchführung wesentlicher Umbauten oder Ergänzungsbauten auf einem an sich bebauten Grundstück (§ 231 Abs. 1 S. 1 Nr. 1) ist es in die Zwischenkategorie umzugliedern.[890] Voraussetzung für § 231 Abs. 1 S. 1 Nr. 2 ist, dass mit der Bauausführung begonnen wurde.[891] Die sog. Einrichtung der Baustelle, Vermessung und Einmessung sind lediglich Vorbereitungsmaßnahmen und noch nicht der Baubeginn.[892] Der Aushub der Baugrube ist hingegen der klassische Beginn der Bauausführung.[893] Ein Abschluss der Bebauung ist dann

---

887 *Hinrichs/Virreira Winter,* in: Baur/Tappen, Investmentgesetze: Großkommentar, Bd. 1: §§ 1–272 KAGB, 3. Auflage 2015, § 231 Rn. 11.

888 *Hinrichs/Virreira Winter,* in: Baur/Tappen, Investmentgesetze: Großkommentar, Bd. 1: §§ 1–272 KAGB, 3. Auflage 2015, § 231 Rn. 11; siehe auch: *Laux/Ohl,* Grundstücksinvestment: die offenen Immobilienfonds, 2. Auflage 1988, S. 65.

889 Mit Rücksicht auf die für § 231 Abs. 1 Nr. 2 und Nr. 3 KAGB geltenden Höchstgrenzen ist die richtige Zuordnung von entscheidender Bedeutung, da ansonsten eine Erwerbsblockade drohen kann, vgl. *Hinrichs/Virreira Winter,* in: Baur/Tappen, Investmentgesetze: Großkommentar, Bd. 1: §§ 1–272 KAGB, 3. Auflage 2015, § 231 Rn. 11.

890 *Hinrichs/Virreira Winter,* in: Baur/Tappen, Investmentgesetze: Großkommentar, Bd. 1: §§ 1–272 KAGB, 3. Auflage 2015, § 231 Rn. 11.

891 *Hinrichs/Virreira Winter,* in: Baur/Tappen, Investmentgesetze: Großkommentar, Bd. 1: §§ 1–272 KAGB, 3. Auflage 2015, § 231 Rn. 11.

892 *Hinrichs/Virreira Winter,* in: Baur/Tappen, Investmentgesetze: Großkommentar, Bd. 1: §§ 1–272 KAGB, 3. Auflage 2015, § 231 Rn. 11.

893 *Zöll,* in: Beckmann/Scholtz/Vollmer, Investment (Stand: 11/16), § 67 InvG Rn. 8; *Hinrichs/Virreira Winter,* in: Baur/Tappen, Investmentgesetze: Großkommentar, Bd. 1: §§ 1–272 KAGB, 3. Auflage 2015, § 231 Rn. 11.

gegeben, wenn es sich nicht mehr um ein unbebautes Grundstück i.S.d. § 72 BewG handelt, d. h wenn das Gebäude bezugsfertig ist.[894]

(2) Genehmigte Bauplanung gem. § 231 Abs. 1 S. 1 Nr. 2 a)

Das Gesetz setzt zudem in § 231 Abs. 1 S. 1 Nr. 2 a) voraus, dass die genehmigte Bauplanung die Nutzung als Mietwohngrundstücke, Geschäftsgrundstücke oder gemischt genutzte Grundstücke vorsieht. Das Vorliegen einer „genehmigten Bauplanung" ist somit essenziell. Unklar ist in diesem Zusammenhang, ob es sich um eine bestandskräftige Baugenehmigung handeln muss, ebenso, ob von einer „genehmigten Bauplanung" gesprochen werden kann, wenn diese zwar erteilt ist, aber gleichzeitig die Klage eines Dritten anhängig ist.[895] In jedem Fall wird das Investment nicht per se unzulässig, es ist nur bei Nicht-Vorliegen einer „genehmigten Bauplanung" als unbebautes Grundstück gem. § 231 Abs. 1 S. 1 Nr. 3 einzugruppieren, da hier das Vorliegen einer „genehmigten Bauplanung" nicht vorausgesetzt ist.[896] In den Fällen, in denen die Erfolgsaussichten der Klage des Dritten hoch sind, ist zwar aus formaler Sicht eine „genehmigte Bauplanung" vorliegend, jedoch ist es sachgerechter, von einer wirtschaftlichen Betrachtungsweise auszugehen. Aufgrund des hohen Risikos der Nicht-Realisierbarkeit des Projekts droht ein Ausbleiben der prognostizierten Erträge.[897] Aufgrund wirtschaftlicher Erwägungen ist somit in dieser Konstellation von einem Nicht-Vorliegen einer „genehmigten Bauplanung" auszugehen.[898]

(3) Abschluss der Bebauung in angemessener Zeit gem. § 231 Abs. 1 S. 1 Nr. 2 b)

Zudem muss mit einem Abschluss der Bebauung in angemessener Zeit zu rechnen sein, § 231 Abs. 1 S. 1 Nr. 2 b). Hier lässt sich das Bestreben des Gesetzgebers

894 *Hinrichs/Virreira Winter*, in: Baur/Tappen, Investmentgesetze: Großkommentar, Bd. 1: §§ 1–272 KAGB, 3. Auflage 2015, § 231 Rn. 11.

895 *Wind/Kautenburger-Behr*, in: Weitnauer/Boxberger/Anders, KAGB, 2014, § 231 Rn. 12; *Hinrichs/Virreira Winter*, in: Baur/Tappen, Investmentgesetze: Großkommentar, Bd. 1: §§ 1–272 KAGB, 3. Auflage 2015, § 231 Rn. 12.

896 *Hinrichs/Virreira Winter*, in: Baur/Tappen, Investmentgesetze: Großkommentar, Bd. 1: §§ 1–272 KAGB, 3. Auflage 2015, § 231 Rn. 12.

897 *Hinrichs/Virreira Winter*, in: Baur/Tappen, Investmentgesetze: Großkommentar, Bd. 1: §§ 1–272 KAGB, 3. Auflage 2015, § 231 Rn. 12.

898 *Hinrichs/Virreira Winter*, in: Baur/Tappen, Investmentgesetze: Großkommentar, Bd. 1: §§ 1–272 KAGB, 3. Auflage 2015, § 231 Rn. 12.

erkennen, in Hinsicht auf baldige Erträge auf eine zügige Durchführung des Bauvorhabens zu bestehen.[899]

(4) Anlagegrenzen gem. § 231 Abs. 1 S. 1 Nr. 2 c)

Aus § 231 Abs. 1 S. 1 Nr. 2 c) folgt, dass die Aufwendungen für die Grundstücke insgesamt 20 % des Wertes des Sondervermögens nicht überschreiten dürfen.[900] Hierbei handelt es sich um eine Erwerbsvorschrift, die auch bei neu aufgelegten Immobilienfonds gilt.[901] Nicht umfasst sind hierbei die Gesamtkosten für die Baumaßnahme, sondern allein die Aufwendungen in Form von Kaufpreis und Nebenkosten sowie bezahlten Baurechnungen.[902]

cc) Unbebaute Grundstücke zum Zwecke der alsbaldigen Bebauung gem. § 231 Abs. 1 S. 1 Nr. 3

Bei Erwerb dieses Grundstücktyps muss die Absicht bestehen, das Grundstück alsbald zu bebauen, ein Erwerb zu reinen Spekulationsszwecken ist nicht gestattet.[903] Bei dem zur Bebauung geeigneten Grundstück werden unterschiedliche Entwicklungsstufen unterschieden: Ödland, Bauerwartungsland, Rohbauland und Bauland.[904] Es ist nur der Erwerb von Rohbauland und Bauland zulässig.[905] Nach § 5 Abs. 3 ImmoWertV sind Rohbauland „Flächen, die nach den §§ 30, 33 und 34 (…) [BauGB] für eine bauliche Nutzung bestimmt sind, deren Erschließung aber noch nicht gesichert ist oder die nach Lage, Form oder Größe für eine bauliche Nutzung unzureichend gestaltet sind“. Zwar ist das Vorliegen

---

899 *Hinrichs/Virreira Winter*, in: Baur/Tappen, Investmentgesetze: Großkommentar, Bd. 1: §§ 1–272 KAGB, 3. Auflage 2015, § 231 Rn. 12.

900 Zur konkreten Berechnung der Anlagegrenzen: *Wind/Kautenburger-Behr*, in: Weitnauer/Boxberger/Anders, KAGB, 2014, § 231 Rn. 26.

901 Der § 244 KAGB enthält hier keine Ausnahmeregelung, *Hinrichs/Virreira Winter*, in: Baur/Tappen, Investmentgesetze: Großkommentar, Bd. 1: §§ 1–272 KAGB, 3. Auflage 2015, § 231 Rn. 12.

902 *Hinrichs/Virreira Winter*, in: Baur/Tappen, Investmentgesetze: Großkommentar, Bd. 1: §§ 1–272 KAGB, 3. Auflage 2015, § 231 Rn. 12.

903 Was aber eine gewisse Vorratshaltung von Grundstücken nicht ausschließt: *Zöll*, in: Beckmann/Scholtz/Vollmer, Investment (Stand: 11/16), § 67 InvG Rn. 12; *Hinrichs/Virreira Winter*, in: Baur/Tappen, Investmentgesetze: Großkommentar, Bd. 1: §§ 1–272 KAGB, 3. Auflage 2015, § 231 Rn. 13.

904 *Hinrichs/Virreira Winter*, in: Baur/Tappen, Investmentgesetze: Großkommentar, Bd. 1: §§ 1–272 KAGB, 3. Auflage 2015, § 231 Rn. 13.

905 *Hinrichs/Virreira Winter*, in: Baur/Tappen, Investmentgesetze: Großkommentar, Bd. 1: §§ 1–272 KAGB, 3. Auflage 2015, § 231 Rn. 13.

einer Baugenehmigung, wie etwa bei § 231 Abs. 1 S. 1 Nr. 2 (s. o.) nicht Voraussetzung, allerdings ist für den zulässigen Erwerb nach § 231 Abs. 1 S. 1 Nr. 3 eine Parzellierung erforderlich, die in der Regel bei Rohbauland noch nicht vorliegt.[906]

Wie schon bei § 231 Abs. 1 S. 1 Nr. 2 besteht auch hier eine Erwerbsgrenze von 20 % des Wertes des Sondervermögens.[907] Maßgeblich ist der Wert des unbebauten Grundstücks, künftige Bauaufwendungen sind nicht mit einzubeziehen.[908]

dd) Erbbaurechte gem. § 231 Abs. 1 S. 1 Nr. 4

Nach § 231 Abs. 1 S. 1 Nr. 4 ist auch der Erwerb von Erbbaurechten zulässig, der sich unter den gleichen Voraussetzungen wie bei Grundstücken i.S.d. § 231 Abs. 1 S. 1 Nr. 1–3 vollzieht.[909] Eine Erwerbsgrenze besteht nicht.

b) Nach Anlagebedingungen zugelassene Vermögensgegenstände gem. § 231 Abs. 1 S. 1 Nr. 5, 6

Neben den gesetzlich zugelassenen Vermögensgegenständen können nach § 231 Abs. 1 S. 1 Nr. 5, 6 i.V.m. S. 2 auch andere Vermögensgegenstände zulässig sein, soweit deren Erwerb in den Anlagebedingungen vorgesehen ist. Dieses betrifft vor allem „andere" Grundstücke nach § 231 Abs. 1 S. 1 Nr. 5 sowie Nießbrauchrechte, § 231 Abs. 1 S. 1 Nr. 6.

2. Anlagetrends

Wie aufgezeigt sind die Investitionsmöglichkeiten für Immobilien-Sondervermögen vielfältig, dennoch lassen sich in der Anlagepolitik der Fonds eindeutige Trends zu Standorten und Objekten feststellen.[910] Da der Erfolg eines Fonds essenziell davon abhängig ist, ob ausreichend Erträge erwirtschaftet werden und in der Folge über die Ertragssteigerungen tatsächliche Wertzuwächse generiert werden, wird bevorzugt in gerwerblich genutzte Immobilien wie Bürohäuser,

---

906 *Zöll*, in: Beckmann/Scholtz/Vollmer, Investment (Stand: 11/16), § 67 InvG Rn. 6, 12; *Hinrichs/Virreira Winter*, in: Baur/Tappen, Investmentgesetze: Großkommentar, Bd. 1: §§ 1–272 KAGB, 3. Auflage 2015, § 231 Rn. 13.

907 *Wind/Kautenburger-Behr*, in: Weitnauer/Boxberger/Anders, KAGB, 2014, § 231 Rn. 26.

908 *Hinrichs/Virreira Winter*, in: Baur/Tappen, Investmentgesetze: Großkommentar, Bd. 1: §§ 1–272 KAGB, 3. Auflage 2015, § 231 Rn. 13.

909 *Wind/Katenburger-Behr*, in: Weitnauer/Boxberger/Anders, KAGB, 2014, § 231 Rn. 13; *Hinrichs/Virreira Winter*, in: Baur/Tappen, Investmentgesetze: Großkommentar, Bd. 1: §§ 1–272 KAGB, 3. Auflage 2015, § 231 Rn. 14.

910 *Hinrichs/Virreira Winter*, in: Baur/Tappen, Investmentgesetze: Großkommentar, Bd. 1: §§ 1–272 KAGB, 3. Auflage 2015, § 231 Rn. 3.

Geschäftshäuser, Gewerbeparks und Einkaufszentren in wirtschaftlich entwicklungsfähigen Ballungszentren investiert.[911] Hier ist ein geringeres Ausfallrisiko zu befürchten als bei privat genutzten Immobilien. Auch ist aus Gründen einer effektiveren, zentralisierten Verwaltung der Immobilien (Kostenersparnis) ein Trend zu großgewerblichen Objekten mit nur wenigen Mietern, die sogar ggf. einen eigenständigen Service in den Bereichen technische Betreuung und Verwaltung anbieten (bspw. Center-Management bei Einkaufszentren), zu erkennen.[912]

III. Liquiditätsanlagen gem. §§ 231 Abs. 1 S. 1 Nr. 7 i.V.m. 253

1. Zweck der Liquiditätsanlagen

Eine grundlegende Eigenschaft offener Investmentfonds ist es, dass sie verpflichtet sind, eigene Anteile (in Grenzen) jederzeit zurückzukaufen, § 1 Abs. 4.[913] Die gemischte Zusammensetzung durch die Anlage in kurzfristig realisierbare Vermögenswerte zielt darauf ab, kurzfristigen Rückgabverlangen der Anleger besser begegnen zu können und somit eine Aussetzung der Rücknahme (§ 257 Abs. 1) verhindern zu können. Die Vorhaltung einer gewissen Mindestliquidität ist erforderlich, um potenzielle Zahlungsverpflichtungen jederzeit bedienen zu können, da der Verkauf von Immobilien in der Regel einige Zeit in Anspruch nimmt.[914] Die Liquiditätsvorschriften sind für Immobilien-Sondervermögen unerlässlich, da Immobilien grundsätzlich längerfristige Vermögensanlagen sind, deren Wert sich häufig nicht kurzfristig realisieren lässt.[915] Andererseits muss auch ein Liquiditätsüberschuss verhindert werden, der z. B. dadurch entstehen kann, dass Mittelzuflüsse durch den Verkauf von Anteilen oder Verkauf von Immobilien, die nicht unmittelbar neu in Immobilien (ggf. aufgrund aktueller Besonderheiten des Immobilienmarktes) investiert werden können, generiert werden.[916] Eine hohe Liquidität

---

911 *Hinrichs/Virreira Winter,* in: Baur/Tappen, Investmentgesetze: Großkommentar, Bd. 1: §§ 1–272 KAGB, 3. Auflage 2015, § 231 Rn. 3.

912 *Hinrichs/Virreira Winter,* in: Baur/Tappen, Investmentgesetze: Großkommentar, Bd. 1: §§ 1–272 KAGB, 3. Auflage 2015, § 231 Rn. 3.

913 Im Einzelnen siehe S. 48 ff.

914 *Reiss,* in: Baur/Tappen, Investmentgesetze: Großkommentar, Bd. 1: §§ 1–272 KAGB, 3. Auflage 2015, § 253 Rn. 3; *Elmendorff,* in: Seibt/Conradi, Handbuch REIT-AG, 2008, S. 5.

915 *Reiss,* in: Baur/Tappen, Investmentgesetze: Großkommentar, Bd. 1: §§ 1–272 KAGB, 3. Auflage 2015, § 253 Rn. 3.

916 *Reiss,* in: Baur/Tappen, Investmentgesetze: Großkommentar, Bd. 1: §§ 1–272 KAGB, 3. Auflage 2015, § 253 Rn. 3; siehe etwa auch: Handelsblatt vom 8. Juni 2016, „Offene Immobilienfonds – Neue Risiken für Immobilienanleger", http://www.

schmälert die Ertragskraft des Fonds in Niedrigzinsperioden.[917] Zudem ist durch die Festlegung in § 253, dass mindestens 51 % der Mittel in Immobilien investiert werden müssen (Umkehrschluss aus § 253 Abs. 1 S. 1), klargestellt, dass es sich nicht um ein Wertpapier-Sondervermögen mit einem Anteil an Immobilien handelt.[918]

2. Höchst- und Mindestliquidität

Gem. § 253 Abs. 1 S. 2 ist vorgeschrieben, dass stets eine Quote von 5 % des Wertes des Sondervermögens in entsprechende in § 253 Abs. 1 S. 1 Nr. 1–6 benannte Vermögenswerten anzulegen ist (Mindestliquidität). Diese schon in § 80 Abs. 1 S. 2 InvG bestehende Mindestliquiditätsgrenze wurde zunächst im Gesetzesentwurf zur AIFM-RL aufgehoben.[919] Es müsse nur ein „ausreichender“ Betrag zur Verfügung stehen, damit dem Rückgabeverlangen der Anleger nachgekommen werden könne, der konkrete Anteil am Sondervermögen stehe im Ermessen des Fonds selbst.[920] Diese Anpassung rechtfertigte der Gesetzgeber mit den geänderten Rücknahmeregelungen für Immobilien-Sondervermögen,[921] ruderte jedoch schon bald wieder zurück und nahm auf Empfehlung des Finanzausschusses die schon aus dem InvG bekannte 5 %-Grenze wieder auf.[922]

Trotz der Labelung als Immobilien-Sondervermögen darf gem. § 253 Abs. 1 S. 1 ein Betrag, der bis zu 49 % des Wertes des Sondervermögens entspricht, in liquide Vermögensgegenstände gem. § 253 Abs. 1 S. 1 Nr. 1–6 angelegt werden (Höchstliquidität).

---

handelsblatt.com/finanzen/immobilien/offene-immobilienfonds-fondsmanager-im-dilemma/13700062-2.html, zuletzt abgerufen am 12.02.2017.

917 *Elmendorff*, in: Seibt/Conradi, Handbuch REIT-AG, 2008, S. 5.

918 *Reiss*, in: Baur/Tappen, Investmentgesetze: Großkommentar, Bd. 1: §§ 1–272 KAGB, 3. Auflage 2015, § 253 Rn. 3.

919 Gesetzesentwurf der Bundesregierung, Entwurf eines Gesetzes zur Umsetzung der Richtlinie 2011/61/EU über die Verwalter alternativer Investmentfonds (AIFM-Umsetzungsgesetz – AIFM-UmsG) vom 6. Februar 2013, BT-Drucks. 17/12294, S. 122; *Reiss*, in: Baur/Tappen, Investmentgesetze: Großkommentar, Bd. 1: §§ 1–272 KAGB, 3. Auflage 2015, § 253 Rn. 1.

920 *Reiss*, in: Baur/Tappen, Investmentgesetze: Großkommentar, Bd. 1: §§ 1–272 KAGB, 3. Auflage 2015, § 253 Rn. 1.

921 Gesetzesentwurf der Bundesregierung, Entwurf eines Gesetzes zur Umsetzung der Richtlinie 2011/61/EU über die Verwalter alternativer Investmentfonds (AIFM-Umsetzungsgesetz – AIFM-UmsG) vom 6. Februar 2013, BT-Drucks. 17/12294, S. 269; *Reiss*, in: Baur/Tappen, Investmentgesetze: Großkommentar, Bd. 1: §§ 1–272 KAGB, 3. Auflage 2015, § 253 Rn. 1.

922 *Reiss*, in: Baur/Tappen, Investmentgesetze: Großkommentar, Bd. 1: §§ 1–272 KAGB, 3. Auflage 2015, § 253 Rn. 1.

3. *Konkrete Anlagegenstände*

a) Bankguthaben gem. § 253 Abs. 1 S. 1 Nr. 1

Über § 230 Abs. 1 findet die Vorschrift für OGAW-Investmentvermögen bzgl. Bankguthaben (§ 195) auch auf Immobilien-Sondervermögen Anwendung, da sich aus dem § 253 nichts Gegenteiliges ergibt.[923]

Gem. § 195 darf die KVG nur Bankguthaben mit einer Laufzeit von höchstens 12 Monaten in Form von Sperrkonten führen.[924] Gem. § 83 Abs. 6 S. 1 hat die Verwahrstelle sicherzustellen, dass die Zahlungsströme der inländischen AIF ordnungsgemäß überwacht werden. Grundsätzlich müssen Bankguthaben nicht zwingend bei der Verwahrstelle selbst geführt werden.[925] Damit die Verwahrstelle aber ihrer Überwachungspflicht nach § 83 Abs. 6 S. 1 nachkommen kann, muss in diesen Fällen ein Zustimmungsvorbehalt der Verwahrstelle für Zahlungsausgänge vorgesehen sein.[926]

Das Kreditinstitut, welches die Konten verwaltet, kann ein inländisches sein, aber auch auch ein solches, das seinen Sitz in einem anderen Mitgliedstaat der EU hat, einem anderen Vertragsstaat des EWR-Abkommens oder einem Drittsttaat, dessen Aufsichtsbestimmungen nach Auffassung der BaFin denjenigen des Rechts der EU gleichwertig sind.[927]

Aufgrund des Verweises in § 230 Abs. 1 gelten auch die Emittentengrenzen des § 206 sinngemäß für Immobilien-Sondervermögen. Demnach dürfen nur bis zu 20 % des Wertes des Sondervermögens in Bankguthaben bei demselben Kreditinstitut gehalten werden (§ 206 Abs. 4).[928]

---

923 *Wind/Kautenburger-Behr,* in: Weitnauer/Boxberger/Anders, KAGB, 2014, § 230 Rn. 11, § 253 Rn. 9.

924 *Wind/Kautenburger-Behr,* in: Weitnauer/Boxberger/Anders, KAGB, 2014, § 253 Rn. 9; *Reiss,* in: Baur/Tappen, Investmentgesetze: Großkommentar, Bd. 1: §§ 1–272 KAGB, 3. Auflage 2015, § 253 Rn. 4.

925 *Reiss,* in: Baur/Tappen, Investmentgesetze: Großkommentar, Bd. 1: §§ 1–272 KAGB, 3. Auflage 2015, § 253 Rn. 5.

926 *Reiss,* in: Baur/Tappen, Investmentgesetze: Großkommentar, Bd. 1: §§ 1–272 KAGB, 3. Auflage 2015, § 253 Rn. 5.

927 Zu diesen Drittstaaten zählen u.a. die USA, Schweiz und Kanada: Gesetzesentwurf der Bundesregierung, Entwurf eines Gesetzes zur Modernisierung des Investmentwesens und zur Besteuerung von Investmentvermögen (Investmentmodernisierungsgesetz) vom 19. September 2003, BT-Drucks. 15/1553, S. 94; *Wind/Kautenburger-Behr,* in: Weitnauer/Boxberger/Anders, KAGB, 2014, § 253 Rn. 9.

928 *Wind/Kautenburger-Behr,* in: Weitnauer/Boxberger/Anders, KAGB, 2014, § 253 Rn. 10; *Reiss,* in: Baur/Tappen, Investmentgesetze: Großkommentar, Bd. 1: §§ 1–272 KAGB, 3. Auflage 2015, § 253 Rn. 5.

b) *Geldmarktinstrumente gem. § 253 Abs. 1 S. 1 Nr. 2*

Eine ausführliche Legaldefinition der „Geldmarktinstrumente" ist dem § 194 Abs. 1 zu entnehemen, welcher ebenfalls über die Verweisnorm des § 230 Abs. 1 Anwendung findet. Nach Art. 2 Abs. 1 lit o) der OGAW-RL handelt es sich hierbei um „Instrumente, die üblicherweise auf dem Geldmarkt gehandelt werden, liquide sind und deren Wert jederzeit genau bestimmt werden kann".[929] Der Anlagehorizont beträgt höchstens 397 Tage.[930] Auch sind die Anlagegrenzen der §§ 206, 208, 210 einzuhalten.

c) *Investmentanteile gem. § 253 Abs. 1 S. 1 Nr. 3*

Auch bei der Definition der „Investmentanteile" kann auf die Bestimmungen zu OGAW-Investmentvermögen zurückgegriffen werden, diese finden sich in § 196. Anders als bei den vorherigen Verweisen folgt dieser nicht nur aus § 230 Abs. 1, sondern direkt aus § 253 Abs. 1 S. 1 Nr. 3.

d) *Sonstige Wertpapiere gem. § 253 Abs. 1 S. 1 Nr. 4*

Es ist auch die Anlage in sonstige Wertpapiere gestattet, allerdings ist Voraussetzung für ein solches Investment, dass die Anforderungen von § 253 Abs. 1 S. 1 Nr. 4 erfüllt sind.

Dieses bedeutet zum einen, dass es sich um Wertpapiere handelt, „die zur Sicherung der in Art. 18.1 des Protokolls über die Satzung des Europäischen Systems der Zentralbanken und der Europäischen Zentralbank[931] (...) genannten Kreditgeschäfte von der Europäischen Zentralbank oder der Deutschen Bundesbank zugelassen sind oder deren Zulassung nach den Emissionsbedingungen beantragt wird, sofern die Zulassung innerhalb eines Jahres nach ihrer Ausgabe erfolgt", § 253 Abs. 1 S. 1 Nr. 4 a). Zum anderen, dass diese „entweder an einem organisierten Markt im Sinne von § 2 (...) [Abs. 5 WpHG] zum Handel zugelassen sind oder soweit es sich um festverzinsliche Wertpapiere handelt, ihr Wert einen Betrag von 5 Prozent des Wertes des Sondervermögens nicht übersteigt", § 253 Abs. 1 S. 1 Nr. 4 b).

---

929 So auch Gesetzesentwurf der Bundesregierung, Entwurf eines Gesetzes zur Modernisierung des Investmentwesens und zur Besteuerung von Investmentvermögen (Investmentmodernisierungsgesetz) vom 19. September 2003, BT-Drucks. 15/1553, S. 75.

930 *Wind/Kautenburger-Behr*, in: Weitnauer/Boxberger/Anders, KAGB, 2014, § 253 Rn. 11.

931 Protokoll über die Satzung des Europäischen Systems der Zentralbanken und der Europäischen Zentralbank, https://www.ecb.europa.eu/ecb/legal/pdf/de_statute_2.pdf, zuletzt abgerufen am 11.02.2017.

Welche Wertpapiere konkret erfasst sind, ist auf einer ständig aktualisierten Liste auf der Website der Europäischen Zentralbank[932] abrufbar.[933]

e) *Anteile an REIT gem. § 253 Abs. 1 S. 1 Nr. 5*

Schon im vorherigen InvG fand sich in § 80 Abs. 1 S. 1 Nr. 5 InvG eine vergleichbare Regelung, die den Erwerb von Anteilen an REIT-Aktiengesellschaften (Real Estate Investment Trust) betraf.

In Deutschland wurden sog. REIT im Jahr 2007 eingeführt, wobei die wirtschaftliche Bedeutung bis heute verhältnismäßig gering geblieben ist.[934] Wesentliche Charakteristika von sog. REIT sind neben dem Umstand, dass der Unternehmensgegenstand auf Investition in Immobilien beschränkt ist und eine steuerliche Transparenz gewährleistet ist, die Zulassung zum Handel an einem organisierten Markt i.S.v. § 2 Abs. 5 WpHG.[935]

§ 253 Abs. 1 S. 1 Nr. 5 ermöglicht es dem Immobilien-Sondervermögen Aktien von inländischen oder ausländischen börsennotierten REIT unabhängig von der Wertpapierquote des § 253 Abs. 1 S. 1 Nr. 4 b) (s. o.) zu erwerben, denn speziell für Anteile an REIT besteht eine eigene Maximalquote in Höhe von 5 % des Wertes des Sondervermögens.[936] Soweit sämtliche Anforderungen des § 235, die an Immobilien-Gesellschaften gestellt werden, erfüllt sind, ist sogar ein Erwerbsanteil über die 5 %-Grenze hinaus möglich, jedoch dann allein nach den Vorschriften der §§ 234 ff.[937]

f) *Derivate zu Absicherungszwecken gem. § 253 Abs. 1 S. 1 Nr. 6*

Neu im Vergleich zum alten InvG ist die Regelung, dass nun auch Derivate zu Absicherungszwecken gem. § 253 Abs. 1 S. 1 Nr. 6 erworben werden dürfen.

---

932 Unter: https://www.ecb.europa.eu/mopo/assets/assets/html/index.en.html, zuletzt abgerufen am 11.02.2017.

933 *Reiss*, in: Baur/Tappen, Investmentgesetze: Großkommentar, Bd. 1: §§ 1–272 KAGB, 3. Auflage 2015, § 253 Rn. 13.

934 *Reiss*, in: Baur/Tappen, Investmentgesetze: Großkommentar, Bd. 1: §§ 1–272 KAGB, 3. Auflage 2015, § 253 Rn. 14.

935 *Reiss*, in: Baur/Tappen, Investmentgesetze: Großkommentar, Bd. 1: §§ 1–272 KAGB, 3. Auflage 2015, § 253 Rn. 14.

936 *Wind/Kautenburger-Behr*, in: Weitnauer/Boxberger/Anders, KAGB, 2014, § 253 Rn. 16; *Reiss*, in: Baur/Tappen, Investmentgesetze: Großkommentar, Bd. 1: §§ 1–272 KAGB, 3. Auflage 2015, § 253 Rn. 14.

937 *Reiss*, in: Baur/Tappen, Investmentgesetze: Großkommentar, Bd. 1: §§ 1–272 KAGB, 3. Auflage 2015, § 253 Rn. 15.

Dieses entspricht einer langjährigen Verwaltungspraxis und dient allein der Klarstellung.[938]

IV. Beteiligung an Immobiliengesellschaft gem. §§ 231 Abs. 1 S. 1 Nr. 7 i.V.m. 234

Neben der Anlage in Immobilien gem. 231 Abs. 1 S. 1 Nr. 1–6 und den in 231 Abs. 1 S. 1 Nr. 7 i.V.m. § 253 genannten Vermögensgegenständen ist auch die Beteiligung an Immobiliengesellschaften als Investition für Rechnung eines Immobilien-Sondervermögens zulässig. In §§ 234 ff. sind die genauen Voraussetzungen vorgegeben, unter denen der Erwerb von Beteiligungen an Immobilien-Gesellschaften und in diesem Zusammenhang stehende Tätigkeiten möglich sind.

Gem. § 1 Abs. 19 Nr. 22 sind Immobilien-Gesellschaften definiert als solche, „die nach dem Gesellschaftsvertrag oder der Satzung nur Immobilien sowie die zur Bewirtschaftung der Immobilien erforderlichen Gegenstände erwerben dürfen".

Die Investition muss u. a. gem. § 234 Abs. S. 1 in den Anlagebedingungen vorgesehen sein, es muss ein dauerhafter Ertrag zu erwarten sein und es müssen die Befugnisse der Verwahrstelle nach § 84 Abs. 1 Nr. 5 sichergestellt werden. Auch ist grundsätzlich[939] erforderlich, dass die KVG bei der Immobilien-Gesellschaft über die Stimmen- und Kapitalmehrheit verfügt, die für eine Änderung der Satzung erforderlich ist, § 234 S. 1 Nr. 4.

Im den folgenden Normen finden sich weitere konkretere Bestimmungen zur Beteiligung an Immobilien-Gesellschaften, insbesondere zur Wertermittlung durch den Abschlussprüfer (§ 236), den Anlagegrenzen (§ 237) und mehrstöckigen Beteiligungsstrukturen (§ 238). Außerdem finden sich weitere konkrete Anforderungen an die Immobiliengesellschaft in § 235.

Ziel der detaillierten Regelungen ist, sicherzustellen, dass die Tätigkeit der Immobilien-Gesellschaft nicht über die erlaubte Tätigkeit der KVG hinausgeht.[940] So soll verhindert werden, dass die strengen Anforderungen des KAGB an die KVG und speziell an die zulässigen Vermögensgegenstände des Immobilien-Sondervermögens nicht unterlaufen werden.[941]

938 *Reiss*, in: Baur/Tappen, Investmentgesetze: Großkommentar, Bd. 1: §§ 1–272 KAGB, 3. Auflage 2015, § 253 Rn. 16.

939 Ausnahmsweise ist auch die Minderheitsbeteiligung zulässig, allerdings ist dann die Anlagegrenze des § 237 S. 3 (30 % des Wertes des Immobilien-Sondervermögen) zu beachten, § 234 S. 2.

940 *Wind/Kautenburger-Behr*, in: Weitnauer/Boxberger/Anders, KAGB, 2014, § 235 Rn. 1.

941 *Wind/Kautenburger-Behr*, in: Weitnauer/Boxberger/Anders, KAGB, 2014, § 235 Rn. 1.

C. Bewertung der Vermögensgegenstände

I. Allgemeines

Die besonderen Vorschriften für die Bewertung von Immobilien-Sondervermögen (§§ 248–251) stehen im engen Zusammenspiel mit den allgemeinen Vorschriften zur Bewertung von Vermögensgegenständen von offenen Publikumsinvestmentvermögen (§§ 168 f., 216 f.).

Hierbei wird grundsätzlich differenziert zwischen den Grundstücken und grundstücksgleichen Rechten nach § 231 Abs. 1 S. 1 Nr. 1–6, den Liquiditätsanlagen nach § 231 Abs. 1 S. 1 Nr. 7 i.V.m. § 253 und den Beteiligungen an Immobilien-Gesellschaften nach § 231 Abs. 1 S. 1 Nr. 7 i.V.m. § 234.

Die Wichtigkeit einer möglichst aktuellen und realistischen Bewertung zeigt sich an zahlreichen Stellen. Insbesondere bildet die Bewertung der einzelnen Vermögensgegenstände die Basis zur Feststellung des Ausgabe- bzw. Rücknahmepreises.[942]

Speziell bei Immobilien ist der aktuelle Marktwert[943] deutlich schwieriger zu ermitteln als beispielsweise bei börsennotierten Wertpapieren,[944] dieses hat Einfluss auf die Bewertung des gesamten Immobilien-Sondervermögens. Es ist daher erforderlich, für Immobilien-Sondervermögen von den allgemeinen Bewertungsregeln abweichende Vorschriften festzulegen.[945] Diese betreffen vornehmlich, aber nicht ausschließlich, die Bewertung von Immobilien nach § 231 Abs. 1 S. 1 Nr. 1–6 (Grundstücke und grundstücksgleiche Rechte).[946]

Schon unter Geltung des InvG wurde die Bewertung von Immobilien-Sondervermögen als problematisch und missbrauchsanfällig eingestuft.[947] Seit 1969 wurden die einzelnen Immobilien eines offenen Immobilien-Publikumsfonds

942 *Wind/Kautenburger-Behr,* in: Weitnauer/Boxberger/Anders, KAGB, 2014, § 251 Rn. 2.

943 Grundsätzlich ist mit dem Marktwert der Verkehrswert i.S.d. § 194 BauGB gemeint: *Ising,* NZG 2012, 651, 654.

944 *Wind/Kautenburger-Behr,* in: Weitnauer/Boxberger/Anders, KAGB, 2014, § 248 Rn. 1.

945 *Schachinger,* in: Baur/Tappen, Investmentgesetze: Großkommentar, Bd. 1: §§ 1–272 KAGB, 3. Auflage 2015, § 250 Rn. 1: Unabhängigkeit der Bewertung wird durch das Erfordernis externer Sachverständiger gestärkt; *Wind/Kautenburger-Behr,* in: Weitnauer/Boxberger/Anders, KAGB, 2014, § 248 Rn. 1.

946 So finden sich insbesondere auch spezielle Vorschriften zur Bewertung von Beteiligungen an Immobiliengesellschaften nach § 231 Abs. 1 S. 1 Nr. 7 i.V.m. § 234.

947 *Köndgen/Schmies,* in: Schimansky/Bunte/Lwowski, Bankrechts-Handbuch, Zweiter Band, 4. Auflage 2011, § 113 Rn. 101; *Servatius,* Funktionsdefizite beim Offenen Immobilienfonds, http://wiwi-app.uni-regensburg.de/news20/upload/upload__0978f2c07fb7f312af459767ddcea82e.pdf, zuletzt abgerufen am 13.02.2017, S. 10.

durch einen von der KVG berufenen Sachverständigenausschuss[948] mindestens einmal im Jahr bewertet (noch im InvG in § 79 Abs. 1 S. 4 geregelt).[949] Wenngleich auch schon damals an die einzelnen Sachverständigen strenge Anforderungen an Unabhängigkeit und Professionalität gestellt wurden, wurde in diesem Zusammenhang kritisiert, dass der Ausschuss von der Fondsleitung selbst berufen wurde.[950]

Ein Sachverständigenausschuss zur Immobilien-Bewertung findet sich nicht mehr im KAGB.[951] Stattdessen ist nun für die Bewertung von Vermögensgegenständen i.S.d. § 231 Abs. 1 S. 1 Nr. 1–6 (Grundstücke und grundstücksgleiche Rechte) in § 250 Abs. 1 Nr. 1 festgelegt, dass die Bewertung nur durch zwei externe Bewerter erfolgen darf.

II. Bewertungsgrundsätze

Nach der Vorschrift des § 248 Abs. 1 findet grundsätzlich der § 168 auch auf die Bewertung von Immobilien-Sondervermögen Anwendung, allerdings modifiziert durch § 248 Abs. 2 bis 4. Ziel der allgemeinen Vorschrift des § 168 ist es sicherzustellen, dass das Investmentvermögen eine Bewertung basierend auf möglichst aktuellen Marktpreisen erhält, damit die Anleger die Anteile am Fonds zu fairen und marktgerechten Preisen erwerben und auch wieder zurückgeben können.[952]

1. Allgemeine Bewertungsgrundsätze nach § 168

a) Berechnung des Nettoinventarwerts („Net Asset Value", NAV)[953] und Verkehrswertermittlung

Die Vorgängervorschrift des § 168 Abs. 1 fand sich in § 36 Abs. 1 S. 1 und S. 2 InvG und regelte ebenfalls die Ermittlung des NAV je Anteil oder je Aktie.[954]

---

948 *Hübner*, WM 2014, 106, 110.

949 *Köndgen/Schmies*, in: Schimansky/Bunte/Lwowski, Bankrechts-Handbuch, Zweiter Band, 4. Auflage 2011, § 113 Rn. 101.

950 *Köndgen/Schmies*, in: Schimansky/Bunte/Lwowski, Bankrechts-Handbuch, Zweiter Band, 4. Auflage 2011, § 113 Rn. 101.

951 Diese sind wohl (zumindest für Publikumsinvestmentvermögen) auch nicht vereinbar mit den Vorgaben der AIFM-RL: *Hübner*, WM 2014, 106, 110 f.; *Wind/Kautenburger-Behr*, in: Weitnauer/Boxberger/Anders, KAGB, 2014, § 250 Rn. 1.

952 *Kayser/Selkinski*, in: Weitnauer/Boxberger/Anders, KAGB, 2014, § 168 Rn. 5.

953 In der Finanzsprache als „Net Asset Value" (NAV) bezeichnet, vgl. *Kayser/Selkinski*, in: Weitnauer/Boxberger/Anders, KAGB, 2014, § 168 Rn. 10.

954 *Kayser/Selkinski*, in: Weitnauer/Boxberger/Anders, KAGB, 2014, § 168 Rn. 10.

Gem. § 168 Abs. 1 S. 1 ergibt sich der NAV je Anteil oder je Aktie aus der Teilung des Wertes des Fonds durch die Zahl der in den Verkehr gelangten Anteile. Der Wert des Fonds insgesamt ist „auf Grund der jeweiligen Verkehrswerte der zu ihm gehörenden Vermögensgegenstände abzüglich der aufgenommenen Kredite und sonstigen Verbindlichkeiten zu ermitteln", § 168 Abs. 1 S. 2. Hierbei ist essenziell, dass marktgerechte Verkehrswerte zugrunde gelegt werden.[955] Gem. § 168 Abs. 1 S. 3 ist „zur Bestimmung des Verkehrswertes des Vermögensgegenstandes das jeweilige gesetzliche oder marktübliche Verfahren heranzuziehen".

Im Falle von Immobilien ist als marktübliches Verfahren eine Wertermittlung nach der Immobilienwertermittlungsverordnung (ImmoWertV)[956] anerkannt.[957] Die ImmoWertV dient der Ermittlung des Verkehrswertes von Grundstücken und ist auf die Verkehrswertermittlung von grundstücksgleichen Rechten entsprechend anzuwenden, § 1 Abs. 1, 2 ImmoWertVO. Der Verkehrswert kann aufgrund verschiedener Bewertungsmethoden ermittelt werden.[958] So ist eine Bewertung nach dem Vergleichswertverfahren (§§ 15 f. ImmoWertV), nach dem Ertragswertverfahren (§§ 17 ff. ImmoWertV) oder nach dem Sachwertverfahren (§§ 21 ff. ImmoWertVO) denkbar.[959]

Gem. § 248 Abs. 4 S. 1 ist „der Wert der Beteiligung an einer Immobilien-Gesellschaft nach den für die Bewertung von Unternehmensbeteiligungen Grundsätzen zu ermitteln". In dem Falle, dass Vermögensgegenstände zum Handel an einer Börse zugelassen oder an einem anderen organisierten Markt zugelassen oder in diesen einbezogen sind, ist grundsätzlich als Verkehrswert der Kurswert der Vermögensgegenstände anzusetzen, § 168 Abs. 2. Dieses bebetrifft vor allem die Liquiditätsanlagen gem. §§ 231 Abs. 1 S. 1 Nr. 7 i.V.m. 253. Anderenfalls oder in dem Fall, dass zwar eine Börsennotierung oder Marktnotierung vorliegt, jedoch kein handelbarer Kurs ermittelbar ist, „ist der Verkehrswert, der bei sorgfältiger Einschätzung nach geeigneten Bewertungsmodellen unter Berücksichtigung der aktuellen Marktgegebenheiten angemessen ist, zugrunde zu legen", § 168 Abs. 3.

---

955 *Kayser/Selkinski*, in: Weitnauer/Boxberger/Anders, KAGB, 2014, § 168 Rn. 12.

956 Verordnung über die Grundsätze für die Ermittlung der Verkehrswerte von Grundstücken (Immobilienwertermittlungsverordnung – ImmoWertVO) vom 19. Mai 2010, BGBl. I 2010, S. 639.

957 *Klusak*, in: Berger/Steck/Lübbehüsen, InvG, InvStG, 2010, § 77 InvG Rn. 8; *Servatius*, a.a.O. (Fn. 947), S. 10.

958 *Servatius*, a.a.O. (Fn. 947), S. 10.

959 *Servatius*, a.a.O. (Fn. 947), S. 10.

Für die Bewertung von Schuldverschreibungen gelten die Besonderheiten des § 168 Abs. 4. Werden auf Derivate Einschüsse unter Einbeziehung der am Börsentag festgestellten Bewertungsgewinne und Bewertungsverluste geleistet, sind diese dem Investmentvermögen zuzurechnen, § 168 Abs. 5. Weitere Regelungen betreffend schwebende Verpflichtungsgeschäfte und Rückerstattungsansprüche sind in § 168 Abs. 6 zu finden.

Die konkrete Berechnungsmethode des NAV ist anders als der Ablauf der Berechnung, nicht EU-einheitlich geregelt.[960] Auch wer die Berechnung durchführt, ist nicht fest vorgeschrieben. So kann die KVG die Berechnung im Rahmen ihrer Verwaltungstätigkeit selbst durchführen, aber auch die Auslagerung der Berechnung als administrative Tätigkeit nach § 36 ist denkbar.[961] Häufig wird die Berechnung auch von Dritten, beispielweise Administratoren durchgeführt.[962] Dieser Dritte ist nicht als externer Bewerter i.S.d. § 216 zu kategorisieren, da er lediglich die Berechnung durchführt.[963] Es ist daher entscheidend, dass keine eigenständige Bewertung von Vermögensgegenständen von dem Dritten durchgeführt wird, sondern lediglich Werte eingesetzt werden, die von der KVG, aus Preisquellen oder von externen Bewertern stammen.[964]

b) Besondere Sorgfaltspflichten der KVG nach § 168 Abs. 7, „Best Execution"

§ 168 Abs. 7 S. 1 gibt vor, dass die KVG „alle angemessenen Maßnahmen zu ergreifen [hat], um bei Erwerb und Veräußerung von Vermögensgegenständen das bestmögliche Ergebnis für (…) [den Fonds] zu erzielen". Die Norm entspricht bis auf wenige redaktionelle Anpassungen dem früheren § 36 Abs. 2 InvG und ist eine Konkretisierung der allgemeinen Sorgfaltspflicht nach § 26 (siehe S. 99 ff).[965] Ziel ist es, nicht für jeden individuellen Geschäftsabschluss das bestmögliche Ergebnis zu bewirken, sondern durch die Ergreifung von organisatorischen Maßnahmen im Vorfeld für zukünftige Geschäftsabschlüsse bestmögliche Ergebnisse zu gewährleisten.[966]

---

960 *Kayser/Selkinski*, in: Weitnauer/Boxberger/Anders, KAGB, 2014, § 168 Rn. 15.

961 *Kayser/Selkinski*, in: Weitnauer/Boxberger/Anders, KAGB, 2014, § 168 Rn. 16.

962 *Kayser/Selkinski*, in: Weitnauer/Boxberger/Anders, KAGB, 2014, § 168 Rn. 16.

963 *Kayser/Selkinski*, in: Weitnauer/Boxberger/Anders, KAGB, 2014, § 168 Rn. 17.

964 Vgl. Erwägungsgrund 80 Level 2-VO: „Diese Verordnung regelt lediglich den Ablauf der Berechnung, nicht die Berechnungsmethode"; *Kayser/Selkinski*, in: Weitnauer/Boxberger/Anders, KAGB, 2014, § 168 Rn. 17.

965 *Kayser/Selkinski*, in: Weitnauer/Boxberger/Anders, KAGB, 2014, § 168 Rn. 43.

966 *Kayser/Selkinski*, in: Weitnauer/Boxberger/Anders, KAGB, 2014, § 168 Rn. 45; *Hölscher*, in: Emde/Dornseifer/Dreibus/Hölscher, InvG, 2013, § 36 Rn. 58, 59.

In der nicht abschließenden Aufzählung[967] des § 168 Abs. 7 S. 2 ist von der KVG u. a. der Kurs oder der Preis, die Kosten, die Geschwindigkeit und Wahrscheinlichkeit der Ausführung und Abrechnung, der Umfang und die Art des Auftrags zu berücksichtigen.

Wie stark die in § 168 Abs. 7 S. 2 benannten Faktoren zu gewichten sind, gibt § 168 Abs. 7 S. 3 vor. Es spielen die Ziele, Anlagepolitik und spezifische Risiken des Fonds, wie sie im Verkaufsprospekt oder gegebenenfalls in den Anlagebedingungen dargelegt sind, eine zentrale Rolle, § 168 Abs. 7 S. 3 Nr. 1. Aber auch Merkmale des Auftrags, der Vermögensgegenstände und der Ausführungsplätze, an die der Auftrag weitergeleitet werden kann, sind als Kriterien im Rahmen der Gewichtung der in § 168 Abs. 7 S. 2 genannten Faktoren explizit im Gesetz genannt, § 168 Abs. 7 S. 3 Nr. 2–4.

§ 168 Abs. 7 S. 4 legt der KVG eine Marktgerechtigkeitsprüfung auf. Demnach sind Geschäftsabschlüsse zu nicht marktgerechten Bedingungen unzulässig, wenn sie für das Investmentvermögen nachteilig sind. Unter „Bedingungen“ sind in diesem Zusammenhang die in § 168 Abs. 7 S. 2 genannten Faktoren zu verstehen.[968]

c) Verordnungsermächtigung gem. § 168 Abs. 8

Gem. § 168 Abs. 8 S. 1 wird das Bundesministerium der Finanzen (BMF) ermächtigt, „durch Rechtsverordnung (…) weitere Bestimmungen über die Bewertung der Vermögensgegenstände und die Anteil- oder Aktienwertermittlung (…) zu erlassen“. Diese Ermächtigung kann das BMF durch Rechtsverordnung auf die BaFin übertragen, § 168 Abs. 8 S. 2. Hiervon hat das BMF Gebrauch gemacht, sodass die BaFin die Kapitalanlage-Rechnungslegung und Bewertungsverordnung (KARBV)[969] erlassen konnte.[970] In ihr werden, wie der Titel schon verrät, u. a. Rechnungslegungsvorschriften und Bewertungsvorschriften im Einklang mit den Vorgaben des KAGB und der AIFM-RL geregelt.[971]

---

967 *Kayser/Selkinski*, in: Weitnauer/Boxberger/Anders, KAGB, 2014, § 168 Rn. 46.

968 *Kayser/Selkinski*, in: Weitnauer/Boxberger/Anders, KAGB, 2014, § 168 Rn. 49; *Hölscher*, in: Emde/Dornseifer/Dreibus/Hölscher, InvG, 2013, § 36 Rn. 89.

969 Verordnung über Inhalt, Umfang und Darstellung der Rechnungslegung von Sondervermögen, Investmentaktiengesellschaften und Investmentkommanditgesellschaften sowie über die Bewertung der zu dem Investmentvermögen gehörenden Vermögensgegenstände (Kapitalanlage-Rechnungslegung und Bewertungsverordnung – KARBV) vom 16. Juli 2013, BGBl. I 2013, S. 2483.

970 *Kayser/Selkinski*, in: Weitnauer/Boxberger/Anders, KAGB, 2014, § 168 Rn. 50.

971 *Kayser/Selkinski*, in: Weitnauer/Boxberger/Anders, KAGB, 2014, § 168 Rn. 51.

2. *Modifikation durch § 248 Abs. 2–4 – Besonderheiten für Immobilien und Beteiligungen an Immobiliengesellschaften*

a) *Kaufpreis als Verkehrswert und erneute Wertermittlung bei Immobilien und Beteiligungen an Immobilien-Gesellschaften*

Gem. § 248 Abs. 2 S. 1 ist „für Vermögensgegenstände im Sinne des § 231 Abs. 1 sowie des § 234 im Zeitpunkt des Erwerbs und danach nicht länger als zwölf Monate der Kaufpreis dieser Vermögensgegenstände [als Bewertungsmaßstab] anzusetzen".[972]

Hierbei fällt auf, dass allgemein auf § 231 Abs. 1 verwiesen wird, was streng genommen auch die Liquiditätsanlagen nach § 231 Abs. 1 S. 1 Nr. 7 i.V.m. § 253 mit umfassen würde. Da jedoch in § 248 Abs. 2 S. 1 explizit zusätzlich neben § 231 Abs. 1 auch auf § 234 verwiesen wird und nicht auch noch auf den § 253, ist davon auszugehen, dass es sich um ein Redaktionsversehen des Gesetzgebers handelt und lediglich die Vermögensgegenstände nach § 231 Abs. 1 S. 1 Nr. 1–6 und eben § 234 erfasst sind.[973] Es macht zudem keinen Sinn auch für Liquiditätsanlagen per se den Kaufpreis als Verkehrswert anzusetzen, da bei entsprechenden Vermögensgegenständen in der Regel ein handelbarer Kurs verfügbar ist.

In einer früheren Fassung des § 250 Abs. 1 Nr. 1 fand sich zunächst auch ein Verweis auf die „Vermögensgegenstände im Sinne des § 231 Abs. 1" allgemein. Dieser Verweis wurde jedoch inzwischen vom Gesetzgeber präzisiert und in „Vermögensgegenstände im Sinne des § 231 Abs. 1 S. 1 Nr. 1–6" geändert.[974] Es ist daher davon auszugehen, dass auch das Redaktionsversehen in § 248 Abs. 2 S. 1 vom Gesetzgeber behoben wird.

Ziel ist es, durch Ansetzung des Kaufpreises für Immobilien und Beteiligungen an Immobiliengesellschaften die Einbuchung von sog. Einwertungsgewinnen gering zu halten.[975] Einwertungsgewinne bilden die Differenz zwischen dem durch einen Bewerter angesetzten Wert einer Immobilie und dem tatsächlich hierunter liegenden gezahlten Kaufpreis.[976]

Ausnahmensweise ist der Wert erneut zu ermitteln und anzusetzen, wenn nach Auffassung der KVG der Ansatz des Kaufpreises aufgrund von Änderungen wesent-

---

972 *Wind/Kautenburger-Behr*, in: Weitnauer/Boxberger/Anders, KAGB, 2014, § 248 Rn. 3.

973 So auch wie selbstverständlich *Wind/Kautenburger-Behr*, in: Weitnauer/Boxberger/Anders, KAGB, 2014, § 248 Rn. 3: „Vermögensgegenstände i.S.d. § 231 Abs. 1 (Immobilien)".

974 Dieser wurde durch das „KAGB-Reparaturgesetz": Gesetz zur Anpassung von Gesetzen auf dem Gebiet des Finanzmarktes vom 15. Juli 2014, BGBl. I 2014, S. 934 geändert.

975 *Wind/Kautenburger-Behr*, in: Weitnauer/Boxberger/Anders, KAGB, 2014, § 248 Rn. 3.

976 *Wind/Kautenburger-Behr*, in: Weitnauer/Boxberger/Anders, KAGB, 2014, § 248 Rn. 3 Fn. 3.

licher Bewertungsfaktoren nicht mehr sachgerecht ist, § 248 Abs. 2 S. 2, 1. Hs. In diesen Fällen kommt eine Wertermittlung nach der ImmoWertVO zum tragen (s. o.).

Hintergrund der Regelung ist es, Anleger vor zwischenzeitlichen Wertschwankungen zu schützen.[977] Die KVG hat ihre Entscheidung sowie die Gründe für eine neue Wertermittlung nachvollziehbar zu dokumentieren, § 248 Abs. 2 S. 2, 2. Hs.

b) Anschaffungsnebenkosten

Nach § 248 Abs. 3 S. 1 gilt für die Anschaffungsnebenkosten eines Vermögensgegenstandes i.S.d. § 231 Abs. 1[978] sowie des § 234, dass diese gesondert anzusetzen sind und somit unabhängig vom Wert der Immobilie auszuweisen sind.[979] Nach früherer Rechtslage waren die Anschaffungsnebenkosten gemeinsam mit dem Kaufpreis als Teil der Investitionskosten auszuweisen.[980] Was unter Anschaffungsnebenkosten zu verstehen ist, ist in § 255 Abs. 1 HGB bestimmt, der im Rahmen des KAGB entsprechend anzuwenden ist.[981] Demnach sind „Anschaffungs[neben]kosten (...) die Aufwendungen, die geleistet werden, um einen Vermögensgegenstand zu erwerben und ihn in einen betriebsbereiten Zustand zu versetzen, soweit sie dem Vermögensgegenstand einzeln zugeordnet werden können", § 255 Abs. 1 S. 1 HGB.

III. Bewertungsverfahren

1. Allgemeines

Grundsätzlich sind in § 169 die europarechtlichen Vorgaben des Art. 19 Abs. 1, 8 AIFM-RL für die Bewertung von Publikums-AIF umgesetzt worden.[982] Diese finden mit Modifikationen auch auf Immobilien-Sondervermögen Anwendung, vgl. § 249 f.

Gem. § 169 Abs. 3 S. 1 ergeben sich konkrete Kriterien u. a. für die Verfahren der ordnungsgemäßen Bewertung der Vermögensgegenstände und für die Berechnung des NAV pro Anteil aus den Art. 67 bis 74 Level 2-VO. Aus § 169 Abs. 2 folgt grund-

---

977 *Wind/Kautenburger-Behr*, in: Weitnauer/Boxberger/Anders, KAGB, 2014, § 248 Rn. 3 Fn. 7.

978 Auch in diesem Zusammenhang sind wohl nur die Vermögensgegenstände nach § 231 Abs. 1 S. 1 Nr. 1–6 gemeint, siehe S. 168 f.

979 Ausführlich hierzu: *Schachinger*, in: Baur/Tappen, Investmentgesetze: Großkommentar, Bd. 1: §§ 1–272 KAGB, 3. Auflage 2015, § 248 Rn. 8 ff.

980 *Wind/Kautenburger-Behr*, in: Weitnauer/Boxberger/Anders, KAGB, 2014, § 248 Rn. 4.

981 *Wind/Kautenburger-Behr*, in: Weitnauer/Boxberger/Anders, KAGB, 2014, § 248 Rn. 11.

982 *Hübner*, WM 2014, 106, 110 f.; *Kayser/Selkinski*, in: Weitnauer/Boxberger/Anders, KAGB, 2014, § 169 Rn. 1.

sätzlich, dass „die Bewertung der Vermögensgegenstände (…) unparteiisch und mit der gebotenen Sachkenntnis, Sorgfalt und Gewissenhaftigkeit zu erfolgen“ hat.

2. Bewertungsrichtlinien gem. §§ 169 Abs. 1, 249 Abs. 1

Nach § 169 Abs. 1 S. 1 hat die KVG eine interne Bewertungsrichtlinie zu erstellen. Diese soll gem. § 169 Abs. 1 S. 2 „geeignete und kohärente Verfahren für die ordnungsgemäße, transparente und unabhängige Bewertung der Vermögensgegenstände festlegen.“ Zudem soll in der Bewertungsrichtlinie sichergestellt werden, „dass für jeden Vermögensgegenstand ein geeignetes, am jeweiligen Markt anerkanntes Wertermittlungsverfahren zugrunde gelegt wird“ und dass die Verfahrensauswahl begründet wird, § 169 Abs. 1 S. 3.[983]

Gem. § 249 Abs. 1 ist die Vorschrift des § 169 mit der Maßgabe anzuwenden, dass die Bewertungsrichtlinien für Immobilien-Sondervermögen zwei Besonderheiten aufweisen müssen. Zum einen müssen die Vermögensgegenstände i.S.d. § 231 Abs. 1 S. 1 Nr. 1–6 von zwei externen, voneinander unabhängigen Bewertern, die die Bewertung der Vermögensgegenstände unabhängig voneinander vornehmen, bewertet werden, § 249 Abs. 1 Nr. 1. Hierdurch soll die Position des einzelnen Bewerters gegenüber der KVG getärkt werden.[984] Zum anderen sind diese externen Bewerter verpflichtet, Objektbesichtigungen vorzunehmen, § 249 Abs. 1 Nr. 2. Durch diese Verpflichtung wird die Erstellung eines Gutachtens nach reiner Aktenlage unterbunden.[985] Allerdings ist zu bemängeln, dass in diesem Zusammenhang konkrete gesetzliche Vorgaben zu Umfang und Häufigkeit der Besichtungen fehlen.[986]

3. Bewerter gem. §§ 216, 250

a) Zwingende Bewertung durch zwei externe Bewerter bei Immobilien

Die grundsätzliche Wahlfreiheit des § 216 zwischen der Bewertung durch einen externen Bewerter und einer Bewertung durch die KVG selbst wird durch § 250 Abs. 1 Nr. 1 eingeschränkt. Demnach ist § 216 im Rahmen der Bewertung von Immobilien-Sondervermögen mit der Maßgabe anzuwenden, dass die Bewertung

---

983 Siehe ausführlich zu den Anforderungen an die Bewertungsrichtlinie: *Kayser/Selkinski*, in: Weitnauer/Boxberger/Anders, KAGB, 2014, § 169 Rn. 9 ff.; unter besonderer Berücksichtigung der Private Equity Fonds: *Volhard/El-Qalqili*, DB 2013, 2103 ff.

984 *Schachinger*, in: Baur/Tappen, Investmentgesetze: Großkommentar, Bd. 1: §§ 1–272 KAGB, 3. Auflage 2015, § 249 Rn. 1; *Wind/Kautenburger-Behr*, in: Weitnauer/Boxberger/Anders, KAGB, 2014, § 249 Rn. 4.

985 *Wind/Kautenburger-Behr*, in: Weitnauer/Boxberger/Anders, KAGB, 2014, § 249 Rn. 5.

986 *Wind/Kautenburger-Behr*, in: Weitnauer/Boxberger/Anders, KAGB, 2014, § 249 Rn. 6.

von Immobilien (§ 231 Abs. 1 S. 1 Nr. 1–6), nur durch zwei externe Bewerter erfolgen darf. Durch diese Auflage soll eine stärkere Unabhängigkeit der Bewertung gewährleistet werden und Interessenkonflikten vorgebeugt werden.[987]

aa) Konkrete Anforderungen an Person des externen Bewerters

Gem. § 216 Abs. 1 S. 1 Nr. 1 kommt als externer Bewerter nur eine natürliche, eine juristische Person oder eine Personenhandelsgesellschaft infrage, „die unabhängig vom Fonds, von der KVG und von anderen Personen mit engen Verbindungen zum Fonds oder zur KVG ist".

Ehemalige Mitglieder des unter dem InvG für die Bewertung von Immobilien zuständigen Sachverständigenausschusses sind als natürliche Personen grundsätzlich als externe Bewerter nach dem KAGB zulässig.[988] Entscheidend für die prinzipielle Zulässigkeit ist, dass der Sachverständigenausschuss gem. § 77 Abs. 1 InvG seine Bewertungstätigkeit unabhängig von der KVG ausüben musste und auch ansonsten hohe Anforderungen an die Zuverlässigkeit und Unparteilichkeit des einzelnen Mitglieds gestellt wurden.[989]

Im Falle der Hinzuziehung externer Bewerter hat die KVG gem. § 216 Abs. 2 Nr. 1 nachzuweisen, dass der externe Bewerter einer „gesetzlich anerkannten obligatorischen berufsmäßigen Registrierung" oder vergleichbaren Regeln unterliegt und „ausreichende berufliche Garantien" vorweisen kann, § 216 Abs. 2 Nr. 2. Konkret bestimmt sich nach Art. 73 Level 2-VO, ob die vorgelegten Garantien ausreichend sind, vgl. § 216 Abs. 3.

Zudem muss die Bestellung des externen Bewerters in Form eines Auslagerungsvertrages erfolgen, § 216 Abs. 2 Nr. 3, mit der Konsequenz, dass die BaFin auch die Bestellung des externen Bewerters wie eine Auslagerung prüft.[990] Eine Subauslagerung bzw. Delegation ist jedoch gem. § 216 Abs. 4 einem externen Bewerter explizit untersagt.

bb) Dauer der Bestellung

Gem. § 250 Abs. 2 S. 1 darf ein externer Bewerter für eine KVG für die Bewertung von Vermögensgegenständen i.S.d. § 231 Abs. 1 S. 1 Nr. 1–6 nur für maximal drei Jahre tätig sein.

---

987 *Schachinger*, in: Baur/Tappen, Investmentgesetze: Großkommentar, Bd. 1: §§ 1–272 KAGB, 3. Auflage 2015, § 250 Rn. 1; *Wind/Kautenburger-Behr*, in: Weitnauer/Boxberger/Anders, KAGB, 2014, § 250 Rn. 3.

988 *Wind/Kautenburger-Behr*, in: Weitnauer/Boxberger/Anders, KAGB, 2014, § 250 Rn. 4.

989 *Wind/Kautenburger-Behr*, in: Weitnauer/Boxberger/Anders, KAGB, 2014, § 250 Rn. 4.

990 *Baum*, in: Weitnauer/Boxberger/Anders, KAGB, 2014, § 216 Rn. 21.

In einer früheren Fassung des § 250 Abs. 2 S. 1[991] war noch von „Immobilien-Sondervermögen" anstelle von „Vermögensgegenständen im Sinne des § 231 Absatz 1 Satz 1 Nummer 1 bis 6" die Rede. Diese frühere Formulierung provozierte Missverständnisse und rief Verwirrung hervor. Es stellte sich die Frage, ob somit auch die Liquiditätsanlagen nach § 231 Abs. 1 S. 1 Nr. 7 i.V.m. § 253 sowie die Beteiligungen an Immobilien-Gesellschaften nach §§ 231 Abs. 1 S. 1 Nr. 7 i.V.m. 234 vom § 250 Abs. 2 S. 1 mit umfasst waren. Durch die nun eindeutige Begrenzung auf Immobilien (Vermögensgegenstände i.S.d. § 231 Abs. 1 S. 1 Nr. 1–6) ist nun, wie schon im Rahmen des § 250 Abs. 1 Nr. 1,[992] Klarheit geschaffen.

Gem. § 250 Abs. 2 S. 4 darf die KVG einen externen Bewerter erst nach Ablauf von zwei Jahren seit Ende des dreijährigen Zeitraums nach § 250 Abs. 2 S. 1 erneut als externen Bewerter bestellen.

cc) Vergütung

§ 250 Abs. 2 S. 2 gibt vor, dass die Einnahmen des externen Bewerters aus seiner Tätigkeit für die KVG 30 % seiner (Geschäftsjahres)gesamteinnahmen nicht überschreiten dürfen. Auf Verlangen sind der BaFin entsprechende Nachweise vorzulegen, § 250 Abs. 2 S. 3. Ziel ist es, durch die Unterbindung von Interessenkonflikten eine sachgerechte Bewertung zu gewährleisten.[993]

dd) Haftung des externen Bewerters

Die KVG haftet grundsätzlich eigenständig und unabhängig von der Bestellung eines externen Bewerters für die ordnungsgemäße Bewertung der Vermögensgegenstände sowie für die Berechnung und Bekanntgabe des NAV, vgl. § 216 Abs. 7 S. 1. Es besteht jedoch gem. § 216 Abs. 7 S. 2 zudem eine Haftung des externen Bewerters gegenüber der KVG für vorsätzliche oder fahrlässige Nichterfüllung seiner Aufgaben.

b) Wahlfreiheit nach § 216 Abs. 1 S. 1 bei der Bewertung sonstiger Vermögensgegenstände

Da die Bewertung von Vermögensgegenständen i.S.d. § 231 Abs. 1 S. 1 Nr. 1–6 gem. § 250 Abs. 1 Nr. 1 nur durch zwei externe Bewerter durchgeführt werden darf, kommen die Varianten des § 216 Abs. 1 S. 1 für diese Vermögensgegenstände nicht infrage.

---

991 Dieser wurde ebenfalls durch das „KAGB-Reparaturgesetz" (Fn. 974) geändert.

992 Siehe S. 168 f.

993 *Wind/Kautenburger-Behr*, in: Weitnauer/Boxberger/Anders, KAGB, 2014, § 250 Rn. 9.

Für die Liquiditätsanlagen gem. § 253 gilt die Wahlmöglichkeit des § 216 Abs. 1 S. 1. Demnach ist die Bewertung der Vermögensgegenstände entweder durch einen externen Bewerter durchzuführen, (§ 216 Abs. 1 S. 1 Nr. 1), oder aber (unter Auflagen) von der KVG selbst, (§ 216 Abs. 1 S. 1 Nr. 2).[994] Bezüglich der Anforderungen an die Person des externen Bewerters sowie der Haftung gelten die gleichen Anforderungen und Voraussetzungen wie bei der externen Bewertung von Immobilien, siehe S. 170 ff.

Eine Besonderheit bei der Wertermittlung bei der Beteiligung an einer Immobilien-Gesellschaft normiert § 250 Abs. 1 Nr. 2. Demnach muss aufgrund der in diesem Zusammenhang bestehenden Besonderheiten die Wertfestsetzung durch einen Abschlussprüfer im Sinne des § 319 Abs. 1 S. 1, 2 HGB erfolgen.[995]

c) Verwahrstelle als Bewerter

Die Verwahrstelle kommt nur in Ausnahmefällen als Bewerter in Betracht. Voraussetzung ist gem. § 216 Abs. 1 S. 2, dass „eine funktionale und hierarchische Trennung der Ausführung ihrer Verwahrfunktionen von ihren Aufgaben als externer Bewerter vor[liegt]". Zudem müssen „die potenziellen Interessenkonflikte (...) ordnungsgemäß ermittelt, gesteuert, beobachtet und den Anlegern des Fonds gegenüber offengelegt" werden, vgl. § 216 Abs. 1 S. 2. Der auch durch die Praxis bestätigte Grundsatz[996] ist somit, dass die Verwahrstelle nicht als externer Bewerter eines Fonds vorgesehen ist.

4. Vermögensaufstellung bei Beteiligungen an Immobilien-Gesellschaften gem. § 249 Abs. 2

Als besondere Voraussetzung bei der Wertermittlung von Beteiligungen an Immobilien-Gesellschaften sieht § 249 Abs. 2 vor, dass die KVG oder die Immobilien-Gesellschaft die Immobilien-Gesellschaft, an der sie beteiligt ist, vertraglich verpflichten muss, monatlich Vermögensaufstellungen bei der KVG und der Verwahrstelle einzureichen (§ 249 Abs. 2 Nr. 1). Es finden sich im Gesetz keine konkreten Angaben, welchen Anforderungen die einzelne Vermögensaufstellung genügen muss.[997] Da jedoch die Vermögensaufstellung auch zur laufenden Preisermittlung herangezogen wird, § 249 Abs. 3, sollten die für die

---

994 Siehe zu den möglichen Bewertern nach § 216 Abs. 1: *Baum*, in: Weitnauer/Boxberger/Anders, KAGB, 2014, § 216 Rn. 4 ff.

995 Eine Ankaufsbewertung hat gem. § 236 Abs. 1 ebenfalls durch einen Abschlussprüfer zu erfolgen; siehe auch *Hübner*, WM 2014, 106, 112.

996 *Baum*, in: Weitnauer/Boxberger/Anders, KAGB, 2014, § 216 Rn. 9.

997 *Wind/Kautenburger-Behr*, in: Weitnauer/Boxberger/Anders, KAGB, 2014, § 249 Rn. 7.

Vermögensaufstellung im allgemeinen geltenden Regeln berücksichtigt werden, d.h. insbesondere der § 247.[998] Zusätzlich müssen die Vermögensaufstellungen gem. § 249 Abs. 2 Nr. 2 einmal jährlich durch einen Abschlussprüfer, der nicht zwingend ein inländischer i.S.d. § 319 Abs. 1 S. 1 und 2 HGB sein muss,[999] geprüft werden. Hierbei scheint die Prüfung einer einzigen Vermögensaufstellung pro Jahr nicht ausreichend,[1000] jedoch ist die Prüfung von jeweils einer Vermögensaufstellung pro Quartal in jedem Fall angemessen und ausreichend.[1001]

IV. Ankaufsbewertung, Bewertungshäufigkeit und Offenlegung

1. Ankaufsbewertung gem. § 231 Abs. 2 S. 1

§ 231 Abs. 2 S. 1 regelt, dass ein in § 231 Abs. 1 S. 1 Nr. 1–6 genannter Vermögensgegenstand nur erworben werden darf, wenn dieser zuvor bewertet wurde.

Ziel der Regelung des § 231 Abs. 2 ist es, den Erwerb von Immobilien zu überhöhten Preisen verhindern.[1002] Die zentrale Regelung trifft demnach § 231 Abs. 2 S. 1 Nr. 4, in dem das sog. Äquivalenzgebot geregelt ist.[1003] Hier darf die aus dem Sondervermögen zu erbringende Gegenleistung den (objektiven) Wert des Vermögengenstandes nicht oder nur unwesentlich übersteigen. Von einer unwesentlichen Übersteigung ist auszugehen, wenn die Abweichung weniger als 10 % über dem Verkehrswert liegt.[1004]

Die im Rahmen des § 231 Abs. 2 statfindende sog. Ankaufsbewertung muss, je nach Wert des Vermögengenstandes, durch ein bzw. zwei externe Bewerter erfolgen,[1005] die auch zu einer Besichtigung des Kaufobjekts verpflichtet sind, § 231 Abs. 2 S. 1 Nr. 1, 2. Auch darf (bzw. dürfen) der externe Bewerter (bzw. die externen Bewerter) nicht zugleich die regelmäßige Bewertung gemäß den §§ 249 und 251 Abs. 1 durchführen, § 231 Abs. 2 S. 1 Nr. 3. Hierduch soll die Gefahr von Gefälligkeitsgutachten unterbunden werden.[1006]

---

998 *Wind/Kautenburger-Behr,* in: Weitnauer/Boxberger/Anders, KAGB, 2014, § 249 Rn. 7.

999 *Wind/Kautenburger-Behr,* in: Weitnauer/Boxberger/Anders, KAGB, 2014, § 249 Rn. 9.

1000 So allerdings noch unter Geltung des InvG: *Klusak,* in: Berger/Steck/Lübbehüsen, InvG, InvStG, 2010, § 70 InvG Rn. 4.

1001 So auch: *Wind/Kautenburger-Behr,* in: Weitnauer/Boxberger/Anders, KAGB, 2014, § 249 Rn. 11.

1002 *Wind/Kautenburger-Behr,* in: Weitnauer/Boxberger/Anders, KAGB, 2014, § 231 Rn. 14.

1003 *Wind/Kautenburger-Behr,* in: Weitnauer/Boxberger/Anders, KAGB, 2014, § 231 Rn. 14.

1004 *Wind/Kautenburger-Behr,* in: Weitnauer/Boxberger/Anders, KAGB, 2014, § 231 Rn. 14.

1005 Hierzu: *Hartrott/Goller,* BB 2013, 1603, 1608.

1006 *Wind/Kautenburger-Behr,* in: Weitnauer/Boxberger/Anders, KAGB, 2014, § 231 Rn. 19.

2. *Bewertungshäufigkeit*

Anders als nach der allgemeinen Regel des § 217, der eine Bewertung mindestens einmal jährlich vorsieht, ist der Wert der Vermögensgegenstände nach § 231 Abs. 1[1007] sowie des § 234 alle drei Monate festzustellen, § 251 Abs. 1 S. 1.

Ausnahmensweise ist der Wert erneut zu ermitteln und anzusetzen, wenn nach Auffassung der KVG der zuletzt ermittelte Wert aufgrund von Änderungen wesentlicher Bewertungsfaktoren nicht mehr korrekt ist, § 251 Abs. 1 S. 3, 1. Hs. In diesem Zusammnehang hat die KVG ihre Entscheidung für eine Neubewertung sowie die Gründe dafür zu dokumentieren, § 251 Abs. 1 S. 3, 2. Hs.

Die Regelung des § 251 Abs. 1 S. 2, welche eine Wertermittlung jeweils drei Monate vor dem jeweiligen Rücknahmetermin vorsieht für den Fall, dass die Anlagebedingungen gem. § 255 Abs. 2 die Rücknahme von Anteilen seltener als alle drei Monate vorsehen, hat eine rein klarstellende Funktion.[1008] Das grundsätzliche Erfordernis einer Bewertung von drei Monaten vor dem Rücknahmetermin ergibt sich schon aus § 217 i.V.m. Art. 67 ff. Level 2-VO.[1009]

Die Bewertungshäufigkeit von grundsätzlich drei Monaten gilt gem. § 251 Abs. 2 entsprechend für die Bewertung der im Jahresabschluss oder in der Vermögensaufstellung der Immobilien-Gesellschaft ausgewiesenen Immobilien.

3. *Häufigkeit der Berechnung des NAV*

Mangels spezieller Regelungen für Immobilien-Sondervermögen gilt für die Berechnung des NAV der § 217 Abs. 1. Demnach ist die Berechnung des NAV „je Anteil oder Aktie (...) in einem zeitlichen Abstand durchzuführen, der den zum Investmentvermögen gehörenden Vermögensgegenständen und der Ausgabe- und Rücknahmehäufigkeit der Anteile oder Aktien angemessen ist", wobei eine jährliche Berechnung zwingend ist.

Art. 72 Abs. 1 der Level 2-VO regelt, dass in jedem Fall bei Ausgabe, Zeichnung, Rücknahme oder Annulierung von Anteilen der NAV neu berechnet werden muss.[1010] Näheres zur Häufigkeit der Berechnung des NAV je Anteil oder Aktie ergibt sich aus den Art. 67 bis 74 Level 2-VO, § 217 Abs. 2.

1007 Gemeint ist in diesem Zusammenhang wohl auch § 231 Abs. 1 S. 1 Nr. 1–6, siehe S. 168 f.

1008 *Wind/Kautenburger-Behr,* in: Weitnauer/Boxberger/Anders, KAGB, 2014, § 251 Rn. 4.

1009 *Wind/Kautenburger-Behr,* in: Weitnauer/Boxberger/Anders, KAGB, 2014, § 251 Rn. 4.

1010 *Baum,* in: Weitnauer/Boxberger/Anders, KAGB, 2014, § 217 Rn. 4 ff., auch bezugnehmend auf die Regelung des § 98 KAGB.

D. Ausgabe und Rücknahme von Anteilen

I. Ausgabe von Anteilen

Grundsätzlich erfolgt die Ausgabe von Anteilen fortlaufend. In Fällen, in denen eine Verletzung der Anlagegrenzen nach den gesetzlichen Liquiditätsvorschriften (siehe S. 157 ff.) oder eine Missachtung der Anlagebedingungen droht, ist die KVG jedoch verpflichtet, die Ausgabe von neuen Anteilen vorübergehend auszusetzen, § 255 Abs. 1. Die in § 255 Abs. 1 bestehende Regelung war schon im InvG in § 80c Abs. 1 InvG zu finden. Grundsätzlich liegt es im Ermessen der KVG, ob weitere Anteilsscheine an dem Sondervermögen ausgegeben werden oder nicht. Dieses Ermessen ist jedoch gem. § 255 Abs. 1 in den Fällen beschränkt, in denen eine Verletzung der Höchstliquiditätsgrenze nach § 253 droht, d. h. über 49 % der Mittel in liquide Vermögensgegenstände und eben nicht in Immobilien angelegt wird.[1011] Gem. § 253 ist eine Mindestliquidität von 5 % und eine Höchstliquidität von 49 % in Bezug auf das Sondervermögen vorgegeben. Es ist jedoch zu beachten, dass dem Sinn und Zweck nach bei einer drohenden Unterschreitung der Mindestliquidität (5 %-Grenze), was an sich auch eine Verletzung der Anlagegrenzen darstellt, der § 255 Abs. 1 nicht anwendbar ist. Droht ein Liquiditätsmangel, ist es gerade im Interesse des Sondervermögens durch die Ausgabe neuer Anteile, die Liquiditätssituation zu stabilisieren und den Anteil liquider Mittel insgesamt zu erhöhen.[1012] Daher macht es keinen Sinn, die KVG auch in dieser Situation zur Aussetzung der Ausgabe von Anteilen zu verpflichten.[1013]

Die Vorschrift ist darauf ausgerichtet, die Liquidität bei Immobilien-Sondervermögen zu steuern und im Falle einer Fehlentwicklung frühzeitig zu intervenieren, damit ein massiver Liquiditätszufluss vermieden wird. Bei Immobilien handelt es sich um an sich illiquide Vermögensgegenstände, weswegen die Liquiditätssteuerung hier besonderer regulatorischer Aufmerksamkeit bedarf.[1014] Der KVG soll auf diesem Wege eine „Atempause" gegeben werden, um sie vom

---

1011 *Reiss,* in: Baur/Tappen, Investmentgesetze: Großkommentar, Bd. 1: §§ 1–272 KAGB, 3. Auflage 2015, § 255 Rn. 2.

1012 *Reiss,* in: Baur/Tappen, Investmentgesetze: Großkommentar, Bd. 1: §§ 1–272 KAGB, 3. Auflage 2015, § 255 Rn. 4.

1013 *Reiss,* in: Baur/Tappen, Investmentgesetze: Großkommentar, Bd. 1: §§ 1–272 KAGB, 3. Auflage 2015, § 255 Rn. 4; für eine Anteilsscheinausgabe auch bei Unterschreitung der Mindestliquiditätsgrenze: *Thömmes,* ZfIR 2009, 121, 124.

1014 *Wind/Kautenburger-Behr,* in: Weitnauer/Boxberger/Anders, KAGB, 2014, § 255 Rn. 5; *Reiss,* in: Baur/Tappen, Investmentgesetze: Großkommentar, Bd. 1: §§ 1–272 KAGB, 3. Auflage 2015, § 255 Rn. 1.

Anlagedruck zu befreien.[1015] Es soll durch den Zeitgewinn Raum für eine (ggf. neue) Portfolioausrichtung gewährleistet werden.[1016]

Mit einer „Drohung“ i.S.v. § 255 Abs. 1 ist dann zu rechnen, „wenn bei unbeeinflussten Geschehensablauf mit einer solchen Verletzung [d. h. Verletzung der Anlagegrenzen] zu rechnen ist“[1017]. Diese Definition setzt eine Prognose für die Zukunft voraus, welche die KVG unter Berücksichtigung vielfältiger Faktoren durchzuführen hat.[1018] So sind u. a. zukünftige Zahlungseingänge, Zahlungsausgänge etwa durch den Neuerwerb von Immobilien, aber auch Vergütungen, die im normalen Geschäftsbetrieb zu erwarten sind, bei der Prognoseentscheidung mit einzubeziehen.[1019]

Offen und nicht durch den Gesetzgeber konkretisiert ist die Dauer des Prognosezeitraums und die Intensität der Eintrittswahrscheinlichkeit.[1020] Letztendlich obliegt die Beurteilung der KVG selbst. Allerdings ist wohl ein Zeitraum von einigen Wochen noch nicht ausreichend, um zu dem Ergebnis zu kommen, dass die Anteilsausgabe zwingend auszusetzen ist.[1021]

Als Rechtsfolge einer drohenden Verletzung der Anlagegrenzen bzw. der Liquiditätsvorschriften hat die KVG vorübergehend die Anteilsausgabe auszusetzen. In diesem Zusammenhang bedeutet vorübergehend nicht, dass die Anteilsausgabe in einem vorher bestimmten Zeitraum nicht erfolgen darf.[1022] Vielmehr muss die

---

1015 *Wind/Kautenburger-Behr,* in: Weitnauer/Boxberger/Anders, KAGB, 2014, § 255 Rn. 2; *Reiss,* in: Baur/Tappen, Investmentgesetze: Großkommentar, Bd. 1: §§ 1–272 KAGB, 3. Auflage 2015, § 255 Rn. 3.

1016 *Reiss,* in: Baur/Tappen, Investmentgesetze: Großkommentar, Bd. 1: §§ 1–272 KAGB, 3. Auflage 2015, § 255 Rn. 3.

1017 *Reiss,* in: Baur/Tappen, Investmentgesetze: Großkommentar, Bd. 1: §§ 1–272 KAGB, 3. Auflage 2015, § 255 Rn. 5; hierzu auch: *Wind/Kautenburger-Behr,* in: Weitnauer/Boxberger/Anders, KAGB, 2014, § 255 Rn. 9.

1018 *Wind/Kautenburger-Behr,* in: Weitnauer/Boxberger/Anders, KAGB, 2014, § 255 Rn. 9; *Reiss,* in: Baur/Tappen, Investmentgesetze: Großkommentar, Bd. 1: §§ 1–272 KAGB, 3. Auflage 2015, § 255 Rn. 5.

1019 *Reiss,* in: Baur/Tappen, Investmentgesetze: Großkommentar, Bd. 1: §§ 1–272 KAGB, 3. Auflage 2015, § 255 Rn. 5.

1020 *Wind/Kautenburger-Behr,* in: Weitnauer/Boxberger/Anders, KAGB, 2014, § 255 Rn. 9; *Reiss,* in: Baur/Tappen, Investmentgesetze: Großkommentar, Bd. 1: §§ 1–272 KAGB, 3. Auflage 2015, § 255 Rn. 5.

1021 Ähnlich: *Schultz-Süchting,* in: Emde/Dornseifer/Dreibus/Hölscher, InvG, 2013, § 80c Rn. 8; *Reiss* in: Baur/Tappen, Investmentgesetze: Großkommentar, Bd. 1: §§ 1–272 KAGB, 3. Auflage 2015 § 255 Rn. 5.

1022 *Reiss,* in: Baur/Tappen, Investmentgesetze: Großkommentar, Bd. 1: §§ 1–272 KAGB, 3. Auflage 2015, § 255 Rn. 6.

Ausgabe solange unterbleiben, bis durch die Ausgabe von Anteilen keine Überschreitung der Höchstliquidität mehr droht.[1023] Ist dieser kritische Zeitraum überwunden, kann die Ausgabe von Anteilen wieder aufgenommen werden, was jedoch nicht zwingend ist.[1024]

II. Rücknahme von Anteilen

Als Wesensmerkmal eines offenen Fonds (siehe S. 46 ff.) steht dem Anleger ein Rückgaberecht zu. Nach der allgemeinen Bestimmung des § 98 Abs. 1 S. 1 kann der Anleger jederzeit die Anteilsrücknahme gegen Auszahlung seines Anteils am Sondervermögen verlangen, wobei weitere Einzelheiten in den Anlagebedingungen festzulegen sind. Aufgrund der besonderen Strukturmerkmale offener Immobilienfonds[1025] bestehen für diese zahlreiche Modifikationen im Bereich der Anteilsrücknahme.

1. Rücknahmetermine gem. § 255 Abs. 2

Als Ausnahme von dem Grundsatz, dass Anteile börsentäglich zurückgegeben werden können, § 98 Abs. 1 S. 1, bestimmt § 255 Abs. 2 S. 1, dass die Anlagebedingungen von Immobilien-Sondervermögen vorsehen können, dass die Anteilsrückgabe nur zu bestimmten Rücknahmeterminen, mindestens jedoch alle zwölf Monate, durchgeführt werden kann.[1026] Die Möglichkeit einer solchen Spezialbestimmung ist in § 98 Abs. 1 S. 2 normiert. Spiegelbildlich ist bei einer solchen Regelung die Anteilsausgabe auch nur zu den festgesetzten Rücknahmeterminen zulässig, § 255 Abs. 2 S. 2. Hierdurch soll ein Gleichlauf von Ausgabe- und Rücknahmeterminen gewährleistet werden.[1027] Dieses war aus Sicht des Gesetzgebers, der diese Regelung im Rahmen des AnsFuG einführte,[1028] notwendig, da möglichst sowohl bei Anteilsausgabe als auch bei Anteilsrücknahme

1023 *Reiss,* in: Baur/Tappen, Investmentgesetze: Großkommentar, Bd. 1: §§ 1–272 KAGB, 3. Auflage 2015, § 255 Rn. 6.

1024 *Wind/Kautenburger-Behr,* in: Weitnauer/Boxberger/Anders, KAGB, 2014, § 255 Rn. 6; *Reiss,* in: Baur/Tappen, Investmentgesetze: Großkommentar, Bd. 1: §§ 1–272 KAGB, 3. Auflage 2015, § 255 Rn. 6.

1025 Siehe hierzu allgemein S. 4.

1026 *Wind/Kautenburger-Behr,* in: Weitnauer/Boxberger/Anders, KAGB, 2014, § 255 Rn. 11 ff.; *Reiss,* in: Baur/Tappen, Investmentgesetze: Großkommentar, Bd. 1: §§ 1–272 KAGB, 3. Auflage 2015, § 255 Rn. 7.

1027 *Reiss,* in: Baur/Tappen, Investmentgesetze: Großkommentar, Bd. 1: §§ 1–272 KAGB, 3. Auflage 2015, § 255 Rn. 9.

1028 *Ising*, NZG 2012, 651, 657.

eine zeitnahe aktualisierte Bewertung sicherzustellen ist.[1029] Auf diesem Wege wird auch sichergestellt, dass Ausgabe- und Rücknahmepreise aufgrund derselben aktuellen Bewertung ermittelt werden.[1030] In diesem Zusammenhang setzt „aktuell" eine Bewertung voraus, die nicht älter als drei Monate ist.[1031]

Die Rücknahmetermine müssen hinreichend konkret in den Anlagebedingungen bestimmt werden. Es ist nicht ausreichend, wenn diese erst zukünftig, z. B. auf der Homepage, veröffentlicht werden.[1032]

Entscheidet sich eine KVG für die Rücknahme nur zu bestimmten Terminen, steht ihr bei einem Rücknahmeverlangen eines Anlegers bis zum nächsten Rücknahmetermin ein Leistungsverweigerungsrecht zu.[1033] Ist jedoch sichergestellt, dass andere Anleger hierdurch nicht benachteiligt werden und zum entsprechenden Termin auch ein Anteilswert ermittelt wird, kann sie trotz der Möglichkeit, ein Leistungsverweigerungsrecht geltend zu machen, der Anteilsrücknahme nachkommen.[1034]

2. *Mindesthaltefristen gem. § 255 Abs. 3*

Im Zuge des AnsFuG wurde 2011 auch der § 80c Abs. 3 InvG eingeführt.[1035] Dieser legte fest, dass Anteilsrücknahmen erst nach dem Ablauf einer Mindesthaltefrist von 24 Monaten möglich sind. Ausnahmen hiervon wurden nur gemacht, wenn das Anlagevolumen eines Anlegers weniger als 30.000 € pro Kalenderjahr betrug. Mit Außerkrafttreten des InvG wurde die entsprechende Regelung in das neu geschaffene

---

1029 Gesetzentwurf der Bundesregierung, Entwurf eines Gesetzes zur Stärkung des Anlegerschutzes und Verbesserung der Funktionsfähigkeit des Kapitalmarkts (Anlegerschutz- und Funktionsverbesserungsgesetz) vom 8. November 2010, BT-Drucks. 17/3628, S. 27; *Reiss,* in: Baur/Tappen, Investmentgesetze: Großkommentar, Bd. 1: §§ 1–272 KAGB, 3. Auflage 2015, § 255 Rn. 9.

1030 *Reiss,* in: Baur/Tappen, Investmentgesetze: Großkommentar, Bd. 1: §§ 1–272 KAGB, 3. Auflage 2015, § 255 Rn. 9.

1031 *Zöll,* in: Beckmann/Scholtz/Vollmer, Investment (Stand: 11/16), § 255 KAGB Rn. 6; *Reiss,* in: Baur/Tappen, Investmentgesetze: Großkommentar, Bd. 1: §§ 1–272 KAGB, 3. Auflage 2015, § 255 Rn. 9.

1032 *Zöll,* in: Beckmann/Scholtz/Vollmer, Investment (Stand: 11/16), § 255 KAGB Rn. 5; *Reiss,* in: Baur/Tappen, Investmentgesetze: Großkommentar, Bd. 1: §§ 1–272 KAGB, 3. Auflage 2015, § 255 Rn. 2.

1033 *Reiss,* in: Baur/Tappen, Investmentgesetze: Großkommentar, Bd. 1: §§ 1–272 KAGB, 3. Auflage 2015, § 255 Rn. 8.

1034 Zum Vorliegen einer Benachteiligung siehe: *Reiss,* in: Baur/Tappen, Investmentgesetze: Großkommentar, Bd. 1: §§ 1–272 KAGB, 3. Auflage 2015, § 255 Rn. 9.

1035 *Ising,* NZG 2012, 651, 657; *Reiss,* in: Baur/Tappen, Investmentgesetze: Großkommentar, Bd. 1: §§ 1–272 KAGB, 3. Auflage 2015, § 255 Rn. 10.

KAGB überführt. § 255 Abs. 3 S. 1 regelt nunmehr die 24-monatige Mindesthaltefrist, enthält jedoch explizit keine Ausnahme mehr für Anleger mit einem jährlichen Anlagevolumen unter 30.000 €. Gem. § 255 Abs. 3 S. 2 hat der Anleger den Nachweis zu führen, dass er während der dem verlangten Rücknahmetermin unmittelbar vorausgehenden 24 Monate, den aufgeführten Bestand durchgehend gehalten hat. Bezüglich der Form des Nachweises gibt der § 255 Abs. 3 S. 3 1. Hs. vor, dass dieser durch die depotführende Stelle in Textform erbracht werden muss.[1036] Allerdings kann in den individuellen Anlagebedingungen auch eine andere Nachweisform vorgesehen werden, § 255 Abs. 3 S. 3 2. Hs. Ziel der Einführung einer Mindesthaltefrist war es, mehr Planungssicherheit unter Liquiditätsgesichtspunkten zu erreichen.[1037] So sollten Kleinanleger vor übereilten An- und Verkäufen von Fondsanteilen, die sich u. a. negativ auf ihre Rendite auswirkten, geschützt werden.[1038] Als Lehre aus vergangenen Krisen sollte auch auf diesem Wege verhindert werden, dass professionelle Anleger offene Immobilienfonds als kurzfristige Liquiditätsanlage nutzen,[1039] da das plötzliche Abziehen von hohen Investitionssummen den Fonds insgesamt destabilisiert.

Anknüpfungspunkt bei der Berechnung der Haltefrist ist die Eigentümerstellung des Anteilsinhabers.[1040] So wird im Falle eines Sekundärerwerbs, etwa über eine Fondsbörse, dem Zweiterwerber die Haltefrist des Ersterwerbers nicht angerechnet.[1041] Die Argumente, nach denen ausnahmsweise eine Anrechnung der Haltefrist bei einer Gesamtrechtsnachfolge vorzunehmen sei, überzeugen daher nicht.[1042] Es ist zu beachten, dass nicht vom spezifischen Anteil auszugehen ist,

---

1036 *Reiss*, in: Baur/Tappen, Investmentgesetze: Großkommentar, Bd. 1: §§ 1–272 KAGB, 3. Auflage 2015, § 255 Rn. 10.

1037 Gesetzentwurf der Bundesregierung, Entwurf eines Gesetzes zur Stärkung des Anlegerschutzes und Verbesserung der Funktionsfähigkeit des Kapitalmarkts (Anlegerschutz- und Funktionsverbesserungsgesetz) vom 8. November 2010, BT-Drucks. 17/3628, S. 17 f.

1038 *Reiss*, in: Baur/Tappen, Investmentgesetze: Großkommentar, Bd. 1: §§ 1–272 KAGB, 3. Auflage 2015, § 255 Rn. 10.

1039 *Schultz-Süchting*, in: Emde/Dornseifer/Dreibus/Hölscher, InvG, 2013, § 80c Rn. 15; *Reiss*, in: Baur/Tappen, Investmentgesetze: Großkommentar, Bd. 1: §§ 1–272 KAGB, 3. Auflage 2015, § 255 Rn. 10.

1040 *Reiss*, in: Baur/Tappen, Investmentgesetze: Großkommentar, Bd. 1: §§ 1–272 KAGB, 3. Auflage 2015, § 255 Rn. 11.

1041 *Reiss*, in: Baur/Tappen, Investmentgesetze: Großkommentar, Bd. 1: §§ 1–272 KAGB, 3. Auflage 2015, § 255 Rn. 11.

1042 Siehe für eine Anrechnung der Haltefrist: *Schultz-Süchting*, in: Emde/Dornseifer/Dreibus/Hölscher, InvG, 2013, § 80c Rn. 16; dagegen: *Reiss*, in: Baur/Tappen, Investmentgesetze: Großkommentar, Bd. 1: §§ 1–272 KAGB, 3. Auflage 2015, § 255 Rn. 11.

sondern von der Gesamtheit der Anteile des Anlegers.[1043] Das irritiert im ersten Moment und erscheint wenig plausibel. Berücksichtigt man jedoch, dass in der Praxis die Anteile in ihrer Gesamtheit in einer Globalurkunde verbrieft werden und somit nicht mehr individuell unterscheidbar sind[1044], macht der Bezugspunkt Sinn. Es können somit im Einzelfall auch Anteile zurückgenommen werden, die nicht mindestens 24 Monate vom Anleger gehalten wurden, vorausgesetzt, dass die Mindesthaltefrist durch eine ausreichende Anzahl von Anteilen durch den Anleger erfüllt wird.[1045]

3. Kündigungsfrist gem. § 255 Abs. 4

Ebenfalls im Zuge der Neuregelungen im Zusammenhang mit dem AnsFuG wurde der § 80c Abs. 4 InvG erlassen.[1046] Dieser forderte vom Anleger das Rückgabeverlangen mittels einer 12 Monate im Voraus zu ergehenden unwiderruflichen Rückgabeerklärung gegenüber der KAG a. F. (KVG n. F.) zu erklären. Diese grundsätzliche Regelung wurde in § 255 Abs. 4 überführt. Im Unterschied zur Regelung des InvG wurde die Möglichkeit, pro Kalenderhalbjahr 30.000 € ohne Rückgabeerklärung zurückzugeben, herausgenommen, da § 255 Abs. 2 grundsätzlich ohnehin nur noch einen Rücknahmetermin pro Jahr vorsieht.[1047] In der Konsequenz ist nun auch für Kleinstbeträge eine fristgerechte, unwiderrufliche Rückgabeerklärung notwendig. Ziel der Regelung ist es, der KVG mehr Planungssicherheit zu bieten, was wiederum den Fonds insgesamt stabilisiert. Es ist ausreichend Zeit vorhanden, sich auf die Mittelabflüsse einzustellen und ggf. Immobilien zu verkaufen, um Liquiditätsengpässe zu vermeiden.[1048] Die Übergangsregelung des § 346 Abs. 1 S. 1 privilegiert in diesem Zusammenhang Alt-

---

1043 *Reiss,* in: Baur/Tappen, Investmentgesetze: Großkommentar, Bd. 1: §§ 1–272 KAGB, 3. Auflage 2015, § 255 Rn. 11.

1044 *Reiss,* in: Baur/Tappen, Investmentgesetze: Großkommentar, Bd. 1: §§ 1–272 KAGB, 3. Auflage 2015, § 255 Rn. 11.

1045 *Reiss,* in: Baur/Tappen, Investmentgesetze: Großkommentar, Bd. 1: §§ 1–272 KAGB, 3. Auflage 2015, § 255 Rn. 11; zur Diskussion um die Möglichkeit des Verzichts der Einhaltung der Mindesthaltefrist siehe: *Wind/Kautenburger-Behr,* in: Weitnauer/Boxberger/Anders, KAGB, 2014, § 255 Rn. 19.

1046 *Reiss,* in: Baur/Tappen, Investmentgesetze: Großkommentar, Bd. 1: §§ 1–272 KAGB, 3. Auflage 2015, § 255 Rn. 13.

1047 *Reiss,* in: Baur/Tappen, Investmentgesetze: Großkommentar, Bd. 1: §§ 1–272 KAGB, 3. Auflage 2015, § 255 Rn. 13.

1048 *Reiss,* in: Baur/Tappen, Investmentgesetze: Großkommentar, Bd. 1: §§ 1–272 KAGB, 3. Auflage 2015, § 255 Rn. 13.

anleger. Gem. der Vorschrift ist keine Rückgabeerklärung (und im Übrigen auch keine Mindesthaltefrist) erforderlich für Anleger, die bis zum 21. Juli 2013 Anteile an Immobilien-Sondervermögen in einem Wertpapierdepot auf ihren Namen hinterlegt haben, soweit die Anteilsrückgaben 30.000 € pro Kalenderhalbjahr für einen Anleger nicht übersteigen.

Bei der Rückgabeerklärung handelt es sich um eine empfangsbedürftige Willenserklärung, die darauf gerichtet ist, an dem angegebenen Rücknahmetermin die vom Anleger genannte Anzahl von Anteilsscheinen zur Rückgabe vorzulegen.[1049] Im Gegenzug für die Rückgabe der Scheine bekommt der Anleger den jeweiligen Anteilswert erstattet. Ein Widerruf der abgegebenen Willenserklärung ist nur bis zum Zugang möglich, § 130 Abs. 1 S. 2 BGB.[1050] Hierdurch soll verhindert werden, dass Erklärungen präventiv abgegeben und diese dann später wieder kurzfristig zurückgenommen werden. Denn ein solches Vorgehen würde die Planungssicherheit der KVG erheblich erschweren.[1051] Grundsätzlich kann die KVG frei über die Bindungswirkung der Erklärung entscheiden.[1052] So kann es im Einzelfall aus Sicht der KVG sinnvoll sein, auf das Rücknahmeverlangen des Anlegers einzugehen, um Liquiditätsengpässe zu vermeiden.[1053] Es ist jedoch bei der Entscheidung der KVG neben einer sorgfältigen und gewissenhaften Prüfung zwingend, das Gebot der Gleichbehandlung der Anleger zu beachten.[1054]

Formal hat der Anleger bei der Abgabe der Erklärung keine besonderen Anforderungen zu beachten, da diese sowohl schriftlich sowie auch mündlich als auch durch schlüssiges Verhalten abgegeben werden kann.[1055]

1049 *Wind/Kautenburger-Behr,* in: Weitnauer/Boxberger/Anders, KAGB, 2014, § 255 Rn. 23; *Zöll,* in: Beckmann/Scholtz/Vollmer, Investment (Stand: 11/16), § 255 KAGB Rn. 15; *Reiss,* in: Baur/Tappen, Investmentgesetze: Großkommentar, Bd. 1: §§ 1–272 KAGB, 3. Auflage 2015, § 255 Rn. 14.

1050 *Reiss,* in: Baur/Tappen, Investmentgesetze: Großkommentar, Bd. 1: §§ 1–272 KAGB, 3. Auflage 2015, § 255 Rn. 14; *Wind/Kautenburger-Behr,* in: Weitnauer/Boxberger/Anders, KAGB, 2014, § 255 Rn. 23: „unwiderruflich".

1051 *Reiss,* in: Baur/Tappen, Investmentgesetze: Großkommentar, Bd. 1: §§ 1–272 KAGB, 3. Auflage 2015, § 255 Rn. 14.

1052 *Reiss,* in: Baur/Tappen, Investmentgesetze: Großkommentar, Bd. 1: §§ 1–272 KAGB, 3. Auflage 2015, § 255 Rn. 14.

1053 *Reiss,* in: Baur/Tappen, Investmentgesetze: Großkommentar, Bd. 1: §§ 1–272 KAGB, 3. Auflage 2015, § 255 Rn. 14.

1054 *Reiss,* in: Baur/Tappen, Investmentgesetze: Großkommentar, Bd. 1: §§ 1–272 KAGB, 3. Auflage 2015, § 255 Rn. 14.

1055 *Reiss,* in: Baur/Tappen, Investmentgesetze: Großkommentar, Bd. 1: §§ 1–272 KAGB, 3. Auflage 2015, § 255 Rn. 14.

Praktisch ist zu beachten, dass die depotführende Stelle bei Abgabe der Rückgabeerklärung die Anteile sperrt, auf die sich die Rückgabeerklärung bezieht.[1056] Aufgrund dieses Sperrvermerks verliert der Anleger die Verfügungsbefugnis über seine Anteile.[1057]

Bezüglich des Nachweises, dass die 12 Monatsfrist gewahrt wurde, können gem. § 255 Abs. 4 auch hier durch die Anlagebedingungen individuelle Regelungen getroffen werden.

III. Besonderer Fall der Rücknahmeaussetzung: Aussetzung nach Kündigung durch die KVG gem. § 258

Aus § 98 Abs. 2 S. 1 folgt, dass die KVG die Rücknahme der Anteile aussetzen darf, wenn außergewöhnliche Umstände vorliegen, die dies unter Berücksichtigung der Anlegerinteressen erforderlich erscheinen lassen und dies in den Anlagebedingungen vorgesehen ist. Der § 258 Abs. 1 konkretisiert die „außergewöhnlichen Umstände" für die Immobilien-Sondervermögen dahin gehend, dass außergewöhnliche Umstände erst dann gegeben sind, wenn die KVG die Kündigung der Verwaltung des Investmentvermögens erklärt hat. Diese Regelung war bereits in § 81a InvG zu finden.[1058] Eine Pflicht zur Anteilsaussetzung besteht nicht, wenngleich die BaFin gem. § 98 Abs. 3 S. 1 2. Hs. berechtigt ist, die Aussetzung anzuordnen.[1059] In diesem Fall muss die KVG, in Abstimmung mit der Verwahrstelle, sämtliche Vermögensgegenstände zu angemessenen Bedingungen, alternativ nach Maßgabe eines Beschlusses der Anleger nach § 259, veräußern, § 258 Abs. 2. Ziel der Regelung ist die Sicherstellung einer geordneten Überleitung des Sondervermögens auf die Verwahrstelle oder eine andere KVG.[1060] Durch eine Veräußerung der Vermögensgegenstände, bevor eine Übertragung auf eine andere Stelle erfolgt, sollen die Interessen der Anleger geschützt werden, da die ursprüngliche KVG regelmäßig über mehr Erfahrung und Expertise bezüglich der konkreten Vermögensgegenstände und dem relevanten Markt verfügt und daher mit einem höheren Verkaufserlös zu rechnen ist.[1061]

1056 *Wind/Kautenburger-Behr,* in: Weitnauer/Boxberger/Anders, KAGB, 2014, § 255 Rn. 24; *Reiss,* in: Baur/Tappen, Investmentgesetze: Großkommentar, Bd. 1: §§ 1–272 KAGB, 3. Auflage 2015, § 255 Rn. 15.

1057 *Reiss,* in: Baur/Tappen, Investmentgesetze: Großkommentar, Bd. 1: §§ 1–272 KAGB, 3. Auflage 2015, § 255 Rn. 15.

1058 Hierzu *Gringel,* ZBB 2012, 106, 110 ff., der auch ausführlich zur Kündigungsfrist und der Rechtslage vor dem AnsFuG Stellung nimmt.

1059 Dieses wird sie im Normalfall auch tun, *Wind/Kautenburger-Behr,* in: Weitnauer/Boxberger/Anders, KAGB, 2014, § 258 Rn. 2.

1060 *Wind/Kautenburger-Behr,* in: Weitnauer/Boxberger/Anders, KAGB, 2014, § 258 Rn. 1.

1061 *Wind/Kautenburger-Behr,* in: Weitnauer/Boxberger/Anders, KAGB, 2014, § 258 Rn. 4.

E. Aussetzung der Anteilsrücknahme und Fondsabwicklung gem. § 257

I. Allgemeines

Gerät der Fonds in eine Liquiditätskrise, ist meist eine vorübergehende Rücknahmeaussetzung die Konsequenz. Kommt es zu keiner Erholung der Situation, ist die Abwicklung des Fonds die Folge. In welchen zeitlichen Abständen und unter welcher Regie die Rücknahmeaussetzung und Abwicklung zu erfolgen haben, sowie weitere Einzelheiten bedürfen gerade vor dem Hintergrund vergangener Fondsabwicklungen[1062] einer genaueren Betrachtung. Offene Immobilienfonds weisen systembedingt ein erheblich höheres Risiko kurzfristiger Liquiditätsengpässe auf als andere Fondstypen.[1063] Daher existiert in § 257 eine Ausnahmevorschrift für den Bereich der Immobilien-Sondervermögen zu dem in § 98 geregelten Grundsatz, dass der Anleger sich jederzeit entsprechend seiner Anteilsquote ausbezahlen lassen kann.[1064] In dieser Vorschrift wird daher die Aussetzung der Anteilsrückgabe für offene Immobilienfonds ausführlich gesetzlich fixiert.

II. Aktuelle Gesetzeslage

Gelingt es der KVG nicht, die erforderliche Liquidität zu schaffen, ist die Anteilsrücknahme gem. § 257 Abs. 1 auszusetzen. Es folgt die Veräußerung der Vermögensgegenstände nach einem Drei-Phasen-Modell. Hierbei sind die einzelnen Voraussetzungen in dem § 257 Abs. 2–4 normiert. Ein Anspruch des Anlegers auf eine anteilige Auszahlung aus dem Sondervermögen besteht erst, wenn die KVG es innerhalb der drei Phasen nicht geschafft hat, die für die Auszahlung benötigten Mittel zu beschaffen, § 257 Abs. 3 S. 3. Im Folgenden soll auf die konkreten gesetzlichen Bestimmungen, insbesondere das Drei-Phasen-Modell, näher eingegangen werden.

1. Ausgangssituation: Aussetzung der Anteilsrücknahme

Gem. § 257 Abs. 1 S. 1 hat bei einem Rückgabeverlangen des Anlegers die KVG die Rücknahme der Anteile zu verweigern und auszusetzen, „wenn die Bankguthaben und der Erlös der nach § 253 Absatz 1 angelegten Mittel zur Zahlung des Rück-

---

1062 *Gringel*, ZBB 2012, 106.

1063 *Reiss*, in: Baur/Tappen, Investmentgesetze: Großkommentar, Bd. 1: §§ 1–272 KAGB, 3. Auflage 2015, § 257 Rn. 2.

1064 *Reiss*, in: Baur/Tappen, Investmentgesetze: Großkommentar, Bd. 1: §§ 1–272 KAGB, 3. Auflage 2015, § 257 Rn. 1.

nahmepreises und zur Sicherstellung einer ordnungsgemäß laufenden Bewirtschaftung nicht ausreichen oder nicht sogleich zur Verfügung stehen". Hierbei handelt es sich um eine lex-specialis-Regelung für Immobilien-Sondervermögen im Verhältnis zu § 98 Abs. 2 S. 1, wonach grundsätzlich die Möglichkeit der Anteilsrücknahme in den Anlagebedingungen im Falle „außergewöhnlicher Umstände" vorgesehen werden darf. Der Tatbestand des § 257 Abs. 1 S. 1 setzt somit zum einen das Rückgabeverlangen des Anlegers voraus, zum anderen einen Liquiditätsengpass des Fonds.[1065] Dogmatisch macht die KVG durch das Aussetzen der Anteilsrücknahme ein Leistungsverweigerungsrecht gegenüber den Anlegern in ihrer Gesamtheit geltend.[1066]

Anders als nach § 98 ist es der KVG eines Immobilien-Sondervermögens auch im Zustand der Anteilsaussetzung nach § 257 Abs. 1 gestattet, neue Anteilsscheine auszugeben mit dem Ziel, Liquidität zu generieren.[1067]

Um zu dem Schluss zu kommen, dass die Anteilsrücknahme ausgesetzt wird, ist es zunächst erforderlich, dass die zur Verfügung stehenden liquiden Mittel mittels einer Bestandsaufnahme durch die KVG festgestellt werden.[1068] Unproblematisch fallen hierunter Geld und Bankguthaben.[1069] Für die im Einzelfall ggf. erforderliche Veräußerung von nach § 253 investierten Vermögensgegenständen ist üblicherweise ein Zeitraum von einigen Bankarbeitstagen einzuräumen.[1070] Ist die Veräußerung erfolgreich verlaufen, wird auch dieser Veräußerungserlös dem liquiden Vermögen zugerechnet.[1071] Abzuziehen ist hingegen der Betrag, der für eine ordnungsgemäße Bewirtschaftung

---

1065 *Reiss*, in: Baur/Tappen, Investmentgesetze: Großkommentar, Bd. 1: §§ 1–272 KAGB, 3. Auflage 2015, § 257 Rn. 4.

1066 Ausführlich zum Leistungsverweigerungsrecht: *Klusak*, in: Berger/Steck/Lübbehüsen, InvG, InvStG, 2010, § 81 InvG Rn. 3; *Reiss*, in: Baur/Tappen, Investmentgesetze: Großkommentar, Bd. 1: §§ 1–272 KAGB, 3. Auflage 2015, § 257 Rn. 7.

1067 *Madaus/Sebastian*, ZBB 2013, 336; *Schultz-Süchting*, in: Emde/Dornseifer/Dreibus/Hölscher, InvG, 2013, § 81 Rn. 8, 10; *Reiss*, in: Baur/Tappen, Investmentgesetze: Großkommentar, Bd. 1: §§ 1–272 KAGB, 3. Auflage 2015, § 257 Rn. 9; *Servatius*, in: Deutsches und europäisches Bank- und Kapitalmarktrecht, Band 2, 3. Auflage 2017, § 62 Rn. 56.

1068 *Reiss*, in: Baur/Tappen, Investmentgesetze: Großkommentar, Bd. 1: §§ 1–272 KAGB, 3. Auflage 2015, § 257 Rn. 4.

1069 *Schultz-Süchting*, in: Emde/Dornseifer/Dreibus/Hölscher, InvG, 2013, § 81 Rn. 3; *Reiss*, in: Baur/Tappen, Investmentgesetze: Großkommentar, Bd. 1: §§ 1–272 KAGB, 3. Auflage 2015, § 257 Rn. 4.

1070 *Reiss*, in: Baur/Tappen, Investmentgesetze: Großkommentar, Bd. 1: §§ 1–272 KAGB, 3. Auflage 2015, § 257 Rn. 4.

1071 *Reiss*, in: Baur/Tappen, Investmentgesetze: Großkommentar, Bd. 1: §§ 1–272 KAGB, 3. Auflage 2015, § 257 Rn. 4.

erforderlich ist.[1072] Grundsätzlich sind zukünftige Ausschüttungen nicht zu berücksichtigen.[1073] Die vorgegebene Mindestliquidität von 5 % ist nicht abzugsfähig, da ihr Zweck gerade darin liegt, Anleger auszahlen zu können.[1074] Eine bloß drohende Knappheit liquider Mittel ist zur Erfüllung des Tatbestandes nicht ausreichend. Notwendig ist das konkrete Fehlen der Mittel zur Bedienung der Rücknahmeforderungen.[1075] Ausnahmsweise kommt jedoch auch eine Aussetzung zu einem Zeitpunkt in Betracht, in dem zwar noch ausreichend liquide Mittel für die Befriedigung einzelner Begehren vorhanden wären, allerdings in naher Zukunft mit Sicherheit davon auszugehen ist, dass diese für die Gesamtheit der rückgabewilligen Anleger nicht mehr reichen wird.[1076] Ziel dieser Vorgehensweise ist es, Anlegern, die gerade noch so aus den aktuell bestehenden liquiden Mitteln befriedigt werden möchten, Handlungsspielraum zu entziehen und somit Fairness zwischen den Anlegern zu gewährleisten.[1077]

Gem. § 98 Abs. 2 S. 2, 3 hat die KVG eine Anzeigepflicht bezüglich der Aussetzung der Anteilsrücknahme gegenüber der BaFin und ist verpflichtet die Aussetzung, sowie die Wiederaufnahme der Anteilsücknahme im Bundesanzeiger bekannt zu machen. Zudem sind auch die Anleger über die Aussetzung bzw. Wiederaufnahme der Anteilsrücknahme zu informieren, § 98 Abs. 2 S. 4. Auch ist die BaFin nach § 98 Abs. 3 unter bestimmten Bedingungen berechtigt die Aussetzung der Anteilsrücknahme sebst anzuordnen.[1078]

1072 Zum Begriff der „ordnungsgemäßen Bewirtschaftung" und die hierunter fallenden Positionen siehe *Reiss,* in: Baur/Tappen, Investmentgesetze: Großkommentar, Bd. 1: §§ 1–272 KAGB, 3. Auflage 2015, § 257 Rn. 5 f.

1073 *Klusak*, in: Berger/Steck/Lübbehüsen, InvG, InvStG, 2010, § 81 InvG Rn. 2; *Reiss,* in: Baur/Tappen, Investmentgesetze: Großkommentar, Bd. 1: §§ 1–272 KAGB, 3. Auflage 2015, § 257 Rn. 6.

1074 *Schultz-Süchting,* in: Emde/Dornseifer/Dreibus/Hölscher, InvG, 2013, § 81 Rn. 6; *Reiss,* in: Baur/Tappen, Investmentgesetze: Großkommentar, Bd. 1: §§ 1–272 KAGB, 3. Auflage 2015, § 257 Rn. 6.

1075 *Wind/Kautenburger-Behr,* in: Weitnauer/Boxberger/Anders, KAGB, 2014, § 257 Rn. 7; *Reiss,* in: Baur/Tappen, Investmentgesetze: Großkommentar, Bd. 1: §§ 1–272 KAGB, 3. Auflage 2015, § 257 Rn. 6.

1076 *Schultz-Süchting,* in: Emde/Dornseifer/Dreibus/Hölscher, InvG, 2013, § 81 Rn. 6; *Reiss* in: Baur/Tappen, Investmentgesetze: Großkommentar, Bd. 1: §§ 1–272 KAGB, 3. Auflage 2015 § 257 Rn. 6.

1077 *Schultz-Süchting,* in: Emde/Dornseifer/Dreibus/Hölscher, InvG, 2013, § 81 Rn. 6; *Reiss,* in: Baur/Tappen, Investmentgesetze: Großkommentar, Bd. 1: §§ 1–272 KAGB, 3. Auflage 2015, § 257 Rn. 6.

1078 Siehe hierzu: *Servatius,* in: Deutsches und europäisches Bank- und Kapitalmarktrecht, Band 2, 3. Auflage 2017, § 62 Rn. 58.

Die Aufnahme besonderer Regeln der Rücknahmeaussetzung in die Anlagebedingungen ist nicht zwingend vorgeschrieben.[1079] Anders als bei anderen Fondstypen ist die Rücknahmeaussetzung bei offenen Immobilienfonds nicht gem. § 98 Abs. 2 S. 1 optional, sondern gesetzlich durch § 257 Abs. 1 Satz 1 vorgegeben. Es empfiehlt sich jedoch auch bei Immobilien-Sondervermögen, aus Klarstellungsgründen diese in den Anlagebedingungen aufzuführen.[1080]

Problematisch war in der Vergangenheit die Behandlung fest vereinbarter Auszahlungspläne in der Phase der Anteilsaussetzung.[1081] Hier könnte an sich ein Differenzierungsgrund bestehen zwischen Anlegern, die sich vertraglich haben zusichern lassen, ihre Auszahlung zu den vereinbarten Terminen zu erhalten und den Anlegern, die nur dann eine Auszahlung erhalten möchten, wenn sie sich für eine Rückgabe des Anteils entscheiden.[1082] Da jedoch der Wortlaut des § 257 Abs. 1 nunmehr eindeutig festlegt, dass die Aussetzung gegenüber allen Anlegern einheitlich erfolgt, ist für eine Differenzierung kein Raum mehr.[1083]

2. *Drei-Phasen-Modell*

a) *Erste Phase – Beginn der Veräußerung von Vermögensgegenständen*

Bei erstmaliger Aussetzung der Anteilsrücknahme hat die KVG gem. § 257 Abs. 1 S. 2 zur Beschaffung der für die Rücknahme der Anteile notwendigen Mittel die Vermögensgegenstände des Sondervermögens zu angemessenen Bedingungen zu veräußern. Nach der alten Regelung des § 81 Abs. 1 S. 2 InvG galt zunächst eine sechsmonatige Frist, in der die Mittel zunächst aus anderen Quellen und eben nicht unmittelbar aus der Veräußerung von Vermögensgegenständen zu beschaffen wa-

1079 *Reiss,* in: Baur/Tappen, Investmentgesetze: Großkommentar, Bd. 1: §§ 1–272 KAGB, 3. Auflage 2015, § 257 Rn. 7.

1080 *Reiss,* in: Baur/Tappen, Investmentgesetze: Großkommentar, Bd. 1: §§ 1–272 KAGB, 3. Auflage 2015, § 257 Rn. 7.

1081 *Zöll,* in: Beckmann/Scholtz/Vollmer, Investment (Stand: 11/16), § 257 KAGB Rn. 3; *Reiss,* in: Baur/Tappen, Investmentgesetze: Großkommentar, Bd. 1: §§ 1–272 KAGB, 3. Auflage 2015, § 257 Rn. 9.

1082 *Zöll,* in: Beckmann/Scholtz/Vollmer, Investment (Stand: 11/16), § 257 KAGB Rn. 3; *Reiss,* in: Baur/Tappen, Investmentgesetze: Großkommentar, Bd. 1: §§ 1–272 KAGB, 3. Auflage 2015, § 257 Rn. 9.

1083 *Reiss,* in: Baur/Tappen, Investmentgesetze: Großkommentar, Bd. 1: §§ 1–272 KAGB, 3. Auflage 2015, § 257 Rn. 9; ausführlich hierzu: *Zöll,* in: Beckmann/Scholtz/Vollmer, Investment (Stand: 11/16), § 257 KAGB Rn. 3.

ren.[1084] Diese Regelung wurde jedoch wohl auch im Hinblick auf den zeitlichen Druck abgeschafft. Stattdessen ist nun direkt die Veräußerung der Immobilien festgelegt.

Unter Vermögensgegenstände fallen in diesem Zusammenhang nicht nur Immobilien nach § 231 Abs. 1, sondern auch andere illiquide Mittel wie Beteiligungen an Immobilien-Gesellschaften, § 234 und Bewirtschaftungsgegenstände, § 231 Abs. 3.[1085] Aufgrund fehlender gesetzlicher Fixierung ist der Begriff einer „Veräußerung nach angemessenen Bedingungen" auslegungsbedürftig.[1086] Aus der Abschlags-Systematik folgt, dass der Abschlag auf den Verkaufserlös in der ersten Phase jedenfalls nicht mehr als 10 % unter dem Sachverständigenwert liegen darf.[1087] Weder BaFin noch Gesetzgeber gelang in diesem Zusammenhang eine genauere Konkretisierung.[1088] Die Erfahrungen mit vergangenen Fondschließungen zwischen 2008 und 2010 haben gezeigt, dass vor allem auch komplexe Umstände des Einzelfalls zu berücksichtigen sind. So stehen die Realitäten eines häufig stark umkämpften Immobilienmarktes den Anlegerinteressen gegenüber.[1089] Eine Veräußerung weit unter deren Verkehrswert ist nicht im Interesse langfristig planender Investoren,[1090] andererseits müssen auch Marktrealitäten Berücksichtigung finden. Verkaufsvorbereitungs-Investments (CapEx-Maßnahmen) wie etwa Immobilienmakler und Berater sind zulässige und notwendige Verwaltungsausgaben des Immobilien-Sondervermögens.[1091]

1084 *Reiss,* in: Baur/Tappen, Investmentgesetze: Großkommentar, Bd. 1: §§ 1–272 KAGB, 3. Auflage 2015, § 257 Rn. 10.

1085 *Wind/Kautenburger-Behr,* in: Weitnauer/Boxberger/Anders, KAGB, 2014, § 257 Rn. 14; *Reiss,* in: Baur/Tappen, Investmentgesetze: Großkommentar, Bd. 1: §§ 1–272 KAGB, 3. Auflage 2015, § 257 Rn. 11.

1086 *Reiss,* in: Baur/Tappen, Investmentgesetze: Großkommentar, Bd. 1: §§ 1–272 KAGB, 3. Auflage 2015, § 257 Rn. 11.

1087 *Wind/Kautenburger-Behr,* in: Weitnauer/Boxberger/Anders, KAGB, 2014, § 257 Rn. 16; *Reiss,* in: Baur/Tappen, Investmentgesetze: Großkommentar, Bd. 1: §§ 1–272 KAGB, 3. Auflage 2015, § 257 Rn. 11; siehe hierzu auch *Servatius,* in: Deutsches und europäisches Bank- und Kapitalmarktrecht, Band 2, 3. Auflage 2017, § 62 Rn. 60, der die Angemessenheit „im Umkehrschluss zu § 257 II 2 KAGB nach §§ 260 I 1 Nr. 2, 249 KAGB" bemisst.

1088 *Schultz-Süchting,* in: Emde/Dornseifer/Dreibus/Hölscher, InvG, 2013, § 81 Rn. 11; *Reiss,* in: Baur/Tappen, Investmentgesetze: Großkommentar, Bd. 1: §§ 1–272 KAGB, 3. Auflage 2015, § 257 Rn. 11.

1089 *Reiss,* in: Baur/Tappen, Investmentgesetze: Großkommentar, Bd. 1: §§ 1–272 KAGB, 3. Auflage 2015, § 257 Rn. 11.

1090 *Reiss,* in: Baur/Tappen, Investmentgesetze: Großkommentar, Bd. 1: §§ 1–272 KAGB, 3. Auflage 2015, § 257 Rn. 11.

1091 *Schultz-Süchting,* in: Emde/Dornseifer/Dreibus/Hölscher, InvG, 2013, § 81 Rn. 12; *Reiss,* in: Baur/Tappen, Investmentgesetze: Großkommentar, Bd. 1: §§ 1–272 KAGB, 3. Auflage 2015, § 257 Rn. 12.

Maßstab bei der Verkaufsentscheidung der KVG ist die Sorgfalt eines ordentlichen Kaufmanns.[1092] Kommt es zu einem Verkauf unter Wertabschlag, hat die KVG zu beachten, dass von allen zur Verfügung stehenden Handlungsmöglichkeiten dieses das mildeste Mittel ist, um die Wiedereröffnung des Sondervermögens zu erreichen.[1093] Auch das Verhältnis von rückgabewilligen Anlegern und nicht rückgabewilligen Anlegern ist bei der Verkaufsentscheidung und dem in diesem Zusammenhang hinzunehmenden Wertabschlag zu berücksichtigen.[1094]

Gelingt es nicht, die Vermögensgegenstände innerhalb von 12 Monaten zu angemessenen Bedingungen zu veräußern und dadurch die erforderlichen liquiden Mittel zur Befriedigung der Anlegerforderungen zu generieren, wird die Aussetzung der Anteilsrücknahme aufrecht gehalten.[1095]

b) *Zweite Phase – 12 Monate nach erstmaliger Aussetzung der Anteilsrücknahme*

In einer zweiten Phase, beginnend 12 Monate nach der erstmaligen Aussetzung der Anteilsrücknahme, muss die KVG gem. § 257 Abs. 2 weiterhin versuchen, die Immobilien zu veräußern. Aus dem speziellen Bewertungsverfahren der §§ 169, 249 Abs. 1, 260 Abs. 1 S. 1 folgt der von einem Sachverständigen zu ermittelnde Wert.[1096] Anders als in der ersten Phase ist in diesem Zeitraum ein Wertabschlag von bis zu 10 % gesetzlich als zulässig vorgegeben. Diese Regelung spiegelt die Wertung wieder, dass je länger die Wartezeit, umso stärker das Interesse der rückgabewilligen Anleger auf Auszahlung zu gewichten ist.[1097]

Werden auch in dieser Phase nicht genug liquide Mittel beschafft, um die Anlegerforderungen zu befriedigen, greift § 257 Abs. 3 S. 1. Demnach ist die KVG

1092 *Reiss,* in: Baur/Tappen, Investmentgesetze: Großkommentar, Bd. 1: §§ 1–272 KAGB, 3. Auflage 2015, § 257 Rn. 12.

1093 *Reiss,* in: Baur/Tappen, Investmentgesetze: Großkommentar, Bd. 1: §§ 1–272 KAGB, 3. Auflage 2015, § 257 Rn. 12.

1094 *Schultz-Süchting,* in: Emde/Dornseifer/Dreibus/Hölscher, InvG, 2013, § 81 Rn. 11; *Reiss* in: Baur/Tappen, Investmentgesetze: Großkommentar, Bd. 1: §§ 1–272 KAGB, 3. Auflage 2015 § 257 Rn. 12.

1095 *Wind/Kautenburger-Behr,* in: Weitnauer/Boxberger/Anders, KAGB, 2014, § 257 Rn. 18; *Reiss,* in: Baur/Tappen, Investmentgesetze: Großkommentar, Bd. 1: §§ 1–272 KAGB, 3. Auflage 2015, § 257 Rn. 14.

1096 *Reiss,* in: Baur/Tappen, Investmentgesetze: Großkommentar, Bd. 1: §§ 1–272 KAGB, 3. Auflage 2015, § 257 Rn. 14.

1097 *Schultz-Süchting,* in: Emde/Dornseifer/Dreibus/Hölscher, InvG, 2013, § 81 InvG Rn. 13; *Reiss,* in: Baur/Tappen, Investmentgesetze: Großkommentar, Bd. 1: §§ 1–272 KAGB, 3. Auflage 2015, § 257 Rn. 14.

verpflichtet, die Aussetzung der Rücknahme aufrecht zu halten und muss in einer dritten Phase versuchen, die Vermögensgegenstände zu veräußern.

c) Dritte Phase – 24 Monate nach erstmaliger Aussetzung der Anteilsrücknahme

Sind auch 24 Monate nach erstmaliger Aussetzung der Anteilsrücknahme nicht genug liquide Mittel generiert worden, beginnt die dritte Phase. Im Rahmen dieser Phase ist ein Abschlag von 20 % zulässig, § 257 Abs. 3 S. 2. Hierdurch zeigt sich nochmal, dass das Interesse der rückgabewilligen Anleger auf Auszahlung an Gewicht gewinnt.[1098]

3. Abwicklung des Fonds und Auszahlungsrecht des Anlegers

Nach 36 Monaten gelten keine strikten gesetzlichen Vorgaben mehr bezüglich des Veräußerungswertes und es kommt zwangsweise zur Fondsabwicklung, § 257 Abs. 3 S. 3, Abs. 4. Anleger haben gem. § 257 Abs. 3 S. 3 das Recht, sich gegen Anteilsrückgabe den entsprechenden Betrag aus dem Sondervermögen von der KVG erstatten zu lassen. Selbstverständlich sind die Auszahlungsansprüche nur aus dem Sondervermögen zu bedienen und nicht etwa zuätzlich aus dem Vermögen der KVG.[1099] In der Praxis stellt sich die Frage, wie die KVG dem Auszahlungsrecht des Anlegers nachkommen kann, wenn sie doch gem. § 257 Abs. 4 nach 36 Monaten automatisch die Verwaltungsbefugnis über das Sondervermögen verliert und diese nunmehr auf die Verwahrstelle übergeht.[1100] Diese offensichtlich vom Gesetzgeber nicht bedachte Konsequenz des § 257 Abs. 4 ist teleologisch zu korrigieren.[1101] Trotz des Verlustes der Verwaltungsbefugnis ist die KVG auch nach Ablauf von 36 Monaten berechtigt, die nicht für die laufende Bewirtschaftung notwendigen Mittel an die rückgabewilligen Investoren auszuzahlen.[1102]

1098 *Schultz-Süchting*, in: Emde/Dornseifer/Dreibus/Hölscher, InvG, 2013, § 81 Rn. 13; *Reiss*, in: Baur/Tappen, Investmentgesetze: Großkommentar, Bd. 1: §§ 1–272 KAGB, 3. Auflage 2015, § 257 Rn. 16.

1099 *Schultz-Süchting*, in: Emde/Dornseifer/Dreibus/Hölscher, InvG, 2013, § 81 Rn. 15; *Reiss*, in: Baur/Tappen, Investmentgesetze: Großkommentar, Bd. 1: §§ 1–272 KAGB, 3. Auflage 2015, § 257 Rn. 17.

1100 *Gringel*, ZBB 2012, 106, 113; *Kiesel/Joch*, BB 2015, 2973, 2974; *Reiss*, in: Baur/Tappen, Investmentgesetze: Großkommentar, Bd. 1: §§ 1–272 KAGB, 3. Auflage 2015, § 257 Rn. 17; einen Mangel an gesetzlichen Regelungen zur Rolle der Depotbank bei der Abwicklung von Sondervermögen beklagend: *Kobbach/Anders*, NZG 2012, 1170, 1172.

1101 *Reiss*, in: Baur/Tappen, Investmentgesetze: Großkommentar, Bd. 1: §§ 1–272 KAGB, 3. Auflage 2015, § 257 Rn. 17; so wohl auch: *Schultz-Süchting*, in: Emde/Dornseifer/Dreibus/Hölscher, InvG, 2013, § 81 Rn. 14.

1102 *Reiss*, in: Baur/Tappen, Investmentgesetze: Großkommentar, Bd. 1: §§ 1–272 KAGB, 3. Auflage 2015, § 257 Rn. 17.

Wenn die Liquidität in diesem Stadium immer noch nicht ausreichend ist, um die Anlegerforderungen in voller Höhe zu bedienen, werden diese anteilig aus den verfügbaren Mitteln befriedigt.[1103] An dieser Stelle fehlen jedoch konkretere gesetzliche Vorgaben zur weiteren Vorgehensweise. Insbesondere klare gesetzliche Vorgaben zur Verteilung der noch vorhandenen Liquidität sind unbedingt erforderlich.[1104]

Eine zwangsweise Abwicklung einhergehend mit einem Verlust der Verwaltungsbefugnis der KVG ist auch dann vorgesehen, wenn die KVG die Anteilsrücknahme zum dritten Mal binnen fünf Jahren aussetzt, § 257 Abs. 4 S. 1.

4. *Verkauf von Vermögensgegenständen zu nicht angemessenen Bedingungen gem. § 259*

Im Rahmen des AnsFuG wurde der § 81b InvG in das InvG eingeführt, der nun wiederum in § 259 zu finden ist.[1105] In dieser Norm ist als Ausnahme zu § 257 Abs. 1–4 und § 260 Abs. 1, wonach grundsätzlich nur eine Veräußerung zu marktüblichen Bedingungen möglich ist, der Verkauf von Vermögensgegenständen zu nicht angemessenen Bedingungen geregelt. Hierfür ist zwingend die Zustimmung der Anleger nach Maßgabe des § 259 Abs. 2 erforderlich. Die Einberufung einer Versammlung zur Abstimmung ist jedoch nur bei Vorliegen außergewöhnlicher Umstände erforderlich, § 259 Abs. 3.

F. Kritik an bestehenden gesetzlichen Regelungen und neue Lösungsansätze

I. „Fristentransformation“

1. *Problemlage*

Offene Immobilienfonds sind aufgrund ihres schwerpunktmäßigen Investitionsgutes grundsätzlich auf eine langfristige Anlage ausgelegt. Immobilien lassen sich nicht so dynamisch erwerben bzw. veräußern wie etwa Wertpapiere. Gleichzeitig handelt es sich um einen offenen Fonds, d.h. gem. § 1 Abs. 4 steht den Anlegern grundsätzlich ein Recht zu, börsentäglich die Rücknahme ihres Anteils gegen Aus-

---

1103 *Reiss*, in: Baur/Tappen, Investmentgesetze: Großkommentar, Bd. 1: §§ 1–272 KAGB, 3. Auflage 2015, § 257 Rn. 17.

1104 *Schultz-Süchting*, in: Emde/Dornseifer/Dreibus/Hölscher, InvG, 2013, § 81 Rn. 15; *Reiss*, in: Baur/Tappen, Investmentgesetze: Großkommentar, Bd. 1: §§ 1–272 KAGB, 3. Auflage 2015, § 257 Rn. 17.

1105 *Reiss*, in: Baur/Tappen, Investmentgesetze: Großkommentar, Bd. 1: §§ 1–272 KAGB, 3. Auflage 2015, § 259 Rn. 1.

zahlung des Gegenwertes zu verlangen. Es ist daher bei offenen Immobilienfonds zwingend notwendig, Maßnahmen zur „Fristentransformation“[1106] zu ergreifen, damit es bei einem Rückgabeverlangen des Anlegers nicht zu einem Zusammenbruch des Fonds kommt. Der Gesetzgeber kommt dieser Notwendigkeit etwa mit der Normierung von Mindesthaltefristen und Kündigungserfordernissen nach oder etwa durch die Festsetzung einer Mindestliquidität. Das im folgenden dargestellte „Regensburger Modell“[1107] verfolgt hingegen einen liberalen, deregulativen Ansatz.

2. *„Regensburger Modell“*[1108]

Madaus und *Sebastian* legen ihrem Regulierungsvorschlag ein Modell zugrunde, „Regensburger Modell“, welches eine grundsätzliche Flexibilisierung der Fristentransformation bei offenen Immobilienfonds fordert und zwar in allen Stadien, d. h. sowohl bei Gründung als auch im Verlauf sowie ggf. im Falle einer Krise.

Der Grad der Fristentransformation ist nach diesem Modell, entgegen der Bestimmungen des KAGB, innerhalb eines gesetzlich bestimmten Rahmens von der KVG frei bestimmbar.[1109] Die konkreten Maßnahmen und Fristen müssen jedoch bereits im Stadium der Gründung in den Anlagebedingungen eindeutig festgelegt werden.[1110] Es obliegt dann im Weiteren der BaFin, im Rahmen der Prüfung der individuellen Anlagebedingungen auch eine Prüfung der Leistungsfähigkeit des Liquiditätsmanagements vorzunehmen, wobei maßgebend hier die Mindestanforderungen an das Risikomanagement (MaRisk) sein sollten.[1111] Als gesetzlich vorgegebener Rahmen bzgl. der Rückgabefrequenz wird ein Zeitraum von täglich bis mindestens einmal jährlich vorgeschlagen.[1112] Freibeträge sollten eine Gesamtsumme von 60.000 € jährlich nicht überschreiten, wobei ein Freibetragsbemessungszeitraum von monatlich bis maximal jährlich in Betracht kommt.[1113] Auch Kündigungsfristen für die Rückgabe der Anteile, welche den Freibetrag überschreiten, sind in einem Rahmen von drei bis maximal 24 Monaten von der KVG frei bestimmbar.[1114] Zudem sind Rückgabeabschläge bis zu

---

1106 So der treffende Terminus von: *Madaus/Sebastian*, ZBB 2013, 329, 331.
1107 *Madaus/Sebastian*, ZBB 2013, 329 ff.
1108 *Madaus/Sebastian*, ZBB 2013, 329 ff.
1109 *Madaus/Sebastian*, ZBB 2013, 329, 331.
1110 *Madaus/Sebastian*, ZBB 2013, 329, 331.
1111 *Madaus/Sebastian*, ZBB 2013, 329, 331.
1112 *Madaus/Sebastian*, ZBB 2013, 329, 331.
1113 *Madaus/Sebastian*, ZBB 2013, 329, 331.
1114 *Madaus/Sebastian*, ZBB 2013, 329, 331.

10 % sowie Mindesthaltefristen in den Anlagebedingungen frei festzulegen. Als wichtige Stellschraube wird thematisiert, unter welchen Umständen (und vor allem wie schnell) eine Anteilsrücknahme möglich ist, da diese Ausgestaltung entscheidend dafür sei, inwieweit der Fonds für institutionelle Anleger attraktiv ist.[1115] Daher müssen die Rücknahmebedingungen eindeutig in den Vertragsbedingungen festgesetzt werden. Eine Angabe von Bandbreiten sei in diesem Zusammenhang unzulässig, da der Charakter des Fonds von Anfang an für den Anleger erkennbar sein müsse.[1116] Welcher Grad der Fristentransformation für den konkreten Fonds am besten geeignet sei, d. h. welche konkreten Größen an den frei kalkulierbaren Parametern in den Anlagebedingungen festzusetzen sind, bestimme sich anhand des jeweiligen Geschäftsmodells.[1117]

3. *Stellungnahme*

Aufgrund des deregulativen Ansatzes des Modells setzten sich die Autoren auch ausführlich mit der Frage der Notwendigkeit und Intensität einer staatlichen Regulierung auseinander. Im Konkreten geht es hier darum, wann der Gesetzgeber dazu verpflichtet ist einzuschreiten und ein Produkt gesetzlich zu regulieren und in welchem Maße. Das im Rahmen von offenen Immobilienfonds eine gesetzliche Regulierung aufgrund der bestehenden Fristeninkonkruenz zwingend notwendig ist, steht außer Frage (Frage des „ob“). Die Intensität einer zulässigen Regulierung ist jedoch noch nicht gänzlich geklärt (Frage des „wie“). Zur Beantwortung der Frage des „wie“ ist in einem ersten Schritt zunächst die Identifizierung und Klassifizierung der Risiken von entscheidender Bedeutung. In einem zweiten Schritt hat dann eine Abwägung zu erfolgen: Je „größer“ die Gefahren bzw. Risiken, desto intensiver ist ein Einschreiten des Gesetzgebers in Form von (strikten) regulatorischen Maßnahmen zulässig. Erst wenn diese zwei Vorfragen geklärt sind, kann auf die Zulässigkeit, Sachgerechtigkeit und Praktikabilität des konkreten Regensburger Modells eingegangen werden.

Zutreffend unterscheiden die Autoren zwischen hinzunehmenden produktspezifischen und zu vermeidenden systemischen Risiken.[1118] Als produktspezifisches Risiko wird das Risiko der Rücknahmeaussetzung identifiziert, welches nur dann ausgeschlossen werden könne, wenn vollständig auf eine Fristentransformation

---

1115 *Madaus/Sebastian*, ZBB 2013, 329, 331.
1116 *Madaus/Sebastian*, ZBB 2013, 329, 331.
1117 *Madaus/Sebastian*, ZBB 2013, 329, 331.
1118 *Madaus/Sebastian*, ZBB 2013, 329.

verzichtet werden würde.[1119] Die Fristentransformation ist jedoch eine grundlegende Eigenschaft des offenen Immobilienfonds.[1120] Eine Anlage in Immobilien ist allgemein erst nach einem Anlagezeitraum von mindestens 4–9 Jahren rentabel, doch selbst nach den neuen Regelungen des KAGB ist eine Anteilsrückgabe schon nach einer Mindesthaltefrist von 24 Monaten und unter Berücksichtigung einer einjährigen Kündigungsfrist möglich (siehe S. 179 ff.). Wenn eine Rücknahmemöglichkeit erst nach einem Zeitraum besteht, in dem von Rentabilität ausgegangen werden kann, also (vorliegend) nach 4–9 Jahren, ist von der Kerneigenschaft eines offenen Immobilienfonds, nämlich der Möglichkeit des vergleichsweise schnellen Mittelabzugs, nicht mehr viel übrig. Dass eine Fristentransformation nicht per se negativ ist, zeigt der Vergleich mit Banken,[1121] welche ebenfalls in hohem Maße Fristentransformationen betreiben. Ebenso wie im Berreich der Banken ist eine Fristentransformation so lange als produktimmanent zu akzeptieren, wie ein ausreichendes Liquiditätsmanagement gewährleistet ist. Im Grundsatz ist daher eine Form der gesetzlich regulierten Fristentransformation zwingend notwendig. Es handelt sich somit bei der Fristentransformation um ein hinzunehmendes produktspezifisches Risiko, dem zur Minimierung mit einer strikten gesetzlichen Regulierung zu begegnen ist.

Während produktspezifische Risiken, wie eben die Gefahr einer vorübergehenden Rücknahmeaussetzung, als produktimmanent zu akzeptieren sind,[1122] hat der Gesetzgeber bei den systemischen Risiken nicht die Möglichkeit einer vergleichbaren Toleranz. Unter einem systemischen Risiko wird vor allem die sog. Ansteckungsgefahr gefasst: Fällt ein Element auf dem Finanzmarkt aus, besteht die Gefahr, dass als Wechselwirkung andere Teile erfasst werden und somit die Stabilität des Finanzsystems insgesamt oder wesentlicher Teile gefährdet sind.[1123] Daher ist eine Fristentransformation auch immer in dem Maße zu betreiben, wie es für die Vermeidung systemischer Risiken notwendig ist. Insbesondere die Ge-

---

1119 *Madaus/Sebastian*, ZBB 2013, 329, 330.

1120 *Madaus/Sebastian*, ZBB 2013, 329, 330.

1121 Wobei nach Ansicht von *Servatius,* ZfIR 2013, 709, 711, der Vergleich mit Kreditinstituten hinkt, da Bankkunden anders als Anleger in offene Immobilienfonds „kein allzu spezifisches Investitionsinteresse in Bezug auf die Mittelverwendung [haben], welches durch die Notwendigkeit, Liquidität vorzuhalten, enttäuscht wird.“.

1122 *Madaus/Sebastian*, ZBB 2013, 329, 330.

1123 *Madaus/Sebastian*, ZBB 2013, 329, 330, Fn 7; siehe zu systemischen Risiken allgemein: Neitzke, Systemische Risiken, Working Paper, AACCrisk Report 3/2007, http://www.aaccrisk.de/fileadmin/aacc_template/Texte/AACCrisk_Report_2007-2_SystemRisk.pdf, zuletzt abgerufen am 11.02.2017.

fahr der systemischen Risiken, wie sie sich etwa im Zuge der vergangenen Finanzkrisen realisierte, löst eine Notwendigkeit der strikten gesetzlichen Regulierung der offenen Immobilienfonds aus.

Es ist somit festzuhalten, dass nicht nur aufgrund produktimmanenter Risiken eine strikte gesetzliche Regulierung notwendig ist, sondern auch vor dem Hintergrund der stärker zu gewichtenden systemischen Risiken. Aufgrund dessen muss die Flexibilisierung und somit Individualisierung der Fristentransformation im Rahmen des Regensburger Modells kritisch gesehen werden.

Zudem stellen sich Fragen bezüglich der Praktikabilität des Regensburger Modells. Wenn die BaFin durch die Zulässigkeit individuellerer Anlagebedingungen zu einer differenzierteren Prüfung gezwungen wird, verlängert dieses zwangsläufig das Genehmigungsverfahren. Zudem sind die Regelungen anlegerfeindlich, da die Landschaft der offenen Immobilienfonds insgesamt unübersichtlicher würde. Weiß der Anleger unter den aktuellen Regelungen des KAGB noch in Grundzügen, was sich hinter einem „offenen Immobilienfonds" verbirgt, wird dieses durch flexiblere Regelungen insbesondere in den Kernbereichen der Rücknahme zunehmend verwässert. Andererseits ist fraglich, ob von der vorgegebenen Bandbreite überhaupt Gebrauch gemacht werden wird oder ob nicht jeder Fonds zunächst den niedrigsten noch allgemein zulässigen Standard wählt, in der Hoffnung, dass die BaFin die Anlagebedingungen „durchwinkt". Zudem ist fraglich, inwiefern die BaFin überhaupt Kapazitäten hat, die dann stark individualisierten Anlagebedingungen zu prüfen.

Es besteht daher die Gefahr, dass durch flexiblere Regelungen wie die vom Regensburger Modell vorgeschlagenen, sowohl produktimmanente als auch systemische Risiken in einem nicht mehr hinnehmbaren Maße erhöht werden.

II. Fondsabwicklung

1. Problemlage

Sowohl im Zusammenhang mit dem Gesetzgebungsverfahren zum KAGB als auch schon beim identischen Ansatz im AnsFuG wurden die als zu starr empfundenen Wertungsabschläge kritisiert.[1124] So werden die bestehenden Regelungen als eine zu „einseitige"[1125] und „undifferenzierte"[1126] Reaktion auf Liquiditätskrisen empfunden, da ihnen nur mit einem Verkaufszwang begegnet werde.[1127]

1124 *Servatius*, ZfIR 2013, 709, 713.

1125 *Madaus/Sebastian*, ZBB 2013, 329, 334.

1126 *Madaus/Sebastian*, ZBB 2013, 329, 334.

1127 *Madaus/Sebastian*, ZBB 2013, 329, 334.

Zugegebenermaßen droht ein „Abwicklungssog"[1128], der weder Anlegern noch der KVG nützt, da „potenzielle Kaufinteressenten auf den Eintritt in die Abwicklungsphase ohne Preisbindung warten und den dort vorhandenen gesetzlichen Kaufzwang bei der Preisfindung zu ihrem Vorteil nutzen"[1129]. Selbstverständlich gilt dies nicht für alle Objekte. Die „Kronjuwelen", d.h. die Top-Immobilien, für die in der Regel eine deutlich höhere Nachfrage besteht, werden höchstwahrscheinlich in der Anfangsphase der Abwicklung zu einem dem gutachterlich festgestellten Verkehrswert sehr nahekommenden Preis veräußert werden können.[1130] Die Veräußerung der „Portfolio-Juwelen"[1131] bereits zu Beginn der Liquidationsphase und die in der Folge abnehmende Attraktivität des Portfolios insgesamt bewirkt jedoch, dass infolge der Ausdünnung eine Erholung des Fonds insgesamt immer unwahrscheinlicher wird.[1132] Die Verfolgung der gegenteiligen Strategie und zunächst die Veräußerung nicht derart begehrter Immobilien (Non-Core-Assets) voranzutreiben, wird aufgrund der bereits oben beschrieben Spekulation der Kaufinteressenten auf einen günstigeren Kaufpreis in einer späteren Abwicklungsphase wohl auch wenig erfolgsversprechend sein: Bei den nicht so begehrten Objekten besteht auch gar kein Anreiz für den potenziellen Erwerber, möglichst schnell zu kaufen, da nicht mit einem Bieterwettbewerb zu rechnen ist.[1133]

2. *Alternative Ansätze*

a) *„Regensburger Modell"*[1134]

Das Regensburger Modell wendet sich gegen das aktuelle gesetzliche Konzept starrer Wertungsabschläge bei der Veräußerung sich in Abwicklung befindlicher Immobilienfonds. Stattdessen erfolgt eine umfassende Orientierung an bestehenden Sanierungsverfahren aus den Bereichen des Pfandbrief-, Schuldverschreibungs- und Insolvenzrechts.[1135]

Zunächst wird jedoch für eine grundsätzliche Stärkung der Entscheidungsmacht, und zwar sowohl die der KVG als auch die der Anleger, plädiert. Ein von der KVG individuell erarbeitetes Sanierungs- und Abwicklungskonzept ist im

1128 *Madaus/Sebastian*, ZBB 2013, 329, 334.
1129 *Madaus/Sebastian*, ZBB 2013, 329, 334.
1130 *Madaus/Sebastian*, ZBB 2013, 329, 334.
1131 *Madaus/Sebastian*, ZBB 2013, 329, 334.
1132 *Madaus/Sebastian*, ZBB 2013, 329, 334.
1133 *Servatius*, ZfIR 2013, 709, 715; *Madaus/Sebastian*, ZBB 2013, 329, 334.
1134 *Madaus/Sebastian*, ZBB 2013, 329 ff.
1135 *Madaus/Sebastian*, ZBB 2013, 329, 334.

Vorwege in den Anlagebedingungen und im Verkaufsprospekt festzuhalten, sog. living will.[1136] Dieses kann beispielsweise das „Gates & Queuing-Modell“ sein, das „Teilungsmodell“, oder aber ein gänzlich individualisiertes.[1137] Indem die Anleger sich zur Investition in den entsprechenden Fonds entscheiden, „segnen“ sie das jeweilige Modell ab. Wenn nun eine Aussetzung der Anteilsrücknahme erfolgt, tritt zunächst automatisch das in den Anlagebedingungen festgelegte Konzept in Kraft und nicht etwa die gesetzlichen Regelungen.[1138]

Das Regensburger-Modell sieht folgendes Abwicklungskonzept[1139] vor:

Hiernach müsse – ähnlich wie schon im InvG geregelt (§ 81 Abs. 1 S. 2 InvG) – das Fondsmanagement die ersten 6 Monate nach Aussetzung der Anteilsrücknahme zunächst selbst entscheiden können, welche Schritte ergriffen werden. Eine sofortige Veräußerungspflicht, wie in § 257 Abs. 1 S. 2 vorgesehen, sei abzulehnen. Auch müsse zur schnellen Krisenbewältigung eine Unterbrechung des Managements möglichst vermieden werden. Hierdurch soll Zeit zur individuellen Problemanalyse und Krisenbewältigung gewonnen werden. In diesem Zusammenhang sei auch eine Änderung der Anlagebedingungen möglich.

Wenn keine Wiedereröffnung innerhalb der ersten 6 Monate nach Aussetzung der Anteilsrücknahme erfolge, beginne das 7 bis max. 36 Monate andauernde Sanierungsverfahren. Das Regensburger Modell sieht weiterhin vor, dass die BaFin auf Vorschlag der KVG einen „Gemeinsamen Anlegervertreter“ (GAV) bestellt, dessen entscheidendes Merkmal die Unabhängigkeit von der KVG und ihren Organen ist. Der Gemeinsame Anlagevertreter sei dazu bestimmt, die Sanierungsmaßnahmen zu überwachen und ggf. neue Konzepte zu entwickeln, über die dann im Wege einer Anlegerabstimmung abgestimmt werde. Spätestens nach dem 37. Monat erfolge zwangsweise ein Abwicklungsverfahren, das sich entscheidend „an den Vorgaben des Abwicklungsregimes für die Deckungsmasse nach dem Pfandbriefgesetz (§§ 30 bis 36 PfandBG) sowie an insolvenzrechtlichen Grundprinzipien“[1140] orientiere.

1136 *Madaus/Sebastian*, ZBB 2013, 329, 335.

1137 *Madaus/Sebastian*, ZBB 2013, 329, 335.

1138 Ähnliche Freiheiten fanden sich noch in § 81b InvG, nach dem Anleger die Möglichkeit hatten Veräußerungen auch zu höheren Wertabschlägen als den gesetzlich festgelegten zuzustimmen; kritisch hierzu jedoch *Madaus/Sebastian*, ZBB 2013, 329, 335 die befürchten dem Anleger fehle es an entsprechendem Fachwissen.

1139 Ausführlich zum Regensburger Modell: *Madaus/Sebastian*, ZBB 2013, 329, 335 ff.

1140 *Madaus/Sebastian*, ZBB 2013, 329, 337.

b) *„Gates & Queuing-Modell“*[1141]

Das vom Bundesverband Investment und Asset Management e. V. (BVI) entwickelte Gates & Queuing-Modell ist vom Grundansatz ähnlich wie das im Rahmen des Regensburger Modell vorgeschlagene Verfahren.[1142] Auch hier wird das Prinzip der Anteilsaussetzung und starren Wertungsabschläge gelockert und den Anlegern ein Wahlrecht zugestanden. Trotz der grundsätzlichen Anteilsaussetzung sind nach diesem Modell (angekündigte) Anteilsrückgaben quartalsweise zulässig, wobei die Auszahlung dann anteilig nach Verkaufsfortschritt erfolgt.[1143] So wird dem Interesse der rückgabeinteressierten Investoren entgegengekommen, gleichzeitig können auf den werterhalt fokussierte Anleger auf die Wiedereröffnung des Fonds warten.[1144]

c) *„Teilungsmodell“*[1145]

Das aus 2010 stammende sog. Teilungsmodell sieht nach Ablauf von 12 Monaten nach der Rücknahmeaussetzung ein Teilliquiditionsverfahren vor. Dieses beginnt mit der Aufforderung an alle rückgabewilligen Anleger, binnen 60 Tagen ihre Anteile zurückzugeben.[1146] Der Anlegerkreis teilt sich somit in rückgabewillige Anleger und fortführungswillige Anleger.[1147] Im Anschluss hat die KVG 30 Tage Zeit, dem Rückgabeverlangen der einen Gruppe von Anlegern nachzukommen.[1148] Reichen hierfür die Liquiditätsreserven nicht aus, ist mit der Veräußerung einzelner Vermögenswerte (d. h. vornehmlich der Immobilien) zu beginnen.[1149] In der Folge wird unter Berücksichtigung des zu erwartenden Verkaufserlöses in Verbindung

---

1141 Madaus/Sebastian, Flexibilisierung der Fristentransformation bei Offenen Immobilienfonds in Gründung, Verlauf und Krise – Regensburger Modell, http://epub.uni-regensburg.de/28898/1/5_IREBS_Beiträge_IW_Regensburger_Model.pdf, zuletzt abgerufen am 12.02.2017, S. 24; *Madaus/Sebastian*, ZBB 2013, 335, Fn. 29, unter Verweis auf: Bundesverband Investment und Asset-Management (BVI) Stellungnahme zum Diskussionsentwurf des AIFM-UmsG 2013 vom 6. März 2013, S. 31 f.

1142 Madaus/Sebastian, a. a. O. (Fn. 1141), S. 24.

1143 Madaus/Sebastian, a. a. O. (Fn. 1141), S. 24; *Madaus/Sebastian*, ZBB 2013, 335, Fn. 29.

1144 Madaus/Sebastian, a. a. O. (Fn. 1141), S. 24; *Madaus/Sebastian*, ZBB 2013, 335, Fn. 29.

1145 Madaus/Sebastian, a. a. O. (Fn. 1141), S. 24 f.; *Madaus/Sebastian*, ZBB 2013, 335, Fn. 30, unter Verweis auf: Bundesverband Investment und Asset-Management (BVI) Stellungnahme zum Diskussionsentwurf AnsFuG 2010 vom 26. Mai 2010, S. 14 ff.; Madaus/Sebastian, a. a. O. S. 24 f.

1146 Madaus/Sebastian, a. a. O. (Fn. 1141), S. 25; *Madaus/Sebastian*, ZBB 2013, 335, Fn. 30.

1147 Madaus/Sebastian, a. a. O. (Fn. 1141), S. 25; *Madaus/Sebastian*, ZBB 2013, 335, Fn. 30.

1148 Madaus/Sebastian, a. a. O. (Fn. 1141), S. 25; *Madaus/Sebastian*, ZBB 2013, 335, Fn. 30.

1149 Madaus/Sebastian, a. a. O. (Fn. 1141), S. 25; *Madaus/Sebastian*, ZBB 2013, 335, Fn. 30.

mit einem Wertabschlag der jeweilige Anteilsgegenwert berechnet.[1150] Der Anleger hat nun 10 Tage lang Zeit, unter Kenntnis des aktuellen Anteilsgegenwertes zu entscheiden, ob die Rückgabeentscheidung Bestand haben soll oder zurückgenommen wird.[1151] Die Anleger, die bei ihrer Rücknahmeentscheidung bleiben, bilden nun eine beständige Gruppe, der die zum Verkauf ausgewählten Immobilien zugeordnet werden.[1152] Für die Dauer der Veräußerung sind bis zu zwei Jahre vorgesehen. Aus den Verkaufserlösen wird die Anlegergruppe dann befriedigt.[1153] In dieser Zeit soll der Fonds die Verwaltungsgeschäfte wiederaufnehmen und im Idealfall zum Normalfall der Anteilsrücknahme zurückkehren.[1154]

3. Stellungnahme

Problematisch am Teilungsmodell erscheint zunächst die an sich bestehende Ungleichbehandlung von Anlegern.[1155]

So komme das „sog. Teilungsmodell, (...) nicht in Betracht, weil es Verluste aus dem Abverkauf von Immobilien einseitig den auf ihr Geld angewiesenen, ausstiegswilligen Anlegern zuweise und so Prinzipien des deutschen Insolvenzrechts zuwiderlaufe, das davon ausgehe, dass alle Gläubiger eines insolventen Unternehmens ‚paripassu' bedient würden. Es drohe beim Teilungsmodell eine ungerechtfertigte Privilegierung institutioneller Anleger mit typischerweise besserer Marktinformation."[1156]

Das Prinzip der Gleichbehandlung aller Gläubiger ist ein wesentlicher Grundsatz des Insolvenzrechts[1157] und gilt für Anleger in einem Liquidationsverfahren entsprechend.[1158] Somit ist Gläubigern einer Rangklasse (Anlegerklasse) dieselbe Quote anzubieten.[1159] Dennoch stellt das Teilungsmodell keinen Verstoß gegen

---

1150 Madaus/Sebastian, a. a. O. (Fn. 1141), S. 25; *Madaus/Sebastian*, ZBB 2013, 335, Fn. 30.

1151 Madaus/Sebastian, a. a. O. (Fn. 1141), S. 25; *Madaus/Sebastian*, ZBB 2013, 335, Fn. 30.

1152 Madaus/Sebastian, a. a. O. (Fn. 1141), S. 25; *Madaus/Sebastian*, ZBB 2013, 335, Fn. 30.

1153 Madaus/Sebastian, a. a. O. (Fn. 1141), S. 25.

1154 Madaus/Sebastian, a. a. O. (Fn. 1141), S. 25.

1155 Bericht des Finanzausschusses (7. Ausschuss) vom 10. Februar 2011, Äußerung der Bundesregierung, BT-Drucks. 17/4739, S. 16; *Madaus/Sebastian*, ZBB 2013, 335, Fn. 31.

1156 Bericht des Finanzausschusses (7. Ausschuss) vom 10. Februar 2011, Äußerung der Bundesregierung, BT-Drucks. 17/4739, S. 16.

1157 *Pape*, in: Uhlenbruck, InsO, 14. Auflage 2015, § 1 Rn. 2: „par condicio creditorum"; *K. Schmidt*, in: K. Schmidt, Insolvenzordnung, 19. Auflage 2016, § 1 Rn. 5.

1158 Madaus/Sebastian, a. a. O. (Fn. 1141), S. 25.

1159 Im Rahmen eines Insolvenzplanes: *Spliedt*, in: K. Schmidt, Insolvenzordnung, 19. Auflage 2016, § 226, Rn. 2 ff.

den aufgestellten Grundsatz dar. Es ist zum einen zu berücksichtigen, dass die Anleger weit vor dem Liquidationsverfahren, nämlich in der Sanierungsphase, frei entscheiden können, welcher „Anlegerklasse" sie später zugeordnet werden.[1160] Je nachdem, ob sie an einer Weiterführung des Fonds Interesse haben oder möglichst schnell die Liquidation ihres Anteils bezwecken, wird ein Wertabschlag in Kauf genommen oder nicht. Die u. U. unterschiedlich hohen in Kauf zu nehmenden Wertabschläge in einem möglicherweise später staffindenden Liquidationsverfahren basieren daher einzig auf einer verschiedenen Interessenlage zum Zeitpunkt der Sanierung und sind vom freien Willen der Anleger getragen.[1161]

Zum anderen sind Ungleichbehandlungen ohnehin auch im Zeitpunkt der Liquidation zulässig, soweit ein sachgerechter Grund der Differenzierung besteht.[1162] Dieses Differenzierungskriterium können die unterschiedlichen Interessenlagen der Anleger darstellen.[1163] Ein gutes Beispiel aus dem Insolvenzrecht hierfür sind etwa Insolvenzpläne, in denen je nach Gläubigerinteresse differenzierte Verteilungsregelungen getroffen werden können.[1164]

Entscheidend wird jedoch sein, dass die Möglichkeit eines Teilungsmodells im Vorwege in die Anlagebedingungen aufgenommen wurde und zusätzlich, im konkreten Fall der Anteilsrücknahmeaussetzung, im Rahmen einer Anlegerabstimmung hierüber entschieden wurde.[1165] Was die Gefahr der besseren Marktinformationen von institutionellen Anlegern angeht, kann dieser durch die obligatorisch vorher stattzufindende Anlegerabstimmung in Verbindung mit einer Informationsveranstaltung begegnet werden.

Im Rahmen des Regensburger Modells wird beklagt, dass lediglich Symptome, nicht aber das eigentliche Problem der Anlageform behandelt werden.[1166] Allerdings ist zu berücksichtigen, dass es sich bei dem „Problem" offener Immobilienfonds, nämlich der Fristentransformation, um ein produktspezifisches Risiko handelt, das diesem immanent ist. Das „Problem" zu beheben würde u. U. bedeuten, das Produkt in seiner Gesamtheit zu verändern. Vielmehr sollte es im Kern darum gehen, ein adäquates Maß der zu bewältigenden Fristentransformation in allen Stadien zu

1160 Madaus/Sebastian, a. a. O. (Fn. 1141), S. 25.

1161 Madaus/Sebastian, a. a. O. (Fn. 1141), S. 25.

1162 Unter Verweis auf Art. 3 Abs. 1 GG, Madaus/Sebastian, a. a. O. (Fn. 1141), S. 25.

1163 Madaus/Sebastian, a. a. O. (Fn. 1141), S. 25.

1164 Siehe hierzu: *Spliedt*, in: K. Schmidt, Insolvenzordnung, 19. Auflage 2016, § 226 Rn. 2 ff.; Madaus/Sebastian, a. a. O. (Fn. 1141), S. 25 f.

1165 Für eine zur Aufnahme in die Anlegebedingungen alternative Anlegerabstimmung: Madaus/Sebastian, a. a. O. (Fn. 1141), S. 26.

1166 So *Madaus/Sebastian*, ZBB 2013, 329, 330.

finden. Im Gesetz finden sich aktuell angemessene Maßnahmen der Fristentransformation, etwa durch Mindesthaltefristen und Rücknahmetermine. Die Ansätze sowohl des Regensburger Modells als auch des Gates & Queuing-Modells sind auf flexiblere und individuellere Handhabung der Fristentransformation im Bereich der Fondsabwicklung ausgerichtet. Hierbei ist jedoch auch die praktische Umsetzbarkeit zu berücksichtigen. Insofern bestehen die gleichen Bedenken wie schon bei einer Flexibilisierung der Fristentransformation zu einem früheren Zeitpunkt (siehe S. 193 ff.). Die BaFin hat grundsätzlich die Anlagebedingungen zu genehmigen: Ist nun ein umfassendes individualisiertes Abwicklungskonzept aufgenommen worden, bedeutet dieses einen erhöhten Prüfungsaufwand. Auch ist aus Anlegersicht zu beklagen, dass aufgrund der Uneinheitlichkeit der Regelungen Risiken schwerer einzuschätzen sind. Insgesamt überzeugen beide Modelle daher nicht und es ist an den bestehenden gesetzlichen Standards festzuhalten.

Zusammenfassend lässt sich somit festhalten, dass das Teilungsmodell zu empfehlen ist, soweit es vorher in den Anlagebedingungen aufgenommen wurde und eine vorherige Informationsveranstaltung und Anlegerabstimmung durchzuführen ist. Dementgegen ist eine stärkere Individualisierung der Abwicklungskonzepte unter Anlegerschutz und Praktikabilitätsgesichtspunkten abzulehnen.

III. Rechtsvergleich zur Schweiz

1. Überblick: Die spezielle Regulierung des offenen Immobilienfonds nach schweizer Recht

Das schweizer Bundesgesetz über die Kollektiven Kapitalanlagen (Kollektivanlagegesetz, KAG)[1167] reguliert im zweiten Abschnitt des dritten Kapitels die „Immobilienfonds", Art. 58 ff. KAG. Traditionell werden offene Immobilienfonds in der Schweiz lediglich als „Immobilienfonds" bezeichnet.[1168] Gem. Art. 58 KAG sind „Immobilienfonds [...] offene kollektive Kapitalanlagen, die ihre Mittel in Immobilien anlegen".

In Art. 59 KAG sind die zulässigen Anlagen aufgelistet. Demnach sind „Grundstücke einschliesslich Zugehör", Art. 59 S. 1 a) KAG, „Beteiligungen an und Forderungen gegen Immobiliengesellschaften, deren Zweck einzig der Erwerb und Verkauf

1167 Bundesgesetz über die Kollektiven Kapitalanlagen (Kollektivanlagegesetz, KAG) vom 23. Juni 2006, https://www.admin.ch/opc/de/official-compilation/2006/5379.pdf, zuletzt abgerufen am 01.03.2017.

1168 So auch schon in den alten Art. 36 ff. AFG (Anlagefondsgesetz) vom 18. März 1994: *Baur*, in: Baur, Investmentgesetze: Großkommentar, Bd. 1: Einleitung nebst Länderübersicht, §§ 1–25j KAGG, 2. Auflage 1997, Einl. I Rn. 26.

oder die Vermietung und Verpachtung eigener Grundstücke ist, sofern mindestens zwei Drittel ihres Kapitals und der Stimmen im Immobilienfonds vereinigt sind“, Art. 59 S. 1 b) KAG, „Anteile an anderen Immobilienfonds und börsenkotierten Immobilieninvestmentgesellschaften bis höchstens 25 Prozent des Gesamtfondsvermögens“, Art. 59 S. 1 c) KAG und „ausländische Immobilienwerte, deren Wert hinreichend beurteilt werden kann“, Art. 59 S. 1 d) KAG, als Investitionswerte zulässig.

Im Vergleich zu anderen Fondstypen gelten auch in der Schweiz aufgrund der strukturellen Besonderheiten erhöhte Anforderungen bei der Rücknahme von Immobilienfondsanteilen. So ist u. a. gem. Art. 66 Abs. 2 KAG ein Rücknahmeverlangen erst am Ende eines Rechnungsjahres unter Einhaltung einer Kündigungsfrist von 12 Monaten zulässig. Hintergrund dieser Regelung ist wohl auch, dass eine Schätzung des Verkehrswertes der Liegenschaften zur Ermittlung des aktuellen Wertes eines Anteils nur einmal im Jahr durch den sog. Schätzungsexperten (Art. 64 KAG) erfolgt.

Insgesamt lässt sich festhalten, dass die bestehenden Schweizer Regelungen im Rahmen des KAG den deutschen gesetzlichen Bestimmungen des KAGB (§§ 230 ff.) vom Grundsatz sehr ähneln, wenngleich die schweizer Regelungen insgesamt weniger ausführlich sind als die deutschen Bestimmungen.

Im Unterschied zum deutschen Regelungskonzept besteht jedoch in der Schweiz schon seit längerem eine Pflicht, einen regelmäßigen börslichen oder außerbörslichen Handel von Immobilienfonds sicherzustellen (Art. 67 KAG).[1169] Ziel dieser insbesondere für Immobilienfonds geltenden Regelung ist es, dem Anleger die sofortige Liquidität seiner Anlage zu ermöglichen.[1170]

2. *Schweizer Recht als Vorbild: Verpflichtende Börsennotierung für Fondsanteile offener Immobilienfonds auch in Deutschland sinnvoll?*

Ein effektives Liquiditätsmanagement ist eines der besten Mittel, um einer Aussetzung der Anteilsrücknahme sowie ggf. sogar der Fondsabwicklung entgegenzuwirken. Neben den gängigen Bestandteilen des Liquiditätsmanagements wie etwa feste Rücknahmetermine, Mindeshaltezeiträume und Kündigungsfristen (siehe S. 178 ff.) könnte die stärkere Etablierung eines Sekundärmarktes für Fondsanteile auch in Deutschland ein entscheidender zusätzlicher Baustein sein, um Liquiditätsengpässen schon im Vorwege zu begegnen. Denn bevor ein Anleger mit dem Rücknahmeverlangen an die KVG herantritt, bestände für ihn so in jedem Fall auch die Möglichkeit, den Anteil an der Börse zu veräußern und sich

---

1169 Noch zum alten Art. 42 AFG: *Zobl/Kramer*, Schweizerisches Kapitalmarktrecht, 2004, Rn. 478.

1170 *Christen*, Der Kollektivanlagevertrag (Art. 6 AFG), S. 110.

so liquide Mittel zu beschaffen. In der Konsequenz würde er ggf. erst gar nicht mit einem Rücknahmeverlangen an die KVG herantreten.

In Deutschland besteht an der „Börse Hamburg“ seit 2002 die Möglichkeit, Investmentfondsanteile an der Börse zu handeln.[1171] Insbesondere in Zeiten der Krise rückte der Handel von Anteilen offener Immobilienfonds in den Fokus, da nach Schließung zahlreicher Fonds die Börse häufig die einzige Möglichkeit für den Anleger war, den Anteil aufzulösen.[1172] Daher wurden teilweise vom Anleger hohe Abschläge auf den „Net Asset Value (NAV)“ akzeptiert.[1173]

Die Bedeutung und Attraktivität des Börsenhandels von Fondsanteilen wird insbesondere durch Krisen offensichtlich. Doch auch schon vorher ist ein Börsenhandel von Fondsanteilen aus den bereits oben genanten Gründen vorteilhaft. Daher ist die gesetzlich verpflichtende Börsennotierung für Anteile offener Immobilienfonds sinnvoll. Zwar wird teilweise die grundsätzliche Schaffung eines Sekundärmarktes für Fondsanteile als „nicht unbedingt vonnöten“ erachtet, da bereits eine Rücknahmepflicht auf Seiten der KVG (Fondsleitung) bestehe.[1174] Insbesondere für offene Immobilienfonds ist dieses jedoch zu kurz gedacht, da eine abstrakte Rücknahmepflicht noch kein Garant für eine tatsächliche Rückerstattung ist, was auch durch die vergangenen Aussetzungen der Rücknahme von Anteilen[1175] bzw. Fondsschließungen belegt wird. Die Etablierung eines Sekundärmarktes könnte daher auch in Deutschland ein ergänzender Baustein sein, um Liquiditätsengpässe zu vermeiden und somit zukünftigen Krisen vorzubeugen.

So wäre bespielsweise de lege ferenda angelehnt an Art. 67 KAG eine Regelung in § 230a mit dem Inhalt

> *„Die Kapitalverwaltungsgesellschaft und die Verwahrstelle stellen über eine Bank oder einen Börsenhändler einen regelmäßigen börslichen oder außerbörslichen Handel von Anteilen an Immobilien-Sondervermögen sicher“*

denkbar.

1171 *Ledermann*, AG 2012, R278.

1172 *Ledermann*, AG 2012, R278.

1173 *Ledermann*, AG 2012, R278; zur Bewertung der Fondsanteile in der Krise siehe *Ising*, NZG 2012, 651, 652 f.

1174 *Köndgen/Schmies*, in: Schimansky/Bunte/Lwowski, Bankrechts-Handbuch, Zweiter Band, 4. Auflage 2011, § 113 Rn. 10.

1175 Siehe etwa Ausführungen in: Gesetzentwurf der Bundesregierung, Entwurf eines Gesetzes zur Stärkung des Anlegerschutzes und Verbesserung der Funktionsfähigkeit des Kapitalmarkts (Anlegerschutz- und Funktionsverbesserungsgesetz) vom 8. November 2010, BT-Drucks. 17/3628, S. 17 f.: mittlerweile können Rückzahlungsverlangen i.H.v. insgesamt 26 Mrd. € nicht bedient werden.

7. Teil Fazit

Ausgehend von der in der Einleitung aufgeworfenen Fragestellung, ob die Regulierung des offenen Immobilienfonds nun ausreichend ist, um zukünftigen Krisenlagen angemessen begegnen zu können, ist zu differenzieren zwischen Gefahren, die verwaltetem Investmentvermögen generell innewohnen und den speziellen strukturellen Risiken offener Immobilienfonds.

Im Rahmen der allgemeinen Risiken ist die Fremdverwaltung der Vermögenswerte bei Investmentfonds wohl als das größte anzusehen. Die Fremdverwaltung von Vermögen ist konstitutives Kriterium eines jeden Investmentvermögens (vgl. § 1 Abs. 1 S. 1). Sie zählt als „integraler Bestandteil“[1176], „schlechthin zum Wesen des Investment[s]“[1177]. Aus dieser Grundsätzlichkeit resultiert die zentrale Gefahrenlage bei Investmentfonds: Die Verwaltung fremder Vermögenswerte provoziert Verfehlungen („other people's money [...] invites misconduct“[1178]). Ohne jegliche Regulierung werden sich die Interessenlagen von individuellem Verwalter und den Anlegern des Investmentvermögens zwar an vielen Stellen decken, allerdings im Einzelfall auch gegensätzlich sein. Der Instinkt eines Verwalters ist tendenziell auf Gewinne ausgerichtet. Es ist nicht fernliegend, dass er in der Situation eines Interessenkonflikts eher zu seinen eigenen Gunsten als zu Gunsten der Anleger des Investmentvermögens entscheiden wird.[1179] Die Gegensätzlichkeit der Interessenlagen ist dann eine Gefahr für die Vermögenswerte der Anleger, wenn nicht durch regulatorische Maßnahmen eingegriffen wird. Die AIFM-RL begegnet dieser strukturellen Gefahrenlage, indem sie eine umfassende Regulierung der Verwalter („Manager“) vorsieht, die durch das KAGB Einzug in das nationale Recht gefunden hat. Ziel einer gelungenen Regulierung ist die Schaffung eines weitestgehenden Einklangs zwischen den Interessen des Verwalters und den Anlegern. Es ist erkannt worden, dass eine bloße Verpflichtung im Anlegerinteresse zu handeln (§ 26 Abs. 1), keinesfalls ausreichend ist. Vielmehr sind umfassende weitere Maßnahmen zu treffen. Durch die Organisation des

---

1176 *Zetzsche*, Prinzipien der kollektiven Vermögensanlage, 2015, S. 89 unter Verweis auf Maitland, Grünhuts Zeitschrift 32 (1904), 1, unter III. (a.E.).

1177 *Lütgerath*, Die Erweiterung des Anlagekataloges von Investmentgesellschaften, 1984, S. 75.

1178 *Boatright*, Ethics in Finance, 3. Auflage 2014, S. 1.

1179 Drastisch formuliert von *Boatright*, Ethics in Finance, 3. Auflage 2014, S. 2: „finance relies mainly on the search for gain, which can easily become greed“, „scandals result not from deliberate misconduct – doing what one knows to be wrong – but from rational actors following incentives in situations with complex interactions.“.

Fonds, etwa in Form von Trennungsgeboten oder die Pflicht zur Etablierung von Risiko- und Liquiditätsmanagementsystemen, wird sichergestellt, dass Konfliktlagen weitestgehend vermieden werden. Mittels der Konkretisierung von Verhaltensregeln durch KAVerOV und den Art. 16 ff. der Level 2-VO werden u.a. enge Vorgaben zur Entscheidungsfindung in Konfliktlagen gegeben. Auch auf dem Wege der Regulierung der Vergütung des Verwalters wird das Verhalten entscheidend gelenkt. Um Möglichkeiten der Umgehung auszuschließen, sind auch strikte Vorschriften zur Auslagerung von Verwaltungstätigkeiten unausweichlich. Durch die ergänzende Regulierung der Verwahrstelle, welche eine entscheidende Kontrollfunktion gegenüber dem Verwalter innehat, wird das Regelungsregime abgerundet. Im Ergebnis ist festzustellen, dass den Risiken der Fremdverwaltung von Vermögenswerten im Rahmen von Investmentfonds durch die nun unter dem KAGB bestehenden gesetzlichen Maßnahmen ausreichend begegnet wird. Vielfach ist es nicht eine einzige große Maßnahme, sondern ein Zusammenspiel aus vielen Komponenten, was die beste Grundlage zur Prävention von Missmanagement bildet.

Im Rahmen des offenen Immobilienfonds sind die für Investmentfonds allgemein bestehenden Risiken jedoch nicht die einzigen. Aufgrund ihrer strukturellen Merkmale müssen sie Fristentransformation in einem besonders hohen Maße betreiben. Durch die Einbettung in das Regelungsregime des KAGB mit seinen allgemeinen Regelungen ist den speziellen Gefahrenlagen offener Immobilienfonds noch nicht ausreichend begegnet. Erst durch die in §§ 230–260 geregelten zusätzlichen Erfordernisse wird gezielt auf die individuelle Problemlage reagiert. Neben einer Vielzahl einzelner Bestimmungen, die die allgemeinen Vorschriften modifizieren, findet sich hier auch die klare Festsetzung der zu Investitionszwecken zulässigen Vermögensgegenstände und deren Bewertung. Insbesondere die Rücknahmemodalitäten, welche zwingend feste Rücknahmetermine, Mindesthaltefristen sowie eine Rückgabeerklärung umfassen, sind für eine Liquiditätsplanung unerlässlich. Der Fondsabwicklung nach dem Drei-Phasen Modell ist im besten Fall durch vorherige Maßnahmen vorzubeugen. Es bleibt die Frage, ob diese Regelungen nun ausreichend sind, um zukünftigen Krisenlagen vorzubeugen. Sicherlich kommt es entscheidend auf die Art und die konkreten Umstände der Krise an. Bei einer Wiederholung der „Krise der offenen Immobilienfonds", wie sie in den Jahren ab 2005, zugespitzt ab 2008, stattgefunden hat, ist zumindest durch die Schaffung von Rücknahmeterminen, Mindesthaltefristen sowie einer Rückgabeerklärung besser entgegenzutreten. Ein Problem war damals auch der plötzliche Rückzug institutioneller Investoren, die ihre liquiden Mittel in den Immobilienfonds quasi „geparkt" hatten und diese nun an anderer Stelle dringend brauchten und abzogen.[1180] Der Fonds geriet in Schieflage und der in der Regel schlechter informierte und daher langsamer agierende Privatanleger hatte häufig das Nachsehen, da seine Mittel noch im Fonds steckten, dieser jedoch bereits die Rücknahmeaussetzung erklärt hatte. Um diesen Entwicklungen vorzubeugen, sind sicherlich noch nicht ausreichend gesetzliche Maßnahmen getroffen worden.

Zu denken wäre hier etwa an die Auflage offener Immobilienfonds, in die ausschließlich Privatanleger investieren können. Allerdings wurde bereits in der Vergangenheit eine Trennung von institutionellen Anlegern und Privatanlegern als nicht „praxistauglich“[1181] und „aus technischen Gründen nicht möglich“[1182] verworfen. Zudem wurde hinterfragt, ob dieses überhaupt zur Stabilisierung beitragen könne, da die Schließung einiger Fonds auch auf eine überdurchschnittlich hohe Rückgabequote von Privatanlegern zurückzuführen gewesen sei.[1183] Eine erneute detaillierte Prüfung dieser Option scheint aber auch gerade vor dem Hintergrund der offensichtlichen Unklarheiten und divergierenden Meinungen[1184] darüber, ob es eine konkrete Gruppe von Anlegern gibt (und wenn ja welche Gruppe), die insgesamt eine überdurchschnittliche Rückgabequote im Vergleich zu anderen Anlegergruppen hatte und somit im besonderen Maße zur Destabilisierung des Fonds beitrug, lohnenswert.

Um einer drohenden Fondsabwicklung entgegenzuwirken, kann im Einzelfall die Handelbarkeit der Anteile offener Immobilienfonds an einer Börse hilfreich sein. Daher ist auch über die Einführung einer verpflichtenden Börsennotierung für die Anteile offener Immobilienfonds nachzudenken.

1180 *Gringel*, ZBB 2012, 106, 107: insbesondere „bei der Rückgabe von Anteilsscheinen durch institutionelle Investoren kam es (…) immer wieder zu Liquiditätsengpässen“; *Möllers/Wenninger*, NJW 2011, 1697, 1702: „insbesondere“ durch institutionelle Investoren kam es zu Engpässen; allerdings scheint die Bedeutung dieses Verhaltens institutioneller Anleger für die „Krise“ insgesamt noch unklar, siehe Fn. 1184.

1181 Bericht des Finanzausschusses (7. Ausschuss) vom 10. Februar 2011, BT-Drucks. 17/4739, S. 15 f.

1182 Bericht des Finanzausschusses (7. Ausschuss) vom 10. Februar 2011, BT-Drucks. 17/4739, S. 15 f.

1183 Bericht des Finanzausschusses (7. Ausschuss) vom 10. Februar 2011, BT-Drucks. 17/4739, S. 15 f.

1184 Ansicht der SPD: „in erster Linie (…) [ist] das Verhalten institutioneller Anleger ursächlich für das Scheitern einzelner Immobilienfonds“, Bericht des Finanzausschusses (7. Ausschuss) vom 10. Februar 2011, BT-Drucks. 17/4739, S. 15 f.; dem entgegen die Ansicht der Bundesregierung (damals CDU/CSU, FDP): Schließung auch durch „überdurchschnittlich hohe Rückgabequote von Privatanlegern“ hervorgerufen, Bericht des Finanzausschusses (7. Ausschuss) vom 10. Februar 2011, BT-Drucks. 17/4739, S. 15 f.

Im Großen und Ganzen sollte sich ein Anleger bei der Investition in einen offenen Immobilienfonds, genauso wie bei der Investition in einen anderen Fondstypus, bewusst machen, dass es sich um eine kollektive Vermögensanlage handelt. Die in der heutigen Geschäftswelt bestehende Anonymität lässt die Solidarität des Anlegerkollektivs vermissen. Es darf nicht die Möglichkeit bestehen, einerseits von einer Gemeinschaft zu profitieren, anderseits aber sofort die Flucht zu ergreifen, wenn Nachteile befürchtet werden. Die erforderliche Solidarität muss vom Gesetzgeber in angemessener Weise hergestellt werden. Eine staatliche Regulierung ist daher zwingend notwendig und sollte nicht als Einschränkung empfunden werden. Über das Maß lässt sich im Einzelfall streiten. Die regulatorischen Maßnahmen bezüglich des offenen Immobilienfonds sind in jedem Fall angemessen, wenngleich sie ggf. an einigen Stellen noch der Ergänzung bedürfen. Ob sie jedoch auch ausreichend sind, um zukünftigen Krisenlagen vorzubeugen, muss abgewartet werden.

Literaturverzeichnis

Assmann, Heinz-Dieter/*Schneider*, Uwe: Wertpapierhandelsgesetz: Kommentar, 6. Auflage 2012, Köln.

Assmann, Heinz-Dieter/*Schütze*, Rolf A.: Handbuch des Kapitalanlagerechts, 4. Auflage 2015, München.

—: Handbuch des Kapitalanlagerechts, 3. Auflage 2007, München.

Auerbach, Dirk: Handbuch Banken- und Wertpapieraufsicht, 2015, München.

Baehring, Bernd: Investment in Deutschland, „Schrift der Union-Investment-Gesellschaft mbH zum 25-jährigen Jubiläum, 1981", 1980, Frankfurt am Main.

Baur, Georg/*Boegl*, Martin: Die neue europäische Finanzmarktaufsicht - Der Grundstein ist gelegt, in: BKR 2011, Seiten 177 ff.

Baur, Torsten/*Schöning*, Stephan: Ansätze zur Überwindung der aktuellen Probleme bei offenen Immobilienfonds, in: Finanz Betrieb (Corporate Finance biz), Heft 5 vom 12.7.2010, Seiten 331 ff.

Baur, Jürgen/*Tappen*, Falco: Investmentgesetzte: Großkommentar, Band 1, §§ 1–272 KAGB, 3. Auflage 2015, Berlin.

—: Investmentgesetze: Großkommentar, Band 2, §§ 273–355, InvStG, 3. Auflage 2015, Berlin.

Baur, Jürgen: Investmentgesetze: Gesetz über Kapitalanlagegesellschaften (KAGG) und Gesetz über den Vertrieb ausländischer Investmentanteile und über die Besteuerung der Erträge aus ausländischen Investmentanteilen (Auslandinvestment-Gesetz - AuslInvestmG); Kommentar nebst Länderübersicht EG/EWR-Staaten, Japan, Schweiz, USA, Band 1: Einleitung nebst Länderübersicht, §§ 1–25j KAGG, 2. Auflage 1997, Berlin.

—: Band 2: §§ 26–55 KAGG, AuslInvG, Anhang, Stichwortverzeichnis, 2. Auflage 1997, Berlin.

Beckmann, Klaus/*Scholtz*, Rolf-Detlev/*Vollmer*, Lothar: Investment: Ergänzbares Handbuch für das gesamte Investmentwesen, Stand: 11/16, Berlin.

Berger, Hanno/*Steck*, Kai-Uwe/*Lübbehüsen*, Dieter: Investmentgesetz, Investmentsteuergesetz, 2010, München.

Boatright, John R.: Ethics in Finance, 3. Auflage 2014, Chichester, West Sussex, United Kingdom.

Boos, Karl-Heinz/*Fischer*, Reinfrid/*Schulte-Mattler*, Hermann: KWG, CRR-VO: Kommentar zu Kreditwesengesetz, VO (EU) Nr. 575/2013 (CRR) und Ausführungsvorschriften, 5. Auflage 2016, München.

Boxberger, Lutz: Regulierung „light" unter dem KAGB-Regime, in: GWR 2013, Seiten 415 ff.

Boxberger, Lutz/*Klebeck*, Ulf: Anforderungen an die Vergütungssysteme von AIF-Kapitalverwaltungsgesellschaften, in: BKR 2013, Seiten 441 ff.

Brinkhaus, Josef/*Scherer*, Peter: Gesetz über Kapitalanlagegesellschaften, Auslandsinvestment-Gesetz: KAGG AuslInvestmG, 2003, München.

Buck-Heeb, Petra: Kapitalmarktrecht, 8. Auflage 2016, Heidelberg.

Burgard, Ulrich/*Heimann*, Carsten: Das neue Kapitalanlagegesetzbuch, in: WM 2014, Seiten 821 ff.

Bußalb, Jean-Pierre: Die Kompetenzen der BaFin bei der Überwachung der Pflichten nach dem KAGB, in: Möllers/Kloyer, Das neue Kapitalanlagegesetzbuch, 2014, München, Seiten 220 ff.

von Caemmerer, Ernst: Kapitalanlage- oder Investmentgesellschaften, in: JZ 1958, Seiten 41 ff.

Campbell, Nicole: Modernisierung des Outsourcing-Regimes, in: ZBB 2008, Seiten148 ff.

Carl, Dieter/*Förster*, Wolfgang: Das Recht der Investmentfonds: europarechtlicher Rahmen und nationale Gesetzgebung, 2. Auflage 1994, Neuwied.

Christen, Christian: Der Kollektivanlagevertrag (Art. 6 AFG), 2002, Zürich.

Danne, Matthias: Asset Management – Offene Immobilienfonds in der Krise – Serie „Zukunft der offenen Immobilienfonds" (Teil 3), in: Börsen-Zeitung vom 30. November 2010, Nummer 231, Seite 2.

Demleitner, Andreas: Aufsichtsrechtliche Folgen eines verkannten AIF, in: BB 2014, Seiten 2058 ff.

Derlender, Peter/*Knops*, Kai-Oliver/*Bamberger*, Heinz Georg: Deutsches und europäisches Bank- und Kapitalmarktrecht, Band 2, 3. Auflage 2017, Berlin.

Diller, Martin/*Arnold*, Christian: Vergütungsverordnungen für Banken und Versicherungen: Pflicht zum Mobbing?, in: ZIP 2011, Seiten 837 ff.

Dornseifer, Frank/*Jesch*, Thomas A./*Klebeck*, Ulf/*Tollmann*, Claus: AIFM-Richtlinie, Richtlinie 2011/61/EU über die Verwalter alternativer Investmentfonds mit Bezügen zum KAGB-E, 2013, München.

Elser, Thomas/*Stadler*, Rainer: Entschärfter Kabinettsentwurf zur Anpassung des Investmentsteuergesetzes an das AIFM-Umsetzungsgesetz verabschiedet, in: DStR 2013, Seiten 225 ff.

Emde, Thomas/*Dreibus*, Alexandra: Der Regierungsentwurf für ein Kapitalanlagegesetzbuch, in: BKR 2013, Seiten 89 ff.

Emde, Thomas/*Dornseifer*, Frank/*Dreibus*, Alexandra/*Hölscher*, Luise: Investmentgesetz (InvG) mit Bezügen zum Kapitalanlagegesetzbuch, 2013, München.

Fischer, Carsten/*Friedrich*, Till: Investmentaktiengesellschaft und Investmentkommanditgesellschaft unter dem Kapitalanlagegesetzbuch, in: ZBB 2013, Seiten 153 ff.

Freitag, Robert: Die „Investmentkommanditgesellschaft" nach dem Regierungsentwurf für ein Kapitalanlagegesetzbuch, in: NZG 2013, Seiten 329 ff.

Gericke, Karlheinz: Rechtsfragen zum Investmentsparen, in: DB 1959, Seiten 1276 ff.

Gerke, Wolfgang/*Rapp*, Heinz-Werner: Strukturelle Neugestaltung des deutschen Investmentrechts, in: ZBB 1992, Seiten 85 ff.

Gerlach, Finn: Pflicht zur Aufklärung über mögliche Aussetzung der Anteilsrücknahme bei offenen Immobilienfonds, Anm. zu BGH, Urt. v. 29.04.2014, Az.: XI ZR 477/12, in: GWR 2014, Seite 284.

Görke, Oliver/*Ruhl*, Alexander: Neuregelung der offenen Immobilienfonds nach dem Regierungsentwurf des Kapitalanlagegesetzbuches: Bestandsaufnahme und erste Bewertung, in: BKR 2013, Seiten 142 ff.

—: Offene Immobilienfonds – Verfehlte Regulierung durch den Diskussionsentwurf des BMF zur Umsetzung der AIFM-Richtlinie, RdF 2012, Seiten 289 ff.

Gringel, Christoph: Die Schließung und Abwicklung offener Immobilienfonds, in: ZBB 2012, Seiten 106 ff.

Haisch, Martin L./*Helios*, Marcus: Investmentsteuerrechtsreform aufgrund AIFMD und KAGB, in: BB 2013, Seiten 23 ff.

Hanten, Mathias: Aufsichtsrechtliche Aspekte des Outsourcing bei Kapitalgesellschaften, in: ZBB 2003, Seiten 291 ff.

Hartrott, Sebastian/*Goller*, Sascha: Immobilienfonds nach dem Kapitalanlagegesetzbuch, in: BB 2013, Seiten 1603 ff.

Herring, Frank/*Loff*, Detmar: Die Verwaltung alternativer Investmentvermögen nach dem KAGB-E, in: DB 2012, Seiten 2029 ff.

Heinze, Stephan: Europäisches Kapitalmarktrecht: Recht des Primärmarktes, 1999, München.

Hopt, Klaus J.: Der Kapitalanlegerschutz im Recht der Banken: gesellschafts-, bank-, und börsenrechtliche Anforderungen an das Beratungs- und Verwaltungsverhalten der Kreditinstitute, 1975, München.

Hopt, Klaus J./*Veil*, Rüdiger/*Kämmerer*, Jörn Axel: Kapitalmarktgesetzgebung im Europäischen Binnenmarkt, 2008, Tübingen.

Höche, Thorsten: Bankrechtstag 2013 – Bankregulierung, Insolvenzrecht, Kapitalanlagegesetzbuch, Honorarberatung, 2014, Berlin.

Höring, Johannes: Investmentrecht: Rechtliche Grundlagen für die Anlageberatung, 2013, Wiesbaden.

Hübner, Jürgen: Immobilienanlagen unter dem KAGB, Alte Fragen – neue Fragen – neue Antworten, in: WM 2014, Seiten 106 ff.

Insam, Alexander/*Heisterhagen*, Christoph/*Hinrichs*, Lars: neue Vergütungsregelungen für Manager von Kapitalverwaltungsgesellschaften: Variable Vergütung (to be) reloaded, in: DStR 2014, Seiten 913 ff.

Ising, Peter: Bewertung offener Immobilienfonds in der Krise, in: NZG 2012, Seiten 651 ff.

Jesch, Thomas/*Schilder*, Axel/*Striegel*, Andreas: Rechtshandbuch Immobilien-Investitionen, 2009, München.

van Kann, Jürgen/*Redeker*, Rouven/*Keiluweit*, Anjela: Überblick über das Kapitalanlagengesetzbuch (KAGB), in: DStR 2013, Seiten 1483 ff.

Kapteina, Matthias/*Davis*, Christopher: Die ordnungsgemäße Verwahrung durch Verwahrstellen und Unterverwahrer nach dem neuen Kapitalanlagegesetzbuch, in: WM 2013, Seiten 1977 ff.

Kiesel, Jan/*Joch*, Oliver F.: Steuerliche Implikationen beim Kauf von Immobilien von Immobilien-Sondervermögen, in: BB 2015, Seiten 2973 ff.

Kind, Sebastian/*Haag*, Stephan Alexander: Der Begriff des Alternative Investment Fund nach der AIFM-Richtlinie – geschlossene Fonds und private Vermögensanlagegesellschaften im Anwendungsbereich?, in: DStR 2010, Seiten 1526 ff.

Klebeck, Ulf/*Zollinger*, Peter Felix: Compliance-Funktion nach der AIFM-Richtlinie, in: BB 2013, Seiten 459 ff.

Klenk, Friedrich Ernst: Die rechtliche Behandlung des Investmentanteils: unter Berücksichtigung der Anteilsberechtigung des Investmentsparers, 1967, Köln.

Kloyer, Andreas: Der Anwendungsbereich des KAGB in der Beratungspraxis, in: Möllers/Kloyer, Das neue Kapitalanlagegesetzbuch, 2014, München, Seiten 97 ff.

Kobbach, Dietmar/*Anders*, Jan: Umsetzung der AIFM-Richtlinie aus Sicht der Verwahrstellen, in: NZG 2012, Seiten 1170 ff.

Koemm, Florian: Immobilien-Investmentfonds: Vorschläge zur Reform der Immobilienfonds unter dem InvG unter Berücksichtigung des schweizerischen und spanischen Investmentrechts, 2012, Hamburg.

Krause, Martin/*Klebeck*, Ulf: Fonds(anteils)begriff nach der AIFM-Richtlinie und dem Entwurf des KAGB, in: RdF 2013, Seiten 4 ff.

—: Family-Office und AIFM-Richtlinie – Zugleich eine Suche nach dem Regelungsadressat der AIFM-Richtlinie, in: BB 2012, Seiten 2063 ff.

Kruhme, Norbert: Die rechtliche Einordnung der Immobilienfondsgesellschaft und das Erfordernis einer gesetzlichen Sonderregelung, 1968, Berlin.

Kuper, Magdalena: Die einschlägigen Rechtsquellen – die Level 2-Maßnahmen zur AIFM-Richtlinie, in: Möllers/Kloyer, Das neue Kapitalanlagegesetzbuch, 2014, München, Seiten 51 ff.

Kümpel, Siegfried/*Wittig*, Arne: Bank- und Kapitalmarktrecht, 4. Auflage 2011, Köln.

Laux, Manfred: Zur Umsetzung der Richtlinie zur Harmonisierung des europäischen Investmentrechts in das deutsche Investmentrecht, in: WM 1990, Seiten 1093 ff.

Laux, Manfred/*Ohl*, Klaus: Grundstücksinvestment: die offenen Immobilienfonds, 2. Auflage 1988, Frankfurt am Main.

Ledermann, Thomas: Börse Hamburg blickt auf zehn Jahre Börsenhandel in Investmentfonds zurück, in: AG 2012, Seite R278.

Leven, Franz-Josef: Mehr Anleger investieren direkt in die Aktie - Fondsbesitzer im 1. Halbjahr 2013 rückläufig, in: AG 2013, Seiten R321-R324 (Kapitalmarkt-Report).

Liefmann, Robert: Beteiligungs- und Finanzierungsgesellschaften, 5. Aufl. 1931, Jena.

Linhardt, Hanns: Die britischen Investment Trusts, 1935, Berlin, Wien.

Loff, Detmar/*Klebeck*, Ulf: Fundraising nach der AIFM-Richtlinie und Umsetzung in Deutschland durch das KAGB, in: BKR 2012, Seiten 353 ff.

Loritz, Karl-Georg/*Uffmann*, Katharina: Der Geltungsbereich des Kapitalanlagegesetzbuches (KAGB) und Investmentformen außerhalb desselben – Erste Überlegungen, auch zum Auslegungsschreiben der BaFin vom 14.6.2013, in: WM 2013, Seiten 2193 ff.

Lütgerath, Henneke Friedrich: Die Erweiterung des Anlagekataloges von Investmentgesellschaften, 1984, Baden-Baden.

Madaus, Stefan/*Sebastian*, Steffen: Flexibilisierung der Fristentransformation bei Offenen Immobilienfonds in Gründung, Verlauf und Krise – Vorschlag eines neuen Regelungsansatzes („Regensburger Modell"), in: ZBB 2013, Seiten 329 ff.

Martini, Eberhard: Rechtliche Probleme eines Immobilienzertifikates, 1967, Stuttgart.

Merkt, Hanno: Fallen REIT-Aktiengesellschaften unter das KAGB?, in: BB 2013, Seiten 1986 ff.

Meyer-Cording, Ulrich: Investment-Gesellschaften, in: ZHR 115 (1952), Seiten 65 ff.

Möllers, Thomas M. J./*Harrer*, Andreas/*Krüger*, Thomas C.: Die Regelung von Hedgefonds und Private Equity durch die neue AIFM-Richtlinie, in: WM 2011, Seiten 1537 ff.

Möllers, Thomas M.J./*Wenninger*, Thomas G.: Das Anlegerschutz- und Funktionsverbesserungsgesetz, in: NJW 2011, Seiten 1697 ff.

Mujan, Susanne: Neue Anforderungen an Boni in Fonds und Portfolioverwaltungen – Institutsvergütungsverordnung 2.0 – zum Kapitalanlagegesetzbuch zwecks Umsetzung der AIFM-Richtlinie, in: BB 2013, 1653 ff.

Mülbert, Peter O.: Anlegerschutz und Finanzmarktregulierung – Grundlagen, in: ZHR 177 (2013), Seiten 160 ff.

Müller-Bonanni, Thomas/*Mehrens*, Christian: Neue Vergütungsregelungen für Banken – Entwurf der Instituts-Vergütungsverordnung, in: NZA 2010, Seiten 792 ff.

Münchener Kommentar zum Bürgerlichen Gesetzbuch: BGB, Band 6: Schuldrecht – Besonderer Teil IV, §§ 705–853, Partnerschaftsgesellschaftsgesetz, Produkthaftungsgesetz, 7. Auflage 2017, München.

Nelle, Andreas/*Klebeck*, Ulf: Der „kleine" AIFM – Chancen und Risiken der neuen Regulierung für deutsche Fondsmanager, in: BB 2013, Seiten 2499 ff.

Niewerth, Johannes/*Rybarz*, Jonas C.: Änderung der Rahmenbedingungen für Immobilienfonds – das AIFM-Umsetzungsgesetz und seine Folgen, in: WM 2013, Seiten 1154 ff.

Ohl, Karl: Die Rechtsbeziehungen innerhalb des Investment-Dreiecks, 1989, Berlin.

Oser, Stefan: AIFMD und KAGB – neue Geschäftsaussichten für Depotbanken, in: ZfgKW 2014, Seiten 71 ff.

Palandt, Otto: Bürgerliches Gesetzbuch, 76. Auflage 2017, München.

Patzner, Andreas/*Döser*, Achim/*Kempf*, Ludger J.: Investmentrecht: Kapitalanlagegesetzbuch, Investmentsteuergesetz, Handkommentar, 2. Auflage 2015, Baden-Baden.

Poelzig, Dörte/*Volmer*, Michael: „Der Bundesminister der Finanzen warnt" – Ein Überblick zum neuen Kapitalanlagegesetzbuch, in: DNotZ 2014, Seiten 483 ff.

Pötzsch, Thorsten: Das Dritte Finanzmarktförderungsgesetz, in: WM 1998, Seiten 949 ff.

Reifner, Udo: Europäische Finanzaufsicht und Verbraucherschutz – Wie kann der Schutz der Verbraucherinteressen in die BaFin integriert werden?, in: VuR 2011, Seiten 410 ff.

Reuter, Gerhard: Investmentfonds und die Rechtsstellung der Anteilsinhaber, 1965, Frankfurt am Main.

Richardt, Carlo: Geschlossene Immobilienfonds und Immobilienbewertung vor dem Hintergrund der AIFM-Richtlinie, 2015, Berlin.

Rössler, Rudolf/*Troll*, Max: Bewertungsgesetz: Kommentar, 25. Ergänzungslieferung, Stand: Oktober 2016, München.

Rötting, Michael/*Lang*, Christina: Das Lamfalussy-Verfahren im Umfeld der Neuordnung der europäischen Finanzaufsichtsstrukturen, in: EuZW 2012, 8 ff.

Schäcker, Hanns-Erhard: Entwicklung und System des Investmentsparens, 1961, Frankfurt am Main.

Schimansky, Herbert/*Bunte*, Hermann-Josef/*Lwowski*, Hans-Jürgen: Bankrechts-Handbuch, Zweiter Band, 4. Auflage 2011, München.

Schmidt, Kartsen: Insolvenzordnung, 19. Auflage 2016, München.

Schmolke, Klaus Ulrich: Der Lamfalussy-Prozess im Europäischen Kapitalmarktrecht – eine Zwischenbilanz, in: NZG 2005, Seiten 912 ff.

Schneider, Joachim: Der Anwendungsbereich des neuen KAGB, in: Möllers/Kloyer, Das neue Kapitalanlagegesetzbuch, 2014, München, Seiten 79 ff.

Schubert, Leif/*Schuhmann*, Alexander: Die Kategorie des semiprofessionellen Anlegers nach dem Kapitalanlagegesetzbuch, in: BKR 2015, Seiten 45 ff.

Schultz-Süchting, Niko/*Thomas*, Gunther: Investmentrecht in internationalen Immobilientransaktionen – Transaktionsrelevante Themen des Investmentgesetzes bei ausländischen Immobilienakquisitionen, in: WM 2008, Seiten 2285 ff.

—: Fremdfinanzierung offener Immobilienfonds, in: WM 2009, Seiten 2156 ff.

Schuster, Leo, Investment-Handbuch, 1971, Stuttgart.

Schwarze, Jürgen: EU-Kommentar, 3. Auflage 2012, Baden-Baden.

Seibt, Christoph H./*Conradi*, Johannes: Handbuch REIT-Aktiengesellschaft, 2008, Köln.

Seibt, Christoph H./*Jander-McAlister*, Heiko: Club Deals mit Family Offices nach der AIFM-Regulierung (Teil 2), in: DB 2013, Seiten 2433 ff.

Seidenschwann, Sabine: Die Master-Kapitalverwaltungsgesellschaft – Eine rechtliche und wirtschaftliche Untersuchung zu den Grenzen der Auslagerung im Rahmen der AIFM-Regulierung, 2016, Baden-Baden.

Servatius, Wolfgang: Neuregelung für offene Immobilienfonds – Kleine Schritte in die richtige Richtung, in: ZfIR 2013, Seiten 709 ff.

Sieg, Raimund/*Wendt*, Janine: Anlegerschutz de luxe: BGH verlangt Aufklärung über Aussetzungsrisiko bei offenen Immobilienfonds, in: BKR 2014, Seiten 485 ff.

Spindler, Gerald/*Tancredi*, Sara: Die Richtlinie über Alternative Investmentfonds (AIFM-Richtlinie) – Teil 1, in: WM 2013, Seiten 1393 ff.

Staub, Hermann: Handelsgesetzbuch Großkommentar: Dritter Band, 3. Teil, Bankvertragsrecht, 3. Auflage, 2. Bearbeitung, 1981, Berlin.

von Staudinger, Julius: Kommentar zum Bürgerlichen Gesetz mit Einführungsgesetzen und Nebengesetzen, Buch 2: Recht der Schuldverhältnisse §§ 741–764, Neubearbeitung 2015, Berlin.

Stumpf, Wolf/*Kotte*, Madlen: Offene Immobilienfonds als Adressat von Anlegerklagen – Resümee und Ausblick, BB 2013, Seiten 1613 ff.

Terhechte, Jörg Philipp, Verwaltungsrecht der Europäischen Union, 2011, Baden-Baden.

Thiele, Alexander: Finanzaufsicht, 2014, Tübingen.

Thömmes, Timo: Liquiditätsplanung offener Immobilienpublikumsfonds, in: ZfIR 2009, Seiten 121 ff.

Tollmann, Claus: Der materielle Manager der AIFM-Richtlinie und des Kapitalanlagegesetzbuches: Konsequenzen für die Auslagerung und bestimmte Geschäftsmodelle, in: Möllers/Kloyer, Das neue Kapitalanlagegesetzbuch, 2014, München, Seiten 363 ff.

Uhlenbruck, Wilhelm: Insolvenzordnung: Kommentar, 14. Auflage 2015, München.

Veil, Rüdiger: Europäisches Kapitalmarktrecht, 2. Auflage 2014, Tübingen.

Veenhuis, Dennis: Die Reit-AG – eine gesellschaftsrechtliche Analyse, 2012, Frankfurt am Main.

Voigt, Daniel: Die deutsche Umsetzung der AIFM-Richtlinie durch das KAGB, in: Möllers/Kloyer, Das neue Kapitalanlagegesetzbuch, 2014, München, Seiten 61 ff.

Volhard, Patricia/*El-Qalqili*, Joel: Die neuen Bewertungsvorschriften für AIF-Investmentvermögen – Unter besonderer Berücksichtigung ihrer Auswirkungen auf Private Equity Fonds, in: DB 2013, Seiten 2103 ff.

Weiser, Benedikt/*Hüwel*, Martin: Verwaltung alternativer Investmentfonds und Auslagerung nach dem KAGB-E, in: BB 2013, Seiten 1091 ff.

Weitnauer, Wolfgang/*Boxberger*, Lutz/*Anders*, Dietmar: KAGB Kommentar zum Kapitalanlagegesetzbuch und zur Verordnung über Europäische Risikokapitalfonds mit Bezügen zum AIFM-StAnpG, 2014, München.

Weitnauer, Wolfgang: Übernahmesonderrecht des KAGB und seine Auswirkungen auf die Private Equity Branche, in: AG 2013, Seiten 672 ff.

ders., Die AIFM-Richtlinie und ihre Umsetzung, in: BKR 2011, Seiten 143 ff.

Weller, Marc-Philippe/*Prütting*, Jens: Handels- und Gesellschaftsrecht, 9. Auflage 2016, München.

Wiedemann, Herbert: Alte und neue Kommanditgesellschaften, in: NZG 2013, Seiten 1041 ff.

Wollenhaupt, Markus/*Beck*, Rocco: Das neue Kapitalanlagegesetzbuch (KAGB), in: DB 2013, Seiten 1950 ff.

Zetzsche, Dirk A.: Prinzipien der kollektiven Vermögensanlage, 2015, Tübingen.

—: Das Gesellschaftsrecht des Kapitalanlagegesetzbuches, in: AG 2013, Seiten 613 ff.

—: Grundprinzipien des KAGB, in: Möllers/Kloyer, Das neue Kapitalanlagegesetzbuch, 2014, München, Seiten 131 ff.

Zetzsche, Dirk A./*Preiner*, Christina: Was ist ein AIF?, in: WM 2013, Seiten 2101 ff.

Zobl, Dieter/*Kramer*, Stefan: Schweizerisches Kapitalmarktrecht, 2004, Zürich.

Abkürzungsverzeichnis

a.A.	anderer Ansicht
a. a. O.	am angeführten/angegebenen Ort
a.E.	am Ende
a.F.	alte Fassung
Abl.	Amtsblatt
ABl.	Amtsblatt der Europäischen Union
ABS	Asset Backed Securities
Abs.	Absatz
ADIG	Allgemeine Deutsche Investment Gesellschaft
AEUV	Vertrag über die Arbeitsweise der Europäischen Union
a.F.	alte Fassung
AFG	Anlagefondsgesetz (Schweizer Gesetz)
AG	1. Aktiengesellschaft; 2. Die Aktiengesellschaft (Zeitschrift); 3. Amtsgericht
AIF	Alternativer Investmentfonds; Alternative Investment Fund
AIF-KVG	Kapitalverwaltungsgesellschaft von Alternativen Investmentfonds
AIFM	Alternative Investment Fund Manager
AIFMD	Alternative investment Fund Managers Directive
AIFM-DV	AIFM-Durchführungsverordnung
AIFM-RL	europäische AIFM-Richtlinie (Alternative Investment Fund Managers Directive)
AIFM-UmsG	Gesetz zur Umsetzung der Richtlinie 2011/61/EU über die Verwalter alternativer Investmentfonds (AIFM-Umsetzungsgesetz)
AktG	Aktiengesetz
Alt.	Alternative
amerik.	amerikanisch
Ans.	Ansicht
AnsFuG	Anlegerschutz und Funktionsverbesserungsgesetz
Art.	Artikel
AS-Fonds	Altersvorsorgesondervermögen-Fonds
Aufl.	Auflage
AuslInvG	Auslandsinvestmentgesetz
BaFin	Bundesamt für Finanzdienstleistungsaufsicht
BauGB	Baugesetzbuch

BB	Betriebsberater
Bd.	Band
Begr.	Begründung
BewG	Bewertungsgesetz
BGB	Bürgerliches Gesetzbuch
BGBl.	Bundesgesetzblatt
BGH	Bundesgerichtshof
BKR	Zeitschrift für Bank- und Kapitalmarktrecht
BMF	Bundesministerium der Finanzen
BR	Bundesrat
brit.	britisch
bsi	Bundesverband Sachwerte und Investmentvermögen
bspw.	beispielsweise
Bst.	Bestimmung
BT	1. Bundestag; 2. Besonderer Teil
BVI	Bundesverband Investment und Asset Management e. V.
bzgl.	bezüglich
bzw.	beziehungsweise
CESR	Committee of European Securities Regulators
CFO	Chief Financial Officer
COD	Ordentliches Gesetzgebungsverfahren (Mitentscheidungsverfahren/Codecision)
CRD	Capital Requirement Directive
CRR	Capital Requirements Regulation
d. h.	das heißt
DB	Der Betrieb
DBA	Doppelbesteuerungsabkommen
DNotZ	Deutsche Notar Zeitschrift
Drucks.	Drucksache
e. V.	eingetragener Verein
EBA	European Banking Authority
EG	Europäische Gemeinschaft
EGV	Vertrag zur Gründung der Europäischen Gemeinschaft
Einl.	Einleitung
EIOPA	European Insurance and Occupational Pensions Authority
ESFS	Europäisches System für die Finanzaufsicht
ESMA	Europäische Wertpapier und Marktaufsichtsbehörde
etc.	et cetera

EU	Europäische Union
EuGH	Europäischer Gerichtshof
EuSEF-VO	Verordnung über Europäische Fonds für soziales Unternehmertum
EUV	Vertrag über die Europäische Union
EuVECA-VO	Verordnung über Europäische Risikokapitalfonds
EuZW	Europäische Zeitschrift für Wirtschaftsrecht
EWG	Europäische Wirtschaftsgemeinschaft
EWGV	Vertrag zur Gründung der Europäischen Wirtschaftsgemeinschaft
EWR	Europäischer Wirtschaftsraum
FAQ	Frequently Asked Questions
FAZ	Frankfurter Allgemeine Zeitung
ff.	fortfolgende
FinDAG	Finanzdienstleistungsaufsichtsgesetz
FinMarktAnpG	Finanzmarkt-Anpassungsgesetz
Fn.	Fußnote
GAV	Gemeinsamer Anlegervertreter
GbR	Gesellschaft bürgerlichen Rechts
gem.	gemäß
GewO	Gewerbeordnung
GG	Grundgesetz
ggf.	gegebenenfalls
GmbH	Gesellschaft mit beschränkter Haftung
GmbHG	Gesetz betreffend die Gesellschaften mit beschränkter Haftung
GWR	Gesellschaft und Wirtschaftsrecht (Zeitschrift)
Gz.	Geschäftszeichen
h.M.	herrschende Meinung
HGB	Handelsgesetzbuch
Hs.	Halbsatz
i.H.v.	in Höhe von
i.S.d.	im Sinne des (der)
i.S.v.	im Sinne von
i.V.m.	in Verbindung mit
ImmoWertVO	Immobilienwertermittlungsverordnung
insb.	insbesondere
InsO	Insolvenzordnung
InstitutsVergV	Instituts-Vergütungsverordnung

InvAG	Investmentaktiengesellschaft
InvAktG	Investmentaktiengesellschaft
InvG	Investmentgesetz
InvKG	Investment-Kommanditgesellschaft
InvMaRisk	Mindestanforderungen für das Risikomanagement von Investmentgesellschaften
InvStG	Investmentsteuergesetz
InvVerOV	Investment Verhaltens- und Organisationsverordnung
JZ	Juristenzeitung
KAG	1. Kapitalanlagegesellschaft; 2. Bundesgesetz über die kollektiven Kapitalanlagen (Schweizer Gesetz)
KAGB	Kapitalanlagegesetzbuch
KAGB-E	Regierungsentwurf des Kapitalanlagegesetzbuches
KAGG	Gesetz über Kapitalanlagegesellschaften
KAMaRisk	Mindestanforderungen an das Risikomanagement von Kapitalverwaltungsgesellschaften
KARBV	Kapitalanlage-Rechnungslegungs- und Bewertungsverordnung
KAVerOV	Kapitalanlage-Verhaltens- und Organisationsverordnung
KG	1. Kommanditgesellschaft; 2. Kammergericht
KOM	Europäische Kommission
KVG	Kapitalverwaltungsgesellschaft
KWG	Kreditwesengesetz
lit.	lat. littera (für Buchstabe)
LPartG	Lebenspartnerschaftsgesetz
m.w.N.	mit weiteren Nachweisen
MaRisk	Mindestanforderungen an das Risikomanagement
MiFiD	Markets in Financial Instruments Directive
MMVO	EU-Marktmissbrauchsverordnung
n.F.	neue Fassung
NAV	Net Asset Value / Nettoinventarwert
Nr.	Nummer
NZA	Neue Zeitschrift für Arbeitsrecht
NZG	Neue Zeitschrift für Gesellschaftsrecht
OGA	Organismus für gemeinsame Anlagen
OGAW	Organismen für gemeinsame Anlagen in Wertpapieren
OGAW-KVG	Kapitalverwaltungsgesellschaft, die Organismen für gemeinsame Anlagen in Wertpapieren verwaltet
OHG	Offene Handelsgesellschaft

OLG	Oberlandesgericht
PfandBG	Pfandbriefgesetz
RdF	Recht der Finanzinstrumente (Zeitschrift)
Ref.	Referat, Referent
RegBegr.	Regierungsbegründung
REIT	Real Estate Investment Trust
RL	Richtlinie
Rn.	Randnummer
S.	Seite
s. o.	siehe oben
SE	Societas Europae
sog.	sogenannte/r/s
u. a.	unter anderem, und andere
u. U.	unter Umständen
UCITS	Undertakings for Collective Investments in Transferable Securities
Urt.	Urteil
v.	vom
VermAnlG	Vermögensanlagengesetz
vgl.	vergleiche
VO	Verordnung
Vor	Vorbemerkung
WA	Wertpapieraufsicht
WK	Wirtschaftskammer
WM	Zeitschrift für Wirtschafts- und Bankrecht, Wertpapier-Mitteilungen
Wp	Wertpapier
WpHG	Wertpapierhandelsgesetz
z. B.	zum Beispiel
ZBB	Zeitschrift für Bankrecht und Bankwirtschaft
ZfgKW	Zeitschrift für das gesamte Kreditwesen
ZfIR	Zeitschrift für Immobilienrecht
ZHR	Zeitschrift für das gesamte Handels- und Wirtschaftsrecht
Ziff.	Ziffer
ZIP	Zeitschrift für Wirtschaftsrecht
ZPO	Zivilprozessordnung

Göttinger Schriften zum Wirtschaftsrecht

Herausgegeben von Olaf Deinert, Torsten Körber, Rüdiger Krause,
Gerald Spindler und Andreas Wiebe

Die Schriftenreihe *Göttinger Schriften zum Wirtschaftsrecht* bietet ein Forum für herausragende Dissertationen, Monographien und Sammelbände. Inhaltlich deckt die Reihe das zivile deutsche und internationale Wirtschaftsrecht in seiner ganzen Bandbreite ab. Neben dem klassischen Handels- und Gesellschaftsrecht ist Raum für Versicherungs- und Kapitalmarktrecht sowie – den Schwerpunkten der Göttinger Fakultät entsprechend – insbesondere für medien-, wettbewerbs- und arbeitsrechtliche Thematiken.

Die Reihe richtet sich an Wissenschaftler und Praktiker in Anwaltschaft, Behörden, Verbänden und Unternehmen.

Band 1 Andreas Reißmann: Äußerungsrechtliche Schutzpflichten. Der Schutz vor herabsetzenden, unwahren und indiskreten Äußerungen im Vertragsrecht durch § 241 Abs. 2 BGB. 2012.

Band 2 Kathrin Brandt: Gleichstellungsquote im Aufsichtsrat der Aktiengesellschaft. 2012.

Band 3 Julius Raapke: Die Regulierung der Vergütung von Organmitgliedern und Angestellten im Aktien- und Kapitalmarktrecht. 2012.

Band 4 Henning Hilke: Risiko und Bankenaufsicht. Eine rechtsvergleichende Analyse der präventiven Begrenzung bankbetrieblicher und systemischer Risiken. 2014.

Band 5 Patrick Alexander Andrä: Bilanzierung von Immaterialgüterrechten nach HGB und IFRS. 2014.

Band 6 Mohamed Bou Sleiman: Contingent Convertible Bonds. Zweck, Ausgestaltung und rechtliche Rahmenbedingungen. 2015.

Band 7 Florian Krack: Möglichkeiten individueller Aufsichtsratsvergütungen in der deutschen Aktiengesellschaft. 2015.

Band 8 Sara Tancredi: Die Regulierung von Hedge-Fonds und Private Equity in Europa und den USA. Eine rechtsvergleichende Untersuchung der AIFM-Richtlinie und des Dodd-Frank-Act unter ergänzender Einbeziehung des AIFM-Umsetzungsgesetzes und der EuVECA-VO. 2016.

Band 9 Alexandra Gabriela Botez: Kontrolle von privatrechtlichen Wasserpreisen und öffentlich-rechtlichen Wassergebühren nach der 8. GWB-Novelle. 2016.

Band 10 Christian Kiel: Kartellrechtscompliance in Wirtschaftsverbänden. 2016.

Band 11 Klaus Christian Jürgensen: Die Prüfung des Corporate Governance-Reportings. 2017.

Band 12 André Dumont du Voitel: Die zivilrechtliche Verantwortlichkeit von Ratingagenturen nach deutschem, europäischem und US-amerikanischem Recht. 2018.

Band 13 Anna Kristina Schwerdfeger: Die Regulierung des offenen Immobilienfonds nach dem Kapitalanlagegesetzbuch (KAGB). 2018.

www.peterlang.com

www.ingramcontent.com/pod-product-compliance
Ingram Content Group UK Ltd.
Pitfield, Milton Keynes, MK11 3LW, UK
UKHW021848290926
8980IPUK00005B/714

9 783631 744604